超级企业浪潮

乔永远　鲍雁辛　著

中国金融出版社

责任编辑：张熠婧
责任校对：刘　明
责任印制：陈晓川

图书在版编目（CIP）数据

超级企业浪潮／乔永远，鲍雁辛著. —北京：中国金融出版社，2021.7
ISBN 978-7-5220-1208-7

Ⅰ.①超… Ⅱ.①乔… ②鲍… Ⅲ.①企业管理 Ⅳ.①F272

中国版本图书馆 CIP 数据核字（2021）第 114262 号

超级企业浪潮
CHAOJI QIYE LANGCHAO
出版
发行　中国金融出版社
社址　北京市丰台区益泽路 2 号
市场开发部　（010）66024766，63805472，63439533（传真）
网 上 书 店　www.cfph.cn
　　　　　　　（010）66024766，63372837（传真）
读者服务部　（010）66070833，62568380
邮编　100071
经销　新华书店
印刷　河北松源印刷有限公司
尺寸　185 毫米×260 毫米
印张　16.25
字数　358 千
版次　2022 年 3 月第 1 版
印次　2022 年 3 月第 1 次印刷
定价　68.00 元
ISBN 978-7-5220-1208-7
如出现印装错误本社负责调换　联系电话（010）63263947

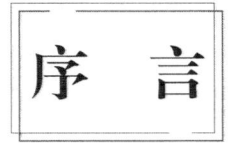

序 言

在分散性的行业里寻找未来十年的龙头——致超级企业

20多年前，我们学习管理学时用的都是哈佛商学院的案例教材，但是今天我们可以为中国的优秀企业写一部经典案例教材了。

01 看似夕阳产业的领域也可以诞生牛股

我刚进入证券研究行业时是做建材行业研究的，因此对于中国水泥行业25年来的发展历程特别熟悉。最近一年多，我拜访了很多上市公司，包括白酒、食品、家电的主流上市公司，以及建材等周期性行业的多家公司。

我想跟大家分享一下，我跟踪建材、家电等成熟行业20多年发展历程中的感知。这些感知也许对大家正确把握当前很多行业正在面临的行业生命周期的阶段变化有所帮助，从中寻找长期的投资价值。

回溯中国很多传统行业的发展历程，我们可以发现一个规律：当行业增速放缓时，龙头企业的业绩、利润和市场份额会大幅提高。

这其实是整个市场从分散走向集中，从价格战真正过渡到企业依靠竞争优势来获取利润的过程。

我们先从水泥和家电这两个行业说起，看看20年前的水泥行业是什么样子的。

那个时候，有很多人说，水泥是夕阳产业，计算机、房地产是朝阳产业。我们要拥抱朝阳产业，坚决摒弃夕阳产业。水泥行业的股票不要去买，都是不行的。

这种观点放到今天来看，显然是错误的，但是要注意的是，我们今天是否又在犯同样的错。

在2000年的时候，海螺水泥的H股每股只卖3毛钱。当时有一句话叫，抽一根中华烟，就要抽掉好几股海螺水泥的股票。

当时的水泥行业是什么样子？

价格战打得昏天黑地。卖一吨水泥只赚几块钱。当时一吨325标号的水泥只卖两百多块钱，用当时的行话说，卖一吨水泥还不如卖一吨泥土划算。

当时的市场结构是什么样的？

中国有十大水泥企业，如安徽海螺水泥、湖北华新水泥、河北冀东水泥、甘肃祁连山水泥和吉林亚泰水泥等。

这十家企业就像哥哥和弟弟排一起。但是中国产量最大的十家水泥企业的总产量在整个市场上的占比也就 10% 出头，占比很低。

所以说，20 年前的水泥行业是一个彻底分散的行业。而且水泥有运输半径，很难扩张，所以当时大家都觉得这个行业要完蛋了，没人看好这个行业。但是我们现在可以看到，中国水泥行业已经完全不一样了。

第一，市场已经走向集中了。海螺水泥一家的利润占全部水泥上市公司的将近 50%。加上中建材等几家大公司，整个行业差不多都被瓜分完了。龙头企业牢牢地掌控整个市场。

第二，市场从分散走向集中之后，激烈的价格战消失了，企业的盈利能力大幅提高。

如果你在当年买了海螺水泥的股票，到今天你会发现，它的收益率不亚于一些高科技公司。

所以一个看似夕阳行业的产业里面，也可以诞生一些非常优秀的公司。关键是如何找到它们。

说完水泥，我们再看一个行业——家电。

20 多年前，家电行业的价格战同样战况空前。

记得当时做彩电的企业特别多。除了长虹牌彩电、TCL 牌彩电、海信牌彩电外，还有孔雀牌彩电、西湖牌彩电、牡丹牌彩电、金星牌彩电等。但是今天是否还有人记得这些牌子的彩电曾经存在过？

白电这块儿，曾经在市场上火过的还有上菱冰箱、春兰空调等，但现在在市场上要么看不到了，要么很少看到了。

是否还有人记得 1996—1997 年证券市场上最火热的股票是哪只？

不是今天的贵州茅台、五粮液，而是四川长虹，但是现在大家很少有机会能够在市场上听到关于它的声音了。

20 年前家电行业打价格战惨烈到什么程度？记得当时我去调研一家冰箱企业，其高管跟我说他们卖一台冰箱只赚 20 块钱。

谁能够在价格战里面存活下来，谁就成功了。

这一波儿价格战一直打到了 2000 年以后，一批企业在市场竞争中被迫出清，之后价格战也就烟消云散了。

今天我们看到海尔不错、美的不错、格力不错，但它们其实都有过艰难的发展历程。

从价格战到追求品质，从低成本走向差异化。价格战让它们努力提高经营管理效率，不断地挖掘自身的潜力。

最后这些企业怎么样？成功了。所以今天，中国家电行业的市场集中度已非常高了。

总结以上两个行业的几个特点如下：

（1）20 年前，市场极度分散；

（2）行业增速减缓；

（3）出现激烈的价格战；

（4）在20年的时间里，通过不断提高企业自身的经营管理效率，在竞争中胜出，逼迫行业内大量的低效率企业出清；

（5）活下来的有竞争优势的企业享受了最后的胜利成果。

这种情况，在家电行业已经发生了，在水泥行业已经发生了，在白酒行业其实也已经发生了。

我们今天看到贵州茅台、五粮液、泸州老窖、山西汾酒的日子都很不错，其实20多年来，中国的高端白酒也经历了从分散到集中的过程。

所以这些问题，真的不是一个简单的逻辑推导，而是需要上升到人性观察和企业管理层面。

过去A股市场投资者都是用经济学思维做投资，但是下一个阶段，我们可能要学会一些管理学思维。经济学问题，我们可以用逻辑去推理，但是管理学问题是不能用逻辑来推理的，而是要到实务中去观察。

当我们要寻找十年以后的龙头公司时，看某个公司会不会成为龙头，不是简单地看谁现在规模大，而是要讲适者生存。

能够适应市场的，才是最后能够成功的。

02　只有龙头的机会，没有二三线的空间

我们现在处在中国经济特殊的历史时刻，国内生产总值（GDP）增速从高速走向中高速，很多行业的市场规模从高速增长转向缓慢增加，由此会给很多行业带来变化。

这种变化，在水泥行业和家电行业过去20年的发展历程中已经充分反映过，而现在将反映到很多其他行业的身上。

有个公司高管跟我说，作为新兴行业，他怎么都想不到，价格战竟然也会落到他们行业。

他们不喜欢价格战，想通过不断研发新产品来占领市场。我说，研发是需要的，但是价格战已经无法避免了，你必须要打，而且一定要打赢。

价格战是逼迫企业提高经营管理效率的外力，要求企业提高原材料和劳动力组织能力，强化企业内部的生产管理效率，提升企业的营销渠道能力，等等。

怎样才能打赢价格战？水泥行业和家电行业是很好的借鉴。

我们现在去看一些水泥行业和家电行业的龙头公司，会发现它们的管理极度精细化。打赢价格战，首先要提高管理水平，真的做到自己身体很棒，才不会输在价格战中。

通过研发新产品去对抗可不可以？当然是可以的，但那样会要求不断研发出新产品，以一个新产品替代原来的产品，年年如此，企业同样会很累，而且依然无法避免竞争程度的升级。

在经济增速减缓的过程中，中国的大部分行业将会是一个怎样的状态？

（1）行业增速从高速走向中速。这个过程中市场机会还有，但是已经不多了。

（2）行业内部整合。对企业来说，重要的是如何去寻找自己的竞争战略，以及如何在竞争中胜出。

龙头公司会利用自己的竞争优势，不断抢占整个市场的份额，而二三线企业打不过，只能退场。

今年很多人问我，贵州茅台和五粮液这些一线龙头白酒股表现得不错，我们能不能接着再买点二三线白酒股票？

我说只能买一线，二线和三线就不要考虑了，有些公司未来是要退出的，你还去买它干什么。

以前股票市场先炒一线，然后炒二线，再炒三线，最后整个板块鸡犬升天。但那是在过去。在今天的中国经济背景下，只有龙头股的机会，没有二三线股票的空间。

这就是当下这个特殊的历史环境带给我们的启示，它已经在资本市场上表现得一览无余。

03 在分散性行业中寻找能够整合行业的龙头

龙头公司一定是现在规模最大的吗？不一定，但龙头公司一定是具有行业整合能力的公司。

首先看行业。

下一个阶段我们要选择什么样的行业？选那些现在还处在分散状态，但是未来能够走向集中的行业。当然有些行业永远是分散的，不太可能集中。

再就是这个行业虽然不再是高速增长，但必须仍然是中速增长，不能走下坡路。一旦衰退了，再去投资就没有什么意义。

其次看企业，重点看企业的管理水平。

今天大家都认为贵州茅台很成功。那我们来探讨一下，贵州茅台的成功是茅台酒的成功还是茅台企业管理的成功。

在我看来，不是酒的成功，而是企业管理的成功。

白酒分析师们经常会给我展示他们的白酒行业的"三力"分析，即产品力、品牌力、渠道力。那我们来看看白酒的这三个力是从哪里来的。

一是产品力。我们来探讨一下，究竟是酱香型白酒好喝还是清香型和浓香型白酒好喝。

我要告诉大家的是，20年前市场上很少有人喝酱香型白酒，但是今天为什么喝酱香型白酒的人大幅增多了呢？是消费者的口感偏好发生改变了吗？不是的，这是茅台经营管理的成功，"意见领袖""文化酒"，他们教育了消费者。

二是品牌力。20年前茅台是最具品牌力的白酒吗？也不是的，品牌是企业经营管理的结果。

三是渠道力。茅台无疑是过去十年中在渠道建设上做得很成功的一家公司。而渠道力的构建，来自企业经营管理。

所以茅台的竞争优势，不是酱香型白酒、红军长征途经之地这些先天资源赋予它的，而是企业管理层在 20 年中通过经营管理自我创造出来的。

所谓的"三力"依然只是表象，内在的是企业的经营管理水平。

再来说说五粮液，为什么自 2019 年初以来，五粮液的股价发生了翻天覆地的变化？

那是因为企业在调整管理层之后，在经营管理上做出了切实的努力，在产品力、品牌力和渠道力等方面发生了很多可喜的变化。

股价的上涨，是资本市场对企业经营管理水平提高的奖励。

成功的企业都有哪些特点？除了外部因素外，从内在看企业的经营管理一定是做到了非常优秀。水泥行业、家电行业、白酒行业的胜出者都是如此。

企业管理包括什么？公司治理、公司战略、竞争策略、流程管理、营销渠道策略等各个方面，要求企业每一步都要做到精准。

管理能力带来了企业的竞争优势，而竞争优势带来了企业的价值创造。

华为的产品很优秀，研发投入很高，但是如果大家去研究华为的话，我认为华为最优秀的不是研发，而是管理。

优秀的管理，能保证企业的研发水平和研究成果。

如果一个企业只有好的研发，而没有好的管理，则这种研发优势不会持续太长时间，很快就会消失。

在这个层面上，我们认为未来十年能够胜出的公司都是在管理上做得很优秀的公司。

因为竞争对所有人来说都是一样残酷的，为什么有的企业死掉了，而有的企业却能够活下来，并且享受了胜利的果实？

今天还是哥哥和弟弟，而十年之后，可能就是爷爷和孙子。

中国水泥行业和家电行业走过了 20 年从分散走向集中并诞生龙头公司的过程，在未来 20 年伴随着中国经济增速的减缓，很多行业同样会走一遍。

那么，我们能否在今天找到 10 年后的龙头企业，是我们所有做证券研究和投资的人员共同面临的挑战。

挑战与机遇并存。我想说的是，这其实是一个过程，不是一蹴而就的。

总结一下，有以下两个主线条。

第一个主线条是，行业增速减缓、竞争加剧促使行业集中，有竞争优势的企业成为龙头。

第二个主线条是，管理水平、竞争优势、价值创造、优秀的管理水平构建起出众的竞争优势，出众的竞争优势创造企业价值。

两个主线条的连接点正是竞争优势。

20 年太远，我们先看一看十年变化。10 年以后，哪些企业会站在超级企业的领奖台上，我们一起拭目以待。

黄燕铭

2019 年 11 月于珠海

目　录

第一章 生于忧患——超级企业与时代脉络

我们 1980 年前后出生的这一代人，在生活和工作中，亲身经历了中国经济的快速崛起和企业的产业变迁。当我们刚出生的时候，中国经济还处于农业主导阶段，物质匮乏，米面粮油凭票购买，农村与城市之间的差距犹如鸿沟。在我们的幼儿时代，中国经济在对外开放、技术进步的推动下，开始高速增长，我们享受到了时代腾飞带来的物质生活的改善。城市开始吸纳多余的农村劳动力人口。当我们从学校走向社会时，国际金融危机爆发，以美国为首的发达经济体普遍进入衰退期，外需疲软导致中国的出口产业一下子失去了活力。在拉动经济主动转向扩内需方面，房地产和基建担当了重任，我们亲历并承担了房价成倍上涨带来的压力，我们也见证和体验了从绿皮火车到高铁、飞机转变的便利。我们每个人都从感受经济变化到参与发展经济。我们也目睹了众多中国企业的崛起、中国品牌走向世界。我们这代人经历了中国从农业经济走向现代经济的整个周期。如果把我们的经历叠加在一起，就能画出中国经济发展的清晰轮廓。

我们见过不少优秀的企业家，但是从他们身上找不到共性特点。每个人都是特定时代的产物。过去我们只是模糊地感受到企业家与特定时代的关联性。但是现在，把过去我们所经历的中国经济的变化进行分析，就能更加清楚地认识到"我们现在在哪里"，以及"这些企业家因何而成功"，我们可以更加清楚地回答"我们未来会去哪里"，以及"未来哪些企业会崛起"。这是我们开始写这本书的原因。

开始写这本书的时候，中美关系发生了一系列微妙的变化。学界有很多关于国运的讨论，而处于其中的普通企业家也开始对未来有了更多的担忧。如果我们把观察中国经济发展的时间周期拉长，也许可以对中美之间的贸易摩擦有更多的理解。如果进一步放大视野，将中国产业和中国企业变迁的历史作为全球经济产业中的一环，也许我们能对中国企业未来的方向更加清晰。贸易冲击是一时的，纵观中国产业发展的历史，优秀企业在成长过程中总是要冲破层层阻碍，要经历最困难的事情，只有持续坚持，最终才能走向成功。

超级企业的成长在本质上都是逆势而起的。超级企业的成功，背后的共同点都是经历了商业模式的创新。从现在的角度来看，它们选对了一条正确的道路。但在当时，它们无一例外地选择了最困难的路径。比如，恒瑞医药所选择的创新药领域，格力电器在行业价格战白热化阶段能够始终坚守品控，贵州茅台在白酒行业深度调整阶段能够坚持不降价、与经销商患难与共，用友网络向企业管理软件转型，隆基股份对于单晶硅技术路线的坚守。这些模式在当时看来存在很大的不确定性，过于超前性也导致其在业务开创初期普遍经历了种种磨难。这些困难，既有时代因素，也有行业运行特征的影响。恒瑞医药在艾瑞昔布上市前面临研发失败的压力，格力电器的利润也持续承压，隆基股份更是坚守长达 10 年才有所回馈。但超级企业的不凡之处就在于永远不乏直面困难的勇气，坚守初心、迎难而上，最终克服重重障碍，开辟出一条新的赛道，出现了新的业态。

一、1980 年：处于腾飞起点的中国经济与高处停摆的世界经济

1980 年，世界正发生巨变。我们虽然对当时的变化并无概念，却经历了和父辈完全不一样的人生。在这个时期，日本处于从经济腾飞到停滞不前的转折期，德国与"世界第一"失之交臂，被时代所抛弃。当时，因改革开放和经济特区的设立，中国开始进入工业化转变的起点。以宝钢为代表的重工业型国企是大家心目中的"金饭碗"。当今的超级企业们当时还寂寂无闻。隆基股份、恒瑞医药、立讯精密还未成立，用友网络还只有雏形，弱冠之年的李书福（吉利汽车创始人）刚开启自己的创业生涯，白酒行业刚迎来第一波黄金时期，但贵州茅台并未脱颖而出，万科还是一家摄影录像专业器材供应商，海螺水泥尚未成年，冠雄（格力电器的前身）因管理不善，还处于持续亏损中。

回过头来看，这一时期并不是没有超级企业，而有适应着这个工业化迅速发展的超级时代下的众多寂寂无闻的企业，它们都有同样的名字——"国有企业"。

在这个时期，公有制占据绝对统治地位，"大锅饭"盛行，企业员工都有"铁饭碗"，没有下岗一说，多干少干区别不大。这种情况导致奖惩激励机制不足，生产活动严格遵循计划，企业经营自主权缺失，创新活力普遍不强。企业没有竞争压力，即使亏损也无须担责。即使管理层有想要变革的想法，但在过于僵化的治理体系下，也无用武之地。企业竞争壁垒构建滞后，因此在 20 世纪 90 年代新一轮产业升级浪潮的冲击下，众多企业被迅速迭代，到今天，大部分已经消失了。

在这个基础上，我们发现大家的消费需求是以初级消费为主，在消费体验上只注重量的满足，还没有品质消费意识。因为物质消费尚未得到充分满足，所以社会继续延续着凭票消费的习惯，对物资进行管制，人们仍然需要跟贫穷做斗争。当时人们受到的教育是倡导勤俭节约，反对铺张浪费，由此导致居民消费欲望普遍不足，多侧重于必需品，消费同质化现象非常明显。典型消费品还是手表、自行车、缝纫机、收音机，主要是满足基本的生活需要。居民 1 年的消费支出中，食品支出约占 60%，衣着支出占 10%，居住支出约占 15%，家庭设备等耐用消费品支出占比不到 5%。

二、1990—2000 年：改革破局，从"春天的故事"到"五朵金花"

1992 年邓小平同志南方谈话在中国经济发展史上具有划时代的意义，对于一系列关键问题的解答决定了我们今天可以达到的高度。正是在此之后，经济建设重回国家工作重心，市场经济蓬勃发展，现代化企业制度开始建立，证券市场的兴起大幅提升了社会资源配置效率，进一步优化了企业经营环境。医疗制度改革、住房制度改革、国有企业

改革等层出不穷，全社会迸发出极大的工作热情和活力。

经济体制灵活性的提升也激发了企业的创业热情。今天的超级企业们虽然在当时尚未声名鹊起，但已经开始体现出它们的与众不同，思维模式的转变以及敢于挑战的勇气使它们走出了一条新的赛道，打造了一种新的商业模式。1997 年恒瑞医药的孙飘扬毅然选择创新药发力，同样是在 1997 年，吉利集团启动自主造车，而万科则早在 1993 年即开始将业务聚焦于地产，1998 年郭文叁开始着手布局"T 型战略"，同年用友网络推出了第一个 ERP 产品。

1997 年，连云港制药厂正式变更为恒瑞医药，并迎来了第一任董事长孙飘扬。孙飘扬的入主彻底改变了恒瑞医药的基因，在当时国内医药行业仍流行"仿制风"的时候，公司开始发力创新药领域。在这个时期，公司与科研院所建立了长期合作关系，从过去的单纯产品转让变为成果共享、利益共享的合作关系。在科研领域，公司于 2000 年在上海等地建立了自己的创新研究基地，2001 年，公司获人事部批准设立博士后科研工作站，进一步促进产学研相结合，并加强与国外公司合作开发新药。创新药最大的困难在于"见效慢"而且风险高，不会有即时产出，在此之前需要持续不断地投入。世界上最大的制药巨头辉瑞公司全球 CEO 马金龙对化学药物研发的艰难深有体会。他认为：新的化学药物研发是全世界最冒险的投资，每 10000 种化合药物中平均只有一种可以用来开发药物，而每 1 种药物只有 30% 能收回成本。一种新药物从研发到上市大概需要 8 年时间及 10 亿美元以上的投入。[①] 当时孙飘扬的决定也遭到一些干部职工的反对。虽明知困难重重，但孙飘扬认为，"仿制药可以让企业生存，但绝不可能成为企业的核心竞争力，药厂要持续发展就必须有自己的创新产品和体系，走'仿创结合'的发展路径"。[②]

在恒瑞医药成立的同年，吉利集团也开始涉足汽车领域，公司对外宣布投资 5 亿元（实有资金 1 亿元）进军汽车行业。1998 年，吉利集团首台车型"豪情 6360"在浙江临海吉利豪情汽车工业园下线，民营企业造车实现了从 0 到 1 的突破。虽然因质量问题较多，吉利汽车成为"低端"的代名词，但因每辆车 3.99 万元的超低价以及老百姓的广大需求，该车年销量从 1998 年的 200 辆迅速增长至 2000 年的 8000 辆，进入寻常百姓家中，最大限度地实现了吉利的价值和李书福的梦想，由此也巩固了公司汽车业务的根基。

20 世纪 90 年代以前，万科还是深圳的一家业务繁杂的小企业，但王石已然感觉到房地产行业的发展契机。万科果断地放弃了综合商社的发展模式，转为单一发展模式。1993 年，公司确立房地产为单一主营业务，陆续转让了工业、商贸和文化等产业。同时，万科进入上海、青岛等一二线城市做项目，开始为在全国扩张房地产做好准备。1998 年房改启动，全国正式进入商品房时代，房地产成为国民经济的支柱产业之一。彻底完成专业化战略调整的万科开始集中精力快速抢占市场。2002 年，公司由"深万科"改名为"万科"，定位为全国性的公司，而非深圳本地公司，正式宣示自己称霸全国房

---

① 详见 http：//news.sohu.com/20060725/n244428692.shtml。

② 详见 http：//www.yidianzixun.com/article/0Jt51vBe。

地产市场的雄心。

1992 年，国内价格管制的放松带来了水泥行业盈利大爆发，在国内水泥企业还沉浸在繁荣时代时，海螺水泥已经开始着手进行技改以便提升效率，并且内外结构加速扩张，"T 型战略"（公司在沿长江拥有丰富石灰石资源的地区建设熟料基地，在长江下游和沿海地区兼并小型水泥企业，改造成粉磨厂或水泥转运站，形成"熟料基地+长江水运+粉磨站"的独特经营模式）初露端倪，港股上市更是极大地提升了扩张融资的便利性。1996 年，在郭文叁掌舵海螺水泥 1 年后，宁国水泥厂（海螺水泥的前身）以 2 亿元人民币整体并购芜湖白马山水泥厂，并购完成后改造完善了"湿磨干烧"生产线。1997 年，白马山水泥厂 2500 吨/天熟料预分解窑新型干法再次创造了预分解窑新型干法生产线建设"低投资、高速度"的新纪录（详见本书第九章的"海螺水泥：世界水泥看中国，中国水泥看海螺"部分），自此之后，海螺水泥又率先建成了中国第一条 5000 吨、10000 吨到 12000 吨新型干法水泥熟料生产示范线，并实现了水泥成套装备的国产化。2003 年，海螺水泥无论是在规模上还是在技术水平上都远远走在了同业的前列。

国内证券市场的发展进一步便利了海螺水泥的扩张进程，公司的资本运作同样早于行业。1997 年 9 月以宁国水泥厂、白马山水泥厂为主体的安徽海螺水泥股份有限公司正式成立，当年 10 月海螺水泥 H 股上市，开创行业先河，募资 8.8 亿元，解决了铜陵海螺注册资本和白马山水泥厂收购资金的问题。高速扩张需要大量的资金投入，而强大的融资能力和多种融资渠道为其提供了"弹药"。1998—2002 年，海螺水泥在沿江下游陆续收购小水泥厂。1998—2004 年，海螺水泥兼并成立了宁波、上海、张家港、南京、南通、上虞、泰州及江苏等多家公司，使其产品销售范围覆盖苏浙沪，犹如一条直线沿海排开，形成了"T 型战略"中的"横"。

至此，"T 型战略"的雏形基本形成，这也成为海螺水泥成本竞争力的主要支撑。由于"T 型战略"非常依赖地理位置，因此，"T 型战略"可复制性较差，同业很难再复制海螺模式构建新的"T 型"生产线，从而使得海螺水泥的成本竞争优势得以长期保持。

三、2000—2008 年：大国崛起，世界产业格局的西退东进

2000 年是国内传统企业实现高速增长、开启原始资本积累的黄金时代的起点。随着全球化的兴起，中国利用廉价的土地和劳动力资源开始承接全球产业转移，经济的高速增长为超级企业提供了大显身手的契机，商业模式的优势开始崭露头角，行业地位初步建立。

这一时期我们见证了传统产业在资本市场的助力下实现转型与跃升，超级企业们纷纷搭上了时代高速腾飞的快车，包括贵州茅台（2001 年）、中国平安（2007 年）、恒瑞医药（2000 年）、长江电力（2003 年）、海螺水泥（2002 年）、保利地产（2006 年）、京东方 A（2001 年）、三一重工（2003 年）、用友网络（2001 年）、宝钢股份（2000 年）。

在日常生活中，人们印象深刻的是电视机由黑白两色变成了彩色，电视屏幕越来越大，超薄的液晶电视越来越便宜。这其中起到关键作用的是国内液晶显示面板领域的崛

起。2003 年，完成转制的京东方在王东升的带领下开始涉足液晶显示面板领域。当时在这一领域国内还是一片空白，面板主要依靠进口，王东升当时想的就是要创造属于中国自己的面板。2003 年 1 月，京东方以 3.5 亿美元收购韩国现代公司的 TFT-LCD 业务，以"海外并购+国内扎根"的形式实现了技术转移。随后，京东方选派了数百人到韩国现代公司学习，同时筹备在北京上马一条 5 代线，把收购的资源转化为自己的技术，为以后的扩张储备专业人才。同年，京东方又以 10.3 亿港元购买冠捷 26.38% 的股份。这次收购解决了京东方产品 1/3 的市场问题。随着对技术掌控力度的加大，公司也加快了内生扩张的步伐，加大自建生产线的规模，逐步巩固自主的基础，初步在液晶显示面板领域站稳了脚跟，具有了跟三星、乐金显示（LG Display）叫板的能力。

在汽车领域，2002 年我国轿车进入家庭普及的起步期，当年中国轿车产销量达百万辆级别，加上国内市场的开放，全球"6+3"汽车集团全部进入中国，争相用不同级别、档次的新产品角逐中国轿车市场。其间，奇瑞开始生产奇瑞中级轿车和 QQ 微型轿车；华晨金杯投产中华牌 2.0 升排量的轿车；大陆与台湾合资的东南（福建）汽车公司投产 1.6 升排量的菱帅轿车。行业竞争越发激烈，吉利早年的三款低端车型已经不能满足市场需求以及持续支撑公司发展。2005—2006 年，吉利集团推出自由舰、金刚、远景等轿车，开启了第一次产品升级。2007 年吉利提出战略转型，不打价格战，而是将核心竞争力从成本优势重新定位为技术优势和服务品质。全球各大车展是各大车企"秀肌肉"的舞台，也是吉利汽车实现异军突起的不可或缺之路。吉利加速在各大车展推出新车型、概念车型以及新技术。虽然与同时代的合资车型相比，吉利的产品力依旧稚嫩，甚至引发了极大争议，部分车型也未实现真实量产，但出奇制胜的推广帮助吉利一步步从幕后走向台前，依靠不断被曝光，吉利品牌的市场影响力不断提升。

在医药领域，恒瑞医药的坚守开始获得回报。从"十一五"规划开始，生物医药产业被确定为国家重点发展的战略性新兴产业之一。2010 年后，该行业进入医保控费期，医药价格持续下行。医疗产品需求逐年增长，药品销售也逐年增长。随着国家逐步完善社会保障体制，医改方案在 2009 年出台，从低端医保向全民医保转变，新修订的《药品注册管理办法》等新的政策鼓励创新，低水平重复受到限制，同类竞争品种减少。外企和合资制药企业凭借专利及技术品牌持续占领国内高端医药市场，而国内多数制药企业处于中低端竞争，利润薄且抗风险能力差。这个时期，国内企业多头竞争，加上市场整顿、"一品两规"、挂网招标竞价等新政策，以及政策性降价、原材料涨价等多种因素导致行业竞争力下降，制药产业集中度逐步提升，国内仿制药企业生存越发艰难，但是利好龙头企业和创新药企业。2011 年，恒瑞医药首款创新药艾瑞昔布的上市，标志着公司进入收获专利的时期。随着公司的创新药逐渐上市，形成了每 2~3 年都有创新药上市的态势，仿制药也陆续打入国际市场，带来多个新增利润增长点。

这段时间也是我国空调发展史上浓墨重彩的一页，空调行业从高速发展走向成熟，品牌阵容由空白走向迅速扩容，经历了前期的供不应求，随着产能扩张，空调在城市内基本做到了普及，由此人们开始更关注产品性能。格力电器通过自身品质形象的塑造正式巩固了自身的行业地位，掌握了行业定价权。1996年开启的疯狂价格战，一直持续到2004年。持续的价格战使得某些厂商想尽办法降低成本，但也同时牺牲了产品质量，而格力电器则坚守对品质的要求，持续推行自己的精品工程。在5年的维度中，品质的差异足以改变整个消费者群体的认知。到2004年左右，尽管价格战仍在继续，但是产业中开始号召大家把注意力放到产品上，不要一味地通过价格来竞争（详见本书第九章中"格力电器：世界空调，格力制造"部分）。消费者和厂商在长达近10年的价格战之后重新燃起对品质的追求，低价低质产品不再受消费者欢迎，中小品牌想要在产品和品牌形象上超越格力电器已毫无可能，格力电器积累多年的优势变得越发明显。此时，格力电器的产品定价成为消费者最认可，也是所有厂商都必须接受的基准定价。市场定价权基本由格力电器掌握，行业加速出清。

四、2008—2012 年：金融危机，危中有机

时隔10年之久，2008年，国际金融危机卷土重来。本次危机的导火索是美国房地产市场泡沫的破灭，始于2007年的美国次贷危机通过杠杆效应迅速蔓延至整个金融体系，进而升级为系统性金融危机，实体经济也遭受摧残。虽然危机的源头在美国，但作为全球经济的发动机，美国经济低迷也通过全球分工体系迅速传染至其他经济体。2008年、2009年全球主要经济体的经济增速均出现明显下滑，美国、日本、英国更是陷入负增长状态，冲击在2009年进一步深化，全球经济基本零增长，各大经济体基本都出现了负增长，仅中国"一枝独秀"，依靠内需挖潜，当年GDP增速继续保持在9%以上，并通过进口扩张支撑起世界经济，彰显了负责任大国的形象。

"4万亿元"计划①的推出对国内基建和房地产产业链的业务增长产生了极大的刺激作用。钢铁、煤炭以及家电等相关产业均实现了第二次扩张，万科提前实现千亿元销售规模的目标，贵州茅台成功赶超五粮液成为行业龙头。

依托房地产行业的发展红利，万科继续高歌猛进。2004—2013年，万科在管理、融资、运营等方面完成了突破和创新，提前实现了自己设定的千亿元销售规模目标，也成为国内首个销售规模超过千亿元的房企。为了适应全国业务快速扩张的节奏，万科创造性地设立了"战略总部—专业区域—执行一线"三级管理架构，这种管理架构将过去由总部承担的设计、工程、销售等专业管理职能逐渐下放到区域中心，以便进行区域深耕。此外，万科还搭建起标准化的住宅产品体系，以便于快速进行异地复制。

在融资方面，万科不仅尝试多种融资渠道，还加大了长期借款在公司融资规模中所占的比重，并充分地运用了"无息负债"。2004—2013年，万科尝试过发行债券、增发

---

① 2008年9月，国际金融危机全面爆发后，中国经济增速快速回落，出口出现负增长，大批农民工返乡。为了应对这种危机，中国政府于2008年11月推出了进一步扩大内需、促进经济平稳较快增长的十项措施。初步匡算，要实施这十大措施，到2010年底约需投资4万亿元。随着时间的推移，中国政府不断完善和充实应对国际金融危机的政策措施，逐步形成应对国际金融危机的一揽子计划。此后，一些媒体和经济界人士仍将其简单地解读为"四万亿元"计划。

股权、海外融资、设立信托计划和房地产基金等多种融资方式。针对国内房地产行业监管趋严、拿地资金要求越来越高的现状，万科除了运用原始积累的资本以外，还通过大幅提高营运资本的周转率提升经营效率，通过房地产的高速周转实现规模迅速扩张，2004—2013 年，万科应付账款和预收账款（合同负债）的周转天数分别从 20 世纪 90 年代的 28 天和 75 天延长到 415 天和 230 天。万科还通过产品体系和业务流程标准化，大幅缩短项目开发周期，降低建设成本，加快了资金周转。通过高周转策略，在 2004—2013 年这 10 年间，万科房地产业务覆盖城市数量从 16 个扩张到 65 个，开发项目从 43 个扩张到 417 个，平均每个城市项目数量从 2~3 个扩张到 6~7 个，充分体现出公司大范围操盘能力。最终，万科在 2010 年提前实现了千亿元销售规模的目标。

国内光伏产业因国内补贴退坡及国外"双反"调查而遭受重创，行业景气度下滑，无锡尚德、超日太阳能、江西赛维等产业巨头因前期扩张过于激进而纷纷破产。但光伏行业的大幅度调整并没有阻止国内企业的扩张热情，2014 年后，随着行业景气度回升，光伏行业重新进入扩张周期。考虑到多晶产品工艺相对简单，国内主流光伏企业多采用多晶路线。而隆基股份在深度调研后认为单晶路线会是未来十年的主流光伏技术路线：单晶路线相对于薄膜路线具有投资成本低、产业基础稳定、产业化前景广阔等优势；单晶路线与多晶路线相比具有可持续发展的优势，其生产工艺和技术门槛高，对区域布局要求高，高转化效率所带来的度电成本降低空间大。基于以上分析，隆基股份选择了单晶路线作为长期发展的技术路线。同时，在行业内主要光伏企业进行垂直一体化扩张时，隆基股份仍坚持专业化战略定位，持续巩固在单晶领域的技术、成本优势，为当下的技术与成本领先奠定了基础。

五、2012—2015 年："三期叠加"

2012 年中国开始从更高的视角出发进行经济结构转型，经济增速出现换挡，传统产能开始过剩。"三期叠加[①]"（增长速度换挡期、结构调整阵痛期、前期刺激政策消化期）下，周期品价格急速下行，1 斤钢铁的价格甚至不如一斤白菜。钢铁、煤炭、有色金属等产能过剩行业陷入全行业深度亏损状态。整个宏观经济体系开始接受全面考验，没有企业能够独善其身，破产潮涌现，各类资产的刚兑开始被打破。但在这个过程中，超级企业则利用困境磨砺自身，继续巩固自身行业地位，实现了逆市崛起。

在完成了"追赶者"战略目标之后，2013 年起，京东方开始向全球面板巨头发起挑战。其间，全球宏观经济下行以及消费者对产品的需求渐进饱和持续给显示面板行业施压。面对复杂的竞争格局及严峻的市场环境，京东方贯彻"一四三三"战略（围绕一个目标，加快四大创新，活用三大资本，实现三个转变）[②]，利用资本市场改革的便利，加

---

① 详见 http://cpc.people.com.cn/xuexi/n1/2016/1117/c385476-28875583.html？from＝singlemessage。
② 详见京东方现任董事长陈炎顺的《坚定贯彻"一四三三"，确保全年盈利倍增——2013 年集团年中工作会经营工作报告》。

速进行产能扩张。在进一步夯实基础业务的基础上，京东方全面优化升级智慧端口产品，同时大力拓展物联网系统和专业服务业务，不断提升自身抗风险能力和盈利能力。2013 年，公司成立智慧系统事业群，通过内生和外延成长手段构建起包括智能制造、智慧零售、智慧车联以及智慧能源在内的四大业务体系。

2014 年，在业界激烈争论 OLED 是否将替代 LCD 的时候，时任京东方董事长王东升提出："无论是 OLED 还是 LCD 都属于半导体，OLED 在中小尺寸领域将逐渐替代 LCD，但在大尺寸领域 LCD 仍将是主力，并在相当长时间内会与 OLED 并存。"依托 2014 年的定增以及后期国资战投资金的引入，公司进一步加快了扩张的步伐。在全球主要巨头纷纷收缩 LCD 产能之时，京东方则加速扩张，2013—2017 年，京东方液晶显示面板出货量年均复合增速达到 28.46%，而同期 LG Display、三星 LCD 出货量年均复合增速分别为-11.25%、-20.79%。

着眼于中国智能手机及 4G 技术普及所带来的技术红利，张一鸣也加入了移动创业浪潮中，在 2012 年 8 月推出今日头条 App，自此，字节跳动的一系列产品开始渗透到我们生活的方方面面。在字节跳动推出今日头条的时候，国内互联网内容产业链已经发展得较为成熟，腾讯新闻 App、网易新闻 App 都积累了一定规模的受众，内容行业也出现了信息过载的困扰。与这些竞争对手相比，今日头条对分发环节做了进一步创新，用大数据+AI 算法完全替代人工编辑，通过算法推荐功能，解决了信息过载的问题，满足了用户对内容消费的个性化需求，使得读者能够最大概率地阅读到自己感兴趣的内容。同时期，腾讯新闻和网易新闻虽然也配备了大数据技术能力，但由于没有 100% 实现算法替代，内容分发机制相比今日头条仍较为落后，这使得用户的消费体验远不及今日头条。依托算法上的强大优势及创新，字节跳动在短视频领域的布局（抖音）也收获很大。不同于快手（中国另一个短视频平台代表）讲究公平、避免高播放量置顶的算法，抖音的算法机制是实现强者更强，优先推荐高播放量视频，这使得平台成为一个不断吸引眼球的媒体。依靠这种分发机制，抖音的飞轮效应达到了极致，在推出 1 年之后，用户数即赶上快手。截至 2020 年 12 月，抖音日活跃用户数突破 6 亿，日均视频搜索次数突破 4 亿。[①]

2013 年，随着国内对"三公消费"的严查力度加大，中国整个白酒行业尤其是高端白酒受到重大冲击，全行业白酒产量增速由 2012 年的 18% 下降至 5%。面对行业寒冬，各大酒企纷纷进行降价促销，最终导致白酒终端售价与出厂价出现倒挂，经销商受损严重。在这一时期，贵州茅台坚持每瓶 819 元的出厂价不动，并严令经销商不得随意降价出售，通过严格的价格管控维持经销商的盈利。同时，为应对存量需求的萎缩，贵州茅台在营销方面做了以下几个方面的突破：（1）深入挖掘民营企业的团购需求；（2）开发高净值人群的消费潜力；（3）扩大销售区域，加大对县级经销商的开发力度；（4）提升防伪技术，挤占假酒的市场空间。通过经销商的通力配合，贵州茅台在国内白

---

① 详见《2020 抖音数据报告》。

酒行业周期低迷阶段，营业收入和净利润仍实现了正增长，这一时期也成为贵州茅台强化自身品牌力的契机。

六、2015 年至今："三去一降一补"，周期逆袭与科技崛起

自 2015 年以来，中国供给侧结构性改革的启动改变了国内周期行业的生命周期运行轨迹，行业竞争格局从过剩回归饱和，景气度触底回升。例如，水泥行业通过错峰生产、环保限产等手段有效地缓和了地区供需矛盾，全国水泥价格稳步攀升，波动性明显减弱，行业特征接近发达国家市场的"成熟阶段"。在这种政策及经营环境下，海螺水泥的核心资产优势逐步显现。利用行业供给调整的有利时机，海螺水泥加快了对国内水泥行业的竞合。2017 年，海螺水泥在华东、中部、华南等地区设立了多家贸易公司，对稳定国内水泥市场、平抑业内竞争起到了积极作用。

通过产能去化、"地条钢"出清以及环保限产等举措，中国钢铁行业迅速扭转颓势，2015 年行业景气度见底后不到两年时间，行业盈利即创下历史新高。在企业盈利改善的同时，行业集中度也开始提升，企业兼并重组重启。2016 年 12 月，宝钢集团与武钢集团通过联合重组组建了中国宝武钢铁集团有限公司，自此，宝钢的生产基地由沿海扩展到沿长江流域，其沿海、沿江的产能布局基本形成。2019 年，中国宝武对马钢集团实施联合重组，重组完成后中国宝武的产能规模达到 9000 万吨，距离其"亿吨宝武"的战略目标仅一步之遥。

在这期间，中国科技产业也取得了重大突破。隆基股份对单晶路线的多年坚守终于得偿所愿。2013—2015 年，连续快速拉晶技术和金刚线切片技术的导入使得单晶组件与多晶组件的成本差距缩小到 3% 以内，采用单晶组件与采用多晶组件的电站单位投资成本持平，凭借着性能上的优势，单晶硅片的市占率开始迅速提高。2018 年上半年，单晶硅片市占率已经提升至 52.7%，占比过半。依靠领先的技术优势，隆基股份成为全球最大的单晶硅片供应商，盈利随之迅速改善，2013 年，公司净利润仅为 0.72 亿元，到 2017 年，已升至 35.49 亿元，2019 年进一步上升至 55.57 亿元。

不仅硬件领域的技术突破令人瞩目，软件行业的飞跃式发展也是中国科技产业不可忽视的成就。2014 年前后，云计算开始成为国内 IT 产业发展的战略重点。为了顺应时代的变化，用友网络调整经营战略，形成了以用友企业云服务为核心，软件、云服务、金融服务融合发展的新战略布局。2017 年，用友网络推出云 ERP 产品"U8 Cloud"，推动公司云业务快速增长。"U8 Cloud"主要聚焦成长型、创新型企业，为这类企业提供集交易、服务、管理于一体的企业级云 ERP 整体解决方案，通过云模式、低成本、快速部署、即租即用等功能帮助企业免除硬软件投入并快速搭建企业管理架构。在通过云服务提升企业经营效率的同时，用友网络也借助企业数字化转型的机遇成为中国企业云服务领域的领军企业。

第二章 超级企业的崛起路径

三星集团进入"二次创业"的第二阶段，这段时期的任务就是在实践中进行革新和创造。

——1993 年 3 月 22 日三星电子前掌门李健熙于三星集团成立 55 周年纪念典礼

生于忧患是超级企业的一个共同特点，但并不是所有生于忧患的企业都可以成为超级企业，仅仅是生于忧患这一点，无法帮我们解答"企业未来会到哪儿去"以及"哪些企业会崛起"。对于这两个问题的解答，我们还需要弄清楚"超级企业们从哪儿来"。

在经济高速增长时期，人们的生活消费需求总量不断上升，所以每个行业的市场空间都得以不断增加，因此导致市场结构相对分散，在这个时候，企业的成长主要得益于行业扩张，行业内每个企业都可以分得一杯羹，无须面对生存压力。一线、二线甚至三线企业都可以轮番获得发展的机会。比如 21 世纪初期的空调行业，受益于市场需求的扩张，一些不关注质量的企业也能获得很好的成长。

随着经济增速下滑至低速区间，消费需求增速也开始放缓。高速增长时期产能持续扩张导致行业供给开始过剩，消费者的关注点也开始由价格转向质量和性价比，行业竞争明显加剧。在这种情况下，具有明显竞争优势的公司开始利用自己的优势抢占二线、三线公司的市场份额，以此实现逆势成长，竞争优势的作用开始凸显，在行业总产出增速放缓的情况下，仍能实现盈利持续增长。而二线、三线缺乏竞争优势的企业将会出现规模及盈利双重萎缩。随着竞争压力加大，亏损企业开始逐步退出市场，市场集中度上升，最终形成由少数几家优势厂商供给该行业全部或大部分产品的寡头格局。

从产业生命周期来看，寡头市场格局的形成有两种可能。第一种是由壁垒导致，第二种是产业自发运行形成。从理论上讲，产业集中度的运行轨迹应呈现"U 形"特点，即在初创阶段，竞争者较少，因此具有先天性的寡头特征。随着市场的扩张以及技术的成熟，越来越多的竞争对手开始参与进来，从而导致行业集中度走向分散，这个时期对应着行业的成长期以及成熟期。随着市场趋于饱和，行业赛制开始由"卡位赛"转为"淘汰赛"，竞争强度的提升导致行业优胜劣汰的进程加快，市场份额开始向具有竞争优势的企业集中，行业竞争格局重新走向寡头，甚至是垄断，如图 2-1 所示。这种寡头格局的形成是行业自发运行的结果，其本能驱动是优胜劣汰、适者生存。按照产业生命周期划分，这种寡头格局多见于行业的成熟后期或过剩期，其中，在成本、渠道、品牌、差异化等方面形成的竞争优势均会成为企业获胜的法宝。

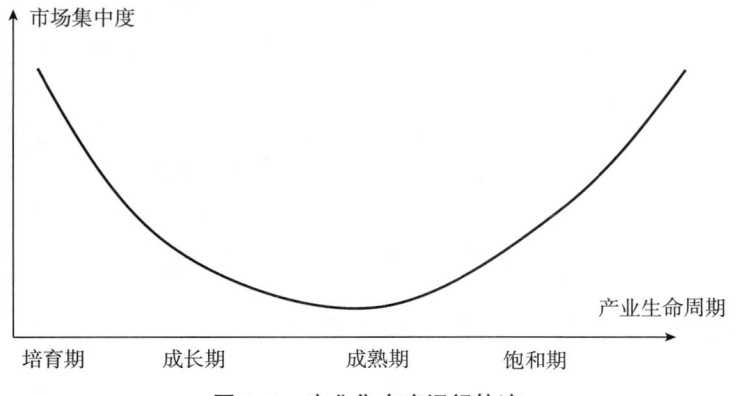

图 2-1 产业集中度运行轨迹

（资料来源：笔者整理）

但是，以上规律只是行业集中度演变的一般轨迹，并不是所有的行业都会遵循，拥有强壁垒的行业会通过阻碍新竞争者进入而长期维持寡头格局。比如，铁路、电信、石油、电力运营等传统行业，这些行业寡头格局的形成及维持即来自行政壁垒及资源壁垒。由于这类行业关系到国计民生以及国民经济安全，因此需要特许经营，市场供应只掌握在少数几家厂商手中，天然具有寡头特征且得以长期维持。

行业壁垒的本质是通过设置障碍，阻止新竞争者进入，达到保护市场、排除竞争的目的。壁垒越坚固，市场障碍越多，企业越难进入，市场垄断程度便会越高。除上述行政壁垒以及资源壁垒外，常见的壁垒还包括品牌壁垒、科技壁垒、网络壁垒，其中科技壁垒、网络壁垒也均有助于产业先天寡头格局的维持。

科技壁垒多见于科技类产业，技术储备不足的潜在进入者要么生产不出，要么生产成本很高，这些均会阻止新竞争者进入。比如，依靠专利优势，微软能够长期垄断计算机操作系统市场，英特尔与台积电垄断半导体芯片市场，英伟达垄断 GPU 市场，诸如此类的案例不胜枚举。这些行业的竞争格局基本固化，新进入者无论是在技术积累还是品牌认知上均难以与这些先发者相抗衡。从这个角度看，能够形成技术壁垒或者依托于技术壁垒而生的科技类产业，也具有形成天然垄断的条件——后来者难以对垄断造成冲击。

与科技产业类似，医药行业也会因技术壁垒而形成天然垄断。专利的存在导致某一品类药物往往只能由专利拥有者或其许可的企业生产，在细分品类上形成寡头特征。比如，默克的爱必妥（肿瘤靶向治疗）、利比（神经变性疾病）均具有寡头特征。

网络壁垒则体现在高用户黏性以及低获客成本上，这会极大地提升后来者的进入成本，这类壁垒多见于互联网平台型企业。比如，在阿里巴巴、腾讯创立时，我国的电商及社交业务尚未萌芽，二者在初入赛道时便获得了垄断地位，后来基于电商及社交业务生态所构建的网络壁垒，大幅提升了业务模式的复制难度，因此，寡头格局也得以继续维持。

品牌壁垒需要时间的沉淀以及口碑的积累，因此大多是后天形成的，相关行业寡头市场的形成多是后天行业自发运行的结果。

　　回顾超级企业的成长历程可以发现，不仅优秀的企业家们特点各异，企业的成功路径也各不相同。但透过表象，我们可以看到，路径的差异只是形式上的外在表现，内在本质并没有脱离客观规律。这个客观规律的核心就是基于行业运行逻辑形成差异化壁垒！通过研究这么多优秀的超级企业，我们最大的感受是万变不离其宗。超级企业的成长轨迹看似千差万别，但大致可归结为以下四种模式：一是兼并收购，由大变强（传统制造业）；二是变革供需模式，培育品牌意识（消费产业）；三是强化创新能力，持续迭代产品和技术（新兴产业）；四是加速引流与高效变现（平台型企业）。

一、传统制造业：兼并重组，缓解竞争

　　经过四十多年的高速发展，中国产业结构发生了几轮变迁，部分传统行业已经步入产业生命周期的末期，成为夕阳产业，在这类产业中，周期性行业最具代表性。从国外经验看，夕阳产业也能够产生超级企业。

　　在产业生命周期早期阶段，夕阳产业的市场需求扩张较快，但市场集中度不高，龙头企业优势不明显。随着行业需求增速放缓，行业内企业间竞争加剧，市场会表现出两个重要的特征：第一，大型企业的市占率提升，小型企业被收购或者退出市场，行业内企业数量减少，市场集中度提升。第二，龙头企业的竞争优势开始凸显，市场份额提升，议价能力增强，利润增长幅度高于行业平均水平。

　　周期性行业面临的经济周期风险更大，企业的发展前景深受国际及国内经济波动的影响，小规模企业往往难以熬过经济"寒冬"，淘汰率高。同时，行业投资利润率具有平均化特征，进入门槛低，在周期上行阶段，投资利润率的上升会吸引大批投资者进入行业，从而导致利润率下降。因此，从抗风险与保持利润率的角度出发，周期性行业超级企业的崛起需要通过推动行业整合、提升行业集中度，鼓励企业之间收购兼并来实现，通过市场份额提升来熨平经济波动，实现利润稳步扩张。以水泥行业为例，去产能的最后环节必须依赖大企业之间的并购重组，只有依靠大企业的联合，使产能有序退出，才能使工厂关闭的影响最小化。日本作为一个领土面积不大的国家，前后经历了三轮去产能，最终形成 CR3 的行业格局，水泥巨头间的兼并整合是周期性行业孕育超级企业的范例。

　　日本水泥行业的发展历程可以分为以下三个阶段：阶段一，1946—1973 年，伴随GDP 高速增长，水泥产量大幅提升；阶段二，1974—1985 年，经济发展放缓，水泥产量平稳增长；阶段三，1985 年至今，行业饱和，企业开始大规模兼并收购整合，淘汰落后产能，行业集中度迅速提高。

　　从当前来看，日本水泥行业从第二阶段走向第三阶段的发展经验最具借鉴意义。20世纪 70 年代，日本城镇化初步完成，加上石油危机推高了能源价格，日本公共事业投资和民间需求低迷，水泥行业产销量持续下行，企业开始面临产能过剩和需求萎缩的困扰。为此，水泥行业进行了第一次大型整合，淘汰了 3100 万吨过剩产能。1994 年，日本水泥行业进行了第二次大型整合，水泥企业从最初的 47 家整合重组成 7 家，行业集中度大幅

提升，CR3 超过了 80%。1998 年，日本在大企业的带领下开展了第三轮去产能，水泥厂从 69 个关停到 19 个，水泥窑容量从 9700 万吨降到 5500 万吨，产能水平降到 6200 万吨，过剩产能去化使水泥产能利用率保持在 85% 左右。通过大规模的兼并收购整合及落后产能淘汰，龙头企业太平洋水泥应运而生。

相比于日本水泥行业，我国水泥行业起步较晚，行业发展阶段落后于日本数十年，目前与日本水泥行业的"成熟阶段"大致相当，行业需求尚未见顶，龙头企业还有较广阔的前景。国内需求仍有扩张空间：中国目前的城镇化率在 60% 左右，距离日本人均水泥需求量到达峰值时的城镇化率（75% 左右）还有差距。中国近 15 年年均城镇化率上升幅度不足 1.5%，按此增速计算，中国要到 2030 年左右才能达到 75% 的城镇化水平。同时，未来新型城镇化建设及基建投资（铁路、地铁、轻轨）仍有保障，水泥需求峰值可能要延续到 2030 年以后才会出现。行业增长有潜力，龙头企业也具有广阔的并购空间。借鉴日本太平洋水泥以及其他欧美国家的水泥企业发展路径，收购兼并是企业做大做强的重要途径，也是龙头企业崛起的必经之路。

供给侧结构性改革可以加快行业集中度的提升，宏观政策和产业政策推动行业内部进行出清与整合，最终中小企业出局，龙头企业对行业的影响显著加强，市场集中度得到提升。2016 年我国进行供给侧结构性改革后，钢铁、水泥、煤炭等行业都出现了产能利用率提高、行业集中度提升的情况。

钢铁行业在实行供给侧结构性改革后，粗钢产能明显下滑。截至 2016 年末，粗钢产能为 10.21 亿吨，较前值减少 1.79 亿吨，同比减少 14.91%。与此同时，粗钢产能利用率大幅提升，由 2015 年的 66.99% 提升至 2018 年的 86.75%。中小企业逐渐退出市场，2018 年我国钢铁行业从业企业数量减少至 5138 家，仅为 2013 年（11034 家）的一半左右，同时 CR5 占比由 2013 年的 35.35% 提升至 2018 年的 37.51%。随着钢铁行业运行标准提高，产能自发去化仍在继续，未来行业集中度预计仍会进一步提升。

煤炭行业的供给侧结构性改革同样使得行业集中度提升。具体来看，煤炭行业从业企业数量自 2015 年开始减少，截至 2019 年已降至 4230 家，较 2015 年减少了 2200 家，降幅达到 34.21%。供给更加有序，产能向优质产能集中，企业平均煤炭产量从 2015 年的 64.27 万吨升高至 2019 年的 90.79 万吨，头部企业市占率提升，到 2019 年，我国煤炭行业前 5 大企业煤炭产量占比为 31.56%，较 2014 年提高 3.44 个百分点。

二、消费产业：品质提升，明星品牌强化

万科从今年开始，要从追求规模到追求效益转型，以前我们把规模当成了目标，其实规模只是结果，没有技术核心竞争力，规模再大也没有意义。

——万科董事会前主席王石

消费行业的发展阶段与周期行业类似，目前接近产业生命周期的末期，行业进入存量博弈阶段，企业做大做强的关键也在于提升市场份额，做到"剩者为王"。与周期企

业不同，消费类企业扩张市场份额的关键在于通过塑造品牌形象提升用户黏性、通过变革供需模式拓宽与消费者的接触范围、满足消费者不断更新的需求，以此占领消费者"心智份额"，增强品牌黏性。

消费产业的龙头是如何崛起的？当大家尝试去回答很多关于"为什么是茅台"的问题时，穷举式的阐述带来的多是无力感。茅台做的事情其他酒企也可以做，比如战略差异化、产品高端化、渠道扁平化等。再比如讲"产地""稀缺""年份"等概念，有能力生产高端白酒的公司都可以制定相同的战略，讲出类似的概念，模仿同样的营销思路。但是"能讲不代表能讲好""能讲好不代表能持续地讲好"，"由持续地讲好到坚定地、长期地执行好"还有一个过程。

其实查理·芒格反复讲述的"Lollapalooza效应"可以对茅台的成长进行解释。对此，查理·芒格并没有给出准确的概念，大概可以理解成多因素叠加才可能带来的放大效应。我们尝试着总结了茅台成功最重要的几个因素，包括公司品牌化、品牌高端化、战略差异化、产品工匠化、产能扩大化、营销精准化、渠道扁平化。反过来想，茅台如果没有同时做到这几点，可能获取不了当下的成就。在诸多方面数十年如一日的坚守成就了茅台的伟大奇迹，如图2-2所示。

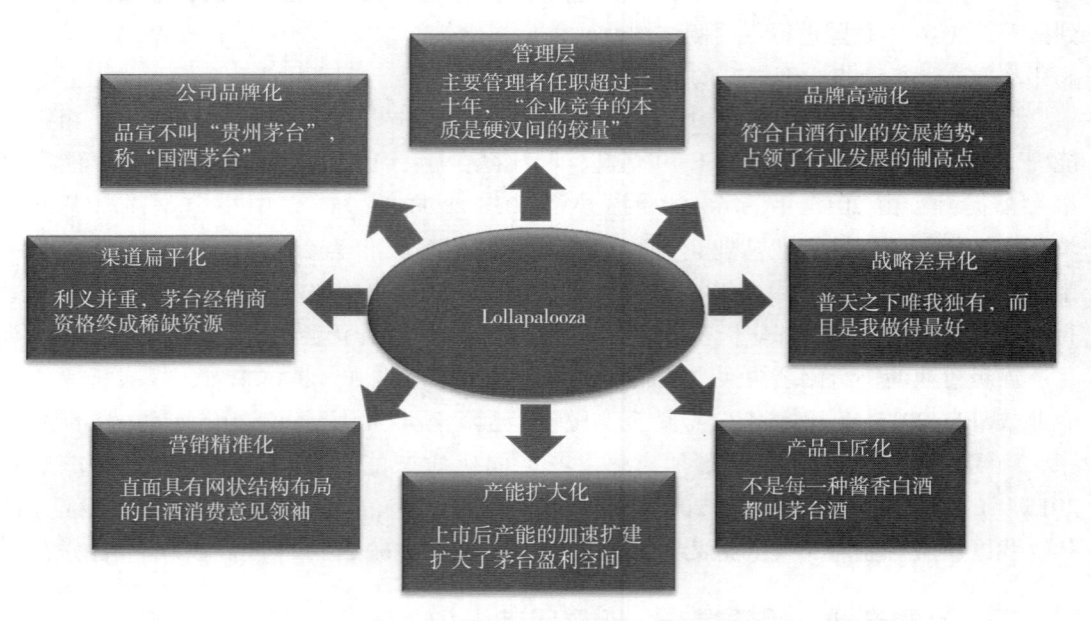

图2-2　Lollapalooza效应带给茅台的伟大奇迹
（资料来源：笔者根据公开资料整理）

爱马仕历经百年成就品牌传奇，这与其历史、品质、品牌战略、渠道布局、会员体系有着密切的联系，对企业品牌塑造有着很强的借鉴意义。爱马仕强大品牌的塑造依靠多方面因素：百年历史积淀品牌文化，始终如一对品质的坚持；生而为贵，爱马仕是王室以及很多明星的首选，这使得公司品牌的高端性深入人心；主打单品牌战略，保持品牌的一致性；注重口碑营销，基本不打广告，保持神秘感和调性；全球布局做大做强，谨慎扩张，加大直营；适应潮流，加强数字化战略，进行渠道变革。

格力电器的崛起源于始终如一地坚守品质。在中国家电行业，格力电器可能是唯一一个自始至终都专心做一个产品的公司，也是唯一一个靠一个品类就做大做强的公司。而主要竞争对手们大都进行了大量的产品多元化。当然多元化并不一定是坏事，比如依靠多元化成功的美的和海尔。但是，在所有的家电品类中，空调是最特别的一个，因为空调行业的龙头格力电器的市场份额和盈利能力都远远超过其他任何一个品类。这是专注的力量。朱江洪在的每一天，格力电器都在推进他的精品工程。读《朱江洪自传：我执掌格力的 24 年》，你会发现他在所有的竞争要素中最看重的就是产品。在今天，主流品牌空调的产品质量都还不错，但是在 1996—2005 年这十年中，品牌之间的产品质量可谓泾渭分明。否则，"好空调，格力造"也不会那么深入人心。这十年也是格力电器最值得分析和讨论的时期，这个时期空调行业经历了一次持久而全面的大混战。在朱江洪和董明珠的通力合作下，格力电器的江湖地位全面稳固，铁板一块的"厂—商—客"生态锤炼成型，为后面 10 年的利润大爆发做好了充分的准备，我们简单估算了一下，1996 年格力电器在国内的量份额估计在 10%左右，而到了 2005 年，其量份额估计已经在 20%左右，这个份额在 2006—2007 年还在快速提升。相应地，1996 年格力电器的收入为 28.4 亿元，到了 2006 年则达到 264 亿元，接近 10 倍的增长。

丰田成功的本质是品牌聚焦。自 2014 年起，丰田在全球的销量就稳定在 1000 万辆以上，常年与大众争夺车企榜首的位置。通过对单一品牌的聚焦和对用户需求的深度挖掘，丰田将精益理念应用于制造、销售、产品开发等多个环节，同时缩短产品研发周期、争取市场先机、提高零部件通用率以及进行规模化采购以降低成本，提高人员、设备利用效率。丰田始终聚焦主品牌，除雷克萨斯外，旗下品牌多为满足不同市场需求而独立运营，主要包括 1998 年收购的以生产小型车为主的大发、1953 年入股的斯巴鲁、2001 年注资的以生产柴油卡车和公共汽车等专用车辆为主的日野，2003 年创立于北美丰田、面向年轻人的 Scion 品牌已于 2006 年退出市场。凭借精准的定位以及可靠的产品力，雷克萨斯获得巨大成功，2000—2003 年，雷克萨斯连续四年蝉联美国豪华车销量冠军，2004 年在美国的销量突破 30 万辆，连续八年获得客户满意奖。雷克萨斯在美国的成功也在全球奠定了其高端车的形象。

除了对品质、品牌、渠道等传统竞争要素的追求外，新时代背景下，消费升级也是超级企业不可忽视的趋势。作为拉动国民经济增长的"三驾马车"之一，中国的消费一直走在升级的道路上。与此同时，技术驱动也进一步推动了渠道、产品和服务的升级，消费环境、产品和需求都在发生变化。未来，新消费将成为中国经济发展新动能。

新消费是以消费者为核心，以满足消费者的需求为目的，重构消费者与商家的关系，实现业态整体的全要素升级。消费升级反映的是居民从较低生活质量标准向较高生活质量标准的迈进，是主流商品的消费需求由低级向高级的转变，是消费结构随着时代的进步逐渐优化的过程。面对消费升级，行业的机遇与挑战并存。

挑战方面，中产分化导致 M 形社会加速形成，购买力两极分化催生普通群众对"高性价比"、高净值人群对"极致体验"的消费需求。全民进化时代的圈层裂变，衍生出一系列"他经济""她经济""它经济"，消费行为本身被赋予更多的标签、更多场景。生态去中心化导致简单的消费供应链走向复杂的多主体产业生态。

机遇方面，新零售"最后一公里"持续探索，围绕高频生活刚需，如生鲜食品等，前置仓模式、门店到家模式、社区拼团模式快速崛起，如盒马鲜生、每日优鲜都抓住了"最后一公里"；新国货品牌影响力不断提升，心理溢价和群体效应导致国产品牌好感度持续增强，新国货时代已经到来，如美妆品牌百雀羚、电子品牌华为等深受国人青睐；新融合跨界创意不断，消费者不止于物质满足，更追求精神上的富足，体验店+快闪店（在商业发达的地区设置临时性铺位，供零售商在比较短的时间内，比如若干星期，推销其品牌，抓住一些季节性的消费者）+生活服务等成为跨界融合的新模式；新板块彰显个性化消费，不同消费者对于同一产品或者服务的具体要求可能会存在巨大差异，因此，消费市场细分、聚焦特定人群成为消费企业顺应消费升级的重要武器。

技术的升级和场景的颠覆也是新消费崛起的助推力，在人工智能、大数据、云计算、物联网等新一代信息技术的推动下，以全渠道运营、虚拟现实体验、柔性供应链为代表的新消费也在崛起。例如，新零售以互联网为依托，通过运用大数据、人工智能等先进技术手段，结合心理学知识，对商品的生产、流通与销售过程进行升级改造，对线上服务、线下体验以及现代物流进行深度融合，以此满足消费者不断提升的购物体验需求。

综观整个新消费领域，龙头企业崛起的关键就是满足了消费者不断提升的需求，具体体现在以下三点。

第一，"用户体验"为王，人性化、便利化、精致化、定制化成为用户追求的目标。在线上，企业挖掘交流平台（如微信）的生态价值，利用社交群、小程序、个人服务号等私域流量为消费者提供高性价比的消费品，满足消费者的个性化需求；在线下，抓住消费者代际变迁和品牌本土化、个性化的机会，通过开店和提供优质品牌服务等形式，快速攻占三线、四线、五线城市等下沉市场。随着年青一代成为消费主力，把握年轻人群的消费习惯和爱好是企业抓住新消费人群的秘诀，潮鞋、宠物经济、盲盒等业态的蓬勃发展都印证了这一发展思路的成功。

第二，注重场景。在新消费领域，用户消费的不仅是产品，还是场景。企业可以采用的消费场景众多，如社区团购、社交电商、直播电商等，在满足消费者的消费需求的同时，也为其提供了极佳的消费体验。

第三，数字化转型，以科技驱动创新。通过 AI、大数据等数字功能提高企业在技术、模式、服务、品牌等方面的创新能力，为企业的发展提供新动能。

三、新兴产业：强化创新，持续迭代

新兴产业多处于产业生命周期初期，行业成长空间广阔，但技术密集度高，产品迭代速度快，企业做大做强的关键在于能够持续领先市场，巩固行业头部地位，领先的创新能力是企业的核心竞争力。

以我国创新药行业龙头恒瑞医药为例，早期我国的医药行业以仿制药为主，2001年中国加入世界贸易组织（WTO）后，药品进口关税降低，市场开放，外企和合资制药企业凭借专利及技术品牌持续占领国内高端医药市场，国内多数制药企业只能在中低端市场开展竞争，利润薄且抗风险能力差。面对这种情况，恒瑞医药率先提出要重视创新药的研发，开始在创新药领域发力。2003年，公司研制的具有独立知识产权的一类新药艾瑞昔布获批，标志着公司新药研究开始由"仿制"向"创新"转变。2009年，《中共中央 国务院关于深化医药卫生体制改革的意见》的出台开启了国内新一轮医疗制度改革，加上市场整顿、"一品两规"、挂网招标竞价等新政策以及政策性降价、原材料涨价等多种因素影响，国内医药行业产能开始出清，制药产业集中度逐步提升，恒瑞医药凭借创新药的优势脱颖而出。2011年，公司第一个获批的国家一类新药艾瑞昔布获批上市，标志着公司的专利品种开始获益。此后公司在创新药开发上基本形成了每年1~2个创新药申请临床、1~2个创新药上市的良性发展态势。与此同时，公司的创新药在国际上也取得了突破。2011年，公司的伊立康注射液获准在美国上市销售，成为国内第一家注射液通过美国FDA认证的制药企业。领先的创新能力使得恒瑞医药在行业集中度提升的过程中获益良多。2011年，恒瑞医药实现营业收入45.5亿元，占化学制剂行业总营业收入的4.80%，其中研发投入占营业收入的比重为8.80%。2019年前三季度，恒瑞医药实现营业收入169.45亿元，占化学制剂行业总营业收入的9.29%，其中研发投入占营业收入的比重达到17.11%，研发支出金额的年复合增长率达到28.08%。

再如光伏行业的隆基股份，在单晶硅领域的技术积累使其弯道超车，借着单晶技术对多晶技术替代的大势，成为全球最大的单晶硅片、电池以及高效组件制造商，总市值超过4000亿元人民币。2006年，隆基股份确定了自己专业化单晶厂商的战略定位，并于此后十数年一直深耕这一领域。2012年4月11日，隆基股份在上海证券交易所主板正式挂牌上市，上市前，全球没有生产1吉瓦产量的单晶硅企业，而隆基股份在2012年底已具有1.4吉瓦单晶硅棒和1吉瓦单晶硅片的生产加工能力，成为全球最大的单晶硅片供应商。此后数年，公司又相继进入了光伏电站建设及EPC领域，以及太阳能电池、组件的研发、制造和销售领域。随着业务架构的完善，公司逐渐从太阳能硅材料专业化制造商转变为全球领先的太阳能电力设备公司。

2016年，隆基股份开始在国际市场投入重兵，先是收购SunEdison马来西亚古晋工厂切片资产组建第一个海外单晶硅片生产基地；之后，在马来西亚耗资16.37亿元投资扩建了300兆瓦单晶硅棒、1吉瓦单晶硅片、500兆瓦单晶电池及500兆瓦单晶组件产业链项目，后期又陆续投入了二期1吉瓦、三期1.25吉瓦单晶电池项目。海外产能的快速提升为隆基股份单晶产品在海外市场持续稳定供货提供了保障。

隆基股份坚持高研发投入，其技术实力始终持续保持在行业前列。2019年1月，隆基股份单晶PERC电池正面转换效率达到24.06%；2019年5月，72型双面半片组件正面功率突破 450 瓦，都创造了世界纪录。[①]

　　苹果公司是创新引领需求的典型，其成长历程可以概括为"科技驱动成长，创新造就辉煌"。领先时代的产品和技术研发能力是苹果公司总市值超过 2 万亿美元的主要凭仗。具体来看，1976 年，苹果公司第一个成熟产品 Apple II 的问世奠定了公司 IPO 的成功，这一"现金牛"业务成为公司后续研发与生存的主要支撑。1984 年，苹果公司研发出人类第一款图形化操作电脑，开创了个人计算机（PC）市场的先河。1998—2001年，iMac、iTunes 和 iPod 等产品分别起到了拯救苹果公司、改变唱片产业、颠覆 MP3 的作用，并为 iPhone 的到来做好铺垫。2007 年，iPhone 横空出世，全新的操作系统、颠覆式的操作体验、实体键盘的消失、应用商店的诞生均是划时代的杰作，人类社会因此而改变。

四、平台型企业：加速引流，有效变现

　　近年来，随着 Facebook、Amazon、Google 和 Netflix 的市值翻倍，以及 Uber、Airbnb 等新兴企业迅速崛起，平台型企业成为最有望孵化"独角兽"的领域。从资本市场到实体企业，从行业龙头到新兴企业，布局平台化战略、建设平台生态圈的尝试开始变得越来越多。国内百度、阿里巴巴、腾讯等强势平台通过产业生态的补全吸引用户流量，加快流量变现。另外，美团、今日头条、拼多多等新平台也开始在新领域快速扩张，通过流量变现实现快速崛起，估值突破 1000 亿美元。

　　国内平台型企业的崛起得益于互联网技术的大发展。自 1994 年全功能接入世界互联网以来，中国互联网实现了从无到有、从有到强的蜕变，并带动了一批互联网企业的发展，如腾讯、百度、阿里巴巴等。回头来看，我国平台型企业的元年是 2000 年，在 20年时间里，已经经历了三个成长阶段：阶段一，快速争夺用户，提高市占率；阶段二，形成用户黏性，控制获客成本；阶段三，拓展收入来源，实现单一用户价值的最大化。

1. 快速争夺用户，提高市占率

　　平台型企业成长历程的第一个阶段是快速争夺用户，提高市占率。与传统行业不同，平台型企业的先发优势明显，由于"护城河"较低，模式较易复制，只有通过迅速积累海量用户、实现用户留存才可以避免商业模式被竞争对手复制。比如我国电商市场，除拼多多通过独辟蹊径异军突起，过去 20 年，始终保持着阿里巴巴与京东的双寡头格局，根本原因就在于巨量用户与商家形成的"双轮效应"导致新进入者很难切入。因此，在这一阶段，企业成长的关键是争夺用户，而争夺用户的基础在于平台能够真正理解用户需求，提供满足客户"刚需"的产品，形成初期广泛的渗透力。以共享单车为例，ofo、摩拜两家企业同时进入共享单车领域，但因经营战略不同，最终境遇也大相径庭。具体来看，摩拜重视用户体验，单车造价虽然偏高，但用户体验较好。相反，ofo 造

---

　　① 详见 http://mp.ofweek.com/solar/a645683120026。

价虽然低，但车多有坏损，且骑行体验差。最终，ofo 被消费者舍弃，黯然退出共享单车市场，而摩拜则被美团收购，继续活跃在人们的视野中。

2. 形成用户黏性，控制获客成本

平台型企业成长历程的第二个阶段是形成用户黏性，控制获客成本。用户黏性以用户对产品的参与程度和脱离互联网企业受到的阻力程度来衡量。参与程度是指用户使用互联网产品的频率或时长，脱离的阻力是指放弃使用产品而受到客观阻力的大小，比如因便利性消失而产生的不适感。

当用户达到一定规模后，增速开始下降，平台型企业需要开始关注用户留存，即提升用户黏性。平台型企业增强用户黏性主要有以下几种方式：（1）培育用户习惯，即成立时的产品要做到"顺人性"；（2）丰富产品类型；（3）提升服务质量。

这一阶段由于用户增速开始下降，维持第一阶段的补贴力度获取新增客户的策略会导致边际成本大于潜在收益，但若直接取消补贴，又会影响用户留存率。因此，需要同时提升用户黏性和降低获客成本。

美团点评目前正处于这一阶段。用户人均每年交易笔数从 2015 年的 10.4 笔提升至 2016 年的 12.9 笔，到 2017 年进一步提升至 18.8 笔，用户黏性显著提升，同时销售及营销开支占营业收入的比重从 2015 年的 177.7%降低到 64.2%，2017 年这一比例进一步下降至 32.2%。

3. 拓展收入来源，实现单一用户价值的最大化

平台型企业成长历程的第三个阶段是拓展收入来源，实现单一用户价值的最大化。决定平台型企业能否成功的关键在于其流量变现能力，即能否通过大量用户实现收入最大化。若只经历阶段一和阶段二，而未实现阶段三的成功转型，平台型企业很难长期存续。前两个阶段的竞争以价格为核心，或者通过压低供应端的成本获取利润，但对上游的挤压存在天花板，"护城河"也会逐渐消失。第三个阶段（提升单一用户价值）的意义不仅在于增加收入，更在于完善企业自身商业模式闭环，形成稳定、持续、能够自我运转的模式。

目前京东白条和蚂蚁花呗、借呗已经达到这个环节。这三个平台崛起的核心逻辑是部分用户由于没有足够现金而放弃购买一些单价较贵的商品，通过为这部分消费者提供信用支持，可以促进商品的销售，这不仅增强了用户黏性，还提高了单一用户价值。以蚂蚁金服为例，借呗上线一年时间累计放贷 494 亿元，占 2015 年阿里巴巴总交易金额（GMV）的 1.6%。[①] 更重要的是蚂蚁金服与京东通过这两项产品完善了自身的业务架构，形成了产业生态闭环。

对于以上三个阶段的认知是平台型企业的共识，也是各大企业共同发力的领域，除此之外，平台型超级企业的崛起还需依托三个要素：现金流管理、流量变现、技术与产品迭代。

---

① 详见 http://finance.sina.com.cn/roll/2016-04-21/doc-ifxrprek2826979.shtml。

4. 现金流管理：网易与中华网

2000 年，中华网、新浪、网易和搜狐四家中国门户网站相继上市融资，融资金额分别达 14.71 亿元、6.47 亿元、5.70 亿元和 4.95 亿元。但市值居首的中华网，在上市之后选择的战略方向却使其市值不断缩水，最终在 2013 年被环球传媒以 9080 万港元收购；而网易则从上市时的 30 亿元市值成长到 2018 年 7 月 31 日的 2309 亿元，年化涨幅高达 27%。将网易和中华网进行对比可以发现，在外延并购和成本管理两个方面，两家公司截然不同的选择，决定了日后发展的巨大差距。

中华网在 2001 年、2003 年、2004 年、2005 年分别花费 324 万港元、9641 万港元、39065 万港元、10123 万港元收购旅游公司 TTG、无线增值服务公司掌中万维、北京和合与游戏公司一起玩。而网易在 2001 年以 30 万美元价格收购游戏公司广州天夏，之后的五年时间没有新的收购；在业务方向的选择上，网易在 2001 年小规模尝试无线增值服务后，于 2002 年与 2003 年扩大无线增值服务业务规模。2004 年，基于无线增值服务盈利模式的弊端，网易决定将业务重心重新转回游戏领域。但中华网依然在此领域持续投入，最终对现金流造成了重大拖累，如表 2-1 所示。

表 2-1　中华网与网易并购交易对比　　　　　　　　　　　单位：万港元

年份	收购方	并购标的	所处领域	交易金额
2001	网易	广州天夏	游戏	234
2001	中华网	TTG	旅游	324
2003	中华网	掌中万维	无线增值服务	9641
2004	中华网	北京和合	无线增值服务	39065
2005	中华网	一起玩	游戏	10123

资料来源：中华网年报、网易年报。

对比网易与中华网我们发现：（1）中华网在投资方面倾向于短时间大量投资，而网易则倾向于小规模投资，试验成功后再大规模投入。（2）对于无线增值领域的战略把握，网易自 2004 年开始就决定将战略重心转向游戏业务。但中华网在 2004 年仍然大规模投入这一领域，不仅消耗了近 4 亿元的资金，增值服务的利润也受到电信运营商的挤压。在 2005 年尝试游戏业务时，中华网持有的流动资产与非流动资产分别为 11.0 亿港元、6.26 亿港元，相较于 2004 年的 11.4 亿港元、6.74 亿港元已经开始下降，增加了新的收购转型的难度。

两家企业在上市融资后的成本控制能力差异较大。网易 2000 年和 2001 年的管理费用率大幅高于中华网，但在 2001 年后通过加强成本管理，管理费用占营业收入的比重由 2001 年的 642.27% 大幅降低至 2002 年的 40.55%，此后逐渐下降到 2005 年的 6.96%，而中华网的管理费用率却一直高于 30%，如表 2-2 所示。

表 2-2　中华网与网易管理费用对比

年份	中华网（亿港元）			网易（亿元）		
	营收	管理费用	管理费用/营收	营收	管理费用	管理费用/营收
2000	0.79	0.67	84.89%	0.33	1.63	494.10%
2001	0.87	0.71	81.67%	0.28	1.82	642.27%
2002	0.55	0.54	98.17%	2.33	0.94	40.55%
2003	1.88	0.70	37.16%	5.69	1.11	19.46%
2004	2.31	1.03	44.34%	9.58	1.02	10.61%
2005	3.87	1.32	34.11%	16.94	1.18	6.96%

资料来源：中华网年报、网易年报。

5. 流量变现：亚马逊

2000 年互联网泡沫破灭后，亚马逊的股价由 2000 年 3 月 10 日的每股 67.25 美元（纳斯达克见顶日）最低下跌到 2001 年 10 月 1 日的 5.51 美元，跌幅达 91.27%。但之后，亚马逊转变了此前以阶段性亏损积累用户、获取市占率的战略，转而通过输出技术并开放平台来实现盈利。2001 年，亚马逊在原有向合作企业收取固定费用与销售分成的基础上，发展了两种新模式：（1）允许企业使用亚马逊的技术在企业自有网站上销售商品，代表性企业是 Target.com。（2）由企业委托亚马逊代销，并支付费用，代表性企业是 Borders 与 Waterstones。亚马逊这一系列战略改变带来了盈利改善，2003 年，亚马逊基本实现盈亏平衡，2004 年，净利率达到 8.5%。通过输出技术和开放平台，亚马逊与 eBay 的净利率差距逐渐缩小，由 2000 年的 62.3% 缩减至 2004 年的 15.3%，并最终实现了对 eBay 的赶超，成为全球最大的互联网平台，总市值超过 1.5 万亿美元。

6. 技术与产品迭代：雅虎 VS 谷歌

雅虎是最早通过门户网站广告实现盈利的互联网公司，谷歌作为一家搜索引擎公司，先通过产品实现了对门户网站的部分流量替代，再通过竞价拍卖广告的方式使得产品流量和广告规模都实现了快速增长。

雅虎：2002 年以前的产品矩阵有搜索（Google 提供）、门户网站与消费者服务（邮箱等）两类，由于门户网站与搜索引擎相比可选范围较窄，搜寻时间较长，用户更愿意使用搜索引擎，这为谷歌积累了大量用户与搜索数据。

谷歌：代表性产品是 Google AdWords（一种通过使用 Google 关键字广告或者 Google 遍布全球的内容联盟网络来推广网站的付费网络推广方式），以广告点击率与转化率作为广告投放商广告质量的评判标准，高质量的广告投放商需要在基准价格基础上额外支付部分费用。

依托高效的广告投放以及用户数据积累，谷歌的营业收入迅速扩张，2003 年已经达到了雅虎营业收入的 90%，而 2001 年，这一比例仅为 12%。谷歌对雅虎的快速赶超也逼迫雅虎不得不进入搜索引擎领域。2003 年 3 月，雅虎以 2.9 亿美元收购 Inktomi，10 月以

17 亿美元收购 Overture[①]，但由于竞价排名的算法技术与谷歌存在较大差距，雅虎仍采用传统广告拍卖的模式，最终未能挽回败局，逐步走向衰落。2005 年，谷歌的营业收入超过雅虎，达到 61 亿美元，随后两者的营收差距逐渐扩大，2012 年，谷歌的营收已经达到雅虎的 2.89 倍。2017 年 1 月，雅虎将其主营业务全部出售给了美国通信巨头 Verizon，而谷歌已经以超过 8600 亿美元的市值成为美股第三大公司。

加速引流、有效变现是平台型企业的必经之路，但随着时代的进步，具体的竞争手段也在与时俱进。经过 20 年的快速发展，互联网行业增速开始见顶。虽然从总体上看，行业营收还在增长，但互联网的流量红利已经见顶，平台获客成本开始攀升，中国平台型企业的崛起开始转向新的市场。在新的发展背景下，企业对新市场的挖掘可以从以下两点入手：第一，突破地域限制，进行全球化布局；第二，走向产业互联网。

全球化布局对企业成长为龙头企业具有重要意义。一方面，大量研究表明，企业规模的扩大有利于提高经济效益，比如生产经营集中可以节约成本，建立大规模的销售网络可以提高营销效率，国际化经营有利于企业在内部进行资源分工与整合，对外直接投资可以获得东道主的低成本优势。另一方面，地域的多样化有利于规避单一区域的突发性风险。因此，随着中国互联网行业进入下半场，龙头企业的崛起也需要突破地域限制，进行全球化布局。企业进行全球化布局的关键是实现公司业务多样化、客户群体覆盖全球。以谷歌为例，其业务范围涵盖打造科技产品并提供搜索、在线广告、运营系统和平台等服务，产业遍布全球，2019 年，海外市场为谷歌创造了 426 亿美元的营业收入，占其全年营业收入的 53.58%，其品牌几乎被所有主权国家广泛认可。对照来看，中国的互联网企业全球化程度相对较弱。以腾讯为例，2019 年海外市场为腾讯创造了 167 亿元的营业收入，仅占其总营业收入的 4.43%。

除了出海外，中国平台型企业的另一个突破契机在于拥抱产业互联网。互联网企业急需寻求新市场，传统企业急需寻找转型升级的路径，二者需求的契合衍生出了产业互联网。产业互联网是与消费互联网相对应的概念，不同于满足个人消费体验，它指的是应用互联网技术连接、重构传统行业。产业互联网在强调互联网技术的连接作用之外，还强调互联网技术与具体产业的融合，强调互联网技术在提升产业效率方面的作用。由消费互联网转向产业互联网，不仅会促进传统产业的发展，也会重塑整个互联网行业。目前，不少互联网企业已经开始在商业生态的构建上积极布局，如腾讯通过合作、服务和投资，进行生态共建，为合作企业提供技术、市场、资金等方面的全方位支持。

---

① 详见 https://www.sec.gov/Archives/edgar/data/1011006/000104746904005976/a2129700z10-k.htm。

第三章 追本溯源——超级企业的成功基因

人才不是华为的核心竞争力，对人才进行管理的能力才是华为的核心竞争力。

——1997 年华为总裁任正非在《华为基本法》起草过程中的回答

苹果不是追随者，公司已在开发最早三四年后才会发布的产品，产品表已排到了 21
世纪 20 年代。

——2018 年 2 月 27 日苹果 CEO 蒂姆·库克接受商业杂志《快公司》专访

生于忧患是超级企业成功的先天条件，成功的关键还在于企业做到了因时而变、时刻与时代共振以及不断地自我革新。这些后天努力使得超级企业在经历了行业最困难时期后，能够继续存续，持续影响着我们的生活，在规模、盈利、经营效率等方面均处于行业领先地位。目前这些企业的市值大多超过万亿元，ROE 和市占率均领先于同业。

一、超级企业的伟大在于创造奇迹

技术不仅能催生产品，更能创造生态系统，即将消费者、广告商和合作伙伴等不同群体相互关联起来。

——2018 年 4 月 12 日 Google 亚太区总裁 Karim Temsamani
在 "Grow with Google" 发布时的致辞

企业的成长伴随着众多磨难，破产率长期维持高位，此前很多耳熟能详的企业，可能不到十年就销声匿迹了。我们这一代人可能会记得健力宝、步步高、春兰、柯达这些大牌，但我们的下一代也许只能在回忆录中了解这些曾经的"网红"。即便是在经济高度发达、企业经营管理制度完善的美国，每季度的破产申请案件仍高达 20 万件。

超级企业也不例外，其成长并非一帆风顺。苹果、微软这些伟大的企业，在成立之初，也经历了多番市场厮杀。风卷残云、大浪淘沙，从初创企业到超级企业的成长链条需要企业长时间的积累与沉淀才能完成，超级企业的不凡之处就在于能够克服诸多无法想象的困难，不断做着常人难以想象的事情，最终创造奇迹。

在成立之初的四年时间里滴滴经历了数次商战，初期滴滴大多处于劣势地位。在与摇摇招车以及百米租车的竞争中，滴滴在资金、机场和火车站资源等方面存在明显短板；之后在与快的的竞争中，滴滴又在融资方面处于劣势；在和 Uber 中国的竞争中，滴滴的劣势更为明显，技术、资金及品牌等全面落后。但是历经四年商战，却是滴滴最终涅槃，先后合并了快的、Uber 中国这两大巨头，成为国内网约车平台的"领头羊"，滴滴对网约车行业的整合堪称以弱胜强的奇迹。

京东方通过坚守 LCD 技术路线由行业追赶者逆袭成为全球液晶显示面板龙头，并对 LG Display、三星等老牌巨头形成压倒性优势，也是一个奇迹。京东方自 2005 年才开始涉足显示面板领域，当时 LG Display、三星已经耕耘许久。除了应对行业周期下行的冲击外，京东方还要面对 LG Display、三星的挤压，因此走得步履维艰，2005 年、2006 年分别亏损 15.0 亿元、17.9 亿元，2010 年亏损进一步扩大至 22.7 亿元。面对 LCD 和 LED 的技术路线之争，在外界普遍看好 LED 的情况下，京东方顶住压力和质疑，继续扩大 LCD 产能。由于 LED 对 LCD 的渗透远不及之前市场预期的乐观，因此，截至目前，LCD 仍然是液晶显示面板的主流。京东方的执着收获了巨大回报，随着规模扩大，京东方的成本得以持续压减，自 2011 年开始持续盈利，2017 年更是创纪录地实现了 78.6 亿元的盈利。

纵观国内外超级企业的发展历程，超级企业所创造的奇迹主要体现在以下几点：（1）活得够久。全球市值超过千亿美元的上市公司中，有 31 家年龄在百年以上。（2）成长够快。Facebook、亚马逊、腾讯、阿里巴巴成立不到 30 年市值即超过 6000 亿美元。（3）盈利够强。苹果、台积电、迪士尼等超级企业能够持续盈利，且利润保持稳定增长。（4）改变世界。超强企业的产品和服务能够让世界更美好，比如提升效率，改善人们的健康状况，丰富人们的精神世界等。

（一）活得够久，"剩者为王"

据统计，在全球寿命超过 200 年的企业中，日本有 3146 家，德国有 837 家，荷兰有 222 家，法国有 196 家，美国有 14 家，而中国现存的、寿命超过 150 年的老店只有 5 家。高龄企业本就稀缺，如果再考虑盈利能力，则具有强盈利能力（以营业收入规模代替）的老牌企业更为稀缺。世界 500 强企业中，200 岁以上的企业占比仅为 2%，100 岁以上的占比为 25%。

从上市公司的角度看，根据可得数据，企业平均年龄为 41 岁，40 岁以下的占比约为 63%，小于 20 岁的占比约为 36%，20～40 岁占比约为 27%。百年以上企业占比为 7%，上市企业整体偏年轻化，老牌企业相对稀缺。

如果再考虑市值，市值在千亿美元以上的百年企业更是凤毛麟角。据不完全统计，全球市值超过千亿美元的企业有 122 家，美国有 62 家，占比为 50.8%，其次是法国，有 10 家，占比为 8.2%，英国、德国各有 8 家，占比为 6.6%，日本有 5 家，占比为 4.1%，中国内地有 4 家，占比 3.3%。在市值超过千亿美元的企业中，年龄在百年以上的企业有 31 家，其中 15 家地处美国，占比为 48.4%，其次是法国和德国，各有 5 家，占比为 16.1%，瑞士、英国和加拿大分别有 2 家，占比为 6.5%。

年龄在百年以上且市值超过千亿美元的企业中，市值最高的是宝洁公司，为 6035 亿美元，企业年龄为 115 年。之后四位分别是强生公司、雀巢集团、欧莱雅、美国银行，市值分别为 3816 亿美元、3420 亿美元、3251 亿美元、3114 亿美元，企业年龄分别为 133 岁、154 岁、113 岁、236 岁。

（二）成长迅速，唯快不破

科技的发展使我们的生活发生了翻天覆地的变化，我们最大的感受可能就是世界变快了。从绿皮火车到高铁不仅仅是出行工具的外在变化，更大的变化是速度。过去从上海到北京需要 23 个小时，现在只需要 4 个半小时，时间整整缩短了 80%。

随着技术的进步，我们周边的一切都在加快，企业的成长也是如此。过去老牌超级企业可能需要百年积累，但现在，一些科技企业、新兴企业短短十年即可达到百年老字号的成就。有些人觉得企业成长过快可能会导致根基不稳，担忧大厦将倾，唱空论调因此不绝于耳。但从我们观察的众多企业的成长轨迹看，时间并不是短板，在互联网时代，依靠技术进步，超级新秀的底蕴积累完全比得上老牌超级企业。我们既然接受了从上海到北京可以只用 4 个半小时的事实，那也应该接受在 10 年甚至 5 年时间内诞生一家市值超过万亿元的超级企业的情况。

从表 3-1 我们可以看到，当今世界，在市值超过千亿美元、盈利能力突出的超级企业中不乏"青年军"，如苹果（44 岁），成立于 1977 年，1980 年上市，2007 年市值首次超过千亿美元；微软（46 岁）成立于 1975 年，1986 年上市，1997 年市值超过千亿美元；Facebook（17 岁）成立于 2004 年，2012 年上市，2013 年市值突破千亿美元；阿里（22 岁）成立于 1999 年，2014 年在美国上市，上市之初市值即达到 2314 亿美元；腾讯（22 岁）成立于 1999 年，2004 年在香港上市，2007 年市值突破千亿美元；亚马逊（27 岁）成立于 1994 年，1997 年上市，2012 年市值突破千亿美元。

表 3-1　市值超过千亿美元的超级企业不乏"青年军"

公司名称	苹果	微软	Facebook	阿里巴巴	腾讯	亚马逊
成立时间	1977 年	1975 年	2004 年	1999 年	1999 年	1994 年
上市时间	1980 年	1986 年	2012 年	2014 年	2004 年	1997 年
市值破千亿美元时间	2007 年	1997 年	2013 年	2014 年	2007 年	2012 年
市值破千亿美元时的年龄	30 岁	22 岁	9 岁	15 岁	8 岁	18 岁

资料来源：Wind 数据库。

这些迅速崛起的超级企业有些是开辟了一个新的领域，凭借先发优势，得以迅速巩固势力，甚至独占一个市场。有些则是在时代变迁的关键节点，通过模式变革，创新出符合时代发展潮流的产品或模式，最终实现了对传统龙头的颠覆。这些企业往往都是短时间内迅速崛起，以不可阻挡之势攻城略地，登顶行业龙头。

创立之初，苹果产品以计算机为主，当时计算机行业已有 30 多年的发展历史，竞争格局相对固化，IBM 凭借着雄厚的技术积累已经确立了全球霸主地位，1974 年，IBM 生产的计算机数量是世界上其他所有计算机厂家生产总量的四倍。身为后进者，苹果在创立之初即向 IBM 发起挑战，革命性地推出了个人计算机（PC），引领起市场向小型机发展的潮流，后期通过持续的产品迭代，最终在强者林立的计算机行业中获取了一席之地。此后，苹果又转战数字音乐播放器、手机、移动平板电脑等领域，先后在 2001 年和 2007 年推出 iPod 和 iPhone，均迅速获得成功，产品持续引领着潮流，进一步奠定了苹果在电子消费领域的霸主地位。成立 40 多年来，苹果公司先后创下了"人类历史上第一台个人计算机""全球第一个上市五年就进入世界五百强""全球首款将图形和鼠标结合的计算机""全球最强的封闭计算机系统：Max os x""世界销量最高的数码音乐播放器：iPod""世界上第一个万亿元市值科技公司"等多项世界第一，成为名副其实的超级企业新贵。

亚马逊、阿里巴巴的崛起则是因为发掘了电商这一新兴业务领域，开创了一个新的时代。腾讯、Facebook 则是找到了社交需求膨胀所蕴藏的巨大商机，并且开创性地探索出流量变现的新模式。四大平台巨头的成功均源于对新领域的开拓。

（三）盈利够强，业绩为王

市值是我们区分超级企业的一个关键指标，背后是对其盈利能力的评判，超级企业普遍具有超强的盈利能力。对比 2016—2018 年企业盈利情况可以发现，市值在 2000 亿美元以上的企业在这三年中，最低限度也可以实现盈利；市值在 2000 亿美元以下的企业多出现了亏损；市值在 1000 亿~2000 亿美元的企业亏损额则高达 64.37 亿美元。在中位数、最大值、平均值维度方面，市值超过 2000 亿美元的超级企业占有明显的优势，盈利绝对值明显大于其他梯队的企业，如表 3-2 所示。

表 3-2 超级企业盈利更强 单位：亿美元

市值区间	最小值	最大值	中位数	平均值
小于 100	-60.29	82.94	0.03	0.30
100~200	-33.88	60.71	4.84	6.51
200~500	-293.60	216.34	14.59	21.27
500~800	-42.44	107.74	22.50	28.17
800~1000	-12.04	216.34	29.67	50.23
1000~2000	-64.37	212.52	42.86	48.57
2000 以上	14.08	511.90	136.35	151.99

注：上述指标为净利润。
资料来源：Wind 数据库。

在盈利持续性方面，超级企业的优势更为明显。在 2008—2018 年这 11 年里，市值超过 2000 亿美元的企业中，除亚马逊在 2012 年和 2014 年、雪佛龙在 2016 年分别小幅亏损 0.39 亿美元、2.41 亿美元、4.97 亿美元外，其余年份各企业均实现了盈利，其中苹果、Facebook、阿里巴巴、LV、爱马仕、摩根大通、VISA、万事达卡、台积电、联合健康集团、迪士尼、家得宝的业绩更是保持着稳定增长趋势。

不过，这并不意味着超级企业早期就具有超强的盈利能力。超级企业并非天生，需要经历重重磨难与积累方可蜕变而成，在成长初期，亏损是常态，在早期对其盈利的要求可放低一些，应该更多地关注其成长的确定性及空间。从已有的超级企业以及当前有望成为超级企业的案例分析，早期的亏损并不能阻止其变得伟大，只要企业有明确的盈利模式，未来变现渠道畅通，所处赛道较长，仍有望发展为超级企业，实现盈利与估值的双赢。

当然，超级企业最终的归途仍应该是盈利，盈利是投资收益的最终根源。超级企业的成长愿景需要盈利的变现予以证明，无法盈利的商业模式最终只能被证伪，从而被资本所抛弃。

隆基股份在2013年以前整体保持微利状态，盈利最高的年份是2010年，为4.87亿元，其余大部分年份都不到1亿元，2012年甚至亏损1.11亿元。随着单晶硅时代的来临，隆基股份盈利迅速扩张，2017—2019年，净利润分别为35.5亿元、25.7亿元、55.6亿元。京东方自进入面板行业开始，也是处于入不敷出的状态，2005—2010年累计亏损额达到56亿元，但是随着公司规模效应体现以及下游市场的扩张，自2011年起，京东方开始盈利，并且一直持续至2018年，其间合计盈利达209.9亿元，完全弥补了前期的亏损。亚马逊自1995年至2002年一直处于亏损状态，其间累计亏损额达到30.1亿美元，自2003年开始盈利，截至2019年，累计盈利326.3亿美元，其中2017—2019年分别为30.3亿美元、100.7亿美元、115.9亿美元。

尤其是对于互联网企业来说，盈利前景应该比当下的盈利更重要。根据幂次定律，互联网企业的行业排名和投资回报成反比关系，排名靠前的公司的投资回报可以超过之后所有公司的回报总额。因此，对于互联网企业来说，排名决定了其未来可以达到的高度，率先达到临界规模至关重要。对于大部分处于初创期或成长前期的企业，普遍需要投入大量的资源和精力帮助企业开疆扩土，以迅速占领排名的上游区。因此，对于这类企业，当前大量的资金投入未来都会转变成收益，重要的不是当下亏损多少，而是未来的盈利前景，因此早期往往更倾向于"烧钱"换排名，对于盈利则不会倾注太多精力。

如今中国互联网市场已经进入下半场。初期的人口红利已经消耗殆尽，行业竞争开始进入2.0时代，用户体验成为企业竞争的核心关注点，要想胜出，企业就需要投入更多的资金和资源进入技术领域，用科技为服务赋能，提升用户体验。在这样的市场环境下，企业早期盈利压力可能会更大，当然盈利前景也往往更乐观，因为一旦确立了行业龙头地位，往往容易演变为品牌壁垒，地位更容易巩固，随着用户数量裂变，市场往往会呈现出指数型增长。因此对于其早期盈利，可适当放松要求。

以美团为例，提供吃喝玩乐的一站式服务一直是美团的核心业务搭建准则，这也是美团不断跨界并购以丰富自身业务生态的原因。庞大的用户流量成为美团的立身之本。到2017年，美团交易用户已经达到3.1亿，活跃商家达到440万。用户活跃度也有明显提升，人均每年交易数由2015年的10.4笔提高至2017年的18.8笔，成为美团交易额增长的核心驱动。

围绕着持续积累的用户规模和活跃度的提升，美团一方面通过扩张来丰富服务品类，另一方面也通过产业链延伸提高劳动生产率。凭借以上两个举措，美团迅速抢占中国生活服务市场。根据艾瑞咨询统计数据，到 2023 年，中国生活服务行业规模有望增长至 33.1 万亿元，相比 2017 年增幅将达到 79.9%。线上化率有望达到 29.5%，线上市场将达到 14.1 万亿元的规模。随着市场份额的提升，美团的规模也快速增长，2015—2017 年，美团分别实现营收 40.19 亿元、129.88 亿元、339.28 亿元，后两年同比增幅分别为 223.16%、161.23%，但仍处于亏损状态，调整亏损净额后，美团 2015—2017 年分别亏损 59.14 亿元、53.53 亿元、28.53 亿元。虽然当下处于亏损状态，但从行业地位、市场空间来看，美团具有发展成为超级企业的特质。

拼多多也是如此，当前虽然仍在亏损，但公司具有发展成为超级企业的特质。拼多多定位于"多实惠，多乐趣"，致力于为消费者提供高性价比商品。在实现方式上，其通过直接连接用户和工厂端，将海量流量汇集到有限的商品里，打造爆款产品实现"薄利多销"。

依托微信的流量平台，拼多多在四年内迅速成长为中国前三的电商平台，截至 2019 年第三季度，年度活跃买家已经达到 5.36 亿，App 月活用户上涨到 4.3 亿，2018 年第三季度至 2019 年第三季度 GMV 达到 8402 亿元。由于必须尽快突破临界规模才能在赛道上站稳，目前拼多多最关注的是成长，"烧钱"加速对其来说也是必要的。

不过，这并不意味着所有的商业模式都值得"烧钱"，也不意味着所有前期亏损的互联网企业都有投资价值，关键是看企业是否有确定性的盈利模式以及赛道是否够长。只有拥有好的商业模式，企业才值得通过"烧钱"去获取领先地位。在这方面，ofo 就是一个反例。ofo 的商业模式是依靠用户缴纳的押金来提前收回成本，然后利用押金购置新车，扩大用户量，再依靠用户骑行获取利润。这个商业模式看似很好，实现了资本的节约，但却忽略了市场竞争、补贴战、单车损耗以及用户私自霸占等问题，导致后期因运营缺陷而走向败局，由估值 200 亿元变成负债 60 多亿元。其最大的问题是商业模式不够审慎，对关键问题的忽略导致其最终无法变现。这种模式存在天然的短板，"烧钱"的必要性就不高。

超额利润是企业价值创造的关键，因此，盈利仍应作为对超级企业的核心诉求，即使是前期亏损的企业，也是通过资本损耗加速市场规模化，通过形成相对垄断市场后再进行盈利转化。目前资本市场对此也基本形成共识，对于成长期企业更看重盈利潜力，而不是当下盈利。根据 Pitch Book 的数据，2018 年亏损的创业公司在市场上的表现要比赚钱的公司好，未盈利公司的股票价格中位数年增长率为 120%，而盈利公司的股票价格中位数则下跌了 57%。从国内新经济领域长期亏损企业的市值表现也可以看到，市场对企业盈利的容忍度在提升，如表 3-3 所示。

表3-3 资本市场对于亏损企业的容忍度提升

单位：亿元

净利润	2018年第一季度	2018年第二季度	2018年第三季度	2018年第四季度	2019年第一季度	2019年第二季度	2019年第三季度	2019年涨跌幅
蔚来汽车	-15.31	-17.95	-28.10	-35.03	-26.24	-32.86	-27.30	-36.89%
爱奇艺	-3.97	-21.01	-31.25	-34.39	-18.22	-23.04	-36.74	41.96%
趣头条	-3.03	-2.12	-10.33	-3.98	-6.88	-5.61	-8.88	-46.30%
瑞幸咖啡	-1.32	-3.33	-4.85	-6.69	-5.52	-6.81	-5.32	93.13%
哔哩哔哩	-0.58	-0.70	-2.46	-1.91	-1.96	-3.15	-4.06	27.62%

注：上述指标为净利润。

资料来源：Wind数据库。

对于早期超级企业来说，亏损无可厚非，只要能够形成长期壁垒，就无碍其走向伟大。

（四）改变世界，铸就卓越

超级企业的成长之路困难重重。除了因行政壁垒（如电信、铁路）、资源壁垒（如能源）具备了行业垄断地位而得以长存的超级企业外，大部分企业都处在一个充分竞争的市场环境里，客户认可与否是决定企业能否脱颖而出的关键变量，而对于社会痛点的把握和解决则是获得客户认可的重要途径。超级企业无论是颠覆传统市场还是引领新潮流，或多或少是因为改变了人们的生活方式而得以迈向卓越，其所生产的产品对社会和人们的生活产生了持续、巨大的影响。新生代的超级企业往往更容易从改变世界的企业中诞生。

滴滴的伟大在于其缓解了雾霾危机与交通拥堵问题，为社会提供了新型的就业机会。根据滴滴估算，2015年其业务在年化基础上日均减少了100万车次出行，相当于节约了5亿升汽油和1350万吨碳排放[①]。2017年，滴滴提供了移动出行服务74.3亿次，优化1200个智慧信号灯，拥堵指数下降10%～20%，智慧潮汐车道使失衡指数下降20%～40%。在滴滴平台上获得收入的司机超过2100万，相当于2016年全国第三产业就业人员的6.2%。其中包括众多女性群体、下岗工人、艰苦创业者等。此外，滴滴平台还孵化出4000多家合作企业，解决超过20000人的就业问题。

阿里巴巴的成功在于其开辟了电商时代。自成立以来，公司始终秉承的使命是"让天下没有难做的生意"，致力于为个体商户和中小企业提供业务经营平台，并持续改变居民的购物方式、支付方式，全新的贸易平台及信用体系的创造极大地便利了人们的生活，优化了小微企业的经营环境，推动了社会的发展。

苹果公司的伟大在于其引领了行业变革，它不仅改变了个人计算机一个行业，还改变了音乐、手机、电影等多个行业。通过持续的全球首创性产品迭代，极大地提高了生活的便利性。iPhone集多种功能于一身，实现了对众多产品的替代，如闹钟、车载GPS

---

① 资料来源：《财富》杂志发布的"2016年50家改变世界的公司"榜单。

设备、MP3 播放器、手电筒，iPhone 还创造了新的产业，网约车行业的兴起就来自 iPhone GPS 和高速无线连接功能；其定位功能促进了地图的使用以及外卖的兴起；NFC① 使手机银行成为可能，便利居民获取银行服务。内容消费也进一步丰富了人们的生活。App Store 应用商店极大地加快了开发者的成果变现速度。

二、持续强化的竞争壁垒是超级企业的基因

超级企业长期高于行业平均水平的盈利价值的取得，依赖于其可持续的竞争优势。比如海螺水泥依靠"T型战略"所形成的成本优势，配合水泥的同质化和短腿性质，同业难以复制，因此海螺水泥的成本优势具有可持续性，进而可以长期获取高于行业平均水平的利润，并借此扩大市场规模，持续巩固规模优势，进一步通过产能布局的协调强化成本优势。

企业的竞争优势脱离不了两种基本形式：低成本或差异化。海螺水泥是典型的靠成本优势取胜的超级企业，这类超级企业并不少，尤其是传统制造类企业，随着行业进入成熟阶段，企业拼的就是管理能力和经营效率，最终落脚点就是成本。比如，隆基股份在单晶硅生产上的高效率优势，格力电器依赖于垂直一体化生产体系所形成的成本优势。在新兴领域，成本优势也举足轻重。腾讯的高客户黏性和强网络壁垒也是建立在成本优势基础上的。因为腾讯率先占领了社交领域这一行业赛道，所以边际获客成本基本接近于零，而后来者若想进入，只能通过高补贴进行引流，获客成本非常高。因此，腾讯的成本优势体现在获客成本方面。阿里巴巴也是如此，依托于产业生态闭环的形成，商家引流成本很低。新进入者若想再造一个阿里巴巴，在产业生态的打造上将花费巨资，而且可能面临阿里巴巴的打击，最终得不偿失。

差异化优势则是指产品跟同业具有区分度，而且这种区分度能够满足用户特定需求或给用户带来超额体验，用户因此愿意为此支付溢价，进而兑现为超额盈利，即超过行业平均水平的盈利。茅台能够获得溢价是因为酱香型的特点以及恪守天时的生产流程使其口感为用户带来了独特的体验；格力电器与丰田能够获得溢价是因为二者对质量的执着使其品牌获得了高质量产品的标签；苹果能够获得溢价是因为体验式销售渠道以及迅速迭代的产品谱系持续巩固了用户黏性；谷歌能够获得溢价是因为算法优势极大地提升了用户的搜索体验，商家广告投放效率更高；迪士尼能够获得溢价是因为领先潮流的内容展现形式以及深入人心的 IP 图谱实现了对消费群体的深入渗透，给人们带来了极大的精神愉悦；爱马仕能够获得溢价是因为其生而为贵的高端奢侈品形象已经深入人心，能够彰显人的社会地位和经济实力。

龙头企业竞争优势一般来自两个方面：行业因素和公司特性。行业因素包括市场空间、盈利能力、垄断等。市场空间大的行业，更有利于企业做大做强，行业的天花板越

---

① NFC 是指近场通信技术，是在非接触式射频识别技术的基础上，结合无线互联技术研发而成的。利用移动终端可实现移动支付、电子票务、门禁、移动身份识别、防伪等应用。

高，企业成长期持续的时间也就越长。有些行业存在天然的垄断，比如能源、电信等，也更容易培养企业的竞争优势。除了行业因素外，超级企业之所以伟大，还在于企业能够创造出超越行业因素的影响力。这也是企业维持高盈利高成长的重要条件，甚至能够抵消行业层面的不利影响。进入成熟期的行业，即使行业成长停滞，龙头企业仍存在成长的机会。正如消费品行业，龙头企业利用自己的竞争优势，能够通过挤压二三线品牌的市场份额实现增长。在行业总产出没有快速增长的情况下，这些龙头企业依靠自身的竞争优势，可以在行业转入低增长的阶段继续扩张，继续保持较高的成长性。总的来说，企业的价值创造并不单单取决于外部环境，更多的是受到企业内部经营管理的影响，需要企业具有独特的竞争优势，那些没有竞争优势支撑的高盈利高成长往往只是昙花一现。

竞争优势的构建对于企业而言至关重要。企业的竞争优势可以来自设计、生产、营销、交付等整个运营流程。对这些活动的细化，可以给企业带来相对成本优势，为企业实现差异化打下基础。企业差异化的基础是企业本身及其产品能够为消费者带来价值，比如利用同样的成本提供更好的体验，利用更低的成本提供同样的体验，更好的是以更低的成本提供更好的体验。企业能否形成并保持竞争优势，取决于企业是否理解其价值链，企业活动是否符合整个价值系统的要求。

全球超级企业的竞争优势主要包括成本、渠道、品牌、差异化、平台五种表现形式，形成来源包括成本压减、渠道优化、品牌塑造、产品差异化、平台打造及流量变现。

（一）成本优势

成本优势是龙头企业拥有的最常见的竞争优势之一，也会影响到企业差异化战略的实施。因为追求差异化的企业必须在成本上接近其竞争对手，或者产品溢价部分超过差异化的成本才能具有经济性，差异化才能转化成优势。否则，差异化就是在毁灭价值。尤其是随着行业进入成熟期的后半程，消费者对于品牌支付高溢价的意愿开始减弱，这个时候企业更多的是通过降低成本来维持盈利。

成本优势所带来的盈利加成对步入成熟后期的制造类企业而言更为突出。钢铁行业的沙钢、化工行业的荣盛控股、煤炭行业的神华、建材行业的海螺水泥均是以成本竞争力著称，其盈利能力也超过行业平均水平。以沙钢为例，通过高效的管理以及极致化的成本节约，在 2015 年钢铁行业陷入行业性亏损的情况下，沙钢仍保持盈利，ROE 为 4.2%，2017 年、2018 年钢铁行业景气高点时期，沙钢的 ROE 分别为 25.8%、24.3%，分别高于同期上市钢企 ROE 均值 9.5 个、8.2 个百分点。荣盛控股基于完整的"燃料油、石脑油—芳烃—PTA—聚酯—纺丝—加弹"一体化产业布局所形成的竞争优势大幅降低了公司的生产成本，2017 年、2018 年荣盛控股的 ROE 分别高于同地区另一家行业龙头 2.5 个、2.4 个百分点。神华的成本优势来自内蒙古丰富的煤炭资源以及便利的开采条件，2017 年、2018 年，神华的 ROE 分别为 14.7%、13.9%，分别高于同期上市煤企 ROE 均值 6.9 个、2.1 个百分点。海螺水泥基于"T 型"产能布局所带来的成本优势，使其

2017年、2018年ROE分别高于同期上市水泥企业ROE均值9.0个、9.3个百分点。

成本优势来自两个维度，一是改变生产方式，二是降低要素投入。改变生产方式是指通过更高效廉价的方式进行生产，借助技术进步和科技创新改进生产工艺，降低产品的生产成本。这种模式要求相对较高，依赖于技术进步，对企业的研发能力和研发开支要求也较高。此外，这种方式的风险也相对较高，企业大规模投入后很可能并不能产生理想的效果。不过，这种方式对行业的影响更为深远，甚至会颠覆整个行业。比如国内光伏市场，在2013年以前，由于单晶硅技术路线成本偏高，行业技术路线一直以低成本的多晶硅为主。2013—2015年，"连续快速拉晶技术"和"金刚线切片技术"的导入使得单晶组件与多晶组件的成本差距缩小到3%以内，采用单晶组件与采用多晶组件的电站单位投资成本打平，凭借效率优势，单晶硅片的市占率迅速提升。到2018年上半年，单晶硅片的市占率已经提升至52.7%，实现了对多晶路线的赶超。由于单晶硅片发电效率更高，可降低度电成本，因此单晶路线的兴起也带来了整个行业的变革，而且这种变革从全行业来看是有利的，行业效率因此得以提升。

技术路线的变革往往也会重塑行业竞争格局。隆基股份自2006年起即坚持单晶技术路线，随着行业进入单晶时代，技术上的领先使得隆基股份迅速成长为全球性的硅片供应龙头。与此同时，多晶厂商市场份额急剧萎缩，产能利用率大幅下滑，设备折旧压力快速放大，多晶路线龙头协鑫2018年由盈转亏，多晶硅片第一梯队厂商旭阳雷迪直接停产。截至2018年底，多晶的市场份额已从高峰期的80%降至50%左右。

相比于技术路线变更，降本增效对企业竞争优势的强化更高效，这种形式对行业的影响潜移默化，门槛要求相对较低。常见的方式包括以下四种：第一，改进技术（与完全改变现有技术不同），降低能耗物耗，提高单位时间产出等，比如电解铝生产工艺可以通过改进电解槽来降低电耗。第二，完善产业链，提高价值分配权重，比如涤纶、电解铝等多环节产业链的垂直一体化布局。第三，大规模采购，提高对上游的议价能力，降低原材料采购成本，尤其是对于上游比较分散的行业，大单客户往往能够获得比较高的折扣。第四，根据比较优势进行产能布局，比如钢铁、水泥等对物流要求较高，产能多布局在沿江等交通便利地区；PVC因为生产能耗高，所以产能多布局在煤炭、电力资源丰富的西北地区。

格力电器虽然以品牌张力著称，但其成本端的优势也是超额利润的一项重要补充。格力电器的成本优势来自高度垂直一体化的制造体系、明显的规模效应及强大的渠道掌控力，这体现在以下几个方面：第一，通过自产核心零部件保障产品性能，实现成本领先。第二，对上游供应商议价能力更强，钣金、铜管等原材料采购成本更低。格力电器自己采购原材料，转手卖给上游配件生产商；上游配件生产商在接到供货后，生产完产品再交付给格力电器等空调制造商，格力电器既是供货商也是客户，这个过程被称为"甲供"，"甲供"提供的其他收入降低了格力电器的成本。格力电器的大规模采购平滑了生产商产能运行的季节性波动，因此，上游配件生产商愿意给格力电器让利。第三，长期积淀的供应商管理和品控体系保障产品品质稳定性更优。第四，强大的渠道掌控力。

凭借以上四个方面的优势，在二线品牌仅能实现微利的情况下，格力电器的净利率持续超过 15%。

总体来看，通过改变生产方式形成的竞争优势需要以技术进步为前提，这种方式具有高风险、高收益、高资本消耗的特点，一旦研发获得成功，新生产方式的出现往往会颠覆整个产业的既有格局。但是，新生产方式的技术拐点可能迟迟不来，资本投入无法获得回报，因此，风险也相对更高。比如，隆基股份对单晶硅技术路线的坚守长达 10 年才收获了成果，在此之前，公司始终保持着高研发投入，十年间，隆基股份累计投入研发费用达 38.27 亿元，占营业收入的比重达 5.63%。另外，在当前条件下，煤制烯烃相比传统油制烯烃仍不具有经济效益，乙烯法 PVC 尚未实现对乙炔法 PVC 的替代。通过改变技术路线构建成本优势需要较长时间的技术积累，这种方式常见于处于成长期或成熟前期的行业，行业技术路线尚未定型、优化空间较大、市场扩张潜力充足、收益补偿相对较高。此外，由于这种方式资本消耗高，因此需要企业具有极强的现金流管理能力，能够平衡好经营产出与研发投入的比例关系，避免因过度投入而引发财务困境。

对于处于成熟后期的行业，技术路线基本成熟，改进空间已经不大，市场空间受到约束，研发新技术的收益补偿前景不佳，因此更适合通过降本增效构建成本优势。比如钢铁行业，自 1856 年以来，生产工艺一直以转炉工艺为主，后来崛起的电炉工艺一直未能对其形成彻底替代。

（二）渠道优势

营销渠道是消费者与产品接触的最核心界面，也是用户做出决策的主要信息载体，可以疏通生产者和消费者之间的信息传递障碍，提高交易效率，降低交易成本。建立营销渠道需要若干年，并且不能轻易改变，其与制造部门、研究部门、工程部门和地区销售人员以及辅助设备具有同等的重要性。营销渠道可以帮助强势品牌强化优势，也可以帮助新生品牌突出重围。在产品高度同质化的时代，产品之间的竞争逐步扩展至营销渠道，谁拥有了渠道，谁就能获得更多的市场与客户，超越同业成为行业整合者。

消费类企业对营销渠道更为依赖，建设营销体系成为企业的核心战略规划。通过与生产流程相配套，营销渠道能够进一步强化企业的竞争壁垒。格力电器、贵州茅台、苹果公司的成长都离不开独具特色的营销渠道。格力电器的渠道特色体现在厂—商关系的平衡共赢，贵州茅台的渠道特色体现在多层次、立体式、复合经销体系，苹果公司的渠道特色体现在"全渠道、一体化"的购物体验。

对于格力电器来说，朱江洪时代构建的"厂—商—客"互信共赢的文化理念，是其能够稳坐江山二十余载最重要的基础。历年的产品创新和渠道发展，是这个文化理念的发展和演绎。正是因为这一理念，格力电器的经销商成为国内最难撬的一个群体。这一理念的关键点在于格力电器一直很好地保护着它的经销商的利益，年终返利等制度是格力电器特别引以为傲的发明。由于特殊的高返利政策以及高渠道库存，格力电器从经销商渠道获得的利润率以及现金回报率均为行业最高，并且格力电器的经销商的利润率也显著高于其他渠道商。更强的品牌力、实力更强的代理商意味着格力电器的渠道管理成本反而比竞争对手更低。

贵州茅台的营销渠道以"专卖店+区域总经销商+特约经销商"的复合经销为主，呈现典型的直分销模式特征。2013—2014 年，在国内白酒行业深度调整之际，贵州茅台之所以能够迅速完成从政务消费向大众消费的切换、实现对五粮液的全面赶超，渠道的渗透功不可没。在贵州茅台的营销模式下，酒厂主要负责生产环节，品牌运作和市场推广主要由合作商完成。厂商借助大型渠道商进行品牌运作类似于一种"体外加杠杆"的行为，可以迅速放大盈利。贵州茅台通过招揽大批在地方具有大型客户（主要是政务、商务消费群体）开发能力的经销商成为特约经销商，主做团购渠道，实现了对地方核心资源的整合和消费人群的覆盖。这一做法使得贵州茅台直接掌控了消费群体中的意见领袖。除特约经销商之外，贵州茅台还有上千家茅台专卖店，方便客户购买，并在与消费者的日常接触中自然形成广告效应。以经销商为主的营销模式在加强终端控制、实现渠道下沉、贴合大众消费需求等方面赋予了贵州茅台明显的优势，是贵州茅台能够确立并巩固"国酒"地位的根本所在。

苹果体验店是苹果公司销售渠道的重要特色和营销转化的关键一环。苹果公司依据不同目标客户群体对不同渠道类型的偏好，实行针对性的营销定位，设计出与之匹配的产品、价格等营销要素组合。苹果公司通过整合众多零售渠道类型，满足了客户随时随地购物、娱乐和社交的综合体验要求。苹果零售店作为苹果公司最独特的渠道，体现出极高的价值。零售店让顾客真实触摸到产品，直观触感、视觉感受、使用体验等对手机这类随身使用的产品非常重要，店内的近距离接触很大程度上能够提升用户的购买意愿，实现营销转化。位于城市核心商圈的苹果零售店不仅能够接触到最庞大的消费群，也能够给潜在用户提供最方便的实体体验。

（三）品牌优势

品牌是指消费者对一家企业及其产品的评价和认知，是基于产品的功能价值（如满足衣食住行等使用需求）和心理价值（带给消费者心理和精神上的满足感）所形成的一种综合评判。提到丰田，人们的直观想法是高性价比、高燃油效率、环保经济，这是基于丰田的功能价值所形成的直观感受。提到格力电器，人们的直观想法是产品质量有保证，这也是基于格力电器的功能价值所形成的综合评价。同样地，雀巢、宝洁、台积电、可口可乐、苹果、华为、微软均是因为功能价值被市场认可而逐渐凝聚成了品牌口碑。基于心理价值所形成的品牌在奢侈品产业更为常见。提到爱马仕，人们的直观想法是高贵，在功能上，爱马仕的使用价值与普通产品趋同，消费者愿意给爱马仕提供高溢价，是因为爱马仕可以彰显身份，能够给消费群体带来极大的精神愉悦和心理满足感，这是消费者基于爱马仕的心理价值所获得的消费体验。

品牌的形成可以加快产品的推广，通过口碑相传，产品能够迅速渗透到新的消费群体，从而降低市场推广成本。新消费群体因为之前并未接触过相关产品，无法区分好坏，所以会面临选择困难。品牌有助于降低新消费群体的选择难度，这对于大件耐用品的营销至关重要，消费者因为面临非常高的试错成本，所以在选择产品时会更加谨慎。基于对前人消费经验的信任，消费者往往更加倾向于有口碑的产品。

品牌也会给产品带来溢价，增加企业超额利润，这在基于产品心理价值所形成的品牌上体现得尤为明显。爱马仕、LV、耐克、劳力士、宝马等奢侈品的品牌溢价大幅超过同类产品，宝马的售价是普通汽车的3~8倍，爱马仕一条围巾的价格可以达到4000元人民币，是普通围巾的20~40倍。此外，苹果、华为、丰田等基于功能价值所形成的品牌也可以获得一定溢价，比如华为Mate 30RS售价可以达到12999元，是普通手机的3~4倍。按照2017年财报数据，丰田单车均价为16.4万元，单车净利润为1.4万元，而通用单车售价只有10万元左右，单车净利润为215元。

（四）差异化优势

差异化的产品能够通过满足客户特定需求或给客户带来超额体验获取一定溢价。这种差异化对于开拓市场具有举足轻重的作用，尤其是在行业进入成熟期后，行业扩张速度逐渐放缓，消费者开始由简单的数量消费（仅追求功能满足）转向品质消费（不仅要求满足需求，而且对服务和产品质量也开始提出更高要求），产品具有差异化的企业能够通过挤占同业的市场份额实现规模和市占率的双重提升，在行业增速下行阶段，维持业绩的高速增长。

传统实体产业的差异化优势来自产品的差异化。宝钢股份的超额盈利能力就来源于其产品的差异化。公司在全球冶金领域持续处于技术领先地位，汽车板和家电板规模分别占中国汽车板、家电板市场的60%、30%，冷轧汽车板及冷轧超高强钢的国内份额均超过50%。BMS 1400耐磨蚀钢热轧板、超大型液化石油气船用460LF-TM钢、超大型集装箱船用止裂钢等行业先进产品的量产均具有里程碑式的意义。产品的差异化使得宝钢股份具有了远超行业平均水平的超额盈利能力，1997—2019年，宝钢股份持续盈利，累计贡献净利润达到1967亿元。即使是在2015年钢铁行业最低谷时期，公司仍实现了7亿元的净利润，盈利规模位居同期国内上市钢企之首。

新兴产业的差异化来自借助技术改善服务、提升效率。今日头条的成功源自对内容行业的创新。内容行业的产业链分为生产、分发和销售三个环节，这适用于传统媒体和网络媒体。在今日头条出现之前，分发环节主要由编辑来完成。编辑需要察觉读者想看什么，并引导内容生产者提供相应的文章，之后推送给不同群体的读者。网络媒体依然是由人类编辑负责筛选文章，推送给C端读者。今日头条用AI算法替代了人类编辑，这使得分发环节更高效。今日头条的业务核心是资讯的智能分发：通过爬虫采集各大网站的资讯，依靠算法完成对资讯的个性化推荐。与传统新闻门户网站相比，今日头条不生产内容，不需要人工编辑，只依托技术完成对内容的采集和精准分发，使C端用户摆脱了信息过载的困扰，实现了所见即所需。凭借独特的运营模式，今日头条的用户规模快速增长，截至2012年底，平台用户总数达到1000万，其中日活跃用户数为100万。根据极光数据，2017 年 2 月，今日头条的渗透率为 20.7%，占比是行业第三名天天快报的 3 倍；月活用户数也呈上升趋势，远高于竞争对手。

恒瑞医药的差异化体现在对研发创新能力以及销售渠道的倾力打造。公司是国内创新药行业的龙头企业，也是国内最重视研发的制药公司。近年来，公司研发资金占营业收入的比重始终保持在 10% 以上，研发水平处于行业领先地位。在销售渠道方面，公司对内和对外同时拓展。对内，公司实行学术推广，抓牢核心市场和大医院，在全国范围内进行覆盖和渗透；对外，公司探索出口业务，通过与国际大药企合作，以仿制药规模销售作为突破口，为实现创新药全球化销售积累经验，并为参与新一轮全球生物医药竞争赢得机会。

房地产行业的差异化优势则会随着时代的变化而发生改变，往往一个新出现的需求点就对应着一个巨大的市场空间，在这种情况下，企业的优势在于领先布局。过去二十年，万科的差异化来自对房地产质量的追求以及品牌的构建。随着行业渐进饱和以及房地产调控长效机制的建立，早期通过高周转高杠杆快速扩张规模、抢占市场份额的模式已经不再适合行业运行逻辑。房企普遍开始寻找新的业务增长点。万科选择进入多个行业空间较大、与原有住宅业务有协同效应的领域，转型战略包括物业服务、商业地产、物流地产、长租公寓、其他五大板块。具体来看，万科关注了三个领域：住宅地产里围绕居住的一系列生活服务和社区氛围，消费地产里面向体验和展示的新一代消费中心，产业地产里物流地产的全面升级换代等。公司将自身未来十年的业务版图归纳为"三好住宅+城市配套服务商"，随后在 2017 年升级为"三好住宅+城乡建设与生活服务商"。随着转型战略布局的深入，万科新的差异化优势开始在新的转型方向中显露雏形。

（五）平台效应及流量转化优势

近年来，伴随着数字经济的蓬勃发展，平台型企业发展迅速。Facebook、Amazon、Google 和 Netflix 等老牌平台巨头的市值跨过千亿美元门槛，Uber、Airbnb 等新兴平台迅速崛起，市值接近千亿美元。平台的价值创造体现在：（1）降低交易成本：平台可以降低供需双方或某一方在交易过程中的成本；（2）降低信息成本：平台可以改变信息搜寻、传播、展示成本；（3）降低违约风险：平台可以通过对交易主体或内容的信息验证减少交易风险，提高参与者的交易意愿。

比如淘宝，从有效降低成本的角度考虑，其成功之处在于改变了价格的传递成本。所有卖家都需要在淘宝上公开价格，供全国乃至全世界的买家查看。这一方面可以约束卖家利用信息不对称获得超额利润，另一方面可以让买家以极低的成本搜索足够多的产品价格信号。而京东则是平台价值的另一种体现，早期的京东主要依靠保障正品获得成功，即降低违约风险，消费者愿意为获得产品安全保障支付溢价。

平台的价值核心在于连接数量足够大的供给方和需求方，甚至引入第三方、第四方。在足够大的平台上，产品形式更为多元化和多样化，这可以形成多方共赢的生态圈。

"轻资产、快速扩张、规模经济"的特征使平台型企业具有赢家通吃的能力。在特定领域，在一个平台发展壮大之后，提供相似服务的新平台就很难获得成功，新用户更倾向于选择已经被大家广泛接受或已经积累众多用户的平台。如果某一平台在积累了足够多初始用户的基础上，能够成功引入多个参与者并建立多方互动的良性循环体系，那么新进入者面临的障碍就会更大，赢家通吃的趋势会更加明显。

阿里巴巴依托全品类、全人群、全场景覆盖的新零售生态圈的打造，牢牢占据着电商领域的头把交椅，其人均客户收入也远超同业。以云计算服务为例，2015年第三季度，阿里巴巴云计算服务的付费用户数为31.1万，到2017年第二季度已经突破100万大关，两年时间内增长超过两倍。新业务的拓展不仅给阿里巴巴带来了增量客户，而且让阿里巴巴的人均收入增速和绝对水平远超同业。

腾讯成功的核心方式是立足于人与人之间的SNS网络，基于核心社交工具QQ和微信，吸引了大量流量并产生了极强的网络效应，在此基础上，通过游戏、广告和文娱等核心业务进行流量变现。作为产生流量的底层社交平台，腾讯本身并不具有流量变现的能力。通过构建游戏、视频、音乐和阅读之间相互导流的大文娱业务平台，腾讯开辟了新的补充市场，通过提供增值服务等形式赚取利润反哺主营业务。2012年，腾讯推出收费表情包、广告投放业务等增值服务；2013年，推出移动游戏，投放自主开发游戏及第三方游戏；2014年，推出公众号和微信支付；2017年，推出小程序等。增值服务成为腾讯流量变现的主要渠道和重要的利润来源，2019年，腾讯的营业收入达到3773亿元，同比增长20.7%，其中增值服务的营业收入为2000亿元，占总营收的53.0%，同比增长13%。

Facebook的业务模式和成长路径与腾讯相似。通过把握用户需求、快速迭代产品以及补全社交生态圈，Facebook迅速从一个高校社交平台蜕变为全民社交平台，用户数量呈几何式增长，在全球网民达到35亿的时候，Facebook的MAU即达到22亿（2018年第一季度）。基于庞大的客户基础，Facebook引入了广告投放业务，通过向广告商收费进行流量变现。截至目前，Facebook 98%的营业收入来自广告收入，2019年Facebook的营业收入为4932亿元，同比增长26.6%，净利润为1290亿元，同比下滑16.4%。

三、有效的企业组织是超级企业价值创造的来源

竞争优势的表现形式千差万别，企业为构建竞争优势所采取的战略也各有不同，从共性的角度看，大致可归类为三种基本战略：成本领先战略、差异化战略和集中战略。

成本领先战略通俗地讲就是使自己成为行业中成本最低的生产商，成本竞争力的来源包括规模经济、专有技术、高效运营、产业链完善、区位布局等。拥有成本优势的企业，在产品售价与同业持平甚至略低的情况下，可以把与同业的产品成本之差转化为超额回报。

差异化战略则是指企业选择一个或多个对用户重要的方面进行发力，打造自己独一无二的优势。因为这种优势满足了用户的特定需求，所以企业具有提价的能力，产品溢价构成了企业超额利润的主要来源。此外，企业也可以在保持价格与行业持平的基础上，通过量的扩张获益。每个行业都有自己的差异化实现形式：（1）提升产品性能。台积电的集成电路、苹果的iPhone与iPad系列、万科的房产及物业管理均能给客户带来不

同的体验。（2）塑造品牌形象。宝洁旗下的帮宝适、碧浪、护舒宝等日化品牌已经渗透到全球多个地区以及生活的方方面面。（3）优化渠道布局，改变服务形式。贵州茅台特有的复合经销体系变"坐商"为"行商"，实现了营销的精准化；麦当劳的快餐服务模式满足了用餐人群对方便快捷的需求。

集中战略是指针对小众市场所采取的成本领先或差异化战略，战略核心是通过垄断细分领域获取超额收益。由于市场小众，规模相对较小，因此企业盈利能够达到的高度也相对有限，企业很难成为超级企业。

企业选择战略时需要结合自身情况。成本领先战略、差异化战略并非适合所有的企业。选择对的战略能够达到事半功倍的效果，企业借此也能迅速建立竞争优势，不合适的战略则会适得其反，甚至损害企业已有的优势。战略定位的准确与否是决定企业行业地位的关键。

成本领先战略需要保证低成本生产不会损害产品的性能，不考虑产品特性、一味地压减成本很可能得不偿失。20世纪初，空调行业竞争加剧以及消费者漠视产品性能导致行业内企业拼命压减成本，为价格战腾挪空间。虽然凭借价格优势，这些企业一时占领上风（当时的龙头企业是春兰、华宝等），但是随着消费者对产品性能和质量的关注度上升，那些不注重质量管控的企业开始举步维艰。春兰后来选择多元化或许也是生存压力下的无奈之举。

差异化战略需要保证实现差异化获得的溢价能够覆盖为此付出的成本。共享单车本质上也是一种差异化战略，满足了人们"最后一公里"的需求。但从实际结果来看，这种差异化带来的溢价并不能覆盖为实现差异化所付出的成本，这也导致共享单车至今无法盈利。对于这种情况，企业就不应该进入共享单车这一领域，除非能够找到新的管理模式（降低成本）或变现模式（提高溢价）实现共享单车的正效益。

外部环境瞬息万变，企业的战略也不能一成不变。面对不同的情景，企业需要采取不同战略。机遇往往稍纵即逝，当环境发生变化时，企业需要及时、有效地应对，战略选择不仅要准而且要快。此外，企业也需要具备强大的战略执行力，保证战略能够落实到位，以提高自身对环境变化的适应能力。

综合以上两个方面，选择正确的战略是企业构建竞争优势的前提，强大的战略执行力则是形成竞争优势的保证。但企业的战略执行力并非与生俱来，企业可以通过后天努力进行改善和优化，其中一个关键影响因素是企业组织形式的有效性。企业不是简单的资产叠加，而是资产、人以及社会关系的有机结合，这种结合方式的外在表现就是企业的组织形式。有效的组织形式意味着企业的财产构成、内部分工协作以及外部联系更为高效，企业的战略执行力因此会更强，这是企业价值创造的根源。

雀巢多品牌战略的成功源于其高效、灵活的组织形式。雀巢将其总市场切分成不同的模块市场，每一模块市场由相应的模块公司负责，各模块公司在不影响企业总战略的条件下有权进行适当调整，以更加精准地把握市场动态。通过模块化的组织形式，雀巢实现了运营的整体性与灵活性的统一，这是其能够多品牌、全球化布局的关键支撑。

扁平化的组织架构是字节跳动的特色。自成立以来，字节跳动员工数量急速增长，截至2019年已达62000人。为加强员工管理，字节跳动基于"Context，Not Control"的思想对组织效率进行优化，减少规则和审批，增加组织结构灵活性，灵活调整汇报关系，弱化层级及职称，让员工自由表达想法，提升内部信息透明度，如图3-1所示。依托于扁平化的组织结构，字节跳动平稳地度过了员工扩张期的"治理劫"，实现了团队规模和协作效率的平衡。

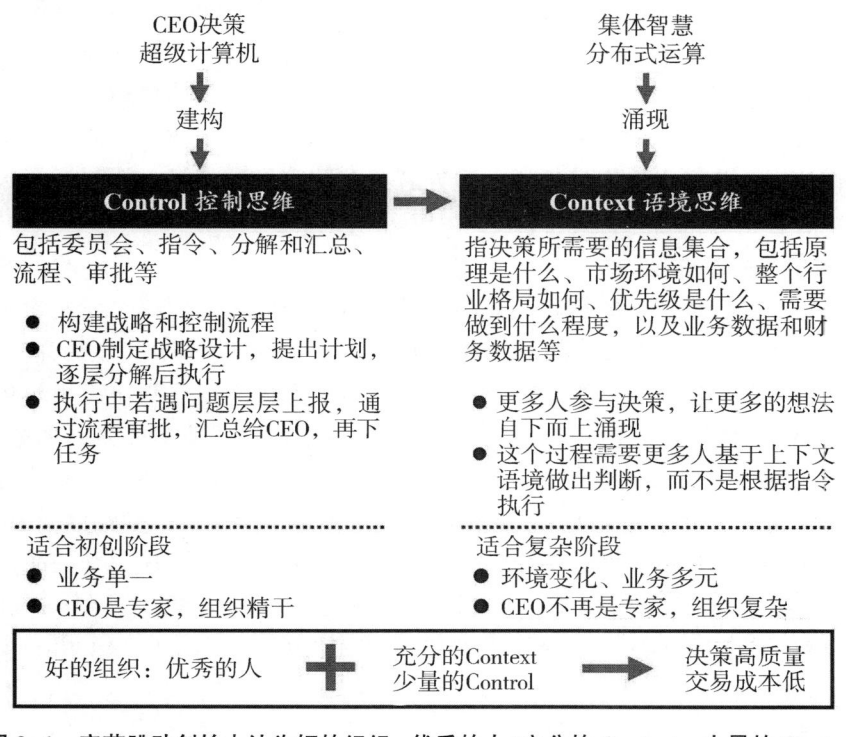

图3-1　字节跳动创始人认为好的组织=优秀的人+充分的 Context、少量的 Control

（资料来源：《CEO 要避免"理性的自负"，这错误盖茨、乔布斯都犯过》）

组织形式有效性的衡量标准是企业的组织能力，即企业组织各种社会资源、经营各种社会资源的能力。因为这种能力可以给股东创造价值，所以可称为组织资本。组织资本的价值在于把企业除了资产以外的其他社会关系统一在一起，创造出超过账面资产的价值。企业的战略愿景、采购与生产经营活动、制定的各种标准和流程、企业的营销与渠道、产品的研究与开发、品牌和人才等，都可以构成企业的组织资本。企业构建组织资本所付出的代价为企业的组织成本。不同类型企业的组织成本存在差异，金融机构、科技公司、消费龙头的组织成本相对更高。

四、有效的组织形式体现在哪些方面

1. 高管优秀的管理能力

企业高管优秀的管理能力对公司的业绩表现与未来发展具有积极作用。以《哈佛商业评论》评选的 2019 年全球最佳 CEO 榜单为例，2019 年位居前十名的 CEO 所在的公司，股价都有较好的表现，近 3 年净利润复合增长率也保持稳定。

英伟达的 CEO 黄仁勋在榜单中排名第一，其优秀的管理能力为英伟达带来了强劲的业绩和股价表现。英伟达 2015—2018 财年净利润复合增长率达到 91.23%，公司 2016—2019 年涨幅达到 628.42%。黄仁勋曾在 GTC 2019 发布会上表示，面对竞争，英伟达永远是战略优先，他将英伟达定义为开发者提供算力工具的公司，而不仅仅是做芯片的公司。此外，他还为公司搭建了扁平化的组织构架，提高了公司运转的灵活度。正是得益于黄仁勋领先的战略思维以及为公司搭建的灵活的组织构架，英伟达才发展成图形处理领域的龙头公司，在 GPU（图形处理器）领域的市场份额达到 70%。随着人工智能时代来临，英伟达进一步成为软硬件领域的主导者，在数字货币、无人驾驶等领域为人工智能服务提供着必不可少的算力支持。

2. 企业的品牌经营能力

奢侈品行业是一个典型的需要经营品牌的行业，企业需要理解时尚元素，及时推出潮流新品，只有这样才能保持品牌价值，做到长盛不衰。全球奢侈品龙头路易威登（LV）的核心竞争力是其强大的品牌力。公司初期是为法国宫廷制作御用箱包，到工业革命时期，LV 开始成为一种身份标志，为资产阶级新兴贵族所追捧，到如今，LV 的奢侈品形象已经深入人心。路易威登的品牌价值表现突出，根据全球最大的综合性品牌咨询公司 Interbrand 发布的 BrandZ 全球品牌估值 100 强榜单，自 2006 年该榜单创立以来，路易威登的品牌估值一直位于奢侈品行业第一。2019 年，路易威登的品牌价值达到 472 亿美元，较 2018 年上升 15%。与此同时，路易威登的销售额在奢侈品行业内的占比，也从 2006 年的 10.21%，快速升至 2018 年的 18.01%，如图 3-2 所示。

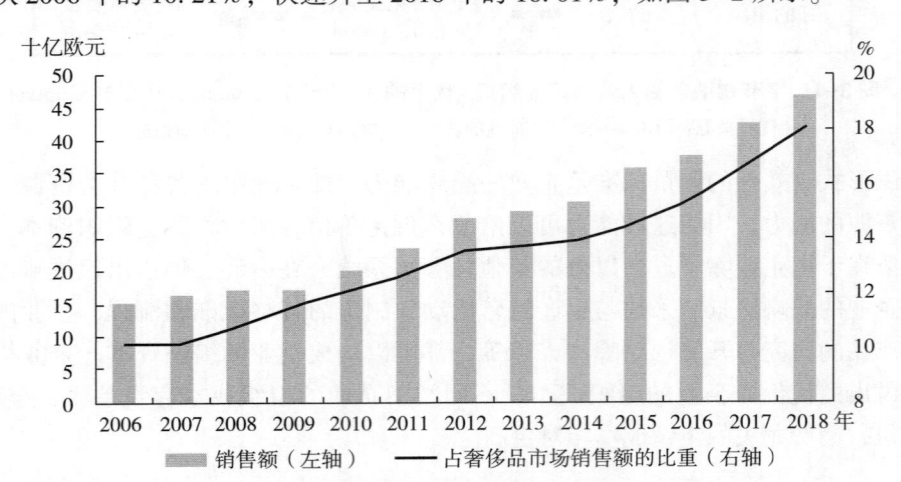

图 3-2 路易威登的销售额及占行业总额的比重不断提高

（资料来源：意大利奢侈品协会 Fondazione Altagamma、Wind 数据库）

3. 现金流管控能力

企业的内生增长或外延并购需要稳定的现金流作为支持，对现金流进行合理的管控有利于企业顺利进行经营及扩张。现金流管控不当容易给企业带来资金链断裂的风险。光伏企业资产较重，现金流断裂往往是企业破产的主要原因，无锡尚德、江西赛维等曾经的光伏巨头都是因此而轰然倒塌。相比之下，隆基股份十分重视现金流管理，一直将"合理安排负债结构，保持稳定现金流"视为公司运营的"两大基石"之一。2015—2018 年，隆基股份的经营性净现金流与净利润基本匹配，2017—2018 年稳定在 12 亿元左右。2019 年，隆基股份的现金流状况又出现了边际改善，前三季度实现经营性净现金流 40.14 亿元，同比增长 278%，如图 3-3 所示。得益于突出的现金流管控能力，隆基股份在光伏行业内保持领先优势。根据 PHOTON Consulting 发布的 2016 年第三季度全球光伏企业"铁人三项"竞争力报告 *PV Triathlon*，隆基股份在全球 59 家知名光伏公司中位列第一梯队，财务健康指数排第一位，表现出稳健的发展能力。

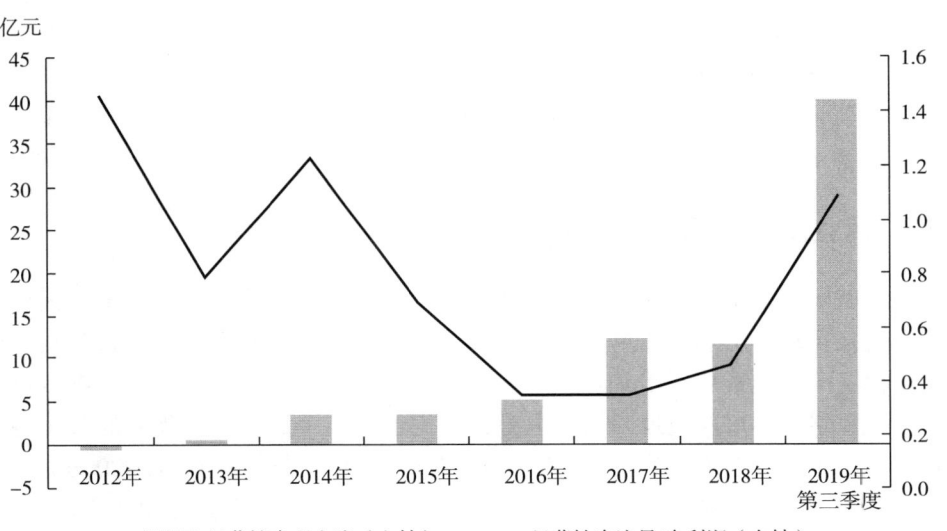

图 3-3　隆基股份经营性净现金流

（资料来源：Wind 数据库）

第四章　因势利导——从商业模式看超级企业

混科技产业的大企业，一旦决定去干一件事，就非得干成世界第一不可。只有这样才有可能掌握主动权并获得理想的利润，否则，就是赔钱去陪第一名耍。

——台积电创始人张忠谋

在重组对象的选择上，我们不会为了扩大产能规模而盲目地推进兼并重组，重组对象要能够进一步强化中国宝武沿海、沿江"弯弓搭箭"战略布局，要与中国宝武现有生产基地形成明显的协同效应。

——2019 年宝武钢铁集团董事长陈德荣接受《中国冶金报》专访

一、商业模式创造企业估值溢价

从拉长时间周期看，企业很难做到基业长青，基业长青需要企业从第一天就开始拥抱变化，迎接挑战。行业的变革与颠覆每一天都在发生，企业也很容易被替代，曾经的辉煌很难保证未来的成功。诺基亚、摩托罗拉、柯达这些昔日的行业巨头都曾创造过辉煌成绩，但最终仍不可避免地陨落。但是，我们也应该看到，更多优秀的公司与产业正在以让人无法想象的速度快速崛起。2013 年以前，全球独角兽企业不到 20 家，且以美国企业为主，中国仅有 2 家。但最近五年，中国和全球独角兽企业都在快速增加①。美国风险投资数据公司 CB Insights 的数据显示，截至 2018 年 12 月，全球独角兽企业共有 427家，其中美国有 147 家，中国有 205 家，如图 4-1 所示。除了数量快速增加外，独角兽企业的估值也在迅速提升，部分独角兽企业的估值在极短时间内即达到 10 亿美元的门槛，如 Magic Leap、Snap，估值达到 10 亿美元所用时间不到两年。

独角兽圈层的迅速扩张得益于资本市场估值体系的变迁。随着数字经济时代来临，在科技创新、企业转型的大背景下，建立在"盈利+估值"的框架下，基于企业现有规模、收入、成本等指标判断企业未来投资价值的传统分析方法开始失效，商业模式逐渐被纳入估值体系。资本越来越愿意为好的商业模式支付估值溢价，即使企业尚未盈利，其估值仍然可以达千亿美元（如拼多多）。独角兽企业的崛起普遍得益于好的商业模式，相反，没落巨头则多败于商业模式不适合新的环境。因此，重新认识企业的商业模式，以更长时间的视角理解企业的成长、产业的变迁，是更加准确评估企业价值的前提条件。唯有如此，才能筛选出基业长青的超级企业。

---

① 资料来源：《2017 年全球独角兽企业发展报告》。

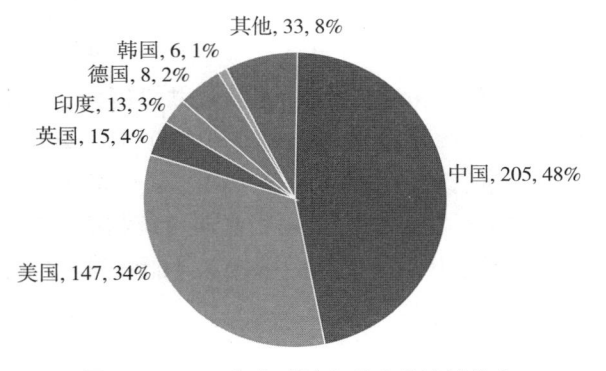

图 4-1　2018 年全球独角兽企业地域分布

（资料来源：《中美独角兽企业研究报告》）

瑞幸咖啡的失败源于商业模式上存在显性短板，其商业模式的核心是实现"烧钱扩张—培育用户—规模领先—盈利变现"的成长闭环，成功的关键在于能够获得足够多的用户实现盈亏平衡，跨过盈亏平衡点后，盈利会随着用户数扩张以及消费频率提升线性增长。瑞幸咖啡打造的是一种快消服务模式，旗下门店大部分是快取店和外卖店，单件售价更低并且提供配售服务。为迅速打开市场，瑞幸咖啡采用了强补贴的销售方式，通过廉价培养客户对咖啡的消费习惯，占领消费者的心智，以此实现成本领先（规模经济和范围效应），薄利多销，以量取胜。这种模式的核心硬伤在于瑞幸咖啡的补贴幅度超过了可实现的经济效应（当前补贴力度下，销量距离盈亏平衡点相去甚远，估算还需增长近 2 倍），而降低补贴又会对客户留存形成挑战，进一步影响到规模和成本优势。另外，实现盈亏平衡点的约束条件较多，需要用户对价格高度敏感，但实际上，对于咖啡，消费者可能会越来越注重口感和消费氛围。瑞幸咖啡产品较为同质化，口感和营销无明显特色，这就导致未来补贴的边际效应会越来越弱，甚至可能永远无法达到盈亏平衡点。

（一）商业模式的价值因时而变

商业模式的本质是处理利益相关者交易结构的方式，其核心价值在于影响企业的预期现金流。商业模式并无规定范式，其创新往往能够快速改变市场格局，使企业价值成倍扩张。比起产品、客户、收入等竞争要素，商业模式对企业的影响具有放大的乘数效应。商业模式的价值也并非一成不变，随着环境的变化和时代的进步，之前好的商业模式可能变差，如果企业无法因时而变，可能会逐渐被新形势淘汰。

柯达曾经依靠商业模式创新几乎占领全市场，而后却因囿于固有商业模式而被市场所抛弃。柯达创立于 1888 年，它的商业模式是向用户免费提供照相机，通过向用户出售胶卷、帮助用户冲洗照片获得盈利。这一模式帮助柯达迅速在摄影用品市场站稳脚跟，当时柯达在化学制剂和相机底片领域的市占率高达 80%。1975 年，柯达工程师史蒂夫·沙逊（Steve Sasson）研发出首部数码相机，但管理层认为这种技术会给柯达的传统业务带来威胁，便未应用此新技术。2000 年以后，全球数码技术集中爆发，彩色胶卷需求开始拐头向下，年降幅达到 10%。柯达开始意识到传统业务日渐式微，但应对措施有失妥当。2001 年，柯达收购了一个名为 Ofoto 的照片共享网站，希望利用这个网站吸引更多人冲洗照片，结果并不如意。之后，虽然柯达在 2003 年、2004 年放弃传统业务，开始战略转型数码相机，却为时已晚，最终柯达于 2012 年 1 月 19 日申请破产保护。忽视新技术变革的方向，寄希望于行业需求由数码相机向传统相机回归是柯达转型失败的主要原因，其根本原因是柯达过于执着于旧商业模式，未能做到因时而变。

（二）商业模式的溢价源泉：增量价值空间

商业模式的估值溢价来自其所创造的增量价值，好的商业模式能够实现企业剩余价值最大化。每一个新商业模式的诞生，都是为了获得增量价值空间，增量可以来自新市场的创造，也可以来自原有市场效率的优化。

Airbnb 在进军中国初期曾面临租户恶意破坏房屋的问题。为了克服消费者的诚信问题，Airbnb 开始与芝麻信用合作，如图 4-2 所示。Airbnb 要求用户绑定支付宝的芝麻信用分进行身份认证，而支付宝的芝麻信用页面展示"住宿免押金"窗口。通过引入新的利益相关者，Airbnb 完善了商业模式，突破了用户信用缺失对扩张的制约，并且借助芝麻信用的平台流量实现急速扩张。到 2017 年第三季度，Airbnb 中国地区的使用人数达到 100 万人，同比增长 180%，仅次于增速最快的古巴。

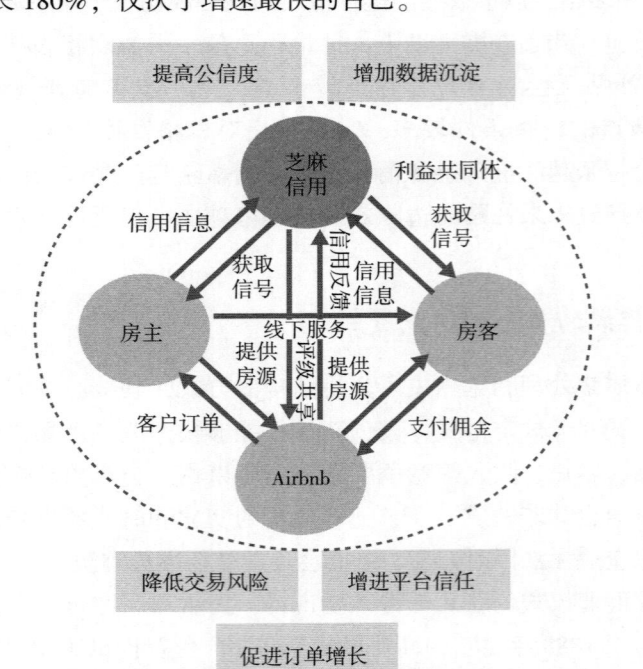

图 4-2 Airbnb 引入芝麻信用作为新的利益相关者补充信用监督机制

（资料来源：笔者绘制）

从实际经验来看，对商业模式的分析容易陷入一个误区：满足消费者需求的商业模式能够持续存活。这是因为给消费者带来价值与给企业创造增量价值之间存在本质差异，给消费者带来价值不一定能给企业创造增量价值。一个典型的案例是共享单车，由于满足了消费者"最后一公里"的需求，共享单车能够给消费者带来价值，但从现金流量看，相比于投入的边际成本，共享单车的收入量级太小，单纯运营共享单车难以给企业带来增量价值，从长周期来看，该运营模式很难持续。

（三）估值溢价的实现形式：网络效应、长尾价值、补充市场

成功的商业模式变革能够帮助企业实现跨越式发展，在数字经济时代，商业模式估值溢价的实现形式常见于以下三个方面。

（1）用户数增加能够提高消费者选用商品或服务所获得的边际效用，即具有网络外部性，如电话、微信。

（2）以更少的成本支持分散的企业与个人在平台上交易和盈利，满足消费者多样化的需求，充分挖掘分布在长尾端的产品价值。

（3）借助已有核心业务，开拓新的补充市场，通过提供增值服务赚取利润反哺主营业务。

网络外部性帮助企业打破收益边际递减的规律，使无限扩张成为可能。电话是一个典型案例，使用电话的人越多，参与者通过电话联系到交流对象的概率也会随之上升，便利性会越来越凸显。平台型企业作为信息流动的枢纽，促进各方信息交换。只有越来越多的互联用户在平台上交易，平台的网络效应才能将价值进一步扩大化。淘宝网的价值就是随着商户及用户数的扩张呈指数式提升的。

企业实现网络分布之后，可以支持分散企业与个人扩大业务范围，避免利润在线性价值链中不断缩水。企业产品的销售曲线从左到右可视为从畅销到不畅销的非线性分布，传统企业看重的是销售曲线左端的少数畅销商品，销售曲线右端的多数冷门商品则被认为是无法获利的部分。互联网的崛起使得更多的品种能够以更少的销售成本在平台上展示，打破了只有少数畅销商品才能获利的限制，几乎所有商品都能获得被展示的机会，如图4-3所示。一个典型的例子是：一家大型书店通常可摆放10万本书，但亚马逊网络书店的图书销售额中，有1/4来自排名10万以后的书籍。

复盘微信的业务拓展路径、拆分收入构成，可以看出补充市场对核心业务的反哺效应：2011年，腾讯正式推出微信，基础业务为社交网络平台。两年时间内微信用户超过2亿人，形成一个巨大的流量平台，如图4-4所示。

补充市场1——2012年推出的收费表情包、广告投放等增值服务。依靠前期积累的用户群体，腾讯增值服务取得了巨大收入，流量也同步增长：当年微信用户达到3亿人，月活数达到1.6亿人。微信表情定价6元一套，按照5.2%的客户平均使用3套收费表情包计算，每年收费表情包可贡献2.8亿元营业收入；微信朋友圈通投价格为40元/cpm，以1.6亿月活数计算，按照每年每用户平均看到一次广告测算，微信广告业务一年

能带来 23 亿元收入。

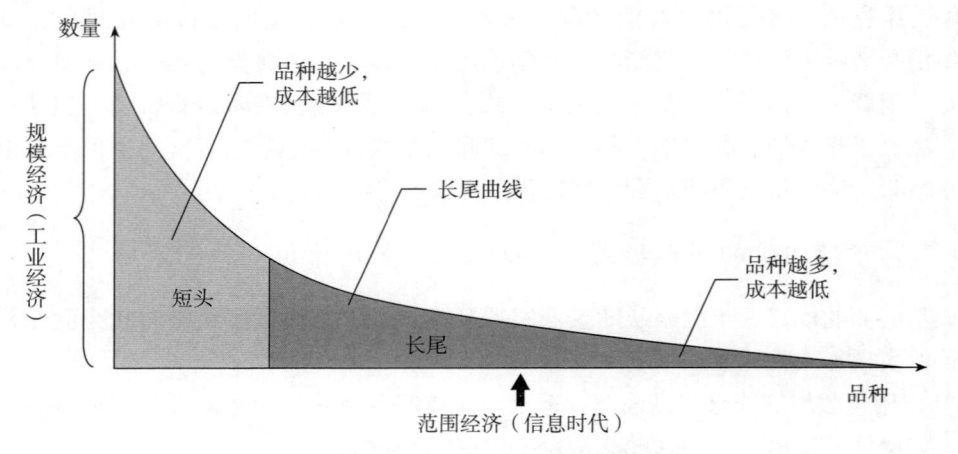

图 4-3 满足多样化的需求创造增量价值
（资料来源：笔者绘制）

补充市场 2——2013 年推出的移动游戏、投放自主开发游戏及第三方游戏。游戏平台的推出使腾讯用户数量飞速增长，到 2013 年底，微信用户超过 6 亿人。2013 年微信付费游戏贡献了 8 亿元营业收入，2014 年突破 36 亿元。按照每年 50%增长，截至 2017 年底，微信游戏平台共实现营收 300 亿元。得益于游戏平台的成长，2016 年，腾讯首次实现手机游戏收入对 PC 端的反超。

补充市场 3——2014 年，腾讯先后推出公众号和微信支付，建立起移动营销和电子商务市场。自 2014 年以来，借助移动营销和电子商务补充市场，微信月活数进一步上升，到 2016 年底，已达到 8.9 亿人，微信广告收入达到 36.97 亿元，同比增长 80%，而新兴的公众号平台有 1000 万个，单认证费就能实现 30 亿元收入。同时，微信支付平台的出现打通了微信各付费业务的支付环节，为未来在支付领域的商业化布局打下了基础。

补充市场 4——2017 年，腾讯正式推出小程序。小程序不需安装和卸载，功能使用类似 App，是基于微信生态发展出的一种轻应用。小程序成为微信转型的突破口。借助微信提供的流量入口，商户可通过微信开展电商业务，微信也以此迈出了向电商拓展的重要一步。根据 2018 年微信公开课的数据，微信已上线 58 万个小程序，覆盖 100 万名开发者、2300 个第三方平台，日活跃用户数达 1.7 亿人。

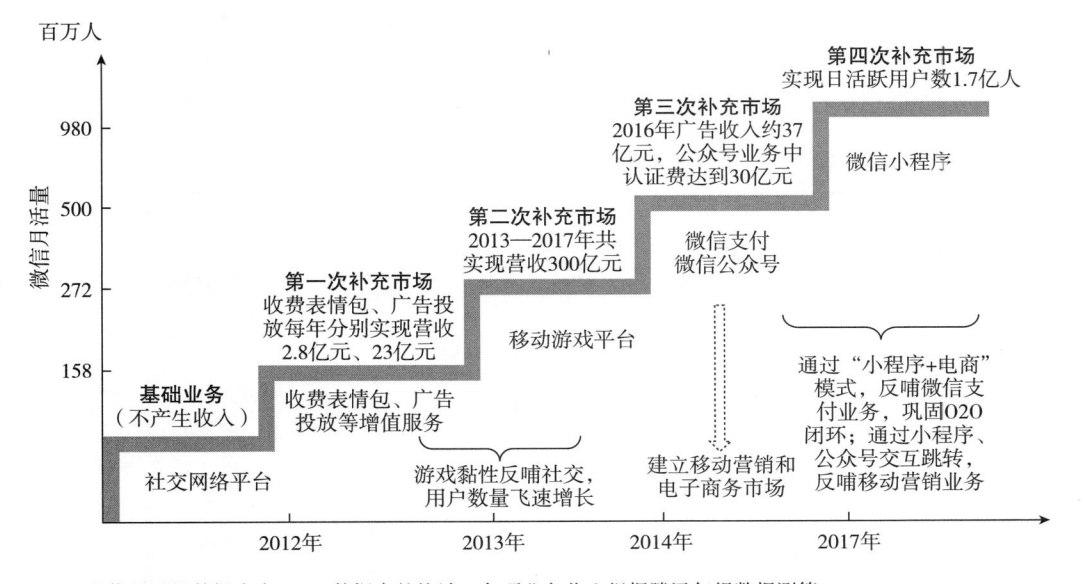

注：微信月活量数据来自 Wind 数据库的统计，各项业务收入根据腾讯年报数据测算。

图4-4　微信以流量为核心持续拓展补充市场

（资料来源：Wind 数据库、笔者根据腾讯年报整理）

二、商业模式的价值：由"大而不强"到"长跑冠军"

是那些员工们的跨界工作能力为公司带来了真正的创新，使我们有了突破性进展，并且也将在未来为我们带来突破性产品。

——强生集团前 CEO 威廉·韦尔登，世界 500 强 CEO 访谈第 40 期

（一）估值的背离："大而不强"与"长跑冠军"

企业的股票价格取决于盈利与估值，盈利反映企业当前的基本面情况，而估值则体现资本市场对企业未来盈利的认知。当前，A 股市场存在大量估值与盈利背离的企业，这些企业的资产规模和营业收入遥遥领先于其他企业，但在资本市场上不仅没有溢价反而长期折价，具有明显的"大而不强"特征。根据统计，在 A 股所有非金融石油石化企业中，营业利润排名前 10% 的企业的市盈率（P/E）中位数为 20 倍，而所有非金融石油石化企业的市盈率（P/E）中位数为 38 倍。

企业之所以会"大而不强"是因为所处行业位于产业链的低价值区，价值创造能力不佳。任何一个行业，从原材料供应到产品设计、生产、销售再到品牌打造，都可以形成一个完整的价值链条。链条上的不同环节分别构成一个利润区，处于同一利润区的企业相互竞争以分割收益。一般来说，价值链两端（技术研发和产品销售）的价值最丰厚，而中间环节（组装、加工、制造）则属于低价值区。此外，各环节的价值区也并非一成不变，产业发展一旦成熟，所处区域的价值将会收缩，而且随着越来越多竞争者加

入，单个企业所能分到的规模也会变小。A 股上市企业中有很大一部分是处于产业价值链上的低价值区，而且部分企业所处行业供给已经过剩，对于这类企业，虽然当下规模较大，但由于价值创造前景不佳，因此很难获得资本市场的估值溢价，如表 4-1 所示。

表 4-1　以液晶面板产业链为例，价值区域的不均匀分布

国家	中国	日本	韩国
下游品牌 高附加值	华为、小米、OPPO、vivo、联想、海尔、格力、美的	夏普、东芝、松下、日立、NEC、富士通、索尼	三星、LG、泛泰、三和
面板、模组厂商 中低附加值	京东方、华星光电、龙腾光电、中电熊猫、深天马、TCL、海信	夏普、日立、精工爱普生、东芝、索尼、三菱、NEC、三洋、JDI（整合东芝、索尼、日立）	三星、LG、现代
上游器件、材料厂商 高附加值；技术设备 中低附加值；原材料	强力新材、江化微、飞凯材料、南大光电、光华科技、苏州瑞红、永太科技、东旭光电、彩虹股份	旭硝子、电气硝子、住友化学、三菱化学、JSR、DIC、JNC、OSG、可乐丽、东洋油墨、日本帝人、积水化学、三离子、东丽	LG 化学、三星 SDI、韩华化学、大德电子

资料来源：笔者根据公开资料整理。

与“大而不强”的折价相反，对于可以长周期维持高盈利的“长跑冠军”，资本市场也会给予充分溢价。2009—2019 年，ROE 持续高于 15%的 A 股上市公司股价平均涨幅高达 15.94 倍，远超同期所有 A 股的均值水平（1.96 倍）。但这类“长跑冠军”仅有 34 家，占全部 A 股企业总数的不到 1%。

“大而不强”的折价根源在于企业处于产业链的低价值区，价值创造前景不佳。消除折价需要企业从产业链的低价值区向高价值区转移，提升价值创造空间；而“长跑冠军”的溢价源于企业具备持续挖掘增量市场的能力，高增长可以长期维持。在总量规模有限的市场中，要实现从“大而不强”到“长跑冠军”的转变，需要企业通过转型来实现价值创造能力的跃迁。

（二）转型的途径：新市场拓展与轻资产转型

企业实现可持续增长一般通过两个路径：一是在主营业务之外拓展新领域；二是实现主业规模的再扩张。前者依赖于开拓新领域，后者依靠轻资产转型。从实践结果看，企业通过上述两个转型路径确实能够挖掘更多价值空间，获取收益。

1. 新市场拓展：投入回报与投入成本的考量

转型成功与否取决于两大前提条件：（1）转型获得的回报高于投入的成本；（2）超额回报能够长期维持：除了判断企业能否获得超过投入成本的回报之外，还要看这种超额回报能够持续多久。超额回报持续的时间周期决定了转型的价值创造空间。

拉长时间视角看，即使转型后的新业务当期利润丰厚，但如果无法形成商业壁

垒，创新收入也会逐渐被新进入者瓜分，或者被其他企业以更为创新的交易结构打破，超额回报的持续周期将大大缩短。以共享单车创新商业模式为例，交通运输部的数据显示，截至 2018 年 2 月，全市场累计有 77 家共享单车企业，累计投放 2300 万辆共享单车，累计运送了 170 亿人次，最高日达到 7000 万人次。但到 2018 年 2 月，已经有 20 余家企业处于倒闭或者停止运营的状态。究其原因是共享单车难以依靠单一产品的盈利模式持续存在，高运维成本导致从单一客户获取的收入难以覆盖投入的成本，且边际成本很难降到足够低。此外，也未形成商业壁垒阻止竞争者进入，行业内耗严重，进一步加大了超额回报的实现难度。

2. 轻资产转型：杠杆经营创造收益

轻资产的概念源于麦肯锡提出的"轻资产运营"战略，是指企业只拥有少量的资产，通过对外提供管理、技术和品牌等服务获取利润。轻资产战略的核心是减少自身投入，通过撬动外部资源，将内部资源投入产业链价值最高的地方（技术和销售），以提高企业的价值。

从哔哩哔哩与爱奇艺的成长轨迹可以看出轻资产运营对企业的价值所在。目前国内视频阵营主要包括以下三类：（1）短视频领域，以抖音和快手为主；（2）长视频领域，以爱奇艺、腾讯视频、优酷为主；（3）另类视频领域，以芒果超媒、哔哩哔哩和西瓜视频为代表。这些视频平台看起来很相似，但内容结构存在明显差异，这也导致了视频平台之间长期竞争力的分化。爱奇艺属于重资产经营，主要通过外部采购来提供内容，内容成本/收入长期在 75% 左右；哔哩哔哩属于轻资产经营，主要依赖用户自制视频提供内容（UGC 模式），由用户驱动低成本内容增长，自采+UGC 内容成本/收入低于 15%。从爱奇艺与哔哩哔哩的市值表现看，轻资产经营明显更胜一筹：爱奇艺于 2018 年 3 月 29 日上市，截至 2021 年 1 月 18 日，总市值为 155 亿美元；哔哩哔哩于 2018 年 3 月 28 日上市，截至 2021 年 1 月 18 日，总市值为 405 亿美元。

轻资产经营收益丰厚，但并非所有企业都适合轻资产战略，一个典型的例子是光明乳业。在 2001 年之前，光明乳业是我国乳制品行业当之无愧的龙头，连续多年保持销售额全国第一、液态奶市场第一、酸奶市场第一、收奶量第一、盈利能力第一。2001年，按照麦肯锡公司提出的轻资产战略，光明乳业开始尝试轻资产转型，短时间内快速收购了 30 多家地方乳品企业，希望通过定牌加工模式（OEM 模式）实现规模迅速扩张。具体模式是光明乳业将生产制造外包给其他公司，自己专注于产品设计研发、销售、服务与品牌推广，通过输出管理、技术与品牌获得超额利润[1]。但是，该举措只解决了产能增长问题，并未实现客户资源和销售渠道的外部积累，这种情况导致公司产品产销严重不匹配，产品出现滞销。此外，过度扩张导致产品品质难以保证，某些地方乳品企业甚至将牛奶回炉再加工，或将产期标后以延长销售时间。最终光明乳业于 2005 年遭遇了严重的消费者信任危机，乳品销量暴跌。在 2008 年的三聚氰胺事件后，光明乳业被蒙牛和

---

① 资料来源：https：//business. sohu. com/67/63/article209226367. shtml。

伊利远远甩在身后，如图4-5所示。

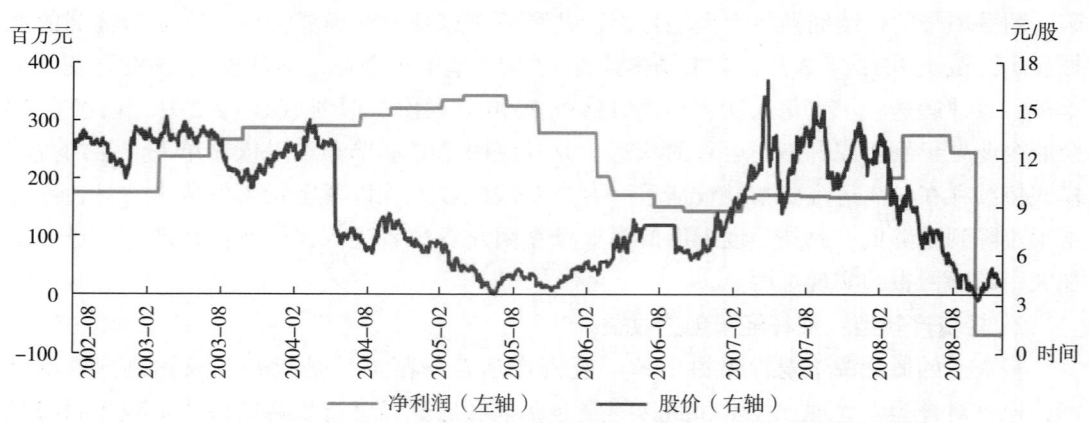

图 4-5　光明乳业轻资产转型导致净利润大幅下滑，股价缩水到原来的 **1/80**

（资料来源：Wind 数据库）

那么什么类型的企业不适合进行轻资产转型呢？

（1）规模本身是核心竞争力的企业：如传统规模经济领域，重资产投入本身就是最大的竞争力之一。在 2016 年以来实行的供给侧结构性改革中，淘汰的多是产能规模小、存在成本劣势的企业，产能规模大、效率高的企业反而利用经营优势脱颖而出，实现了市场份额的扩张。电解铝、化纤等长产业链产业的成本优势也多来自垂直一体化经营，多环节布局也导致企业的资产相对更重。

（2）制造业里的"隐形冠军"企业：企业聚焦于某一领域，与上下游形成紧密联系，在一个具体的产品或者业务上拥有绝对竞争优势。这类企业并不适合走杠杆经营、轻资产投入模式，重资产投入、建立竞争壁垒是更为合适的策略。

（三）企业转型的关键：价值区转移和资源的高效配置

从创造可持续价值的角度出发，如何寻找具备转型成功潜质的企业？

1. 由产业链低价值区向高价值区转移，具备盈利高增长潜力。比如由传统制造加工领域向上游技术或下游产品拓展，消费领域成熟企业尝试挖掘新利润区，百货商超龙头进行新零售转型等。

2. 提高资源使用效率，创造远超行业平均水平的盈利。将转型企业的盈利能力与行业内其他公司进行对比，选择核心资源的使用效率而非一般的财务指标来衡量转型的效果。对于核心资源的使用效率，不同行业有不同的衡量指标，比如人力密集型企业可以衡量人均创造利润，资本密集型企业可以测算单位资本利润，流量型企业可以比较增量客户边际收入，传统零售行业可以计算单位面积创造的利润。例如，流量型企业阿里巴巴转型成功的标志是，其多元化转型后的人均客户收入远超同行其他企业。

三、从规模到质量：逆全球化下商业模式应对

我接任CEO时再三思忖究竟怎样才能使企业卓尔不群。第一步就是要确定做哪个领域，要"踢足球"还是"打篮球"，鱼和熊掌不可兼得。紧接着第二个问题就是"如果要踢足球，怎么踢才能赢"。罗氏的独特优势是尖端科技。在科技方面我们必须形成真正的竞争优势，而其他方面固然不能落后，但未必一定要远远超出对手。

——2016年5月罗氏集团CEO Severin Schwan接受麦肯锡专访

（一）过去：低附加值与高周转率下的崛起

在全球贸易中，根据各国的产业结构与贸易结构差异，其分工角色可分成三大类：原材料国家、加工组装国家和消费服务国家。原材料国家以澳大利亚为代表，根据澳大利亚统计局的数据，2017年，澳大利亚矿产品出口占出口总额的56%；加工组装国家以中国为代表，根据中国海关总署的数据，2016年，加工贸易出口占出口总值的33%；消费服务国家以美国为代表，根据美国经济分析局的数据，2017年，美国消费服务出口占全部出口金额的32%。

中国在全球贸易合作中扮演加工组装的角色。根据国家统计局发布的2016年中国进出口产品数据，在中国进出口产品中，除了机电、高新技术产品进出口规模均在前十名内，以原油、铁矿砂、铜和铜砂等为主的原材料的进口规模较大；而钢材等初级产成品的出口规模较大。从产业链的角度看，中国目前仍处于国际贸易分工中的加工组装阶段，进口原材料及高端设备上游行业中科技含量较高的产品，经过生产加工组装后再出口以获取产品附加值。

中国企业的产品附加值低导致毛利率低。从中国进出口贸易数据来看，中国进口金额前十大产品主要包括汽车、医药品这两类高附加值产品，出口金额前十大产品中更多的是纺织服装、家具、电话机和塑料等低附加值产品。对比中美上市公司毛利率水平可以发现，美国企业（剔除金融）的平均毛利率高于中国企业的平均毛利率。具体来看，公用事业（高出23%）、信息技术（高出14%）与可选消费（高出12%）等行业表现得更为明显。

在产品毛利率普遍偏低的情况下，中国企业主要靠提高周转率来提升ROE，这在医疗保健、房地产等行业表现得尤为明显。另外，中国也有大量的行业巨头依靠超高的周转率崛起。例如信息技术巨头浪潮信息，2017年毛利率为10.6%，不仅远低于美股信息技术板块的平均毛利率（48.8%），还低于A股同板块的平均毛利率（34.7%），但其总资产周转率为1.89，高于美股信息技术板块均值（0.8）和A股同板块均值（0.63）。家电巨头美的集团2017年毛利率为25%，不仅远低于同期美股可选消费板块的平均毛利率（40.8%），还低于A股同板块的平均毛利率（28.5%），但其总资产周转率为1.16，远高于A股同板块均值（0.76）。

（二）现在：高科技产业的困境与突围

全球产业链的水平式分工导致各国之间贸易纷争不断，贸易摩擦的持续深化则演变成贸易战。水平式分工是指各国产业链布局高度相似，国家之间进行贸易往来的目的是实现成本最低。例如最终产品，各国都可以产出，只是在产品性能、品质、价格等方面存在差异。从中美贸易的商品分类来看，2003 年前后，中国对美国出口产品中，机械设备超过中间产品跃居第一，成为对中美双方都非常重要的一项商品。而这一时点也是中美贸易摩擦开始的时间点。与水平式分工相对的是垂直式分工，是指各国产业互为产业链上下游，一项最终产品需要进行两国或多国的多次贸易才能完成。在垂直式分工模式下，各国利益一致，自然状态下不会产生贸易纷争，但容易成为各国进行贸易谈判的筹码，位居产业链上游、掌握关键资源与技术的国家倾向于利用产业优势胁迫位居产业链下游的国家妥协。如我国快速崛起的 5G 产业就是在此次中美贸易摩擦中受制约最大的产业，根源在于我国 5G 产业的部分核心技术、关键产品需要由国外供应商提供，在产业链布局上受制于人。以芯片产业为例，在计算机系统、通信电子系统的核心集成电路领域，国产芯片占有率接近于零。

中美贸易摩擦对中国企业起到了警示作用：在正常年代，通过进口技术产品，中国企业可以弥补研发上的不足。但若没有掌握核心技术，没有完全的自主知识产权，即使生产出再高端的产品设备，对产品也并不具有掌控力。一旦国外实施技术封锁，相关产业将受制于人。中国高科技产业的突围需要企业转变加工组装思路，不再仅仅专注于最终产品，而应加大技术研发，形成拥有自主知识产权的核心技术。

（三）未来：高附加值与高研发投入的转型

逆全球化环境下，中国企业需要转变传统商业模式进行应对。

对于高科技产业，商业模式应该从加工组装向技术投入转型。近年来，中国大中型高技术公司内部研发投入持续增长，其中电子通信领域的研发投入增长最快。截至 2019 年，A 股上市公司中，电子、通信行业的研发支出占营业收入的比重分别为 8.02%、8.35%，相比 2013年分别提高 1.56 个、0.66 个百分点。但对比美国上市公司，在医疗保健、日常消费、能源、信息技术与工业等行业，中国企业的研发支出还有较大提升空间，如表 4-2 所示。

表 4-2　中美企业研发占主营收入比重差异较大的行业分布

医疗保健	日常消费	能源	信息技术	工业
生命科学工具和服务	个人用品	石油天然气勘探与生产	半导体产品	航空货运与物流
生物科技	农产品	石油天然气储存运输	半导体设备	航天航空与国防
西药	食品加工与肉类	石油天然气炼制和销售	电脑存储外围设备	环境与设施服务
医疗保健设备	药品零售		电子制造服务	人力资源与就业服务
医疗保健用品			互联网软件与服务	调查和咨询服务

资料来源：笔者根据公开资料整理。

对于传统制造业企业，则应该由低端制造向高附加值领域转型，这需要依靠精细化与专业化。例如对于服装、家具等行业，企业可以走专业化路线，专注于较窄的市场领域，在价值链上的特定环节深度发展，以高水平的产品质量与服务品质提升企业在国际市场中的议价能力，从而提升产品附加值。

四、从 To C 到 To B：流量见顶时代平台模式之变

从 2016 年开始，中国网民增速持续维持在 3%左右的水平。2018 年上半年网民仅仅增加了不到 2900 万人，较之 8.02 亿人的总量仅增长 3.6%。网民数量高速增长的时期已经过去，C 端的客户增加带来的人口红利已经难以支撑互联网消费的增长。以网络购物为例，2018 年上半年，新增网购用户 3560 万人，同比增长 10.92%，为 2008 年以来最低增速。

相应地，国内互联网巨头增长高点在 2017 年，自 2018 年以来经历了明显的下滑。以阿里巴巴为例，自 2018 年以来虽营收同比较为稳定，但净利润增速自 2017 年第三季度高点滑落之后，持续维持低增长状态，甚至在 2018 年第一季度和第二季度一度下降到负值，分别为−28%、−41%；腾讯从 2017 年末的增长高峰快速滑落，营收同比增速从峰值的 61.09%下滑到 2018 年第三季度的 24.11%，净利润同比增速从峰值的 97.52%下滑到 29.58%；百度的营收增速与净利润同比增速高点分别在 2017 年第四季度和 2017 年第三季度，分别为 29.34%与 156.25%；2018 年第三季度财报数据显示，营收同比增速已经下滑到 20.07%，净利润同比增速下滑到了 55.94%。

赢家通吃发挥到极致，产业格局已相对确定，从竞争者手中抢占蛋糕的难度加大。从网络购物来看，阿里巴巴的淘宝和天猫的网络访问时长稳占第一（占比约为 80%），与排名第二的京东合计占比达 95%，而淘宝、天猫、京东之外的其他网络购物占比则从 2012 年的 12%持续减少到 2017 年的 5%。从网络视频来看，优酷、爱奇艺、腾讯三大巨头访问时长总占比从 2012 年的 45%上升到 2017 年的 73%。

直观感受上，依靠 PC 端红利、移动互联网红利而快速崛起的巨头正失去持续增长的动力，而转型的新方向尚未明晰，互联网时代已经过去。

无可否认，互联网行业的 C 端的人口红利、客户数量及由此产生交互的经济价值确实难以回到过去 20 年高速增长的道路上，但互联网产生的数据及技术具备进一步应用的潜力，即用于提高 B 端的效率。

过去，互联网依托人口红利兴起，传统的消费互联网依靠减少中间环节（B 端企业），以更高的效率、更低的成本直接服务消费者（C 端客户）。但随着消费互联网流量接近天花板，B 端的需求价值开始被重估。现有的海量线下流量作为一个全新的资源，具备进一步利用的潜力。而互联网企业拥有大量的底层数据、明显的技术优势，这些可以转变成为工具，由此前的产业颠覆者转变为产业效率提升者。

相对于消费互联网而言，产业互联网是 To B 端的物联网。消费互联网连接的是人，通过建立人与人之间的联系，提供更低成本、更高质量、更多种类的面向人的服务。

产业互联网则需要连接企业、物、人，改善企业上下游连接关系、企业内部及企业对人提供的服务效率，降低成本，从而获取更大的价值。产业互联网是消费互联网的延伸，将应用场景从日常生活推广到了生产活动。互联网企业在前期 To C 积累的数据资源、技术优势，可以延伸来解决 B 端企业服务 C 端用户的问题。

从实际数据来看，数据经济对 GDP 的拉动作用在上升。根据《中国数字经济发展与就业白皮书（2018）》的统计数据，2017 年数字经济的规模达 27.2 万亿元，占 GDP 的比重达 32.9%，相比 2014 年的规模为 16.2 万亿元、占 GDP 比重为 27.0% 而言，有了明显提高。随着经济体量的快速上升，数字经济及相关产业链的潜在影响也随之上升。

从潜在空间和商业模式的角度看，产业互联网的发展空间远高于消费互联网，发展产业互联网是大势所趋。

从潜在空间来看，相比于消费互联网，产业互联网连接的终端数量更大。消费互联网主要是建立人与计算机、手机等终端的连接。根据《2018 年全球移动市场报告》的估计，2018 年底，全球智能手机用户数量将达到 33 亿，而全球互联网网民数量约为 40 亿，消费互联网连接终端数量约为 73 亿。产业互联网连接的对象包括人、设备、工厂、软件、产品以及各类生产要素，其潜在连接设备的数量级别远超消费互联网。根据 Gartner 测算，产业互联网连接的设备数量在 2016 年、2017 年、2018 年、2020 年分别达到 63.8 亿台、83.8 亿台、112.0 亿台、204.2 亿台。庞大的设备数量叠加有效的相互连接，产业互联网的潜在影响空间比消费互联网更大、范围更广。

从商业模式的角度看，产业互联网较消费互联网有更大的创新空间。过去 20 年来快速崛起的消费互联网的商业模式是初期依靠补贴培养客户习惯，获取客户黏性，实现垄断后占据绝对优势。从消费互联网的不同细分领域来看，在搜索引擎领域，百度、神马、搜狗、好搜的市占率分别为 68.4%、16.3%、4.6% 和 4.1%，CR4 达 95.3%；在网络购物领域，天猫、京东、拼多多的市占率分别达 55%、25.2% 和 5.7%，CR3 达 85.9%；在视频领域，爱奇艺、优酷、腾讯三大巨头在网络浏览量方面市占率分别达 27.3%、22.7% 和 14.8%，CR3 达 64.9%。产业互联网面对的是 B 端的客户，客户黏性更弱，异质性更强，难以实现个别头部企业垄断的格局。所以能明显地看到消费互联网的各个细分领域产业格局已定，集中度已经非常高；而产业互联网上下游关系更为复杂，价值链更长，并不具备赢家通吃、规模优势的特点，在每个细分领域都将产生大量的机会。

从潜在影响的角度看，互联网智能分析与行业结合将产生巨大的经济效益。仅就工业互联网领域而言，根据《GE 工业互联网白皮书》的估算，到 2025 年，工业互联网将创造 82 万亿美元的经济价值，约为全球经济总量的 1/2。仅测算商用航空领域、燃气电厂、医疗保健和铁路交通领域，若这些行业能通过互联网技术将运作效率提升 1%，预计在未来 15 年能节省 2760 亿美元。

互联网行业上半场历经 20 年的发展，在高频日常消费场景"衣食住行娱"进行消费端革命，已形成海外 FAANG 和国内 BAT 为首的格局，行业格局难以进一步打破。而在 B 端的产业互联网才刚刚开始，下一个互联网巨头有望诞生于此。

互联网下半场的商业模式将呈现出与上半场截然不同的特性，具体体现在以下几个方面。

第一，BAT企业与传统产业的关系是赋能而非颠覆。所谓产业互联网，是"产业＋互联网"，传统产业依靠互联网赋能而实现转型，主体是产业而非互联网。

第二，产业互联网需要长时间的精耕细作。过去依靠资本驱动的模式不复存在，未来将通过内生增长、改善自由现金流和利润脱颖而出。

第三，产业互联网是一整条产业链上的创新，而消费互联网往往只需要集中在一个点上突破。产业互联网不仅是企业本身的互联网化，也需要对企业外部相关者、企业上下游之间互联网化，需要从研发、生产、交易等所有环节渗透，提升效率，优化资源配置。

产业互联网中的"产业"包括制造业和服务业两大产业。从商业模式的角度看，服务业拥抱产业互联网，核心在于重塑消费体验，改善服务质量；制造业拥抱产业互联网，核心在于提升效率，实现智能制造升级。

未来，产业互联网的市场空间将取决于以下四个维度：（1）产业下游企业数量：下游企业总数越多、企业碎片化程度越高、集中度越低的行业，依靠互联网提升效率的空间越大；（2）产业价值链：研发、生产、销售涉及的环节越多，价值链越长，行业被互联网赋能的可能性就越高；（3）交易双方搜寻成本高、互联网化程度低的行业，越需要产业互联网赋能；（4）只有行业的市场空间、需求量足够大，数字化和信息化带来的潜在效益才足够高。从上述视角看，能为B端提供企业服务和数据支持的公司将快速成长。

综合来看，在技术、数据或者资源壁垒方面具备明显优势的细分领域龙头企业，包括金融科技、医疗信息化、教育信息化以及率先布局云计算、AI的互联网企业更有望成长为下一个互联网巨头。

第五章 物换星移——
中国具有培育超级企业的宏观条件

中国消费者改变很快，因此我们要采取强劲的品牌组合战略，用本土和国际品牌来满足他们的期望。

——雀巢集团董事长 Paul Bulcke

未来 10 年属于人工智能，我们正在进入一个新的时代——人工智能时代，而世界经济的特征也将随之发生变化。

——2020 年 1 月百度总裁李彦宏于印度理工学院马德拉斯分院 Shaastra 2020 科技节

一、超级企业的崛起具有时代烙印

企业的崛起和消亡与产业变迁、经济发展、国家崛起等时代因素息息相关。每一个时代都有代表性的产业，对应领域也会出现伟大的企业。但随着时代变迁，产业结构的变化也会导致企业走向消亡，只有能够及时转变、紧跟时代潮流的企业才能够持续成长。

时代的变迁往往会引发行业变革，这既是超级企业崛起的催化剂，同时也会成为检验超级企业的试金石。超级企业需要具备穿越周期的能力，能够经受住时代的考验并长期存续是超级企业持续成长的必要条件。

第二次世界大战（20 世纪 40 年代）之前，全球主导产业是石油、能源、化工、钢铁、机械、汽车、飞机、火车、轮船等重工业产业，超级企业也多分布在这些领域，如丰田（汽车）、标准石油公司（石油）、巴斯夫（化工）、新日铁（钢铁）等。第三次科技革命（20 世纪 50 年代）以后，科技进步大幅提升了社会生产力水平，各国争相发展高科技产业，计算机、电子、信息技术等新兴产业迅速崛起，相关领域的超级企业也应运而生，比如 IBM（计算机）、西门子（电子）、AT&T（信息产业）等。

美国的超级企业集群跟随产业结构的变迁也经历了从消费企业、工业企业、IT 巨头、金融机构到互联网企业的演变。在产业结构上，自 21 世纪初期以来，美国传统制造业与采掘业对 GDP 的贡献度逐年下降，信息行业对 GDP 的拉动作用则逐年上升。制造业增加值占 GDP 的比重从 1980 年的 20.0% 下滑至 2019 年的 11.0%，采掘业增加值占 GDP 的比重从 1980 年的 3.3% 下降到 2019 年的 1.5%，信息业增加值占 GDP 的比重从 1980 年的 3.9% 上升至 2019 年的 5.2%，信息通信技术生产行业增加值占 GDP 的比重从 1987 年的

3.4%上升到 2018 年的 6.8%，如图 5-1 所示。

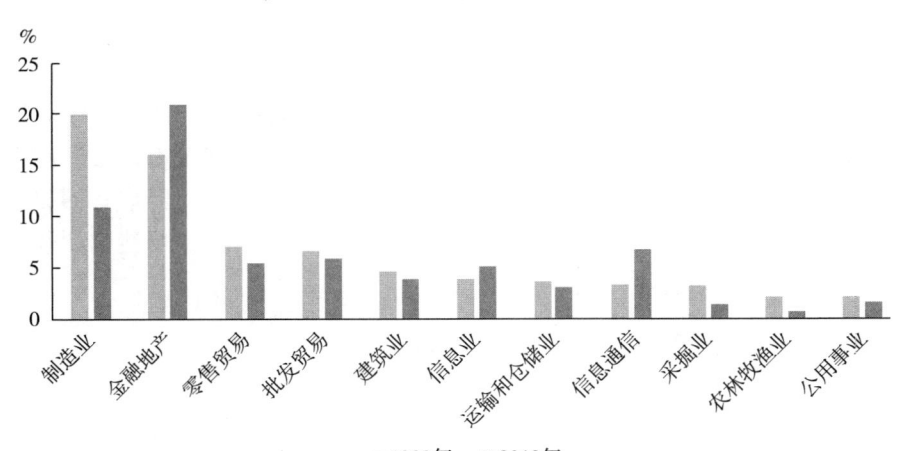

注：受限于数据可得性，信息通信数值取 1987 年、2018 年数据。

图 5-1 美国产业结构中信息业占比提升

（资料来源：Wind 数据库）

美国信息技术产业的快速崛起培育了一批世界级信息技术行业龙头。截至 2019 年 12 月 31 日，美股市值排名前 20 的公司中有 7 家分布在信息技术行业，分别为苹果公司、微软公司、谷歌、Facebook、VISA、万事达卡、台积电，市值分别为 12876 亿美元、12003 亿美元、9211 亿美元、5854 亿美元、3692 亿美元、3007 亿美元、2868 亿美元，其中，苹果公司、微软公司、谷歌的市值位居全球前三。

（一）时代变迁是超级企业崛起的催化剂

时代变迁会催生新的生态和应用场景，新的生态和应用场景会进一步形成新的行业赛道，当新赛道的市场空间积累得足够大时，新的超级企业也会从中产生。比如重工业化时期（20 世纪初至 50 年代）崛起的埃克森美孚、壳牌石油，计算机时期（20 世纪 50~90 年代）崛起的 IBM、戴尔、微软、英特尔，消费电子时期（自 20 世纪 70 年代以来）崛起的苹果、三星等。

20 世纪上半叶，全球工业产业大爆发催生了对原油的极大需求，受益于此，埃克森美孚、壳牌石油等石油巨头的收入迅速增长，其总市值也长期位居全球上市公司市值排行榜的头部位置。

IBM、戴尔、微软、英特尔等计算机类企业得益于计算机的飞速推广，体量迅速扩张，其中以微软和英特尔最具代表性，二者由此前名不见经传的小企业一举成为全球性行业龙头，至今仍在享受个人计算机（PC）的时代红利，保持利润持续增长。

苹果公司的业务起步于个人计算机，但真正开始发力是在 iPod、iPad、手机等消费电子问世之后。在个人计算机时代，相比于 IBM 等行业先驱，苹果公司表现得并不出众，是消费电子时代的来临极大地抬升了苹果公司在全球市场中的地位。2019 年，苹果公司 2602 亿美元的总营收中，手机贡献了 1424 亿美元，iTune、软件及服务贡献了 463 亿美元，iPad 贡献了 213 亿美元，Mac 只有 257 亿美元，占比为 9.9%，个人计算机业务在苹果公司业务体系中逐渐被边缘化。

亚马逊、阿里巴巴的崛起依赖于电商平台的发展，Facebook、腾讯的崛起则依赖于社交平台的普及，四家平台型企业的成长均得益于互联网经济的发展，互联网产业的爆发式增长使得网络效应有了用武之地。从四家企业的业务结构可以看出，四家企业的业务模式主要是基于平台流量优势进行盈利变现，流量积累成为价值创造的源头，这又以互联网经济的持续发展为前提。

（二）时代变迁也是检验超级企业的试金石

超级企业的成长道路漫长而曲折，考验无处不在。超级企业除了需要面对竞争对手的挑战外，还要时刻应对时代变迁的冲击。在影响程度上，时代变迁的冲击更为剧烈，甚至会引起产业的颠覆。正如京东方原董事长王东升所说："如果你熬不过产业低潮的冲击，那你就会被竞争对手所取代，他们是看得见的敌人；如果你熬过了产业低潮，以为自己幸存了，却没有发现你所在的产业正在被新的生产方式所替代，他们是看不见的敌人。"看不见的敌人往往出现在时代变迁之际。超级企业的蜕变并非一劳永逸，时代在不断前进，产业的变化也在持续发生，变化积累到一定程度后，将以产业变迁的形式表现出来。产业的剧烈变化会对超级企业的生存形成挑战，唯有能够与新时代共振的超级企业才能继续存续。

按照市值超过 2000 亿美元的超级企业筛选标准，时至今日，在全球范围内，超级企业仅有百余家，主要分布在美国（63 家）、中国内地（11 家）、英国（6 家）。欧日两大经济体也曾有过超级企业，但如今基本都已销声匿迹，比如新日本制铁株式会社（日本）、三菱重工（日本）、玛莎百货（英国）、帝国化工（英国）、戴姆勒奔驰（德国）。这些企业都曾经是全球股市的翘楚，如今或退市或被并购，已经退出世界舞台。

此外，目前的超级企业大多并不是行业先驱，它们对行业内原有巨头的颠覆往往是受益于时代变迁，时代变迁通常会冲击行业固有格局，这也会成为超级企业弯道超车的契机，后来者成功赶超先驱者的关键在于能够做到因时而变，时刻与时代共振。

二、传统观念：企业以大为美

过去四十余年，中国企业数量虽然多，但竞争力普遍不强。虽然出现了贵州茅台、格力电器、隆基股份这些有代表性的伟大企业，但符合市场规模大、盈利能力强且具有全球影响力这三个标准的超级企业仍是稀缺的。截至 2018 年末，中国企业数量有 2178.9 万家，但上市企业数量仅 5634 家。企业总数虽然多但符合上市要求的相对较少。对比来看，美国企业数量共 341912 家，其中上市企业数量为 15295 家。美国上市企业数量占总体企业数量的比重为 4.47%。

概括来看，中国企业竞争力不强普遍体现在以下四个方面：（1）产业结构不平衡；

（2）企业"大而不强"；（3）缺乏全球影响力；（4）生命周期较短。

（一）产业结构不合理：以传统产业为主，高科技企业不足

截至 2018 年末，在中国全社会统计范围内，法人单位数量最多的五大行业分别为批发和零售业，制造业，租赁和商务服务业，公共管理、社会保障和社会组织，科学研究和技术服务业，合计占全部单位的 69.7%。而代表高科技产业的信息传输、软件和信息技术服务业法人单位仅 92 万家，占比为 4.2%。

从上市公司层面看，高技术企业的市值占比较之行业总体有所提升，但绝对水平依然较低。截至 2020 年 3 月 16 日，在中国的 5634 家上市公司中，总市值排名前五的行业分别为银行，食品饮料，电商，电子设备、仪器及元件，传媒，占比分别为 12.68%、6.47%、6.42%、4.97%、4.66%。而代表高新技术产业的电子设备、仪器及元件，半导体及半导体设备，软件，通信设备，IT 服务，技术硬件、存储和外设，航空航天和国防等行业的总市值为 10.53 万亿元，占比仅为 13.19%。相比之下，美股高科技和生物医药市值占比接近 50%。

（二）企业竞争力不高："既大又强"的企业数量太少

除了高技术企业数量占比过低之外，"既大又强"的企业也相对稀缺。对于"大"，我们以"市值规模达到万亿元以上"作为衡量标准。在这一条件下，A 股 3762 家上市公司中，仅有 7 家符合要求，分别为工商银行、中国平安、贵州茅台、中国石油等，集中在金融、石油石化、食品饮料这三个行业，高科技产业则鲜有涉足。

对于"强"，我们主要评估企业的市场占有率和盈利能力，用营业收入和 ROE 两个维度来评估。从营业收入上看，计算这 7 家上市公司 2019 年第三季度的营业收入在行业内的占比，工商银行、建设银行、农业银行与中国银行包揽银行业营业收入前四名，占比依次为 18.18%、15.17%、13.35% 与 11.70%，均处于行业内的较高水平。贵州茅台在白酒行业的营业收入占比达到 33.54%，在行业内 20 家公司中位居第一。中国石油、中国平安在各自行业内的营收占比分别为 38.57% 与 36.62%，分别居于石油行业的第二位与非银行金融行业的第一位。盈利能力我们用 ROE 水平来衡量。从最新的 ROE 数据来看，银行业四家公司的 ROE 均低于行业平均水平（1~2 个百分点），且这四家公司在银行业内的排名均在前五名之外。中国石油的 ROE 也低于行业平均水平且排名靠后。贵州茅台的 ROE 为 32.67%，高于白酒行业平均 ROE 13.55 个百分点，位居行业第二。中国平安的 ROE 为 24.57%，远高于行业平均水平，排在行业第一。

对照来看，美股企业中满足"既大又强"条件的企业接近 30 家。这些企业普遍为细分领域的全球性龙头企业，具有市场规模领先、盈利水平领先的特征，市场占有率和盈利能力均远高于行业平均水平。以美股的 FAANG 为例，从市场占有率上看，同为信息技术行业的 Apple、Google、Facebook 在 2019 年第三季度的营业收入分别为 2590.34 亿美元、1550.58 亿美元、665.29 亿美元，公司营业收入占其所处行业营业收入总和的比重

分别为 11.29%、6.76%、2.90%，在同行业 387 家公司中分别居第 1 位、第 2 位、第 8 位。同属于可选消费行业的 Amazon 和 Netflix，2019 年第三季度分别实现营业收入 2654.69 亿美元与 188.76 亿美元，占行业营业收入总和的比重分别为 9.45% 与 0.67%，在同行业 325 家公司中分别居第 1 位与第 31 位。从盈利能力来看，Facebook、Apple、Amazon、Netflix、Google 这五家公司的 ROE 分别为 12.50%、40.83%、16.63%、21.16%、12.71%，除 Facebook 与 Google 的 ROE 与行业平均水平基本相当之外，其他三家均远高于行业平均水平。

（三）全球化布局不足：影响范围辐射全球的超级企业相对稀缺

虽然中国产业布局广泛，拥有联合国产业分类中的全部工业门类，但是在产业链的布局上，中国企业多集中在附加值相对较低的中游制造及渠道环节，高附加值的研发与设计以及品牌和营销布局力度相对不足。这种情况导致中国产业虽然布局广泛，但产业内的企业在全球的影响力并不高。比如从国内龙头公司营收区域分布看，2019 年，贵州茅台境外收入占比不到 8%，海螺水泥不到 2%，万科不到 4%。

相比之下，海外超级企业普遍具有辐射全球的影响力。比如，苹果的品牌几乎被所有主权国家的客户广泛认可，公司客户群体已经覆盖全球各个角落。从 2020 年第一季度财务报表来看，美洲地区、欧洲地区、大中华区、日本、亚太其他地区分别为苹果公司创造营业收入 413.67 亿美元、232.73 亿美元、135.78 亿美元、62.23 亿美元、73.38 亿美元，占总收入的比重分别为 45.05%、25.35%、14.79%、6.78%、7.99%，美洲以外的市场营收占比过半。Facebook 目前有 2/3 的用户来自境外，2019 年来自美国及加拿大、欧洲、亚太地区、其他地区的营收占比分别为 45.56%、23.80%、21.79%、8.85%。谷歌在除中国外的各个成熟市场发展强劲，2019 年在美国、欧洲中东和非洲、亚太及日本地区的营收占比分别为 46.24%、31.29%、16.64%。亚马逊在欧洲市场的增长已经超过美国本土。

全球性产业龙头的崛起依赖于特定的历史背景。自 1992 年美苏冷战结束以来，全球范围内的产业分工与合作模式日渐成熟。原先聚焦于局部市场的跨国公司纷纷调整战略，开始从过去的跨国经营向全球化经营转变，在全球范围内布局业务。这些公司海外经营的业务规模越来越大，甚至超过了本土的规模，公司自身也实现了从区域性公司到跨国公司再到全球公司的转变。这些跨国公司超过一半的营收、资产和雇员来自海外。这些全球性公司在全球布局产业链，并在全球市场经营，大大提高了劳动生产效率。此外，业务地域分布多样化也有效地规避了单一区域的突发性风险对企业造成的冲击，并且使得企业及时抓住了新兴市场的成长机遇，加快了做大做强的进程。苹果、谷歌、Facebook、亚马逊均是在很大程度上得益于全球产业分工大发展。

从全球企业发展历程来看，中国企业的发展只经历了"国内公司—国际公司—跨国公司"这三个阶段，第四阶段辐射全球的超级企业才刚刚涉足。在过去 20 年时间里，依托于全球化的红利，中国培养出一大批国际公司（生产基地位于国内，部分销售来自海外)、跨国公司(在海外建有生产基地,产业链集中于一国),但全球性企业(根据比较优势跨国布局产业链)还相对稀缺,仍处于向全球公司转变的初期。2019 年中国 100 大跨国公司的平均跨国指数为 15.96%,低于全球 100 大跨国公司的平均水平 42.11 个百分点①。国内公司中,海外资产规模最大的 5 家企业分别为中国石油天然气集团有限公司、中国石油化工集团有限公司、中国中信集团有限公司、中国远洋海运集团有限公司、腾讯控股有限公司,这五家企业的平均跨国指数分别为 24.95%、21.97%、12.66%、50.41%、44.13%。整体来看,国内大企业在全球化布局上离全球产业巨头仍有一定距离。

(四)企业生命周期短:“基业长存”的企业稀缺

除了缺乏全球影响力外,中国企业普遍寿命较短,百年老字号更是少之又少。美国《财富》杂志统计数据显示:美国中小企业平均寿命不到 7 年,大企业平均寿命不足 40 年,而中国中小企业平均寿命仅 2.5 年,集团企业的平均寿命仅 7~8 年。中国每年倒闭的企业数量为 100 万家,是美国的 10 倍。全球寿命超过 100 年的企业中,日本有 20000 多家,美国有 1000 多家,而中国仅有 10 余家,且都是六必居、王老吉、东来顺、云南白药、同仁堂这类老字号餐饮或药店。严格来说,这些企业并不算是现代企业,其产品几乎不受时代变迁的影响,且是轻资产运营,遭受冲击后恢复能力强,只需保留招牌即可延续百年。

中国企业数量多,但寿命短且缺乏有影响力的“基业长存”的超级企业,这在一定程度上是受中国社会经济环境的影响。回溯近现代百余年历史,从 1912 年清政府倒台到 1949 年中华人民共和国成立,中国有一半时间是在战争中度过的,动荡的环境阻碍了中国资本积累进程,加上企业运营经验缺乏,真正意义上的现代企业制度建立的历史更短。相比国外超级企业动辄百年的资本与经验积累,中国企业几乎是从零开始。金融体系体制机制僵化、融资职能缺位也阻碍了企业的资本积淀。

此外,以重资产行业为主的产业结构使得过去几十年中国企业主要为规模驱动型增长,在组织效率和经营能力的提升方面布局相对有限。在 2016 年供给侧结构性改革推出以前,中国经济增长长期以“投资驱动”为主,工业产能扩张迅速。自 2012 年起,随着宏观需求走弱,总需求无法充分消化持续释放的供给,产能开始过剩。以钢铁行业为例,截至 2015 年末,全国粗钢产能利用率仅为 67%,相比 2010 年的高点下滑了 15 个百分点。

2012 年以前,工业产能急剧扩张在很大程度上得益于相对较高的投资回报率。2008 年到 2016 年,金融机构人民币贷款加权平均利率的均值为 6.31%。在同时间段的 41 个工业行业中,有 31 个行业的资产回报率高于贷款加权平均利率水平,相对较高的投资回

---

① 跨国指数 =(海外营业收入÷营业收入总额+海外资产÷资产总额+海外员工÷员工总数)÷3×100%。资料来源:2019 年中国 100 大跨国公司榜单,中国企业联合会、中国企业家协会发布。

报率与相对较低的利率水平刺激了企业的扩张热情，是工业产能扩张的主要驱动因素。

2012—2016 年，随着工业产能走向过剩，各行业的资产回报率难以再维系上行趋势。25 个重工业行业中仅有 8 个行业在 2012—2016 年实现了总资产回报率正增长，工业投资效率开始下滑。此外，房地产投资对经济的拉动效率也在逐步降低。1998 年到 2007 年，房地产投资对 GDP 的拉动效率一路上升，到 2007 年第四季度，房地产对 GDP 同比增速的拉动效率达到 1.15 的峰值。2008 年之后，房地产对 GDP 增速的拉动效率逐渐降低，每季度均未超过 0.6。与此同时，在 2008 年到 2019 年第三季度这十多年中，房地产行业摄取的金融资源却在不断增加，主要金融机构对房地产行业的贷款比重从 2008 年的 17.4% 攀升至 2019 年第三季度的 28.87%。

由于大量金融资源涌入了投资效率较低的行业，投资效率较高的行业因此难以获得发展所需资金。对比行业平均 ROE 与所获得的金融机构本外币贷款余额可以发现，低 ROE 行业，如交通运输、仓储和邮政业、批发和零售业等，获得了大量的资金流入，而计算机服务和软件业、建筑业等 ROE 较高的行业获得的资金流入却很少。在资本总量一定的情况下，资金没有得到最有效的利用，导致资本整体的投资收益率较低，没有达到经济效率最大化。

三、改革创造超级企业浪潮

随着时代的进步和改革的推进，国内经济体系中的一些不合理之处逐步被优化，科技取得极大发展，劳动力素质大幅提升，政策机制优化，基础设施日渐完善，市场潜力开始释放，国内适合超级企业成长的产业生态正在加速成型。这些变化让我们看到了中国企业打破增长瓶颈的希望，中国已具备超级企业崛起的基础，正迎来培育超级企业的黄金周期。

（一）科技进步是超级企业崛起的技术基础

从全球超级企业发展节奏看，超级企业的创设周期与全球科技周期的轮动规律高度一致。科技革命（20 世纪 60 年代）之前，超级企业成长缓慢，在 18~19 世纪，全球分别只诞生了 1 家、8 家超级企业。进入 20 世纪，科学技术的进步极大地推动了超级企业的成长进程。在一百年时间里，全球共诞生 75 家超级企业，其中有 49 家是在第三次科技革命兴起（20 世纪 60 年代）之后成立的，仅仅在 20 世纪 90 年代这 10 年间，超级企业创立数量就达到 19 家。进入 21 世纪，超级企业继续保持高产势头，前 10 年仍有 17 家诞生。

可以说 20 世纪 60 年代是全球超级企业蓬勃兴起的起点，全球超级企业群体自此进入群雄并起的时代，在发展步调上与第三次科技革命不谋而合。

超级企业与科学技术在成长周期方面的同步性源于技术能够对超级企业的成长产生催化作用，加快企业成长速度。具体来看，科技进步对企业成长的催化作用体现在可以通过降低内部边际成本帮助超级企业成长。沃尔玛借助信息技术不断压减经营成本，最终使得连锁扩张战略得以有效执行。腾讯、阿里巴巴、亚马逊、Facebook 等平台型巨头的成长也离不开完善的互联网基础设施以及网民基础的培育。互联网数据研究机构 We Are Social 和 Hootsuite 共同发布的"数字 2018"互联网研究报告显示：2017 年，全世界网民总数约为 40.21 亿人，全球网民每天平均上网时间达到 6 小时。庞大的网民基础成为互联网企业发展的沃土，截至 2019 年，腾讯微信及 Wechat 月活用户数达到 11.65 亿，QQ 终端月活用户数达到 6.57 亿，腾讯基于社交流量产生的总营收达到 3773 亿元，同比增长 20.66%。Facebook 2019 年月活用户数达到 28.9 亿，广告营收达到 4932 亿元，同比增长 26.6%。互联网时代开启后，数字科技突飞猛进，与企业经营与管理的联系日益密切，这使得企业组织效率大幅提升，超级企业的成长提速，这些均得益于第三次科技浪潮所带来的信息技术的进步。

超级企业的成长周期与科技进步周期外在表现的联动性源于内在成长逻辑的一致性。超级企业的崛起有赖于企业生产效率提升和内部经营管理组织的边际成本不变，而实现这两个目标最直接有效的方式是科技赋能。重大技术进步以及商业化运用能够提升企业的组织效率和潜在市场空间。组织架构借助技术进步的赋能可以降低组织边际成本，实现企业内部经营管理效率的提升。在第三次科技浪潮开启后，传统领域的超级企业数量也在迅速增加，部分是由于科技进步在起作用。

除了赋能传统产业外，科学技术发展使得科技产业也开始形成一个独立的市场，而且具备强大的渗透能力和包容性，市场空间更加广阔，成长轨迹呈现指数级裂变形态。受益于科技产业的扩张，众多专门从事科技研发与生产的企业迅速崛起，部分科技类企业凭借差异化的竞争优势进一步进化成超级企业。在 20 世纪 60 年代至 21 世纪初期的 60 年里，全球共诞生了 21 家科技类超级企业，在整个超级企业群体中占比达到 30%，是全球超级企业群扩张的绝对生力军。

可以看到，科学技术的发展对超级企业的培育具有革命性的作用。伴随着经济的高速增长，我国的技术研发也取得了长足进步，客观上为超级企业的崛起提供了技术条件。

这种技术上的进步在很大程度上得益于经济的飞速发展，近年来，中国经济实力的提升为科技研发提供了雄厚的资金支持。1988—2018 年，我国经济总体保持高速发展趋势，GDP 年均增速达到 13.7%，2010 年，中国 GDP 超过日本成为仅次于美国的世界第二大经济体，此后近 10 年，中国与美国的差距逐年收窄。经济高增长促进了科技大发展，自 2000 年开始，中国研发投入持续增长，年投入规模先后超过了英国、法国、德国、日本等发达国家。到 2018 年，中国年研发费用已经达到 19677.9 亿元，成为世界上仅次于美国的第二大研发经费投入国。《在改革开放中成长》蓝皮书显示，2000 年至 2016 年，在世界研发经费支出增长中，中国贡献了 27.4%，接近美国的 29.5%。

2018 年，我国研发强度（研发支出占 GDP 的比重）达到 2.18%，相比 2000 年提高 1.29 个百分点。据世界银行统计，2000—2017 年，中国知识产权使用费支出从 12.8 亿美元增加到 286.6 亿美元，年均增长 20.1%，位列世界第三。中国高技术产品出口额也由 417.4 亿美元增长到 4960 亿美元，成为世界第一大高技术产品出口国，出口规模相当于第二至第四位（分别为德国、美国和新加坡）之和。

中国的创新实力也在迅速提升。世界知识产权组织发布的《2019年全球创新指数报告》显示：2019年，中国的全球创新指数排名世界第14位，是历史最高排名，中国是唯一进入前20名的发展中经济体。其中，本国专利数量、商标数量、高技术出口净额和创意产品出口等指标均排在世界前列。在世界最大的科学技术集群排名中，中国与美国、德国位居前三。

中国创新实力提升的另一个体现是近年来我国专利申请及授权数量大幅增加。2018年，我国专利申请总量约为432万件，其中发明专利约为154万件，境内外专利申请比2017年增长16.9%，获得的专利权增长33.3%。中国专利申请不仅在数量方面成果显著，在质量上也有大幅提升，尤其是在芯片制造、软件开发、航空等关键技术领域，均取得了突破性进展，与以美国为首的发达国家的差距逐步缩小。近年来，中国在通信、人工智能、风电、医疗等领域取得的重大突破均体现了中国科技实力的巨大发展。

在通信领域，在当前全球四大通信设备巨头中，有两个属于中国，分别是华为和中兴通讯。华为2018年销售额为7212亿元，净利润为593亿元，研发投入为1015亿元，占营业收入的比例达到14.1%，大幅超越传统通信设备巨头爱立信与诺基亚。与美国无线通信巨头高通相比，华为的收入与研发投入规模同样领先，在欧盟发布的《2018年欧盟工业研发投资排名》中，华为的研发投资排名位列全球第五。

在过去十年内，华为在研发方面累计投入近4800亿元，目前拥有超过7万份专利（超过90%是发明专利）。得益于雄厚的研发实力支持，在5G领域，华为不仅率先构建了5G商用能力，而且还进一步实现了5G性能加强、站点简易、维护更加智能等功效。截至2019年2月底，华为已经与全球多个国家和企业签订了30多个5G商用合同，目前在全球各地已经有4万余座5G基站。

中国在人工智能领域的重大突破体现在人脸识别、语音识别等领域，在这方面中国仅次于美国。

中国风力发电设备技术水平同样已经跃居世界前列，目前是全球主要供应商，装机容量超越了美国和欧洲，在全球装机容量中的占比达到34.1%。此外，中国也是世界上唯一掌握和推广特高压输电技术的国家，在全球特高压领域处于绝对领先地位。

在医疗领域，中国相关企业已经逐渐走出了传统"技术—市场"漫长的转化积累期，涌现出包括基因技术、重大疾病预防与治疗、大数据健康分析、医疗辅助智能等在内的创新性发展，相关产业已经具备相对成熟的市场认可度和商业前景。

科技进步促进了中国战略性新兴产业的兴起，加快了超级企业的培育进程。2018年，中国高技术制造业、战略性新兴产业和装备制造业增加值分别比上年增长11.7%、8.9%和8.1%，增速分别比规模以上工业企业快5.5个、2.7个和1.9个百分点。新兴工业产品产量快速增长，铁路客车、新能源汽车、智能电视、锂离子电池和集成电路的产量分别增长183.0%、40.1%、18.7%、12.9%和9.7%。

科技创新成果的产业化应用速度提升。在《麻省理工科技评论》（*MIT Technology*

Review）评选出的 2016 年度 "50 Smartest Companies" 中，中国企业占据了 5 席，上榜企业数量仅次于美国。该榜单是将价值评判聚焦于 "即时的、可用的、有价值的技术创新"，是一种 "可商业化的创新"，反映的是一国科技创新成果的产业化运营程度。

（二）高素质人才是超级企业崛起的人力储备

劳动者素质可以影响产品和服务的质量。产品从设计到制作、组装、检验再到销售服务的众多环节，都离不开劳动者的参与。设计师的素质决定了产品设计水平，生产工人的素质决定了产品制造水平，管理者的素质决定了整体管理水平。我国劳动者素质的提升也是超级企业能够崛起的决定性因素。

中国的人口红利已经被大家所熟知，但之前业界对于这一优势的理解还侧重于数量方面，对质量方面的理解稍有不足。正是因为对中国人口红利的理解相对狭窄，业界才会出现中国人口红利已经结束的论调。实际上，除了数量方面的优势外，中国人口在质量方面的红利也开始逐步显现，体现为中国高素质人才队伍正在加速扩张，人口整体素质仍在快速提升。

《中国人力资本报告 2019》显示，1985—2017 年，中国劳动人口的平均受教育程度从 6.2 年上升到 10.2 年，其中城镇劳动人口受教育程度从 8.2 年上升到 11.1 年，乡村劳动人口受教育程度从 5.6 年上升到 9.0 年。从劳动人口的受教育程度看，同期，中国大专及以上人口占比从 1.3% 上升到 17.6%，其中城镇大专及以上人口占比从 4.7% 上升到 26.7%，乡村大专及以上人口占比从 0.2% 上升到 5.5%。2017 年，按照当年价值计算，中国人力资本总量为 1934 万亿元，相比 1985 年增长 10.37 倍，年均增长率为 7.58%，2007—2017 年的年均增长率为 7.34%，其中城镇人力资本总量的年均增长率为 8.48%，农村为 3.66%。

得益于高校毕业生和工程师人数的补充，中国研发人员总数连续 6 年位居全球第一，到 2018 年，总数达到 419 万人，科研论文和专利数量也位居全球前列。理科类硕士以上毕业生总数占比不断提高，到 2018 年已经达到 15.9%，相比 2009 年提高 3.8 个百分点。

截至目前，中国受过高等教育、拥有技能的人才资源已达 1.7 亿人，科技人才队伍规模位居世界首位。2014 年，中国自然科学与工程学学士学位获得人数为 145 万人，总量位居世界第一，显著高于排在后面的欧盟 8 国（57 万人）、美国（38 万人）、日本（12 万人）、韩国（11 万人）；博士学位获得人数共计 3.18 万人，位居全球第二，仅次于欧盟 8 国的 4.92 万人，第三位至第五位依次为美国（2.98 万人）、日本（0.59 万人）、韩国（0.55 万人）。科学与技术领域全职研究人员数量也位居世界之首，2017 年全球排名分别为中国（174 万人）、美国（140 万人）、日本（68 万人）、德国（41 万人）、韩国（38 万人）。中国高质量人才供给整体位居世界前列，劳动力素质提高为中国超级企业崛起提供了充足的劳动力储备。

（三）政策机制完善净化超级企业的经营环境

在计划经济时期，国内有效竞争机制缺乏，企业即使持续亏损，也很难被淘汰，这种情况导致企业盈利动力不强，经营效率低下。即使部分企业能够依靠行政力量赋予的垄断地位做大，但经营效率很难有提升。这部分企业普遍"大而不强"，未能实现向超级企业跨越。根据笔者的观察，超级企业的崛起依赖于四个维度条件的成熟，经营效率的提升是超级企业崛起的首要条件，决定着企业盈利能力的强弱。企业经营效率的提升依赖于市场化运营以及竞争机制的完善，这需要通过优化企业营商环境，破除市场垄断与隐性壁垒，促进良性竞争机制的形成。近年来，随着中国政策体制的健全与完善，国内企业经营环境持续优化，超级企业崛起的制度短板被逐渐补齐。

除了破除体制机制上的障碍，营造公平、公正的制度环境外，中国在政策资源倾斜方面也开始变得更市场化、更具前瞻性。立体化的产业扶持政策体系为我国企业抢占赛道头部位置创造了先机。可以看到，近年来，具有全球影响力的中国企业明显增多，如百度、阿里巴巴、腾讯、京东、华为、隆基股份、京东方、格力电器等，这些企业的成长都离不开政策扶持和制度优化。具体来看，近年来中国在优化体制机制方面的成就主要体现在以下几个方面。

第一，得益于中国政府对互联网发展的持续大力支持，中国互联网产业化应用实现了跨越式发展，跟其他领域的合作继续深化，产业互联网的推广与应用得以加速推进。比如 2015 年颁布的《国务院关于积极推进"互联网+"行动的指导意见》，将"互联网+"与金融、医疗、出行、制造、教育等行业结合，创造出了多个万亿元级市场。2019年出台的《电子商务法》进一步规范了电商运营，为守法经营的头部企业营造了公平的竞争环境。

第二，随着政务改革的推进，中国行政服务效率大幅提升，"一窗式"受理、"一站式"服务等便民举措相继出台，企业运营环境得到极大优化，战略实施速度也得以加快，能够更好地根据环境变化做出应对。根据世界银行发布的《2020 年营商环境报告》，中国营商环境总得分为 77.9 分（达到全球最佳水平的 77.9%），比 2019 年上升4.26 分，排名跃居全球第 31 位，比上年提升 15 位。在世界银行的 10 项评估指标中，中国有 8 项指标排名上升。其中，办理建筑许可排名提升至第 33 位，相比 2019 年提升 88位；保护中小投资者排名提升至第 28 位，相比 2019 年提升 36 位；跨境贸易排名提升至第 56 位，相比 2019 年提升 9 位；执行合同排名提升至第 5 位，相比 2019 年提升 1 位；开办企业排名提升至第 27 位，相比 2019 年提升 1 位。

第三，中国坚定推进改革开放，扩大对外开放的举措进一步增加，生产要素自由流动提速，资源配置效率提升。近三年来，中国三次修改《外商投资产业指导目录》，相比 2014 年，新版产业指导目录对外资的限制性措施削减了 59%，将证券公司、基金管理公司、期货公司、人身险公司的外资持股比例的上限放宽到 51%，并规定三年以后不再设限。取消了飞机、船舶等制造业外资股比限制。随着外资准入继续放开，中国"以市场换技术"战略得以继续深入落实，极大地推动了中国产业升级的进程。

第四，强化知识产权保护，激发市场创新活力。近年来，中国对于知识产权的保护意识逐渐加强，规章制度日渐完善，相关举措包括提出《"互联网+"知识产权保护工作方案》、规范专利代理行为、建立国家层面知识产权案件上诉审理机制、设立知识产权法庭统一审理专利上诉案件和重新组建国家知识产权局等。随着政策机制的健全与完善，市场创新积极性大幅提升，企业创新活力提升是近年来中国创新实力提升不可或缺的因素。

（四）基建投入为超级企业崛起提供了完善的硬件设施

近年来中国持续大规模的基建投入为国内企业经营提供了便利的硬件设施，目前中国发达地区基建完善程度已经达到发达国家的水平。以公路为例，从公路总公里数和公路密度来看，2018年，中国公路总里程为484.65万公里，位列全球第三，公路密度达50.5公里/百平方公里（不包含港澳台地区）。从公路质量来看，中国三级及以上公路共108万公里，在全国公路总里程中占比为22.3%。首都连接省会、省会彼此相连，覆盖主要地市、县市的国家高速公路网初步建成。

在铁路运营方面，中国已基本构建起以"四纵四横"为主骨架的高铁路线网络，以大秦、朔黄煤炭运输专线和京沪、京广等干线为代表的重载运输格局基本成型。高铁密度大幅提升，截至2018年末，全国高铁运营里程达2.99万公里，是2008年的44.53倍，年均复合增速达46.17%，总营业里程约占世界高铁总里程的2/3。高铁密度达到31.15公里/万平方公里，是2008年的44.50倍，年均复合增速达46.16%。

在水运方面，以"两横一纵两网十八线"为主体的高等级内河航道网络基本建成。大型港口建设加速推进，截至目前，中国港口拥有生产用码头泊位2.4万个，港口货物吞吐量和集装箱吞吐量均居世界第一位，在全球集装箱吞吐量排名前十的港口中，中国港口占据七席。

在航空运输方面，国内民航定期航班通航城市增至230个，定期航班通航机场数量增至233个，定期航班航线达到4945条。

能源领域则形成了以"四大油气战略通道"为代表的油气管网格局，西气东输、西电东送陆续投产，能源通道日渐畅通，为企业生产提供了廉价能源。

现代信息通信体系进一步健全，根据工业和信息化部的数据，截至2018年，中国移动电话用户普及率达到112.2部/百人，比2017年末提高10.2部/百人，移动通信及宽带用户数均为世界第一。

铁路、公路、水路、航空、通信等基建设施的完善，有效地降低了企业物流成本，提高了劳动生产效率，大幅提升了企业经营便利性及商务效率。综合运输大通道的贯通实现了新型城镇带、产业聚集带、经济繁荣带的串联，缩短了城市空间距离，完成了城市空间格局的压缩，扩大了核心区域的辐射范围，带动了上下游产业的协同发展，提升了城市空间组织效率，加快了产业结构升级和优化调整。这一系列成绩的取得使得基于产业链构建产业集群成为可能，为超级企业崛起提供了完善的配套产业布局。

近年来，中国劳动密集型产业外迁主要是因为沿海地区劳动力成本上升。但实际上，中西部地区仍然存在劳动力成本洼地，只是受限于物流条件的不便利，企业整体运营成本仍然偏高，所以产业不愿意向内陆转移。交通运输网的完善有利于促进中国传统劳动密集型产业向中西部转移。产业留在国内更便于产业链各环节的沟通交流，也能降低下游企业的综合采购成本，基于这种便利性形成的产业链协同效应，更有利于超级企业经营效率的提升。

基础设施的完善也使得创新成果的孵化时间明显缩短。根据胡润研究院的报告，2018 年，中国一共孵化出 97 家独角兽企业，总估值达到 1.2 万亿元，平均每 3.8 天就会诞生一家独角兽企业。独角兽企业孵化时间的压缩主要得益于产业链分工的精细化，而这又离不开基础设施的完善。精细化的产业链分工使得企业可以聚焦于某一环节配置生产资源，从而能够在短时间内做大做强，输出有效成果。超级企业也是如此，依托完善的基础设施，超级企业可以集中精力专攻优势领域，巩固竞争优势，实现经营效率的提升。

（五）市场潜力是超级企业崛起的动力源泉

拥有领先于同业的竞争壁垒能够使企业在行业内脱颖而出，但这只能保证企业成为行业龙头，若要进化为超级企业，还要看企业所属行业的市场空间是否足够大，是否能为企业提供充足的成长空间。具备培育超级企业的市场空间要求企业所处的行业符合时代发展潮流，产品功效与时代需求一致，唯有如此，企业的可扩张空间才会足够大，才具备持续做大的前提。小行业中的大公司存在做大的先天短板，由于行业空间有限，企业外部可积累性会受到限制，因此，很难发展成超级企业，只有大行业中的大公司才具备成为超级企业的基因。微软早期只是一家名不见经传的小型软件公司，后期的飞速成长得益于个人计算机的爆发打开了软件业务的市场空间。20 世纪 80 年代，为与苹果的个人计算机（PC）业务相抗衡，IBM 推出了全新的个人计算机，零部件广泛外包，微软获得了操作系统的订单。之后，随着 IBM－PC 机的普及，微软的操作系统逐渐成为 PC 机的标准操作系统，业务量随着个人计算机市场的壮大而迅猛发展。截至 2018 年，全球个人计算机年出货量达到 2.594 亿台，为软件业务带来的巨量需求给微软的持续高速成长提供了充足的市场空间。

中国庞大的消费市场使得中国企业具备做大做强的天然禀赋。中国有 14 亿人，其中中等收入群体近 4 亿人，截至 2020 年末，人均可支配收入超过 3 万元，人均消费支出达 2.12 万元，市场消费静态规模及增长潜力已位居世界首位。此外，中国消费升级也在加速推进，新需求的出现加快了新业态、新模式的兴起，这为超级企业的进化创造了新的领域。从消费结构看，中国已连续多年保持在"最富裕"水平：2019 年全国居民人均消费支出中，服务性消费占比为 45.9%，比上年提高 1.7 个百分点。居民消费重心逐渐由生活用品向文娱等享受型服务偏移，旅游、在线视频、付费音乐、养老、家政等升级类服务需求加速释放。需求端消费潜力的释放为超级企业的崛起提供了源源不断的动力，可以看到，贵州茅台、腾讯、阿里巴巴等行业巨头仅依靠国内市场即做到了超级企业的体量，未来随着市场规模的进一步扩大，必然还会有更多的超级企业产生。

第六章　水活鱼跃——资本市场改革加速超级企业的崛起

微软离破产永远只有18个月。

——微软创始人、前CEO比尔·盖茨

一、现实：资本市场助力超级企业迈过融资生死线

美国众多龙头企业的崛起依靠的不仅仅是创新能力，更重要的是背后多层次、灵活多变的资本市场，企业的创新需要完善的资本市场为其"保驾护航"。资本市场会引导经济资源向具有竞争力的企业集聚，超级企业可充分利用资本市场做大做强。尤其是科技企业，培育期长且投入高，未上市前融资渠道有限。若过度依赖一级市场股权融资，则容易面临股权稀释、控制权丧失等问题。美国华尔街多层次的资本市场为硅谷的创新提供了充裕的资金支持，是美国科技和创新实力能够持续保持全球领先的重要保障。许多科技巨头正是因为借助了美国资本市场的力量才得以崛起，如亚马逊、特斯拉、微软等。这些企业通过上市，打通融资通道，能够根据需求自由选择股权或债权融资，实现以最低的资金成本、最优的方式融资。在把握行业发展趋势，实现自身扩张的同时，也避免了科技企业出现资金链断裂的隐患。

（一）亚马逊

亚马逊成立于1994年，是美国最大的电子商务公司。1995年亚马逊获得两位天使投资人约5.4万美元的投资，随后获得了20位天使投资人93.7万美元的投资。1996年，亚马逊在IPO前的唯一一轮融资中，获得风险投资公司KPCB投资的800万美元，出让13%的股份。上市前三年这几次融资总额约为900万美元。

1997年5月，亚马逊在纳斯达克以3.81亿美元的市值上市，公开发行300万股股票，募集了4910万美元的资金，远超上市前的融资规模。上市之后，亚马逊的总融资规模不断增加，1997年12月，亚马逊通过发行债券筹集了3.26亿美元，随后于2012年、2014年和2017年大规模发行债券，总计筹集250亿美元。资本市场助力亚马逊快速发展，当前亚马逊是全球商品品种最多的网上零售商和全球最大的互联网企业，截至2019年12月27日，亚马逊的总市值为9270.42亿美元。

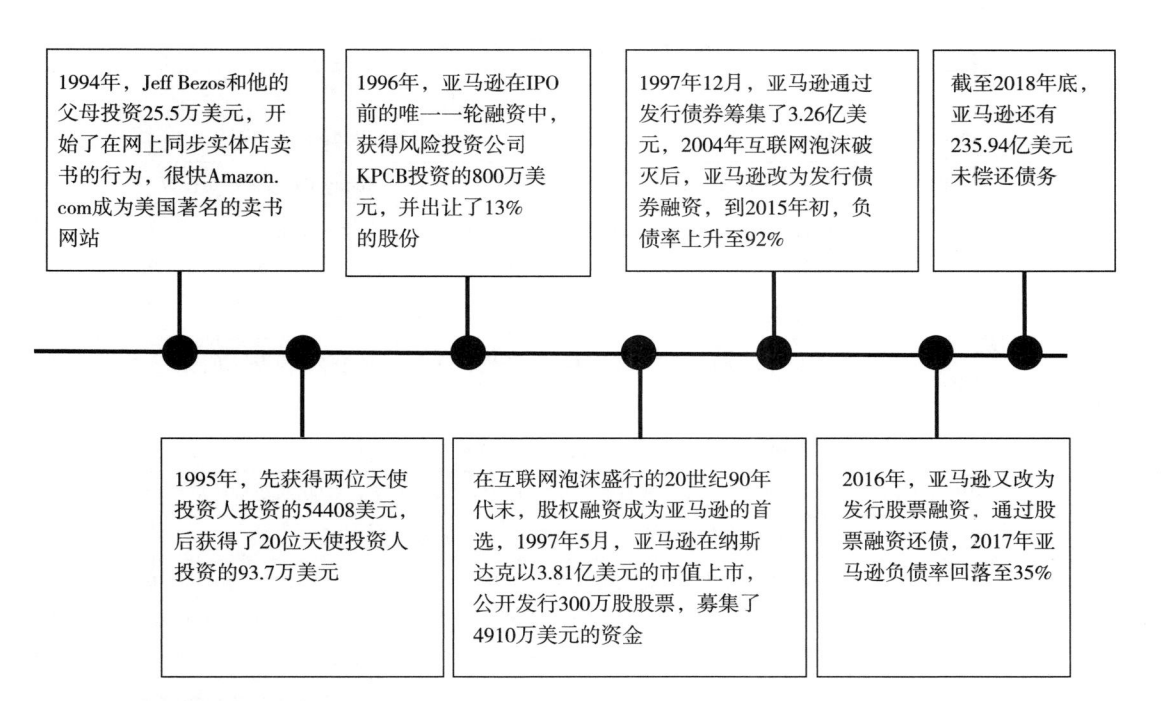

注：数据截至 2018 年 12 月 31 日。

图 6-1 亚马逊的融资历程

（资料来源：Wind 数据库、亚马逊年报、笔者根据公开资料整理）

（二）特斯拉

自 2003 年初至 2008 年 3 月约 5 年的时间里，特斯拉经历了 5 轮共 1.45 亿美元的融资。2009 年，戴姆勒公司以 5000 万美元收购了特斯拉近 10% 的股份，次年特斯拉与丰田达成战略合作，再次获得 5000 万美元。由于特斯拉电池的新能源属性，公司还得到了美国能源部的 4.56 亿美元贷款。特斯拉上市前虽然也获得了一定规模的融资，但是股份被竞争对手收购，存在着股权稀释与控制权降低的问题。

2010 年 6 月 29 日，特斯拉上市，募集资金达 2.26 亿美元。上市之后，特斯拉同时通过可转换债券、融资租赁等方式进行融资，2017 年末公司在股权融资和债权融资中获得 78.5 亿美元。截至 2018 年 12 月 31 日，特斯拉有 84.10 亿美元未偿还长期债务。2019 年 5 月，特斯拉宣布再融资 20 亿美元，包括新发行 6.5 亿美元普通股（约 270 万股）以及 13.5 亿美元的可转换债券。截至 2019 年 12 月 19 日，特斯拉股价达到 393.15 美元/股，总市值达 708.63 亿美元。

表 6-1　特斯拉的融资历程

分类	时间	事件
上市前	2003 年	Elon Musk 以 750 万美元领投 Tesla A 轮融资，并加入 Tesla 董事会
	2003 年	Elon Musk 又以 1300 万美元领投 B 轮融资，Valor Equity Partners 参与投资
	2006 年	Elon Musk 以 4000 万美元领投 Tesla C 轮融资。该轮融资的投资者还包括 Google 联合创始人 Sergey Brin 和 Larry Page，eBay 前总裁 Jeff Skoll，以及投资公司 J. P. Morgan 等
	2007 年 5 月	Tesla 获得 C 轮 4500 万美元融资，至此，总融资额超过 1.05 亿美元
	2008 年 2 月	Tesla 完成 4000 万美元 E 轮融资，至此，Elon Musk 已经累计为公司贡献了 7000 万美元资金
	2009 年 5 月	戴姆勒公司以 5000 万美元收购了 Tesla 近 10% 的股份
	2010 年 5 月	Tesla 宣布与丰田达成战略合作，丰田向 Tesla 投资了 5000 万美元
	2010 年 6 月	Tesla 被批准获得来自美国能源部的 4.65 亿美元计息贷款
上市后	2010 年 6 月 29 日	Tesla 成功在纳斯达克上市，发行价为 14.98 美元/股，募集资金达 2.26 亿美元。特斯拉已经通过发行股票和可转换债券、垃圾债券、融资租赁（monetizing leases）等方式融资
	2014 年 2 月	为了投资 50 亿美元建造电池厂，特斯拉通过可转换债券成功融资了 20 亿美元。这是当时规模最大的一次可转换债券融资活动
	2017 年	特斯拉 10-K 财务报表显示，2017 年末公司在股权融资和债权融资中获得 78.5 亿美元
	2018 年	截至 2018 年 12 月 31 日，特斯拉有 84.10 亿美元未偿还长期债务
	2019 年 5 月	Tesla 宣布再融资 20 亿美元，包括新发行 6.5 亿美元普通股（约 270 万股）以及 13.5 亿美元的可转换债券

注：数据截至 2019 年 12 月 30 日。

资料来源：Wind 数据库、特斯拉年报、笔者根据公开资料整理。

（三）微软

微软始建于 1975 年，成立之初微软通过出售专利使用权积攒了大量资金，使得微软不用通过融资渠道获得资金。微软上市前，盖茨拥有公司 45% 的股份，市值达 2470 万美元。

1986 年，微软在纳斯达克上市，发行价高达 21 美元/股，停盘时达到 27.75 美元/股。股票的蹿红使得微软市值达 5.02 亿美元，盖茨的身价上升到 2.34 亿美元。此后，微软于 2009 年、2013 年、2016 年进行了三次大规模债券发行，共筹得资金近 300 亿美元。截至 2018 年 6 月 30 日，微软有 768.98 亿美元未偿还长期债务。截至 2019 年 12 月 27 日，微软股价为 158.96 美元/股，市值为 12126.75 亿美元。

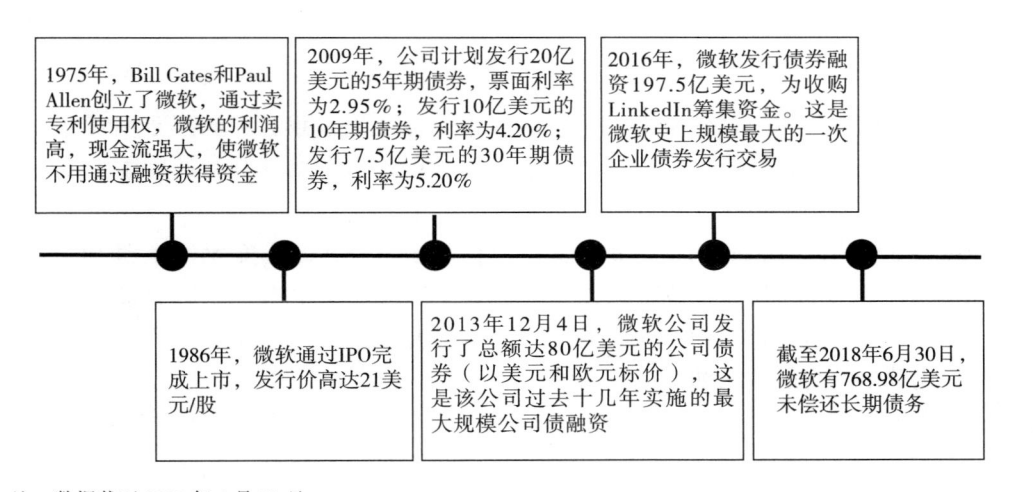

注：数据截至 2018 年 6 月 30 日。

图6-2　微软的融资历程

(资料来源：Wind 数据库、亚马逊年报、笔者根据公开资料整理)

(四) 谷歌

1998 年 8 月，拉里·佩奇和谢尔盖·布林收到 Andy Bechtolsheim 10 万美元的资助，当时谷歌尚未成立；同年收到杰夫·贝索斯、大卫·切里顿和拉姆斯·里兰的天使资金，谷歌从这些最初的投资者和朋友手中募集了大约 100 万美元。1999 年 6 月 7 日，谷歌从 KPCB 和红杉资本处融资 2500 万美元。

2004 年 8 月 19 日，谷歌首次公开募股，募集金额达 16.7 亿美元，远大于上市前的融资规模；2005 年 8 月 18 日增发配股，募集资金 41.77 亿美元；2006 年 3 月 9 日再次增发配股，募集资金 20.66 亿美元。2011 年谷歌首次发行债券，融资 30 亿美元；2014 年和 2016 年又分别发行 10 亿美元和 20 亿美元债券。截至 2018 年底，谷歌有 40.12 亿美元未偿还长期债务。截至 2019 年 12 月 27 日，谷歌股价为 1351.89 美元/股，市值为 9333.33 亿美元。

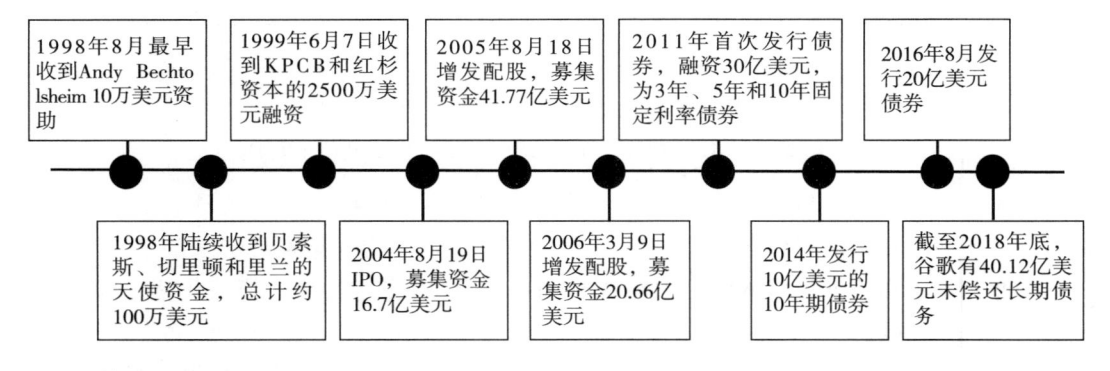

注：数据截至 2018 年 12 月 31 日。

图6-3　谷歌的融资历程

(资料来源：Wind 数据库、亚马逊年报、笔者根据公开资料整理)

（五）戴尔

戴尔公司由迈克尔·戴尔于 1984 年创立，是一家生产、设计、销售家用及办公室计算机的企业。戴尔公司结合自身发展需要，充分利用资本市场规则，经历了上市—私有化—再上市的过程，使得企业得以持续发展。

1988 年，戴尔公司在美国上市，公司市值增长至 8500 万美元。伴随 PC 红利消退，Dell 在 2013 年净利润同比减少 32.07%，纳斯达克股价基本处于历史最低点，市值较上一年下降了 33%。2013 年 2 月，戴尔创始人迈克尔·戴尔联手银湖资本完成 249 亿美元私有化戴尔的交易并从纳斯达克摘牌。

私有化 5 年后，为偿还 EMC 公司背负的百亿美元债券，戴尔在 2018 年 12 月通过与 Vmware 反向合并在纽约证券交易所正式挂牌，重回美国证券市场。截至 2019 年 12 月 18 日，戴尔总市值达到 372.02 亿美元，较 2018 年上市首日市值上升 13.98%。

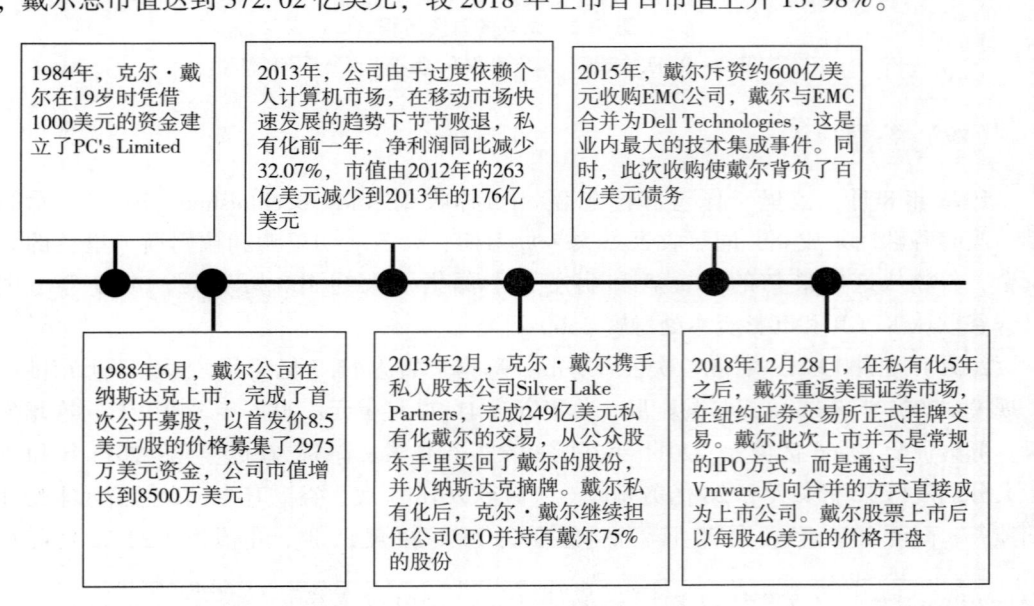

注：数据截至 2018 年 12 月 28 日。

图 6-4　戴尔从私有化到再上市历程

（资料来源：戴尔官方网站、Wind 数据库、笔者根据公开资料整理）

相比之下，以间接融资为主的金融体系，导致日本在科技创新领域日渐没落。受此影响，目前活跃在国际舞台上的日资企业，仍然是 1950—1990 年发展起来的汽车和数码产品企业，如丰田汽车、SONY、HONDA MOTOR。在传统互联网、新一代移动互联网、5G 等高新技术领域，日本均未出现有竞争力的企业。这些企业目前主要分布在美国、德国、韩国，如美国的苹果公司、微软公司、谷歌等，德国的思爱普，韩国的三星电子等。康奈尔大学发布的全球创新指数报告显示，日本创新指数的排位不断下降，到 2018 年已经跌到了第 13 位，其中，创新产出次级指数排名更是排在了第 18 位。

此外，独角兽企业的培育也离不开多层次资本市场的助力。独角兽企业走向成功，不能仅以"做大"为战略目标，还需要"做强"。"做大"阶段以营业收入与用户数量为目标，但最终能否成功具有较大的不确定性。一级资本作为战略投资者，风险承受能力更强，更适合此阶段的企业。"做强"阶段的主要目标是提升利润与"护城河"，表现为营收增速稳定且收益质量提高。二级资本作为财务投资者，更看重企业的盈利能力，给企业提供资金也主要是希望能够提高用户黏性、加强技术壁垒、扩张业务版图等。

在企业成长初期，用户数量、营业收入等增长较快，但由于规模较小且未来用户的留存率与变现能力存在较大不确定性，因此二级市场股票融资的方式并不是最优的融资方式。从风险偏好、评价体系和资源积累等角度来看，风险投资机构与初创期的企业契合度更高。

"做大"阶段以营业收入和用户数量作为导向。以蚂蚁金服为例，蚂蚁金服前期的融资被用于技术积累和补贴用户，从而带来了活跃用户数量的快速上升。

企业的最终目的是盈利，利润金额和盈利质量的提高是"做强"的标志。二级资本对企业的盈利能力更为敏感，更愿意提供资金给企业用于提高用户黏性、加强技术壁垒、扩张业务版图等，从而带来盈利的提升。

"做强"阶段以利润与"护城河"建设作为导向。以京东和微博为例，京东上市以后亏损比例逐渐缩小，在 2017 年基本实现了盈亏平衡。微博 2014 年上市前一直处于亏损状态，而上市后在 2015 年即实现盈利，同时净利率逐渐提高。

独角兽企业与资本市场互动的良性循环，离不开企业自身与一二级资本的互动与共振。良性循环模式意味着"企业规模成长——一级资本通过 IPO 出售股权获利—企业利润成长—二级资本获利"的健康模式。三方都需要承担相应的责任与义务，具体来说：（1）企业在任何阶段都应以主营业务和"护城河"为导向，服务于整体战略布局，而不以大额融资、服务一二级资本为导向；（2）一级资本可以在成长期提供资金以外的资源支持，帮助企业实现流量变现，避免上市前突击入股的行为；（3）二级资本应避免以短期的情绪与热度为导向参与交易，回归到企业的价值与估值判断上。

站在商业模式的角度，企业成长经历了由"做大"到"做强"的阶段。在"做大"阶段以营业收入与用户数量作为导向，借力一级资本。在"做强"阶段以利润与"护城河"建设作为导向，借力二级资本。同时，企业自身也需要：（1）注重速度与质量的结合。一味追求用户数量的增长，忽视用户体验，会导致企业在提高用户黏性、走向盈利阶段遇到困难。（2）寻找更深的"护城河"。以京东为例，京东目前的仓储物流体系是竞争对手短时期内无法超越的"护城河"，同时高效的物流体系也提高了用户黏性，其自有仓库486 个，面积超过 1000 万平方米，而苏宁易购当前只有 686 万平方米仓库[①]。（3）扩张业务版图，提供多样化服务。例如京东与阿里巴巴"电商—物流—金融"的业务组合有效地加强了用户黏性，同时还提升了单一用户价值。

----

① 资料来源：2017 年京东、苏宁易购年报。

站在资本市场的角度，一级资本获利的方式不只有抬升企业估值再出售一条道路，向企业提供"付费资源"的模式，不仅可以收回部分投资成本，还可以和企业实现共振。例如借助微信流量而崛起的拼多多，2016年、2017年和2018年第一季度分别向腾讯支付了0.54亿元、5.16亿元与2.07亿元的流量入口费。腾讯投资拼多多，在向拼多多收取流量入口费的同时，也逐渐发掘出了出售流量的模式。二级资本应避免以短期的情绪与热度为导向参与交易，回归到企业的价值与估值判断上。

二、过去：资本市场支持力度不足导致超级企业稀缺

过去中国超级企业稀缺，除了行业结构问题之外，中国企业的制约因素部分也源于缺乏成熟的资本市场。实体企业获取扩张所需资金的难度较大。我国的融资体系是以银行信贷为代表的间接融资为主。截至2019年末，社会融资规模存量为251.31万亿元，除去企业债券融资和非金融企业境内股票融资，间接融资占融资规模的比重达87.73%。观察银行信贷的资金投向可以发现，大量的资金进入了制造业，交通运输、仓储和邮政业，电力等传统行业，而对新兴产业的支持力度不足。从15家上市银行2019年上半年对公贷款的行业分布来看，制造业，交通运输、仓储和邮政业，租赁和商务服务业，房地产业的贷款占比都超过了10%。间接融资结构决定了资金配置效率并不高。这些行业在获得大量贷款资金的同时，并没有创造足够高的资本回报。对比2019年第三季度各行业的ROE水平（剔除金融），可以看到制造业，交通运输、仓储和邮政业，租赁和商务服务业占据的银行信贷资金最多，但ROE分别为1.87、3.29、-30.00，在15个实体行业中的排名分别为第9位、第8位、第13位。住宿和餐饮业、教育业、卫生和社会工作的ROE位居所有行业的前三名，但能获得的银行信贷资金占比分别为0.54%、3.69%、1.59%，在所有实体行业中分别排名第15位、第10位、第12位，银行信贷的资源配置效率相对较低。

国内的金融体系还是以间接融资为主。截至2019年末，我国存量社会融资结构中直接融资规模仅为46.01万亿元，其中债券为33.55万亿元、非金融企业股票为12.46万亿元，直接融资市场规模占比相对偏小。此外，企业的上市限制也较为严格。我国《公司法》对企业上市的要求主要有以下几点：（1）公司的总股本达到5000万股，公开流通的部分不少于25%；（2）公司在最近3年连续盈利；（3）公司有3年以上的营业记录；（4）公司无形资产占总资产的份额不能超过20%。除此之外，还存在其他一些软性障碍，比如：（1）漫长的审核过程。我国在很长一段时间内对公司上市实行的是审核制，由于申请上市的企业数量众多，而证监会每年核准上市的公司数量存在一定限制，企业上市过程相对漫长。（2）上市费用高。基于对上市公司的统计，企业上市前期平均费用大概为1500万元。这导致我国的BATJ等科技公司均在早期选择在境外上市，国内投资机构与投资人错失了超级企业成长的红利期。

资本市场的不完善之处也体现在上市公司优胜劣汰程度相对不足。以美股为例，在1980年到2017年近40年的时间内，美股上市公司数量累计达到26505家，退市公司达

到 14183 家，退市公司数量占到全部上市公司的 54%。其中，纽约证券交易所退市 3752 家，纳斯达克退市 10431 家。从历史数据来看，除 2015 年、2017 年外，纳斯达克每年退市的企业数量均超过当年新上市的公司数量。相比之下，A 股的退市率相对偏低，主板自成立以来累计退市企业仅 127 家。2007—2018 年，上海证券交易所、深圳证券交易所的年均退市率分别为 0.3%、0.1%，远低于纳斯达克和纽约证券交易所的 7.6%、6.6%。低退市率折射的是上市公司优胜劣汰机制的缺失。上市企业的低违规成本阻碍了公司治理的规范化，在一定程度上挤占了优质上市公司的资源，削弱资本市场对优质企业的支持力度。

资本市场的种种不足导致 A 股上市公司盈利能力普遍不强，即便是高盈利企业也无法获得足够的溢价，超级企业更是稀缺资源。从中美两国上市公司盈利能力分布看，A 股上市公司整体的盈利能力弱于美股；A 股上市公司中，ROE 在 10% 以下的公司达 2018 家，占所有 ROE 为正的公司比重达 65%，而 ROE 达到 100% 以上的公司仅有 3 家，ROE 在 50%~100% 的公司仅有 11 家。而美股上市公司的 ROE 分布区间在剔除负值之后则较为均衡，ROE 达到 100% 以上的公司有 107 家，在 50%~100% 的公司则有 92 家。

统计过去 10 年 ROE 持续高于 15% 的公司数量，A 股仅 16 家，而美股高达 111 家。从估值的角度看，A 股的 PE 中位数为 19.39，略低于美股的 20.02；A 股的 PB 中位数为 4.39，低于美股的 6.67。即使我们放低标准，将 ROE 基准线从 15%、10% 降至 8%、5%，高于基准线的时间从 10 年降至 8 年、5 年，对比中美两个市场的估值情况可以发现，在高盈利基准线下（10 年 ROE 持续高于 15% 或持续高于 10%），美股相对于 A 股有估值溢价，且 A 股符合条件的公司数量远少于美股；而在相对较弱的盈利基准线下（10 年中仅 8 年、5 年 ROE 高于 15%、10%、8%、5%），A 股相对于美股有估值溢价，且随着盈利标准的弱化，A 股的公司数量与美股开始趋同。

对比 A 股、美股在同样的存续时间内，不同盈利基准线下的估值水平可以发现，盈利水平的高低对 A 股的估值贡献有限。一方面，在高盈利基准线下（10 年 ROE 持续高于 15% 或持续高于 10%），A 股不同档次间估值差异明显。A 股 10 年 ROE 持续高于 15% 的企业 PE 倍数高出较低者 5 倍左右，而美股对这两档盈利水平的企业 PE 估值差异不大。另一方面，对比高、低（10 年中仅 8 年、5 年 ROE 高于 15%、10%、8%、5%）两种盈利基准线，则发现 A 股盈利水平对估值贡献有限。而美股随着高盈利持续时间越长，盈利基准线越高，估值溢价越明显。

A 股市场的不成熟源于制度设计上的不足。长期以来，在核准制下，制度的原因导致 A 股市场相比于成熟市场存在以下问题：第一，上市准入限制导致资源过多集中于周期行业，而代表产业升级方向的科技类、消费类上市公司数量较少；第二，投资者结构以散户为主，投资行为短期化，换手率和波动率长期维持高位；第三，优胜劣汰机制不足，市场未给予优秀公司的稀缺性以溢价。

过往"严进"式 IPO 强调盈利规模，重资产属性的周期性行业更容易达到要求，科技成长类公司一方面体量偏小，另一方面盈利不确定性相对较高，往往被拒之门外。由此导致 A 股市场结构以周期类公司为主。截至 2020 年 5 月，A 股上市公司中周期类公司数量占比高达 44%，而科技类、消费类公司占比分别为 18%、30%。按照市值口径，周期类、科技类、消费类公司占比分别为 28%、16%、27%。周期股的行业景气轮动导致股价收益率长期处于宽幅震荡状态，长期趋势性回报不高。以钢铁、煤炭为例，2000—2020 年年复合收益率不到 4%，而年化波动率（周度）超过 35%。

与之相比，在市场结构上，美股、港股、中概股的数量分布均偏向于消费类，在市值分布上，中概股偏消费类，港股偏科技类和金融类，美股偏科技类和消费类，均会淡化周期权重。按照数量口径，美股上市公司中周期类、科技类、消费类公司占比分别为 22%、15%、35%，按照市值口径占比分别为 15%、32%、35%。中概股中周期类、科技类、消费类公司按照数量口径占比分别为 29%、21%、34%，按照市值口径占比分别为 29%、19%、46%。港股中周期类、科技类、消费类公司按照数量口径占比分别为 29%、11%、37%，按照市值口径占比分别为 11%、33%、22%。

核准制本质上是一种前端监管模式，在企业上市之前即施加一轮筛选，不考虑盈余粉饰，相对严苛的上市条件导致市场上留存的多是行业内的优质企业，因此，投资者试错成本较低。2011—2019 年，创业板年化收益率超过 5% 的占比达到 63%，而纳斯达克仅为 44%，年化收益率超过 10% 的占比分别为 49%（创业板）和 32.7%（纳斯达克）。在集中度方面，纳斯达克龙头效应更为显著，市值排名前 20% 的公司整体回报率为 254%，市值排名 20%~40%、40%~60%、60%~80%、80% 以后的公司整体回报率均为负。A 股相对分散，创业板市值排名前 20%、20%~40%、40%~60%、60%~80% 的公司整体收益均为正，龙头效应不如美股。在相对分散的市场格局下，A 股选股与择时的性价比不高，这导致散户主导市场，自 2013 年以来，创业板市场机构投资者持股占比算术平均值长期保持在 20%~30% 的低位区间，全部 A 股则保持在 30%~40% 的区间内。

三、未来：资本市场制度改革催生超级企业产生

借鉴美股的经验，超级企业 FAANG 的诞生源于两个前提：第一，科技产业的崛起，孕育了大量的科技巨头；第二，上市公司持续、大幅度的回购，奠定了美国 10 年牛市的基础，也是超级企业成长的核心动力。自 2009 年以来，纳斯达克总市值增长了 4.24 倍，占美股总市值的比例从 16.80% 一路上升至目前的 31.81%，其中总市值增长 100 倍以上的公司有 3 家，增长 10~50 倍的公司共有 126 家。从行业的角度看，医疗保健与信息技术两大行业市值平均增长为原先的 3 倍以上。科技创新企业的迅速崛起成为拉动美国股市走高的引擎。对比 A 股与美股总市值排名前十的公司（剔除金融行业），美股前六名均为科技公司，其余四家分别属于信息技术、医疗保健、零售和能源行业。反观 A 股，前十名的公司中有 4 家属于能源行业（石油、电力、煤炭），它们的市值总和占 A 股前十名总市值的 45.77%，剩余的有 2 家白酒企业、2 家家电企业、1 家房地产企业和 1 家医药企业。从更大范围观察，A 股市值前 100 名的公司（剔除金融行业）多集中分布在食品饮料与石油石化行业，科技龙头依旧稀缺。

科创板的推出和回购制度的放松给了 A 股市场培育超级企业的机会。尤其是科创板配套注册制的创新，有效地弥补了之前的制度缺陷。对比科创板和 A 股制度的差异，科创板对科技企业的最大意义在于：对盈利能力、同股同权等硬条件的放松，让更多科创企业得以在 A 股市场上直接融资，完善发展。

1. 科创板引领的注册制改革，IPO 加速

科创板的推出使 IPO 进程加快，A 股供给端数量快速增加。自科创板开放注册以来，受理企业数量在各板块中始终领先。自 2019 年 7 月 22 日至 12 月 30 日，科创板已受理企业数量为 202 家，已上市企业数量为 76 家，远高于其他板块。从上市效率来看，科创板上市时间平均为 0.36 年，而其他板块平均上市时间均在 1.5 年以上，科创板的推出加快了公司 IPO 的进程，市场上公司供给的数量快速上升。

注册制不仅使少数的科创公司受益，而且可能成为试验田，未来推广到整个 A 股。2019 年 8 月 18 日，中共中央、国务院下发文件，明确提出研究完善创业板发行上市、再融资和并购重组制度，创造条件推动注册制改革。2019 年 12 月 28 日上午，全国人大通过了新修订的《证券法》，明确要全面推行注册制，包括取消发行审核委员会制度、精简优化证券发行条件、国务院统一规定 ABS 与资管产品管理办法等。新修订的《证券法》自 2020 年 3 月 1 日起开始实施，消除了注册制推行的法律障碍，未来要借鉴科创板成功的实践经验，逐步将注册制推广至创业板与主板。注册制的推行意味着直接融资渠道更加完备，企业的上市条件特别是成长型、科技型企业的上市条件被进一步放宽，受益企业的数量得以增加，更有利于超级企业的产生与发展。未来随着入市条件的放宽，原先因财务指标无法达标而被限定在上市门槛之外的科技类、消费类企业将陆续登陆 A 股，未来 A 股科技类、消费类企业占比将出现明显提升，行业分布也会更加均衡，结合未来产业发展方向及政策导向，市场结构预计会向海外市场靠拢，消费类企业将成为行业分布重心。

此外，注册制相当于将监管由前端改成后端，市场准入及定价权将归还市场，风险定价要求提升，未来回报分布预计会向美股看齐，不再是"众乐乐"而是"独乐乐"，市场分化加大，提供超额回报的股票会减少，但选对的话回报也会惊人。缺乏投研能力的散户出错概率增大，未来预计会更多选择被动投资，将决策权交给机构，A 股会逐步进入机构投资者主导时代，能够提供稳定回报、具有更大市场空间的超级企业将获得更高的估值溢价。

在上市端实现市场化改革的同时，A 股未来在退市机制方面也将得到同步完善。上市环节与退市环节市场化机制的建立，有助于 A 股建立优胜劣汰、市场定价的机制。未来壳资源的价值会弱化，市场主动给予具有高盈利能力的龙头企业更高的估值溢价，这是超级企业崛起的前提条件。

2. 偏好龙头企业的外资在 A 股的定价权提升

从资本市场环境来看，海外资金在 A 股市场的定价权上升，外资更偏好龙头企业。截至 2019 年末，从我国股票市场机构持股情况来看，外资持股总规模达 1.77 万亿元，较之 2018 年大幅增加 54%。外资持股总规模已经接近公募（持股）和保险（股票+基金）规模，后者分别为 2.22 万亿元和 2.25 万亿元。对比来看，沪深港通前 50 重仓股占总持股市值的 70%，而公募基金前 50 重仓股占总持股市值的 58%。

从持股市值分布看，外资持股更偏向于行业龙头。陆股通持股市值分布中，千亿元市值标的持股规模占总规模的比重达 64.92%，250 亿元以下的市值标的仅占 11.05%。QFII 持股市值分布中，千亿元市值标的占比达到 60.75%，250 亿元以下的市值标的仅占 15.18%。

以陆股通重仓股的细分领域为例，前 20 大标的基本覆盖了消费与金融细分领域的龙头企业，而且在外资显著偏好的白酒、家电和金融等行业，重仓股名单基本上覆盖了这些领域的前三大公司，外资持续流入开始提升龙头公司的溢价。

3. 同股不同权实现财权与事权的共赢

科技类企业多以轻资产经营为主，难以获得商业银行的贷款融资，而其盈利周期又比较长，融资需求旺盛。因此，科创企业大多以股权融资为主，在同股同权的制度下，科创企业创始人或管理层面临股权被稀释的风险，甚至可能丧失公司经营决策权。科创板同股不同权制度的推出将有利于实现投资者、企业和中国资本市场的多方共赢。第一，同股不同权制度的推出，可以将一些优质的中国科创企业留在 A 股，使 A 股投资者能够分享这些企业的成长红利，也为科创企业提供融资便利。投资者资金存量的增加又会进一步增强 A 股的融资功能，从而形成良性循环。第二，同股不同权制度的实现能够有效地避免企业内部股权争斗造成的不利影响。第三，保障企业蓬勃发展，将更多企业留在国内，推动我国资本市场实现为本土企业融资、定价和风险分散的核心功能。

同股不同权制度的推出，也解决了国内科创企业在美国上市时由于市场不同而面临的信息不对称问题。由于中美市场环境不同，美国投资者对中国优秀企业不了解，使得投资者并不热衷于购买中国的股票而更倾向于本土股票，即使购买，也只愿意以低于发行股票的平均价格购买，导致许多优秀企业在美国股市被低估。而中国科创公司在科创板上市更容易被投资者理解，对上市估值更有利。

同股不同权制度有效地避免了企业内部股权斗争，有利于企业的长远发展。如果股权架构不合理，没有人能够绝对控制公司，则可能出现内部股权斗争，最终影响公司发展战略。比如真功夫，就曾出现蔡达标和潘宇海两个大股东各占 50% 股份的情形。双方展开股权斗争，最终以蔡达标出局而结束。2007 年真功夫曾宣称要在 2010 年底前开设 1000 家连锁店并实现上市，可如今距离上市还是遥遥无期。如果公司能够实现同股不同权的股权结构，保证某个创始人的绝对控制权，就能够避免内部股权争斗，从而把更多精力放在公司的长远发展上。

苹果公司也曾经遭受同股同权的困扰，公司创始人乔布斯被迫辞职离开公司，苹果也因此进入长达 12 年的迷茫黑暗时代。1980 年 12 月 12 日，伴随着 Apple Ⅱ 的风靡，苹果公司顺利在美股 IPO，每股价格为 22 美元。在经历了 4 次拆股之后——当初的 1 股相当于如今的 56 股，共计承销 460 万股，融资 1.01 亿美元。拥有大量资金后，苹果公司进一步向现代化的计算机进军——1983 年研发成功世界首款图形化操作计算机 Lisa，这是乔布斯女儿的名字。Lisa 的出现为后来的 Macintosh 奠定了基础，但也为公司带来了麻烦。乔布斯越发激进的定价——9998 美元一台的价格，令产品在市场上的销售困难重重。

Macintosh 作为 Lisa 的继任者，承担着带领苹果公司业绩增长的重任。相比于 9998 美元的 Lisa，128KB 内存版本的 Macintosh 仅售 2495 美元，但在 1984 年上市第一年，仅仅卖出 37.2 万台，不及董事会预期。为此，乔布斯和董事长大吵一架，并在 1985 年 4 月被董事会夺走决策权，1985 年 9 月，乔布斯辞职。苹果公司股价为 0.35 美元/股（拆股后），直到 1997 年乔布斯回归，12 年时间公司股价一直在 0.5~0.7 美元/股徘徊。

公司管理层在 1990—1997 年推出的 5 款 Mac 都没有获得成功，随着微软的 Windows 进入市场，苹果的市场份额迅速跌破 5%。在 1997 年收购"NeXT"召回乔布斯的时候，苹果公司账面现金仅能够维持三个月，一度依靠老对手盖茨的微软救助才能撑到创始人回归。

4. 促进创新试点红筹企业境内上市

2020 年 4 月 30 日，证监会发布《关于创新试点红筹企业在境内上市相关安排的公告》，在原先"市值不低于 2000 亿元人民币"的基础上新增了一条可选标准——"市值 200 亿元人民币以上，且拥有自主研发、国际领先技术、科技创新能力较强，同行业竞争中处于相对优势地位"。6 月，上海证券交易所、深圳证券交易所也对红筹企业发行上市中涉及的股本总额、营收快速增长认定等事项做出针对性安排。对于法定股本较小、每股面值偏低的红筹企业，明确按照发行后的股份总数或者存托凭证总数确定股本总额，不再按照金额计算；对于"营业收入快速增长"这一要求，从营业收入、复合增长率、同行业比较等角度，明确三项具体判断标准，只要有一项满足即可，对于"处于研发阶段的红筹企业和对国家创新驱动发展战略有重大意义的红筹企业"，不适用营业收入快速增长的要求。新标准的实施将大幅降低海外上市红筹企业的回归门槛，将有助于吸引符合国家战略、具有核心竞争力的创新型技术企业回流。

5. 允许上市公司分拆所属子公司境内上市

2019 年 12 月 13 日，证监会正式发布了《上市公司分拆所属子公司境内上市试点若干规定》，允许上市公司将部分业务或资产，以直接或间接控制的子公司的形式，在境内市场以 IPO 或重组借壳的形式分拆上市。允许上市子公司分拆上市并非一时的心血来潮，而是经过深思熟虑，在借鉴海外成功经验的基础上做出的重要一跃。

在美国市场渐趋成熟的制度保护下，投资者逐渐接受了公司分拆上市，市场开始给予分拆上市更高的估值溢价。2002—2016 年，彭博美国分拆指数从 103.91 上升至 677.4，涨幅超过 5 倍，而同期标普 500 指数的涨幅只有 155%。2015 年，分拆上市公司为 40 家，分拆指数市场收益率几乎为标普 500 指数的 2 倍（分拆指数为 23.2%，而标普 500 指数为 12.0%）。其中，杜邦公司拆分子公司科慕公司最具代表性，由分拆所带来的市场收益率遥遥领先。

杜邦公司是一家以科研为基础，致力于提高人们生活领域品质的全球性企业。公司在农业林业、高性能材料、电子和通信领域均有涉猎。多元化业务使杜邦公司在高性能化学品市场并不突出，高性能化学品的营业额由 2011 年底的 475 亿元降至 2014 年的 387亿元。此外，高性能化学品的研究包括钛科技、氟制品和化学溶液，均是对环境有较大破坏力的产品，企业因此陷入环境问题的巨大包袱中。2015 年 7 月 1 日，杜邦公司完成了新公司科慕公司的拆分，当日科慕公司在纽约证券交易所上市。由于美国对于环境监管严格，科慕公司的发展受到了较大的限制。投资者并不信任科慕公司在上市后能平衡好环境保护和公司发展之间的关系。科慕公司股票价值一路下跌，由 2015 年 7 月的 20美元/股跌至 2016 年 1 月的 3 美元/股。但由于科慕公司在分拆上市后专注于在保护环境的前提下促进公司发展，并且在 2016 年以后保护环境力度逐渐显著，公司净利润持续上涨，由 2015 年的利润-9000 万美元上涨至 2017 年约 7.46 亿美元的利润。公司的发展使投资者开始信任科慕公司的盈利能力，市值持续提高，股价由最低的 2.93 美元/股升至最高值 56.49 美元/股。

参考美股经验，将具有成长性的业务分拆上市，可产生以下几个方面的积极影响。

第一，拓宽融资渠道，更好地满足子公司的融资需求，改善母公司的财务状况。具体来说，就是上市公司可以充分利用资本市场进行融资。但未上市的子公司融资能力有限，只能选择债务融资或者定向股权融资。子公司分拆上市后可以利用资本市场融资，不仅能解决子公司自身的资金问题，还能改善母公司的财务状况。以同仁堂为例，1999 年同仁堂的营业活动现金净流量下降至 0.56 亿元，同期总收入和净利润增长速度分别为 17.4% 和 13.0%。现金流量的收紧限制了经营业务的扩张。2000 年同仁堂分拆子公司"同仁堂科技"于港股上市，同仁堂的经营活动现金净流量上升至 1.68 亿元，营业总收入和净利润的增长速度分别上升至 22.6% 和 23.0%，之后两年也一直维持 20% 以上的增长速度。

第二，激励子公司管理层，解决委托代理问题。解决委托代理问题，常用的方法是股权激励。但如果是建立在整个企业价值之上的股权形式，与主营业务关系较远的分部门管理者很难被有效激励。通过分拆上市，分部门的管理者成为新上市公司的股东，管理人员可以分享工作业绩带来的上市公司成长红利。

第三，向市场传递子公司业务成长性的信息，提高公司的市场价值。由于信息不对称的存在，市场对股市的认识和评价存在偏差。而分拆业务上市后，子公司能够对自身业务进行更多披露，公众能对子公司业务的成长性有更准确的了解和评价，对母公司股价的提升也有促进作用。

第四，重估成长型业务资产组价值。上市公司的财务部门在将具有高成长性的资产组入账时，使用的是历史成本，而非公允价值。因此，高新技术与成长性较强的资产的价值难以被有效定价。分拆可以将具有成长性的资产业务独立出来，使其在资本市场上获得重估机会。比如，蚂蚁金服在 2014 年从阿里巴巴分拆，其估值从 2015 年 3 月首轮融资时的 300 亿美元，迅速飙升至 2018 年 4 月的 1500 亿美元，短短三年间估值增长了 4

倍，成长为全球估值最高的科技金融独角兽。

此前，A股分拆上市制度存在空缺，上市企业难以实现境内分拆上市，因此境内上市公司分拆至境外成为首选。大部分在A股上市的公司会拆分子公司至香港上市。上市分为两种形式，一种为"红筹"形式上市，即需要设立境外子公司；另一种为"H股"上市，只需把子公司分拆并改为股份有限公司即可，成本较小，但后续被监管的力度较大。

用友软件是首家在香港以"H股"形式分拆子公司上市的A股公司，给境内企业起了带头作用。由于阿里巴巴在2009年开通的钱掌柜App对畅捷通带来了极大的挑战，用友软件意识到互联网技术的重要性。为了进一步向互联网行业转型，巩固公司在市场上的地位，用友软件通过对母公司和子公司业务模式的调整，拆分旗下利润最高的子公司畅捷通，并于2014年7月在香港上市。上市后，由于用友软件持有畅捷通92%的股份，持有股份获得上市后溢价，增厚了用友软件资产。畅捷通首发募集资金达到7.71亿元，使企业负债率得以下降，用友软件的负债率也有所下降，由2003年的53.49%下降至2014年的49.47%。此外，畅捷通在拆分后专注于产品开发，增加科研成本投入，加快企业转型升级，企业主营业务营业额不断增加，由2014年的3.42亿元上涨至2017年的5亿元。

中国银行分拆境外子公司中银航空租赁于港交所上市则是以"红筹"形式分拆赴港上市的典型案例。中银航空租赁的前身为1993年成立的新加坡租赁企业，2006年被中国银行收购，成为中国银行的全资附属子公司。在分拆上市前，中银航空租赁已经连续22年盈利，是亚洲最大的航空租赁公司，属于中国银行旗下的优质资产，但其经营业务与中国银行的主营业务没有关联。2015年10月18日，中国银行发布公告称董事会已经通过分拆全资子公司中银航空租赁并拟在香港上市的决策，分拆上市筹集的资金将用于购买新飞机以及补充营运资金。分拆上市后，中银航空租赁的资产负债率有了一定下降，从2016年的80.44%下降至2017年的75.45%；分拆上市获得的资金被用于优化飞机组合，建立起一支低机龄、节能以及满足市场所需的机队，提高了主营业务的竞争力，拆分上市后中银航空租赁的主营业务收入增长率从2015年的5.12%迅速提高至2017年的22.43%，净利润增长率也从2015年的11.26%迅速提高至2017年的40.22%。

科创板允许符合条件的上市公司分拆上市，填补了境内关于分拆上市的空白。由于A股相比于港股整体估值更高，企业选择在A股分拆上市的子公司一般来说能获得更高的估值溢价，更有利于上市公司集团整体的估值抬升。这对子公司的股权融资也更有价值。

6. 放松股份回购

自2009年以来，美股市场年均回购金额高达2.4万亿美元，2013年更创下历史最高回购金额4.8万亿美元，占当年美股总市值的16%。在此期间，美股指数一路走牛，截至2019年8月2日，美国标普500指数从2009年初的927点提升至2932点，纳斯达克指数从2009年初的1628点提升至8004点。反观A股，上市公司虽然账上有大量的资金，但是受限于回购制度的约束，回购力度有限。2018年A股迎来历史上最大回购潮，全年回购金额达275.23亿元，超过过去三年之和。但是如此大力度的回购并未有效提振市场股价，其原因是A股还未像美股一样形成常态化、持续性的回购机制，被动回购多于主动回购，因此投资者对股市依旧缺少信心。一方面，从实际情况看，A股上市公司持有大量的闲置现金，并不缺少用于回购的现金资源。另一方面，此前《公司法》规定上市公司只可在四种情形下进行股份回购，包括减少注册资本、与持有本公司股份的其他公司合并、将股份奖励给本公司职工，以及股东因对股东大会做出的公司合并、分立决议持有异议要求公司收购其股份。回购制度的约束也使得上市公司回购积极性不高。

2018年9月6日证监会提出完善上市公司股份回购制度修正法建议，就《中华人民共和国公司法修正案》草案公开征求意见，针对此前股份回购面临的回购情形范围较窄、决策程序不够简便、缺乏库存股制度等问题，修正案在三个方面对股份回购制度做了完善：（1）增加股份回购的情形，例如用于员工持股计划，上市公司为维护股东信用及股东权益所必需的，法律、行政法规规定的其他的情形；（2）完善实施股票回购的决策程序，简化流程；（3）明确公司因特定情况回购本公司股份，可以库存的方式持有。政策闸门的放开给予了上市公司更大的灵活性，在此之后A股市场回购公告开始大批出现。自回购制度推出的2018年9月6日到2018年底，A股回购规模达157亿元，相当于制度推出前2018年全年回购金额的1.32倍；而自2019年以来，A股市场的回购进一步加速，从2019年1月1日到7月31日，A股市场的回购规模达到976亿元，增速是上年同期的9倍多，创A股历史新高。

第七章　超级企业所处行业正在走向集中

奢侈品品牌不做市场营销，不是去问客户想要什么，而是要通过创新带来好的产品，从而引领潮流。

——开云（Kering）集团CEO弗朗索瓦·亨利·皮诺

一个企业必须有差异化，只要有3%~5%的差异就是胜利。你的产品比别人创新多一点，实用多一点，质量好一点，就不怕没有市场，不怕做不出好企业。

——格力电器前董事长朱江洪

伴随着经济结构的优化调整以及资本市场改革的深化，中国已经迈入培育超级企业的最佳时期，一个最明显的特征是中观行业中头部企业的市场份额正在扩张，行业利润趋于集中。自供给侧结构性改革启动至今，A股中2/3的行业集中度明显提升。在主板和创业板中，20%的头部企业获得了全行业60%的利润，其余80%的企业只能分享剩下的40%的机会。随着行业走向集中，部分市场空间接近万亿元级的行业已经出现了寡头格局，相关领域已经出现超级企业的雏形。

一、行业出现寡头格局

改革开放以来，经过40余年的发展，中国部分产业已经走完了一轮相对完整的生命周期，部分行业经过市场化出清后，竞争格局开始呈现寡头特征。从我国当前的产业格局看，周期类、消费类、科技类、金融类等行业均出现了代表性的寡头行业。周期性寡头行业包括石油开采、水泥制造、玻璃制造、工程机械、铁路运营、钴锂等能源金属；消费类寡头行业包括家用电器、航空、快递、电力运营等；金融类寡头行业是保险；科技类寡头行业包括动力电池、光伏、风电、医药生物、电信。其中，石油开采、钴锂等能源金属、航空寡头垄断地位的获得分别依赖于原油、钴矿和锂矿、航线等资源壁垒；水泥制造、玻璃制造、快递这些行业的寡头企业则是依赖成本优势倒逼尾部企业出清，通过市场份额集中实现对行业的把控；铁路运营、电力运营、电信等行业的寡头企业则是依赖于行政壁垒；动力电池、光伏、风电、医药生物等科技型寡头企业则是依赖于技术壁垒；工程机械、家用电器、高端白酒、保险等行业的寡头企业则是依赖于品牌壁垒。

1. 玻璃寡头：旭硝子、福耀玻璃、板硝子、圣戈班
全球汽车玻璃市场呈现典型的寡头垄断特征，四大厂商（旭硝子、福耀玻璃、板硝

子、圣戈班）合计占据了全球 88% 的市场份额（2017 年），各家厂商的市占率依次为 27.5%（旭硝子）、21.9%（福耀玻璃）、21.1%（板硝子）、17.6%（圣戈班）。在中国市场，福耀玻璃的市占率接近 60%（2017 年），为绝对龙头。由于福耀玻璃只做 OEM 市场，因此单看 OEM 市场的话，福耀玻璃在中国市场的市占率更是接近 65%。

汽车玻璃行业寡头格局的形成主要源于行业高进入壁垒，这体现在以下三个方面：第一，生产启动成本高。在中国建设一条 100 万套的汽车玻璃产能需要投入 2 亿元，配套浮法玻璃产能则需要再投入 3 亿元。第二，产品认证周期长。从项目开始启动到获得整车配套订单通常需要耗时 3 年左右，投资回收期较长，企业可能面临资金压力。第三，对企业研发实力要求高。随着整车与零部件企业分工协作的加强，各大车企开始要求汽车零部件企业具备同步开发甚至超前开发的能力。同时，玻璃功能升级的趋势也要求生产厂家不断加大研发投入，这对厂商的研发能力也提出了更高的要求。

2. 水泥制造：中国建材、海螺水泥、金隅冀东

中国水泥行业是市场化出清相对顺畅的周期性行业，产能退出受到的行政阻碍较小，行业兼并重组因此得以平稳推进。根据中国水泥网的数据，近年来，中国水泥行业集中度一直呈现逐步提升趋势，截至 2016 年，前十大水泥企业的熟料产能在行业中的占比已提升至 57%，相比 2013 年提升 6 个百分点。根据水泥人网的不完全统计，到 2018 年末，中国水泥行业前十大企业的产能占比已提升至 61.27%，其中中国建材、海螺水泥、金隅冀东三家企业产能占比达到 40%。从产能区域分布来看，基本上两家左右的龙头企业就能占据当地 50% 以上的市场份额。比如，安徽省是由海螺水泥（产能占比为 55.9%）、上峰水泥（产能占比为 9.2%）主导，浙江省是由南方水泥（产能占比为 53.2%）、红狮水泥（产能占比为 11.2%）主导，湖北省是由华新水泥（产能占比为 28.94%）、葛洲坝（产能占比为 24.25%）主导。

3. 快递寡头：顺丰与"三通一达"

中国快递行业越发激烈的"价格战"加快了行业优胜劣汰的进程，具备成本优势的龙头企业凭借着网点以及渠道资源，持续侵蚀中小企业的市场份额，行业集中度持续提升。前瞻产业研究院的数据显示，2019 年，中国快递市场中，顺丰控股与通达系企业快递业务总量占中国快递业务总量的 72.8%，中通快递以 19.1% 的市占率位居首位，排在其后的分别是韵达股份（15.8%）、圆通速递（14.4%）、百世快递（12.0%）、申通快递（11.6%）、顺丰控股（7.6%）。

4. 工程机械寡头：徐工机械、三一重工

近年来，中国工程机械行业虽然总量渐进饱和，但是行业内的龙头企业仍然凭借着先进的技术储备、完善的供应链体系、快速的市场响应能力实现了规模快速扩张与市场份额提升。市场份额向龙头企业集中的趋势也加快了行业寡头格局的形成，截至 2018 年，中国挖掘机市场前四大企业市场份额占比（CR4）为 55.5%，前八大企业市场份额占比（CR8）为 78.3%，两项指标相比 2017 年分别提升 4.3 个、2.3 个百分点。三一重工市占率最高，为 23.1%，排在其后的分别是卡特彼勒（13.0%）、徐工机械（11.5%）、

斗山（8.0%）、柳工（7.0%）、山东临工（6.6%）。

5. 家电寡头：格力、海尔、美的

在白色家电细分领域，洗衣机和空调行业前四大企业市占率（CR4）超过70%，冰箱行业前四大企业市占率（CR4）超过64%。具体来看，在空调市场，格力电器以35.40%的品牌关注度位居行业首位；美的次之，品牌关注度为21.01%；海尔的品牌关注度为10.89%，位居行业第三；奥克斯的品牌关注度为9.2%，领跑第二阵营。在洗衣机市场，海尔以32.0%的品牌关注度位居行业首位，小天鹅（19.5%）、西门子（16.1%）分列第2、第3位。在冰箱市场，海尔独占第一阵营，品牌关注度为30.75%。美的和西门子为第二阵营，品牌关注度分别为12.74%、12.10%。

6. 高端白酒寡头：贵州茅台、五粮液、泸州老窖

中国独特的酒文化赋予了高端白酒深厚的历史文化底蕴，这成为国内高端白酒品牌价值的来源。正是因为这种品牌价值的存在，缺少历史底蕴的中低端白酒品牌很难进入高端阶层，市场分层因此相对固化。目前我国高端白酒市场仍然由飞天茅台、五粮液和国窖1573主导，贵州茅台以63.5%的市占率处于绝对统治地位；五粮液次之，但近年来市场份额已减至25.9%；国窖1573占据了5.6%的市场份额，剩余5.0%的市场份额由梦之蓝、内参等共享。

7. 保险寡头：平安、人寿、太保、人保、泰康

虽然随着中国保险管制放松，中国保险业经营主体持续增加（目前规模以上企业已超过200家），但是由于在网点布局、资金成本、投研能力等方面的资源禀赋不同，各家险企的竞争力仍存在较明显的分化，综合来看，龙头企业仍然占有压倒性优势，行业市场份额继续集中在少数几家头部企业。截至2018年末，平安、人寿、太保、人保、泰康五大险企的资产总规模为14.3万亿元，占国内保险行业总资产的78.1%；前五大企业的人身险保费收入为1.47万亿元，占全行业人身险保费收入的55.8%；前五大企业的财产险保费收入为5548.0亿元，占全行业财产险保费收入的46.6%。

8. 动力电池寡头：宁德时代（CATL）、松下、比亚迪

全球动力电池产业经过40多年的发展，目前基本形成中日韩三国垄断全球供应的市场格局。2018年，全球动力电池装机总量约为56.98吉瓦，同比增长56%，前十大动力电池企业装机总量约为47.20吉瓦，占全球装机总量的83%，CR10（前十大企业市场份额占比）相比2017年上升9个百分点。从国别来看，全球前十大动力电池企业均来自中日韩三国，宁德时代（CATL）、松下、比亚迪牢牢占据行业前三的位置，2018年，三家企业装机总量占比超过50%，相比2017年提升26.5个百分点，行业寡头特征进一步凸显。

9. 海上风电寡头：上海电气、远景能源、金风科技

海上风电行业具备研发壁垒高、从业者较少、行业寡头垄断等特征。根据《2018年中国风电吊装容量统计简报》，2018年，中国内地新增风电吊装容量（不同于并网容量）21.14吉瓦，年底累计吊装容量为210吉瓦。其中，海上风电新增吊装风机436台，对应

的容量为 1.655 吉瓦，仅 7 家整机商有新增吊装，前三大企业分别为上海电气、远景能源、金风科技，新增吊装容量分别为 726 兆瓦、404 兆瓦、400 兆瓦，合计为 1.53 吉瓦，占比为 92.4%，CR3（前三大企业新增吊装占比）相比 2017 年提升 6.4 个百分点。2017 年，中国海上风机市场共有 8 家制造商有新增吊装，前三大企业分别为上海电气、金风科技、远景能源，实现的吊装容量分别为 0.59 吉瓦、0.21 吉瓦、0.20 吉瓦，合计占比为 86.0%。

二、传统产业集中度提升

截至目前，中国的传统行业虽然大多尚未形成寡头格局，但是部分行业已经进入集中化提速阶段（寡头形成的前提），行业集中度相比 10 年前有明显提升，比如汽车、钢铁、煤炭等。可以看到，这些行业红利已经见顶，企业间的竞争趋于白热化，龙头企业凭借着品牌、资源、资本优势，加快市场开拓，市场份额越来越大，存在竞争劣势的产能则逐渐被市场淘汰，产业加速向有成本优势和效率优势的地区和企业集聚，市场结构开始由分散走向集中。

1. 汽车

2018 年，中国汽车销售出现了自 1990 年以来的首次负增长。虽然有前期购置税优惠透支需求的影响，但总需求的下滑仍预示着中国汽车行业成长周期的终结，自此，中国汽车行业正式踏入低速增长的成熟阶段，行业竞争格局也开始随之改变。

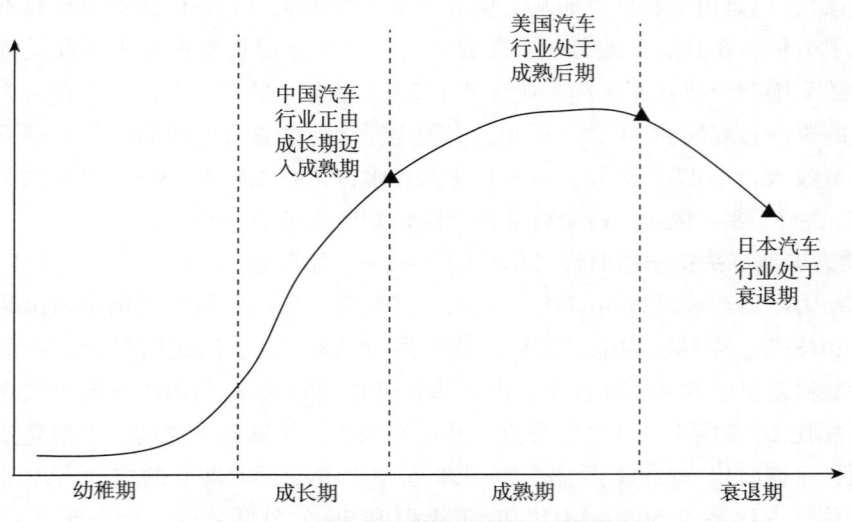

图 7-1 中国汽车行业开始进入成熟阶段

（资料来源：笔者根据公开资料整理）

成熟期的标志之一就是行业整体供给开始过剩，结构上有所分化，优质产能凭借竞争优势仍能实现规模扩张，目前中国汽车行业已经出现了这种苗头。具体来看，随着汽车行业红利消退，国内车企之间的竞争强度加大，由于竞争力不同，高中低端汽车发展前景开始分化。高端汽车凭借品牌、性能、体验等优势，市场份额持续提升，产能利用率继续保持在高位。中端品牌虽然在以上竞争维度的表现不如高端品牌，但是通过挤占低端产能的市场空间，产能利用率也基本保持在盈亏平衡状态。低端产能则持续受挤压，出现了严重的过剩问题（见表7-1），企业盈利也大幅承压。

表 7-1　中国汽车行业产能出现结构性过剩　　　　　单位：万辆，%

整车厂	产能	2018 年销量	产能利用率	整车厂	产能	2018 年销量	产能利用率
广汽本田	60	74	123.33	吉利汽车	218	150	68.81
北京奔驰	40	48.5	121.25	一汽大众	300	203.7	67.90
广汽丰田	48	58	120.83	奇瑞汽车	100	54	54.00
东风本田	60	72.1	120.17	比亚迪汽车	100	52.1	52.10
一汽丰田	65.2	71.6	109.82	北京现代	165	79	47.88
东风日产	125	130	104.00	东风悦达起亚	89	37	41.57
华晨宝马	45	46.5	103.33	江淮汽车	54	19.7	36.48
长城汽车	105	105.3	100.29	东风雷诺	15	5	33.33
上汽大众	212	206.5	97.41	神龙汽车	99	25.3	25.56
上汽通用	235	197	83.83	长安福特	160	37.8	23.63
广汽传祺	70	53.5	76.43	海马汽车	30	6.7	22.33
长安马自达	22	16.6	75.45	合计	2535.2	1835.8	72.41
长安乘用车	118	85.9	72.80				

资料来源：智选车，易车网。

从美国、日本、德国汽车行业的发展历程可以看到，汽车市场在由成长期转向成熟期后，市场结构必然会经历由分散走向集中的过程，最终将形成寡头垄断的市场格局。具体来看，德国汽车行业最终由58家车企收缩至奔驰、宝马、大众三家；美国汽车行业则由上千家车企收缩至通用、福特、克莱斯勒三家；日本汽车制造企业则从原来的丰田、日产、本田、铃木、马自达、三菱、富士重工等收缩至丰田、日产、本田三家。当前，中国汽车市场还相对分散，但龙头企业的市占率正在快速提升，借鉴海外成熟市场经验，未来预计也会形成少数几家企业瓜分整个市场的寡头格局，依托中国庞大的汽车消费市场，汽车领域的超级企业预计也会从中产生。

2. 钢铁

从中国钢铁行业的发展历史看，中国钢铁行业共经历了四轮产能周期，目前正处在第五轮产能周期中。

第一轮产能周期为2000—2004年。1998年，随着亚洲金融危机的蔓延，政府开始实施救市，中央发布《关于进一步深化城镇住房制度改革加快住房建设的通知》，宣布终止福利分房，启动住房分配市场化。房地产市场化改革的开启极大地激发了居民购房热情，随着房地产市场热度的攀升，中国钢铁行业也进入产能扩张周期。

第二轮产能周期为 2005—2008 年。2005 年之后，由于经济过热，中国进行了一定程度的宏观调控，但地产行业整体向上的趋势并未改变，钢铁行业在经历了钢价短期下跌并强势反弹后又重新回到产能扩张周期中。

第三轮产能周期为 2009—2015 年。受 2008 年国际金融危机影响，中国大力刺激经济，地产基建需求良好，钢铁行业产能继续扩张。2012 年以后，随着中国经济增速换挡，加上大量低成本、不合规钢铁产能进入市场，钢铁行业产能过剩问题逐渐凸显，产能过剩造成钢价不断下跌。在这一过程中，不合规钢企依靠成本优势（不添加必要合金、不纳税）不断挤压合规钢企的市场份额，钢铁行业形成了"劣币驱逐良币"的局面，产能难以实现出清，行业也因此陷入全面亏损的境地。

第四轮产能周期为 2016—2018 年。在供给侧结构性改革的政策指导下，中国钢铁产能加速去化，钢价稳步上升，行业盈利大幅好转。

自 2019 年以来，随着去产能的结束和置换产能的投产，中国钢铁行业进入第五轮产能周期。在这一轮产能周期中，钢铁企业环保水平提升，生产工艺优化，通过退出不合规的落后产能置换工艺先进的优质产能，行业供给结构优化，实现了良币驱逐劣币。行业集中度进一步提升。从企业数量来看，中国黑色金属冶炼及压延加工企业数量由 2016 年初的 1 万多家下降至 2018 年的 5130 家，行业企业数量收缩超过 50%，集中度明显提高。截至 2018 年，中国钢铁行业前四大企业的粗钢产量占比（CR4）为 20.51%，较 2017 年上升 1.97 个百分点。

从世界经验来看，在一国工业化的中后期，钢铁行业集中度将明显上升，而目前中国钢铁行业的政策制定者已经意识到，钢铁行业集中度较低是造成行业"大而不强"的主要原因。在政策倾斜下，中国钢铁行业的兼并重组在 2017 年供给侧结构性改革之后明显提速，中国钢铁行业迎来第三波整合浪潮。从整合行动来看，宝钢集团先是联合武钢集团组建了中国宝武集团，后来又重组了马钢集团，参股了重钢股份重整，重组了太钢集团，成为本次整合浪潮的领导者。

结合目前钢铁行业的政策倾向可以判断，未来重组和整合仍将是中国钢铁行业的重要议题，行业集中度的提升将持续。目前，中国宝武集团已成为中国最大的钢铁集团，自身实力雄厚，但产能规模距离"亿吨宝武"的目标尚有一定差距，预期宝武集团将继续通过整合国内的钢铁企业实现自身产能的上升，中国钢铁行业集中度仍有提升空间。

3. 煤炭

按照产量维度，2002—2018 年，中国煤炭产业大致可分为三个发展阶段。第一阶段为 2002—2013 年，煤炭产业处于快速成长期，宏观需求高速增长带动产量逐年提高，2013 年达到峰值（39.74 亿吨）。其间，煤价主要由需求主导，供给跟着需求走，煤价走势与 GDP 增速保持一致。

第二阶段为 2014—2015 年，下游需求走弱导致行业供给开始过剩，煤炭消费所带来的环境问题也开始被社会重视，行业趋于饱和，产业景气度持续回落，煤价承压下滑，到 2015 年，行业已陷入全面亏损状态。

第三阶段为 2016—2018 年，为应对煤炭行业景气低迷的境况，中国煤炭行业开始进行供给侧结构性改革。改革初期实行的"276"制度①导致行业供给在短期内迅速收缩，甚至一度出现供不应求的情况。受此影响，煤价急速上涨，煤企盈利得以迅速修复，并一直保持在相对高位。

自 2018 年以来，虽然煤炭行业供给端的约束有所放开（如取消"276"制度），但是在严控新增产能的政策管制下，行业新投产产能主要来自落后产能的置换，总产能规模仍保持在政策规定范围内，产能结构则持续优化，行业供给增量主要集中在晋陕蒙等煤炭资源较多、成本优势明显的西北地区，煤炭资源稀缺、生产成本高的华东、东北、西南等地煤炭产能收缩较明显。

经历了供给侧结构性改革的存优去劣后，中国煤炭产业集中度明显提升，行业前十大企业产量占比（CR10）从 2008 年的 29.1% 上升至 2018 年的 45.2%，头部集中效应凸显。目前，国内高耗能产业（如火电、PVC 等）迫于成本压力正逐步往煤炭资源丰富的西北地区迁移，未来煤炭消费增量预计会进一步向西北地区集中，加上成本驱动的行业特性，西北地区煤企有望成为行业整合者，实现规模及市场份额的双重提升。

三、新兴产业出现新的万亿元级赛道

随着经济实力的提升，中国新兴产业也在快速成长，目前已经出现了隆基股份、用友网络等具有代表性的超级企业。近年来，在制造强国战略和高质量发展的引领下，国内代表先进生产力的新兴科技产业纷纷涌现，业务模式趋于成熟，潜在市场空间达到万亿元级别，比如移动购物、移动视频、工业互联网、5G、新能源汽车等。实践证明，中国在资本、人口、资源属性等方面拥有更适合培育超级企业的资源禀赋。

1. 互联网行业

中国互联网行业起步于 20 世纪 90 年代，发展至今大致经历了 5 个阶段。第一阶段为准备期（1989—1995 年），以第一家互联网公司瀛海威的成立为标志。第二阶段为商业和运营模式探索期（1996—2001 年），这一阶段以新浪、搜狐、网易等公司的成立为标志，但由于技术落后、网民素质较低，行业仍处于摸索阶段。第三阶段为行业明朗期（2002—2004 年），在这一时期，中国互联网行业开始盈利，商业模式主要是与电信运营商合作进行网络广告投放、运营网络游戏等。第四阶段为高速增长阶段（2005—2009 年），以 BAT（百度、阿里巴巴、腾讯）在美国、我国香港上市为标志。第五阶段为创新培养期（2010 年至今），以微博、美团等新一代互联网企业成立，移动用户蓬勃发展为标志，移动互联的地位急速提升，新型企业不断诞生。以电子商务为例，截至 2018 年，我国电子商务交易额达到 31.6 万亿元，连续 7 年保持全球第一。

---

① "276"制度是指煤企按照 276 个工作日生产，276 个工作日 = 全年 365 天 - 11 个国家法定节假日 - 52 周休息日（每周允许一天半休息），算下来，与全年开工相比，少生产 89 天，相当于减少了 1/4 的产能。

中国互联网行业在进入第五阶段后开始呈现强平台属性和业务生态化趋势，百度、阿里巴巴、腾讯等强势平台依靠流量优势成为行业发展的主导力量，通过投资布局、孵化、拆分等方式，融入了诸多垂直领域，打造出日益完善的互联网产业生态。截至2019年9月，BAT参与的全球投资并购超过1300余起，百度、阿里巴巴、腾讯并购的企业数量分别为239家、483家、651家。BAT的高额高频投资行为促进了中国互联网初创企业的成长（见表7-2），中国有超过50%的独角兽企业与BAT有关联。从成功退出案例来看，与百度相关的包括爱奇艺、蔚来汽车、宜人贷等；与阿里巴巴相关的包括美团点评、饿了么、神州优车等；与腾讯相关的包括哔哩哔哩、虎牙直播、拼多多、趣头条等。

表7-2　BAT热衷培养新一代互联网企业和独角兽企业

百度	猎豹移动	新浩艺软件	捷通华声	爱奇艺	齐家
	知我药妆	百姓网	莱富特佰	宜人贷	—
阿里巴巴	宝宝树	宝尊电商	名鞋库	居然新零售	微博
	陌陌	美团点评	饿了么	Snapchat	Lyft
	Zulily	Jet.com	神州优车	百程旅游	众安保险
腾讯	华清飞扬	创梦天地	盛达游戏	爱乐游	胡莱游戏
	美团点评	猫眼电影	饿了么	哔哩哔哩	虎牙直播
	腾讯音乐	阅文集团	趣头条	拼多多	乐居
	同程艺龙	新东方在线	众安保险	富途证券	摩拜
	蔚来汽车	Snapchat	TapZen	Teambition	Lyft
	Flipkart	Couple	Vurb	AltspaceVR	Weebly

资料来源：IT桔子。

2. 新能源汽车

自2001年以来，中国新能源汽车行业大致经历了三个发展阶段：战略规划期（2001—2008年）、导入期（2009—2015年）、成长期（2016年至今）。在战略规划期，中国新能源汽车尚处于核心技术攻关阶段，汽车产销量较低，到2010年，年销量仅8159辆。后来随着政府对新能源汽车产业扶持力度的加大（2009年起），中国新能源汽车进入快速发展的导入期，产销量快速增长，2011—2014年，中国新能源汽车产量分别为0.83万辆、1.26万辆、1.75万辆、7.85万辆。2015年，在优惠政策开始退坡的刺激下，新能源汽车产量达到33.1万辆，同比增长321.66%，行业渗透率首次超过1%，自此，中国新能源汽车行业由导入阶段进入规模扩张的成长阶段。到2018年，中国新能源汽车产量突破100万辆（达到127万辆），销量连续四年保持全球第一。据EV Sales统计，2018年，全球共销售新能源乘用车201.8万辆，其中中国品牌占据了49%的市场份额，美国占据16%。全球销量前十大厂商中本土品牌有四席，合计占据全球27.30%的市场份额。

从渗透率来看，2018 年，中国新能源汽车销量约占全部汽车销量的 4.5%，保有量占比不到 1.1%，整体水平仍然偏低，新能源汽车仍具有广阔的成长空间。目前来看，中国新能源汽车继续保持高速增长的驱动因素较为充足，扩张支撑主要体现在以下两个方面。

第一，私人消费者取代公共领域（如城市公共交通）成为中国新能源汽车的购买主力，人口基数开始发挥效用。2018 年，中国私人领域新能源汽车共销售 55.5 万辆，占据 53.9% 的市场份额，销量占比连续两年超过 50%。公共领域新能源汽车销售 47.5 万辆，合计占据 39.4% 的市场份额，主要投向出租租赁、城市公交、企事业单位等领域。

第二，充电桩等基础设施短板持续补足，突破了新能源汽车的应用瓶颈。受益于国家政策激励和下游需求拉动，中国充电基础设施建设快速推进，中国充电联盟官方发布的数据显示，截至 2018 年，充电桩保有量快速增长到 77.7 万个，相比 2014 年增长 23.5 倍，年复合增长率达 220.2%。车桩比从 2014 年的 6.7：1 下降至 2018 年底的 3.4：1，充电难问题大幅改善。

3. 大健康产业

受益于人们对美好生活的需求提升以及经济增长方式转变，中国大健康产业发展提速，目前已经形成以健康服务业为核心，以健康产品制造业为支撑，通过产业间的协同合作共同满足社会健康需求的产业体系，涵盖了有机农业和中草药种植业（第一产业）、健康食品业、医药制造业、健康装备器材制造业（第二产业）、医疗卫生服务业、环境和公共设施管理业、健康管理业、健康金融服务业（第三产业）等众多细分领域。市场规模扩张迅速，中国产业信息网统计数据显示，2014 年到 2018 年，中国大健康产业市场规模年均复合增速为 21.23%，截至 2018 年，市场规模超过 5 万亿元。①

近年来，中国大健康产业的快速发展主要得益于三个驱动因素：政策重视、市场广阔、科技创新推动。从长期发展的视角看，在未来很长一段时间内，上述驱动因素有望继续推动中国大健康产业加速扩张，前瞻产业研究院预计，到 2023 年，中国大健康产业市场规模将超过 14 万亿元，规模相比 2018 年增长近 2 倍，2018—2023 年年复合增速将达到 14.98%。

（1）政策重视

近年来，从中央到地方政府围绕大健康产业发布了一系列扶持性政策措施，为大健康产业营造了空前利好的政策环境。2015 年《政府工作报告》首次提出"健康中国"概念，并将"健康强国"作为一项基本国策提高到国家战略的高度。2015 年 3 月，国务院印发《全国医疗卫生服务体系规划纲要（2015—2020 年）》，提出要优化医疗资源供给分布，全面促进分级诊疗、医药结合。2015 年 7 月，国务院发布《关于积极推进"互联网+"行动的指导意见》，提出"推广在线医疗卫生新模式"和"促进智慧健康养老产业发展"。此后，有关部门围绕优化医疗结构、提升行业能效又出台了一系列政策规范，比

---

① 详见 https：//www.chyxx.com/industry/201912/823469.html。

如《关于改革药品医疗器械审评审批制度的意见》《深度学习辅助决策医疗器械软件审批要点》等，政策体系日益完善，为中国大健康产业的规范发展指明了方向。

（2）市场广阔

中国人口老龄化程度加深推动了对养老健康服务的消费需求。截至2018年末，中国总人口为13.95亿人，其中60岁以上人口为2.49亿人，65岁及以上人口为1.66亿人，老年人口在总人口中的占比呈现加速上升趋势。随着老龄化程度的迅速提升，养老健康服务需求的上升推动了大健康产业的发展。

中产阶层成为健康消费的中坚。目前中国中产阶层人数已增长至1.09亿人，总数量居全球首位。相比低收入阶层（消费结构以刚需及改善性需求为主），中产阶层更注重养生保健。近年来，中产阶层对自身保健的投入比例已经大幅提升，消费趋势开始向提升健康与生活质量偏移。根据麦肯锡全球研究院对中国中产阶层相关数据的分析，到2030年，中国中产阶层人数将达到中国总人口的35%，未来中产阶层将成为大健康产业的另一消费主力。

（3）科技创新推动

技术水平的突飞猛进丰富了大健康产业的多元化程度，从供给端促进了大健康产业的发展。"十二五"以来，中国在医疗健康领域的科研实力持续提升，科技创新汹涌澎湃。2010年至2014年，中国医学SCI期刊论文总量超过23万篇，居世界第2位；自2011年以来，中国医药类专利申请量已位居世界第一；基因组学、干细胞、免疫学等基础研究领域已达国际先进水平；在心脑血管、肿瘤防治、传染性疾病预防控制等方面均有所突破；药物创新能力提升。科技创新的发展为大健康产业的快速发展打下了坚实的基础。以生物药物这一细分领域为例，在生物科技创新的影响和推动下，中国生物药物产业规模迅速壮大，2014—2018年，中国生物药物市场规模从1167亿元增长至2622亿元。由此带来的新的消费需求也成为大健康产业市场扩张的主要推动力。

4. 智能制造

智能制造（Intelligent Manufacturing，IM）是基于新一代信息通信技术与先进制造技术的深度融合，能够贯穿设计、生产、管理、服务等制造活动的各个环节，具有自感知、自学习、自决策、自执行、自适应等功能的新型生产方式，代表着先进技术与生产方式的融合。目前智能制造已经成为全球主要国家制造业竞争的战略焦点，比如德国的"工业4.0战略"，美国的"先进制造业国家战略计划"，英国的"英国制造2050战略"等。

顺应全球智能制造大发展的时代潮流，中国也把加快智能制造建设作为培育经济增长新动能、实现经济结构转型的核心战略选择，近年来，产业政策重心明显向智能制造领域倾斜，2015—2018年，多部委先后颁布了多项政策措施支持中国智能制造发展，最具代表性的是《中国制造2025》。除了政策体系日益健全外，中国政府和企业也在不断加大研发投入，推动产业智能化转型，智能制造底层技术水平突飞猛进，云计算、大数据和人工智能技术的发展成为中国智能制造业高速发展的底层驱动。

在产业政策的号召下，资本市场对智能制造的关注度也明显提升。自2015年起，中国智能制造领域融资数量和规模增长显著，到 2018 年，融资规模达到 325.15 亿美元，融资数量为 942 起，从融资轮次来看，多数企业处于种子轮至 A＋轮，占比超过 50%。

政策、资本、企业三维驱动下，中国智能制造发展迅猛，目前整体水平已跃居世界前列，国内部分城市的智能制造产值已处于世界智能制造领域第一梯队。在《世界智能制造中心发展趋势报告（2019）》覆盖的样本城市中，智能制造平均产值为 1.14 万亿元，全球仅有 18 个城市超过这一水平，7 个中国城市入围，分别为深圳、苏州、上海、重庆、天津、佛山、广州。

智能制造的实现需要工业机器人、3D 打印、工业互联网、云计算、大数据、人工智能、虚拟现实等多个层次的技术支持，智能制造的蓬勃发展必然会带来相关细分领域需求的爆发式增长，工业互联网、云计算、大数据、人工智能等领域的市场规模均有望达到万亿级别，相关类型的超级企业预计也会应运而生。

5.5G 应用及通信

5G 网络主要有三大优点：高速率、大容量、低时延。基于这些优点，国际通信标准组织为 5G 应用场景定义了三大方向：增强移动宽带（eMBB）、大规模物联网（mMTC）、超高可靠低时延通信（URLLC）。

目前，5G 技术已经取得革命性突破，通过与大数据、虚拟现实等技术的结合，将应用场景从 4G 时代的移动互联网领域扩展到物联网及人工智能等领域。服务对象也从人与人通信拓展到人与物、物与物通信，与经济社会各领域的融合程度进一步深化，除了强化人们的交互体验外，也出现了如车联网、移动医疗等新型垂直应用。5G 的发展将直接带动电信运营业、设备制造业和信息服务业的快速增长，进而拉动 GDP 增长，并通过产业间的关联效应和波及效应，放大其对经济社会发展的贡献。前瞻产业研究院预测，到 2030 年，5G 直接产出将达到 6.3 万亿元，带动的间接产出将达到 10.6 万亿元。

6. 大数据行业

随着移动互联网、云计算、物联网等信息技术产业的发展，信息传输、存储、处理能力快速提升，数据处理量也呈现指数型递增。根据 IDC 监测数据，2013 年，全球大数据储量为 4.3ZB（约 47.24 亿个 1TB 容量的移动硬盘），到 2018 年，全球大数据储量已经达到 33.0ZB，同比增长 52.8%。从储量分布看，美国大数据储量占比为 21%，EMEA（欧洲、中东、非洲）占比为 30%，中国占比为 23%。

得益于更加多样化的采集方式以及广泛、多样的数据来源，大数据能够更好地匹配当下对数据处理时效性、海量性、精确性的需求，数据处理方式也由简单因果关系转向丰富联系的相关关系，在精准营销、智慧医疗、影视娱乐、金融、教育、体育、安防等领域均有大量应用。

目前，中国已经把发展大数据纳入国家发展战略的范畴，《大数据产业发展规划（2016—2020 年）》印发后，国内迎来大数据产业建设高峰。新一代信息技术、智慧城市、数字中国等发展战略的落地加快了大数据应用范围的扩张，大数据产业规模迅速扩大。根据赛迪数据统计，2018 年，中国大数据产业规模为 4384.5 亿元，同比增长 23.5%。到 2021 年，中国大数据产业规模预计将超过 8000 亿元。

四、消费产业由功能消费转向品质消费、体验消费

伴随着中国经济实力增强，人民生活水平也得到很大提高。在消费端，在满足了最低层次的生理需要（食物、水分、睡眠等）后，人们开始追求更高层级的安全、尊重、自我实现等新消费需要。消费内容更加丰富，物质消费让位于品质消费、体验消费。人们的消费焦点由性价比转向商品品质以及所能获得的精神满足，用户变得越来越成熟，品牌意识明显增强。为响应需求升级的趋势，近年来，供给升级举措层出不穷，营销更具针对性，供给更加高效。在供需两端协力推动下，中国消费产业进入更加健康的发展轨道，对企业经营能力的要求提升，行业优胜劣汰强度加大，管理效率高、规模优势显著、品牌力突出的龙头企业综合竞争实力稳步提升。

1. 零售业

面对大众消费品质升级的现状，零售电商平台通过丰富产品内容、拓宽销售渠道，逐步构建起覆盖全品类、全人群、全场景的新零售生态圈，重新塑造了与传统零售业的竞合关系。新营销手段层出不穷，商家借助 App、小程序等连接手段，通过抖音、微博、快手等内容消费平台，逐步形成了拉新、留存、转化、复购的营销闭环，品牌、商家和消费者之间互动的过程被分解成更细分的步骤，营销更加便捷有效，信息传递更加高效，渠道价值被逐渐削弱，门店功能由销售转向提供体验服务，电商平台逐渐成为零售行业的主导。

2. 酒店业

自 2013 年以来，受"三公消费"禁严及宏观经济放缓影响，中国酒店销售收入总体呈下降趋势，行业出清加快，星级酒店数量从 2012 年的 13304 家下滑近 3000 家。从产品结构看，中高端酒店市场从 2013 年开始快速崛起，目前已成为行业主流。截至 2017 年底，国内五大一线城市（北上广深杭）的中高端酒店占比已超过 45%。在更强的盈利前景吸引下，酒店投资者纷纷转向中高端市场，行业供给加速扩张，但市场需求增速明显不足，供给压力上升导致行业景气度持续下滑，2010—2016 年全国中端星级酒店营业收入总体呈先升后降趋势。2017 年，酒店业整体回暖，但区域分化较为明显，一线城市毛利微升，二三线城市仍然较为惨淡。

参考国外酒旅行业发展经验，行业成长周期大致可分为三个阶段：以无序投资为特征的"野蛮生长"阶段、以抢占优质物业资源为特征的"占地为王"阶段和以差异化竞争为特征的"品牌制胜"阶段。目前中国酒旅行业已经进入以差异化竞争为特征的"品牌制胜"阶段，产品定位、集团管理能力和会员系统成为企业制胜的关键。已经构建起差异化竞争优势的龙头企业通过并购整合行业资源，实现了规模快速扩张，进一步强化了自身品牌知名度和影响力。随着龙头企业并购整合的推进，国内酒店行业市场集中度逐年上升，首旅集团收购如家酒店集团、锦江集团控股收购铂涛集团及维也纳酒店集团、

华住集团收购桔子酒店集团后，三大巨头在国内酒旅市场的份额已经接近 50%。

3. 餐饮业

餐饮行业易受政策变动影响，2012 年 12 月中央八项规定出台后，中国餐饮行业的消费结构开始由中间小、两头大的"哑铃形"结构向两头小、中间大的"纺锤形"结构转变，以满足刚需为主的大众休闲餐厅开始升级，消费档次提升，而价格畸高的高端餐饮则开始下沉，大品牌也开始发力建设小店。

同时，需求端消费升级趋势深化，"90 后"成为新的消费主力军，人们更加倾向于选择产品标准化、体验可控、品质有保障的连锁品牌店。消费偏好的转变推动了供给结构的调整。2014 年后，餐饮业品类加速分化，不同类型的细分品牌相继崛起。企业针对细分赛道，创新经营模式，在品类中打造品牌，创造出了正餐小吃化、小吃品牌化的新经营模式。大集团也开始涉足小吃快简餐领域，通过品牌效应扩大规模优势，并通过对上游供应链的布局，提升议价能力。海底捞、九毛九等连锁品牌通过把控供应链、输出品牌软文化逐渐梳理消费者的品牌认同感，门店扩张加速，市占率持续提升。

第八章　因材施教——超级企业的投资方式

　　我并非主要给孩子拍摄电影，我拍的电影是献给我们每个人心中的孩子。大人就是长大后的小孩。

——迪士尼创始人华特·迪士尼

　　我们想要制造一辆人们喜爱的车，能打动人心，让人们有感觉有共鸣，而很多车没有灵魂也没有内在。

——特斯拉公司 CEO 埃隆·马斯克

一、建立对超级企业的新认识

（一）产业格局：从规模扩张转向提升效率

　　过去，逐渐加速的全球化给予了全球经济"高增长、低通胀"的黄金组合。随着全球化减速，经济增长放缓，企业负债驱动的规模扩张也走到了尾声，全社会负债增长开始放缓。从宏观负债率来看，2011 年起，中国宏观负债率加速上升，2016 年超过美国的增速后企稳，目前中国宏观总债务占 GDP 的比重约为 261%；而美国宏观债务率从 2009 年至今都维持着较为稳定的水平，并在近两年有所下滑。整体来看，中国整体的负债水平已经很难有较大规模的增长。从融资数据来看，随着主动去杠杆政策的推行，表外非标融资出现大幅度下滑，表内融资规模增长不乐观，社会负债增长遇到明显瓶颈。

　　融资规模的收缩在传统产业领域表现得最为明显。从工业企业财务费用来看，2018 年第二季度以来，单季工业企业财务费用同比增速均为负数，从 2018 年第一季度的 3230.3 亿元下降至 2019 年第三季度的 2752.2 亿元，同比增速从 4.86% 下降到 -3.52%。受资金面收紧影响，企业融资成本和融资难度均明显上升，企业融资规模出现大幅度收缩。

　　除了传统产业外，新兴产业的风险投资也出现了资金紧张问题。2018 年第三季度 PE/VC 募集金额大幅下降，规模为 1584.54 亿元，环比下降 65.26%，同比下降 67.17%；退出金额为 843.34 亿元，创下历史新高，而 2018 年前两季度退出规模分别为 217.7 亿元和 257.5 亿元。由于募集资金的大幅下降叠加风险投资需求持续保持高位，2018 年第三季度的净现金流为 -1314.4 亿元，创下有记录以来的最低水平。

　　在规模扩张空间有限的情况下，企业转向在现有市场中竞争，超级企业的崛起依赖于打破边界。第一，以技术创新打破固有增长模式的边界；第二，延伸触角，通过进入低端市场或多元化转型，打破固有市场空间的边界；第三，传统产业与新兴产业加速融合，通过数据提高传统产业生产效率，打破行业之间及生产要素的边界。

1. 打破增长边界：以技术创新驱动科技企业成长

对比美国经验，美国过去的行业巨头也是通过市场驱动、模式创新崛起的，但最终能在市场中屹立不倒的核心是依靠技术创新。回顾过去几十年美股市值排名前十的企业：1990 年是 IBM、埃克森美孚、通用、菲利普莫里斯、壳牌、百时美施贵宝、默克、沃尔玛、AT&T、可口可乐，这些企业集中在个人计算机、石油、汽车、通信等行业，这一分布主要是因为能满足工业化需求的企业具备构成头部公司的条件；2000 年是通用、埃克森美孚、辉瑞制药、花旗银行、思科、沃尔玛、微软、AIG、默克、英特尔，这些企业集中在汽车、石油、医药、金融、互联网、超市等行业，这一分布主要是因为能满足人们日常消费需求的企业构成头部企业；2010 年是埃克森美孚、苹果、微软、伯克希尔哈撒韦、通用、沃尔玛、谷歌、雪佛龙、IBM、宝洁，这些企业集中在石油、科技、汽车、零售等行业，这一分布主要是因为能顺应互联网浪潮和满足人们消费升级需求的企业构成头部企业；2018 年是苹果、微软、亚马逊、谷歌、伯克希尔哈撒韦、脸书、强生、JP 摩根、埃克森美孚、沃尔玛，前六中有四个被 FAANG 占据，这些企业都无一例外地抓住了移动互联网带来的发展红利并率先选择布局，进行了大量科技投入。

回看中国，在红利见底、资金紧缺的背景下，行业洗牌加速。外部环境倒逼企业进行创新，技术创新成为企业实现竞争壁垒的有效途径，尤其是对于此前通过微创新商业模式具备了先发优势的企业。对比当前中美科技企业巨头的研发投入和资本支出情况，中国的 BAT 较之美国科技企业仍存在较大的差距，未来存在进一步增长空间。

2. 打破市场边界：进入低端市场，转型布局 B 端

我国庞大的人口基数孕育了巨大的消费市场，但从区域结构上看，主要分布在三线、四线城市。国家统计局数据显示，截至 2017 年末，一线城市人口数为 7291.7 万人，新一线城市为 1.70 亿人，二线城市为 2 亿人，而三线、四线及以下城市人口数为 3.7 亿人。三线、四线及以下城市人口数是一线城市人口数的 5 倍，也相当于二线城市的 1.85 倍。

目前来看，我国低线城市消费潜力大，而且尚未被充分发掘，将成为企业成长的沃土。快手和拼多多的迅速崛起正是因为采取了"农村包围城市"的战略，通过重点突破三线、四线及以下城市实现了流量的快速积累。具体来看，2013 年 6 月才开始转型短视频的快手，截至 2018 年 10 月，MAU 已经超过 2.6 亿人次，年化增速达到 157%；而成立于 2015 年的拼多多，在 2017 年依靠微信小程序快速崛起，依靠满足三线及四线城市、农村人口的购物需求，年 GMV 超过 1000 亿元，对比淘宝、京东达到这个 GMV 所用的时间（分别为 5 年和 10 年），拼多多的快速崛起几乎是奇迹。

除了向低端市场下沉外，随着 C 端流量的枯竭，互联网巨头也开始转型布局 B 端。

由于 B 端设备数量远超 C 端，因此效率提升空间更大。在这方面，BAT、京东、美团等已经具有一些代表性的成果，比如百度利用 AI 技术平台为 B 端实现智能化转型，腾讯探索产业互联网道路，阿里巴巴的阿里云数字生态，美团也喊出"互联网下半场，从 To C 到 To B"，互联网企业掘金 B 端的势头已经明了。

展望来看，B 端市场的流量挖掘远没有结束，未来两年 B 端设备数量将翻一番。2018 年底，全球智能手机用户数量达到 30 亿，而全球互联网网民数量约为 40 亿，消费互联网（C 端）连接终端数量约为 73 亿。产业互联网连接的对象包括人、设备、工厂、软件、产品以及各类生产要素，其潜在连接设备的数量级别远超消费互联网。根据 Gart-ner 测算，产业互联网连接的设备（B 端）数量在 2016 年、2017 年、2018 年、2020 年分别达到 63.8 亿、83.8 亿、112.0 亿、204.2 亿。庞大的设备数量叠加有效的相互连接，产业互联网的潜在影响空间比消费互联网更大、范围更广。

面板巨头京东方也在加大产业互联网布局。成为全球液晶显示面板之王并没有让京东方停下前进的脚步，在第四次科技革命来临之际，公司又开始前瞻性地在智能物联、智慧医工等领域谋篇布局。独具特色的"开放两端，芯屏气/器和"的物联网转型战略成为公司新的五年规划的战略指引，DSH 三大板块协同发展，除了继续巩固显示器件业务的全球领先优势外，智能物联及智慧医工均突飞猛进，2019 年，京东方在医疗、车载等 12 个物联网创新应用市场同比实现 100% 的增长，智慧交通解决方案服务中国 22 个城市的地铁线路，覆盖全国 80% 以上的高铁线路。该板块 2018 年贡献营收 160 亿元、毛利 16 亿元，占比分别为 16%、8%（内部抵消前），2019 年营收、毛利分别上升至 167 亿元、22 亿元，占比分别为 14%、12%（内部抵消前）。虽然目前京东方的业务结构还呈现显示器件独大的格局，营收和毛利占比在 80% 左右（内部抵消前），但未来随着智慧物联发力，京东方将由一家传统纯制造类企业蜕变为一家为信息交互和人类健康提供智慧端口产品和专业服务的物联网公司，预计显示器件、智能物联、智慧医工的营收贡献占比将分别达到 35%、55%、10%。

3. 打破行业之间及生产要素边界：传统产业与新兴产业融合

过去，新兴产业依靠需求驱动、模式创新快速崛起，大部分时候新兴产业在不断侵蚀传统产业的蛋糕。而当前，新兴产业也面临流量枯竭、增长困难的瓶颈，需要转型以实现突破。在传统产业遇到效率困境和新兴产业遇到增长瓶颈的背景下，两者从颠覆走向融合是解决核心痛点的必然之路。

例如零售领域，随着对线下渗透的瓶颈越发清晰，电商与传统零售的关系开始由竞争走向竞合，着力将线下打造成新的流量洼地。行业巨头通过自身巨大的线上流量以自有流量、社交流量、IP 流量、商业流量的形式对线下零售商进行流量赋能，实现实体门店与电子商务的深度融合，将线下自然流量引流至线上，使传统零售的人、货、场在物理空间和时间维度上得到最大延伸，为消费者提供跨渠道、无缝化购物体验的新零售模式。阿里巴巴于 2016 年提出新零售战略，延续着"轻资产"平台化的经营特色，采用中心化布局，只提供数据和营销支持，具体运营由合作伙伴负责。京东于 2017 年提出无界零售概念，在经历了前期试错后，逐渐厘清发展思路，重新定义新零售的内涵，回归自身业务本源，主打供应链优势，强调为线下赋能，着眼于打通线上线下渠道和供应链，将自身自营优势带到线下。

新兴产业具备数据资源、技术优势，而这将成为提高传统产业生产效率的基础。数据会成为产业融合的重要生产要素，2019 年是数据量呈指数级上升的拐点。Statista 统计数据显示，2017 年数据量为 26ZB，2018 年将产生 33ZB 的数据量，2019 年以后全球产生的数据量将大幅上升，到 2025 年，全球数据圈的规模将会是 2018 年的 5 倍还多，达到 175ZB，年化增速达 23.19%。同时，数据资产也将成为企业的核心竞争壁垒，比如蚂蚁金服，拥有公司国内 7 亿月活用户、全球 10 亿月活用户累积的交易数据和信用评分体系，能够将需求、风控和流量结合在一起，提高金融效率。这是蚂蚁支付分的构建基础，也是其他竞争对手短时间内无法构建的"护城河"。

美团也是如此，到店酒旅是公司主要的现金流和利润来源。2019 年到店酒旅业务毛利率达 90%，贡献了 197.46 亿元近六成的毛利润。2020 年第一季度，疫情影响下依然贡献了 6.8 亿元的营业利润，成为三大业务板块中唯一正向经营利润的支撑。公司依靠大众点评 77 亿条 UGC 内容构筑的壁垒是获取到店业务高毛利的运营核心。在 2015 年美团和大众点评完成合并之后，公司的销售费用率一路下降，体现了自有流量的高转化率和低销售成本。根据 Trust Data 的数据，2019 年中国酒店在线预订间夜量同比增长 26.7%，规模超过 8 亿。其中美团的份额为 41.1%，超出"携程系"总和。

（二）增长方式：从线性增长转向非线性增长

新兴产业的兴起使得非线性增长成为可能。过去，由于技术进步周期较长，传统产业的增长主要依赖劳动力和资本投入，因此多表现为线性增长。以信息技术与高新科技企业为代表的新兴产业不再局限于劳动力或资本增长，而是通过用户、数据、市场空间等要素实现技术进步，提升劳动生产效率，更快的技术进步使企业实现了非线性增长，加速了超级企业的形成。从全球科技公司巨头近 10 年内的市值增长路径来看，大部分企业上市之初市值增长并不明显，经历了不同期限的蛰伏期后才出现了明显的指数型增长，最终成长为超级企业。

数据流与用户流是新兴产业实现非线性增长的驱动力。用户流是指用户个体之间的交互性构成的网络效应，这种网络效应的存在使得企业价值与用户数量不是简单的线性关系。用户带来的数据流是新兴产业区别于传统产业的全新生产要素，数据储存技术打破了时间和空间的限制。以 Facebook 为例，2014 年第一季度的月均活跃用户数为 1280 万人，此后用户数不断增长，2019 年第三季度达到 2450 万人，增幅达 91.41%。用户数的增加驱动了市值的上涨，2019 年 9 月 30 日 Facebook 的市值已经达到 5082.40 亿美元，较 2014 年 3 月 31 日增长了 229%，用户数的线性增长带来了市值的指数型增长。

阿里巴巴、腾讯、京东、美团、拼多多均是得益于流量的优势才得以突破千亿美元市值，淘宝系的 7 亿月活、腾讯 10 亿日活、京东 4.2 亿年活、拼多多 6.8 亿年活均是其业务基石，也是核心竞争优势之所在。仍以美团为例，美团在商户—用户—骑手的业务体系上构建了"飞轮效应"，并以此形成牢固的"护城河"，将饿了么、滴滴等竞争对手阻挡在市场之外。公司以吃为核心，构建平台最高频的刚需，2019 年外卖餐饮收入占比达到 56%，外卖业务同比增长 44%，高于外卖行业增速（31%）。根据 Quest Mobile 的数据，"美团外卖+美团+大众点评" MAU 约为 3.5 亿人，饿了么同期 MAU 为 0.9 亿人。通过海量的用户数，美团吸引了超过 620 万商家进驻平台，饿了么同期商户数约为 350 万，其中美团独占商家数为 52.75%，饿了么独占商家数仅为 15.68%。依靠商家数和用户数的领先数据，美团在骑手端构建了数量和效率的领先优势。美团骑手日均服务用户 29 位，饿了么同期日均服务用户 18 位。依靠规模效应，美团在 2019 年第三季度实现了外卖业务的首次盈利。公司目前覆盖城市数量达 2800 座，骑手超过 400 万，非外卖业务同比增长 116%。具体来看，依靠飞轮效应的驱动，公司成本端的下降是扭亏为盈的重要因素。扩大业务规模、边际成本下降、补贴金额下降是成本改善的主要原因。美团骑手的成本从 2018 年的 4.77 元/人下降至 2019 年的 4.71 元/人，占佣金收入的比重从 99%下降至 83%，后续仍呈下降趋势。从补贴来看，2018 年公司每单补贴约 0.84 元，2019年升至 0.93 元，但得益于客单价的提升和客户交易频次的增长，补贴占佣金收入的比重从 2016 年的 50%下降至 16.4%。长期来看，公司在 2019 年跨过盈亏平衡点之后，整体外卖业务和配送业务的逻辑已经理顺。

京东则是通过高效物流（"211"）+退换货政策+正品保证的服务组合，在众多玩家中构建起差异化竞争优势，培养出一批低价格敏感性的忠实粉丝用户，截至 2019 年，京东年活跃买家达 3.62 亿，贡献 GMV 2.09 万亿元，人均贡献 GMV 达 5761 元。根据第三方数据，京东用户中有接近 90%的用户在使用淘宝（含天猫），考虑到淘宝系 SKU 足以涵盖京东所有品类，但这 90%的用户仍然每年花费近 6000 元在京东购物，可以推测，对于同类商品，用户可能更愿意在京东购物，这是对京东近二十年客商关系经营的成果验证。

二、建立超级企业的"分布式—生命周期"双支柱估值模型

（一）传统的估值模式

目前市场上比较常用的估值方法分为三大类，即内含价值法、可比估值法和资产价值法。这三种估值方式分别适用于不同的场景。

表8-1　传统估值方法一览

类别	估值方式	估值逻辑	公式	适用范围	不适用范围
内含价值法	DDM 模型	公司经营情况与股利发放的多少有关，将未来股利支付的现值视为公司价值	公司价值=股利现金流 D_t 的贴现值，即 $V = \sum_{t=1}^{n} \dfrac{D_t}{(1+k)^t}$	分红较多且稳定可预测的公司	分红较少或不稳定的公司
	FCFE 模型	公司内在价值由资产持有者在未来时期所获得的现金流所决定	公司价值=股权自由现金流的贴现值	能够较好地预测现金流与加权平均资本成本的公司	盈利为负数的公司、没有长期历史营运资料的公司及资本结构预期变动较大难以确定折现率的公司
	FCFF 模型	公司内在价值由包括债权人在内的全体投资人在未来时期所获得的现金流所决定	公司价值=自由现金流的贴现值	与 FCFE 相同	与 FCFE 相同
	EVA 模型	公司价值除了会计利润外还要考虑经济利润	公司价值 = 投资资本 + 未来预期 EVA 的现值	具有独立经营权，可以直接吸收资本决定负债，且重视长期发展的公司	不具有独立经营权，或无法自主吸收资本决定负债的公司
可比估值法	P/E 估值法	计算同类上市公司行业平均市盈率，结合规模等实际情况确定标的企业的市盈率以计算公司价值	公司价值 = 市盈率（PE）×净利润	盈利相对稳定的公司	盈利不稳定，净利润为负或难以寻找对标的公司
	P/B 估值法	计算同类上市公司行业平均市净率，结合标的企业实际情况确定市净率	公司价值 = 市净率（PB）×净资产	无形资产对收入创造贡献较大，或固定资产占总资产的比重较高且账面价值稳定的公司	总资产账面价值变动较快或固定资产较少的公司
	P/S 估值法	计算同行业上市公司平均销售价格，结合标的资产具体情况选择合适的市销率	公司价值 = 市销率（PS）×销售额	经营平稳，销售成本较低或趋同的公司	业绩波动较大的公司
	EV/EBITDA 估值法	对财务指标的选取从全体投资人的角度考虑，不仅包括股东权益，还考虑了债权人的投入	公司价值 = EV/EBITDA 倍数×息税折旧前盈利	折旧、摊销大量压低了账面价值的公司，或净利润亏损但是毛利润与营业利润为正的公司	对标公司与标的公司税收政策差异较大

类别	估值方式	估值逻辑	公式	适用范围	不适用范围
资产价值法	账面价值法	根据传统会计核算中账面记载的净资产确定公司价值	公司价值=企业记载的账面净资产价格	账面项目计算较为简便的公司	成长性较高的公司
	重置价值法	在同等条件下，重新构建与目标企业完全相同的企业所需要的成本价值	公司价值=当前重新构建标的资产的价值-折旧额	当前可重建或购置整体资产的公司；没有收益且难以找到对标的公司	无形资产占比较高的公司；拆分项目较为烦琐的公司
	清算价值法	公司面临破产清算时的价值	公司价值=企业目前所有资产变卖的价值	自然资源型公司	组织资本与持续经营价值较高的公司

资料来源：罗斯《公司理财》第 4 章至第 5 章，佩因曼《财务报表分析与证券估值》第 3 章至第 4 章。

1. 内含价值法：基于预期现金流

内含价值法是一种绝对估值方法，侧重于研究资产的内在价值，基于预测的未来的现金流，通过贴现加总到当前时点以评估企业价值。公式是 $V = \sum_{t=1}^{n} \frac{D_t}{(1+k)^t}$，其中，$V$ 为公司价值，D_t 是第 t 年的预期现金流，k 为贴现率，n 为贴现期数。企业价值受现金流大小、贴现率高低、贴现期数等因素影响。具体的估值方法包括 DDM、FCFE、FCFF、EVA 等。

（1）股利贴现模型

按照股利贴现模型（Dividend Discount Model，DDM），公司价值=股利现金流的贴现值。股利贴现模型从研究股票内在价值的角度出发，认为股利发放的多少与公司经营情况相关，分子端的 D_t 为公司预期每年发放的股利数。根据股息增长率的不同，其又可以进一步分为零增长模型、不变增长模型（戈登模型）、两阶段增长模型、多元增长模型等。股利贴现模型适用于分红较多且稳定可预测的公司，如非周期性行业内的公司，而不适用于分红较少或不稳定的公司，如周期性行业内的公司。

（2）股权自由现金流模型

按照股权自由现金流模型（Free Cash Flow to Equity，FCFE），公司价值=股权自由现金流的贴现值。在 FCFE 模型下，公司内在价值由资产持有者在未来时期所获得的现金流所决定，分子端的 D_t 为公司预期每年的股权自由现金流。股权自由现金流为股东可分配的最大自由现金流，对于没有债务的公司，股权自由现金流=经营现金流-资本性支出-营运资本增加额；对于有债务的公司，股权自由现金流=经营现金流-资本性支出-营运资本增加额-偿还本金+新发行债务收入。FCFE 估值方法适用于能够较好地预测现金流与加权平均资本成本的公司，包括资产账面价值相对稳定的公司，不适用于盈利为负数的公司（如科技型企业早期亏损阶段）、没有长期历史营运资料的公司（如成立仅两三年的公司）及资本结构预期变动较大难以确定折现率的公司。

（3）公司自由现金流模型

按照公司自由现金流模型（Free Cash Flow to Firm，FCFF），公司价值＝自由现金流的贴现值。FCFF 模型的估值逻辑及适用范围与 FCFE 模型类似，区别在于 FCFE 仅考虑公司股权所有者拥有的最大自由现金流，而 FCFF 还要考虑债权人的现金流。因此，无论公司是否有债务，自由现金流的计算公式均为：自由现金流＝经营现金流－资本性支出－营运资本增加额。

（4）经济附加值模型

按照经济附加值模型（Economic Value Added，EVA），公司价值＝投资资本＋未来预期 EVA 的现值。其中，EVA＝税后经营利润－投资资本总额×资本成本。EVA 估值法最大的特点在于重新定义了利润，不仅考虑传统的会计利润，还考虑了权益资本的机会成本，计算经济利润，更看重企业的长远发展。由于 EVA 仍依赖于收入实现和费用的确定，难以识别报表中的虚假成分，所以 EVA 估值法适用于具有独立经营权，可以直接吸收资本决定负债且重视长期发展的公司。

2. 可比估值法：基于财务指标

可比估值法是一种相对估值方法，一般是在市场中找到类似于标的资产的对标资产或交易进行比较，通过计算某一财务指标的行业平均水平或者历史水平，如利润额、净资产值、销售额、现金流倍数等，将对标资产与标的资产联系起来，进而衡量资产价值。可比估值法具体包括 P／E、P／B、P／S、EV／EBITDA 估值法等。

（1）市盈率估值法

按照市盈率（P／E）估值法，公司价值＝市盈率（PE）×净利润。市盈率是股票价格与每股收益的比率，或公司市值与净利润的比率。这一方法是通过计算同类上市公司行业平均市盈率，并结合规模等实际情况确定标的企业的市盈率以计算公司价值。市盈率估值法适用于盈利相对稳定的行业内的公司，即周期性较弱的行业，如公共服务行业、食品行业、道路运输行业等。周期性较强的行业，如钢铁行业、煤炭行业等则不适用。此外，净利润为负的公司、难以寻找对标标的的公司也不适用这种估值方法。

（2）市净率估值法

按照市净率（P／B）估值法，公司价值＝市净率（PB）×净资产。市净率是股票价格与每股净资产的比率，或公司市值与净资产的比率。这一方法是通过计算同类上市公司行业平均市净率，并结合标的企业实际情况确定市净率以计算公司价值。市净率估值法适用于评估无形资产对收入创造贡献较大的企业，如银行业，或者固定资产占总资产的比重较高且账面价值相对稳定的行业，如房地产业，对于周期性行业与高风险行业也适用，但是对于总资产账面价值变动较快或固定资产较少的服务性行业则不适用，如软件行业、文创行业等。

（3）市销率估值法

按照市销率（P／S）估值法，公司价值＝市销率（PS）×销售额。市销率是股票价格与每股销售额的比率，或公司市值与主营业务收入的比率。这一方法是通过计算同行业上市公司平均销售价格，并结合标的资产具体情况选择合适的市销率以计算公司价值。市销率估值法适用于经营平稳，销售成本较低或趋同的行业内的公司，如商品零售行业、公共事业行业等，不适用于业绩波动较大的公司。

（4）企业价值倍数估值法

按照企业价值倍数（EV/EBITDA）估值法，公司价值＝ EV/EBITDA 倍数×息税折旧前盈利。其中，EV（Enterprise Value）指的是公司价值，即公司市值与净负债之和。EBITDA（Earnings before interest，tax，depreciation and amortization）指的是息税折旧前利润，即 EBITDA ＝净利润+所得税+利息+折旧费用+摊销费用。EV 与 EBITDA 的比值称为企业价值倍数。EV/EBITDA 估值法从全体投资人的角度考虑，不仅包括股东权益，还考虑了债权人的投入。这个估值方法适用于折旧、摊销大的公司，或净利润亏损但是毛利润与营业利润为正的公司。但这一指标排除了税收因素，如果对标公司与标的公司税收政策差异较大则也不适用。

3. 资产价值法：基于账面价值

资产价值法是指对目标企业的各项资产价值进行评估加总得到目标企业价值的估值方法，具体包括账面价值法、重置成本法、清算价值法等。这种方法一般是基于财务报表，从静态的角度对企业价值进行评估，没有考虑到企业的未来发展与报表外的因素，往往容易低估企业价值。

（1）账面价值法

按照账面价值法，公司价值＝企业记载的账面净资产价格。账面价值法是根据传统会计核算中账面记载的净资产确定公司价值，计算简便但是没有考虑公司的未来成长性。

（2）重置成本法

按照重置成本法，公司价值＝当前重新构建标的资产的价值−折旧额，即在同等条件下，重新构建与目标企业完全相同的企业所需要的成本价值。该方法适用于当前可重建或购置的公司整体资产，如房屋、车间等，也适用于没有收益且难以找到对标企业的资产，如学校等。但是不适用于无形资产占比较高的企业，且需要将企业拆分为单项资产并逐一计算贬值程度，烦琐且易错。

（3）清算价值法

按照清算价值法，公司价值＝企业目前所有资产变卖的价值。清算价值法一般只有在公司面临破产时才会使用。清算价值法适用于自然资源型企业，缺点在于忽略了企业的组织资本与持续经营的价值。

（二）传统估值模式并不适用于超级企业

当前的估值模式要求潜在现金流可预测、可比公司可得和资产价值可获取这三者居其一。其中，内含价值法的本质是基于未来现金流的贴现，只是根据分红与否、贴现率大小和资本结构对模型及参数进行调整。可比估值法要求需要存在可进行比较的公司，根据公司业务属性的差异，选择以净利润、净资产或者销售额等指标进行比较。资产价值法则需要将目标企业的各项资产进行评估，基于企业特征分成账面价值、重置价值和清算价值。整体来看，这些估值模式更加符合过去时代下成长起来的企业。基于历史经验和企业业务逻辑衍生出来的估值框架可以解释过去，但无法直接应用于新时期的企业。

以近几年快速崛起的蚂蚁金服为例，自2014年10月成立至今，蚂蚁金服已经成长为市值估值近万亿元的科技金融独角兽。但如果比照上述三种估值模式，都难以得到蚂蚁金服的准确估值。具体来看，第一，若选择内含价值法，需要公司有可预测的现金流并选择合适的折现率，但蚂蚁金服的各大业务线处于不同的生命周期，现金流难以预测，且成长期持续有战略投资者加入，难以选择合适的折现率，内含价值法失效。第二，若选择可比估值法，选择业务结构类似的公司进行参照，比如选择具有类似业务但是已经上市的PayPal或腾讯作为对标标的，从营收结构看，三者的营收构成差异极大，不适合从整体的角度进行比较，可比估值法失效。第三，若选择资产价值法，由于蚂蚁金服使用基于账面价值的资产价值法不能恰当反映公司的成长性且难以评估公司的无形资产价值，因此，资产价值法也失效。传统的估值模式已经无法对蚂蚁金服这类超级企业进行合理的估值。

超级企业是在当前全球市场互联互通、跨行业发展已成为常态的时期下应运而生的一个产物。行业时刻演变、资源时刻重分配，过去供给主导的模式也逐步被"需求催化供给"所取代。我们无法预测超级企业的估值区间会达到多高，但我们可以尝试刻画超级企业的特征，基于这个特征在现有的逻辑体系基础上进行迭代和更新。所谓超级企业，应具备从小到大、从大到伟大演变的潜力。不仅要求规模大、市占率高、盈利能力强，还要求成长性好。只有能维持高增长、具备持续竞争优势的公司才能完成从大到伟大的路径跨越。

现有的估值体系难以匹配超级企业的所有特征。过去大家对企业的理解往往是一个维度。如上文所分析，符合一类特征的企业适用一类估值模式，即便更进一步，投资者选择多种方式进行估值而后比较，但依然没有任何一套估值理论适用于"超级企业"这个全新的概念。超级企业创造的是一个全新的理念。企业开始超越行业分类、超越公司属性而形成一个全新的分类。需要打破与重构传统的估值模式，基于超级企业的特征重新构建属于超级企业的有效对标锚。超级企业应时代环境变革而产生，相应地，估值体系也需要同步调整，这样才能正确反映超级企业的成长空间和潜在红利。

类似地，京东和小米的例子也可以说明仅依靠主营业务难以评估上市公司的有效价值。

京东的主营业务为电商，因此可选取主营业务相同的企业进行可比估值，以寻找合适的财务指标进行对标。将京东与同为电商的亚马逊、阿里巴巴、苏宁进行对比后发现，京东与后三者在费用结构、ROE水平等方面均存在较大差异，难以进行对标和比较。具体来看，在费用结构方面，2018年京东物流费用占营收的比重最高，达到了7%，而苏宁和阿里巴巴费用中占营收比重最高的是营销费用，分别占9%、10%。物流费用同样占比较高的亚马逊与京东相比，亚马逊技术与产品的投入又远高于京东，达到了12%。从 ROE 水平上看，2011—2018 年京东 ROE 持续为负，而其他三家电商均实现了正的 ROE。

小米公司以硬件为核心，围绕智能手机形成了一系列的产品板块。如果采用传统的估值方法，小米应该选择同样以智能手机为核心形成硬件产品板块的苹果公司作为标的公司。小米与苹果硬件收入占比接近，2017 年小米智能手机收入占 70%，苹果 iPhone 产品占 62%，但二者在业务结构、毛利率方面差异大：对于小米，智能手机占 70%，IoT与生活消费产品占 20%，互联网服务占 9%；对于苹果，iPhone 占 62%，iTunes 软件占 13%，Mac 占 11%，iPad 占 8%。此外，苹果公司的毛利率显著高于小米，2018 年苹果公司的毛利率为 38%，而小米的毛利率为 13%，两者相差 25%。如果按照传统的、单一指标的可比估值法，小米无法找到合适的财务指标来对标苹果公司进行估值。

（三）基于超级企业的特征，建立"分布式—生命周期"双重维度估值体系

在当前阶段，新兴产业的估值体系已经显示出与传统估值体系的背离。新兴产业也是未来最有可能孕育超级企业的领域之一。由于新兴产业的变异性强且行业格局更新迭代快，我们需要建立"分布式—生命周期"双重维度的估值体系。

根据不同生命周期的特征，可分为培育期、成长期、成熟期、衰退期四个阶段。处于培育期的企业经营历史较短，商业模式与业务方向尚不完备，营业收入很低甚至为负数，但是具有较大的增长潜力；处于成长期的企业通过持续融资，市场份额逐步扩大，员工数量、营业收入与总市值出现快速增长；处于成熟期的企业已经稳定占有一定比例的市场份额，营业收入与利润也趋于稳定；而处于衰退期的企业已没有较好的成长性，营业收入开始持续大幅度下降。

1. 在不同生命周期选用不同的指标替代现金流估测

企业在不同的生命周期表现出不同的成长性与盈利能力，因此在对企业的全生命周期进行估值时，对处在不同生命周期的企业的现金流估测具有很大的不确定性，且各周期也不能始终采用不变的估值指标，应当根据所处的不同生命周期，选择合适的估值指标替代现金流估测。

对于培育期的企业，企业的成熟度比较低，还处于不断完善自身商业模式、积极寻找投融资的阶段。由于没有足够大的市场份额或稳定的盈利渠道，企业的利润较少甚至为负，不应当选取与业绩相关的财务指标作为估值指标，由于企业的价值主要来自未来的业绩增长可能性，因此选用客户数量、P/S、市占率等反映成长性的指标作为估值指标。如培育期的特斯拉和爱奇艺。特斯拉的主要产品为电动汽车与新能源车，由于电动汽车与新能源车普及程度较低，当前特斯拉的销量有限且还没有实现大规模的交付，短期内无法产生可期望的盈利，因此选用 P/S 估值法进行估值。爱奇艺自 2013 年以来尚未实现盈利，但是用户数量在快速增长，2019 年 6 月在线视频用户规模达到 6.39 亿，同比增速 74.8%。可以预见爱奇艺未来具有较大的发展空间，因此可以使用客户数量或者市

占率作为估值指标。

对于成长期的企业，企业的商业模式基本成熟，市场份额逐步扩大，员工数量、营业收入与总市值出现快速增长，因此选用业绩增速、回报率、PEG 等反映企业规模价值的指标来进行估值较为合适，如成长期的英伟达、宁德时代等。英伟达依靠游戏与数据业务在过去三年内实现了快速增长，股票价格从 2015 年 6 月 5 日的 21.64 元/股上升至 2019 年 12 月 27 日的 236.87 元/股，市值也达到了 1449.64 亿美元。高增长性的英伟达应当采用 PEG 估值法进行估值。宁德时代作为一家电力系统提供商，近三年来发展迅速，装机量市占率从 2017 年的 29% 快速增长至 2019 年的 51%，营业收入从 2014 年的 8.7 亿元快速增长至 2019 年的 458 亿元。高增长性的宁德时代也应当采用 PEG 估值法进行估值。

对于成熟期的企业，公司营业收入增速开始放缓，市场份额与盈利情况基本稳定。此时，行业内类似企业的公开资料较多，容易寻找到可比公司，可以采用反映市场业绩的指标作为估值指标，如收入、净利润等，如成熟期的苹果与网易。苹果公司近五年营业收入稳定在 2500 亿美元左右，营业利润也基本保持稳定，网易近三年单季度的营业总收入也稳定在 25 亿美元左右，二者均应当采用 P/E 估值法进行估值。

对于衰退期的企业，由于技术更迭等原因，企业的收入与利润已经严重下滑，且价值全部来源于现有的资产，几乎没有发展空间。因此这些企业可以使用资产价值法，基于企业的账面价值对企业进行估值，如诺基亚、柯达等。2008 年左右诺基亚由于没有及时推出智能手机操作系统，最终在与安卓及 IOS 的竞争中逐渐走向衰落，2013 年微软宣布以约 54.4 亿欧元的价格收购诺基亚的设备与服务部门，并获得相关专利和品牌的授权。柯达由于执着于胶片业务，没有及时应对数码相机带来的变革，2011 年柯达胶片销售仅创造了 3400 万美元的营业收入，而数码相机部门亏损额度达到 3.49 亿美元。2012 年柯达申请破产。

表 8-2　在企业不同生命周期选用不同的指标替代现金流估测

公司名称	公司现状	所处生命周期阶段	采用的估值方法
特斯拉	产品普及程度较低，预计未来市场空间较大	培育期	P/S 估值法
爱奇艺	尚未盈利但用户数量增长较快	培育期	市占率或用户数量
英伟达	近三年市值快速增长，当前市值已超过 1400 亿美元	成长期	PEG 估值法
宁德时代	营业收入快速增加，2019 年营收达到 458 亿元，预计 2022 年将超过 1000 亿元	成长期	PEG 估值法
苹果	近五年营业收入稳定在 2500 亿美元左右，营业利润也基本保持稳定	成熟期	P/E 估值法
网易	近三年单季度的营业总收入也稳定在 25 亿美元左右	成熟期	P/E 估值法
诺基亚	2012 年将设备与服务业务以 54.4 亿欧元卖给微软	衰退期	账面价值法/重置成本法
柯达	2012 年申请破产	衰退期	清算价值法

资料来源：各公司业绩报告。

2. 不同的业务板块采用分布式估值

为了加强企业自身的竞争力，超级企业不仅在自身所处的产业内做到市值与盈利水平的领先，还会在其他多个相关行业或细分领域内拓展业务条线，以实现自身的多元化发展与业务的系统化发展。例如支付宝旗下的蚂蚁金服，除了传统的支付业务外，还在融资、理财、征信、多元金融等多个板块建立了业务条线；京东建立了以电商为核心，包含物流、金融、新零售的业务生态圈。

超级企业的不同业务条线之间具有不同的特征。一方面，细分业务条线所处的行业不同，不同的行业具有不同的特征，如行业周期性不同、行业市盈率不同等。另一方面，企业在具体行业内的业务条线所处产业链位置与业务发展成熟度不同，因此市占率、费用结构、ROE 等指标也各不相同。

针对拥有不同业务条线的企业，需要采用分布式估值方法。分布式估值认为不区分业务条线而直接对企业估值是不合理的，对于多元化发展的超级企业，需要拆分其业务结构，针对不同的业务条线运用不同的估值方法。具体而言，分布式估值的逻辑是将企业不同业务条线估值后加总得到企业的价值。在估值过程中，分布式估值的主要任务是确认具体业务条线所处行业的一系列特征，包括行业本身的特征与业务发展情况。而传统估值方法的主要任务在于预测未来的现金流以运用内含估值法折现，或者寻找合适的对标企业以运用可比估值法比较财务指标。对于生命周期的考察，分布式估值更注重业务在行业内的发展处于哪一个生命周期，或者行业本身是否具有周期性特征，而传统估值方法侧重于考察公司整体所处的生命周期，生命周期的划分并不精确。对于行业的考察，分布式估值会充分考察所有业务涉及的行业，而传统的估值方法侧重于对公司所在的单一行业进行考察。

表8-3　分布式估值与传统估值方法的对比

项目	分布式估值方法	传统估值方法
估值方法	不同业务条线估值后加总	将公司作为整体进行估值
重点任务	确认具体业务所处行业的特征	预测现金流或寻找对标企业
对周期的考察	业务所处的周期	公司所处的周期
对行业的考察	所有业务条线涉及的行业	主要是公司所在的行业

资料来源：笔者根据公开资料整理。

（1）蚂蚁金服：支付、融资、理财、征信及多元金融五大板块

蚂蚁金服开始于 2004 年成立的支付宝，2014 年 10 月正式从支付宝中分离并独立运营。蚂蚁金服以"普惠、科技、全球化"为战略，以信用为基础，凭借支付、理财、云技术等业务模式成长为 2019 年估值近万亿元的超级独角兽。当前，蚂蚁金服主要有支付、融资、理财、征信、多元金融五大业务板块，并积极扩张业务到海外。

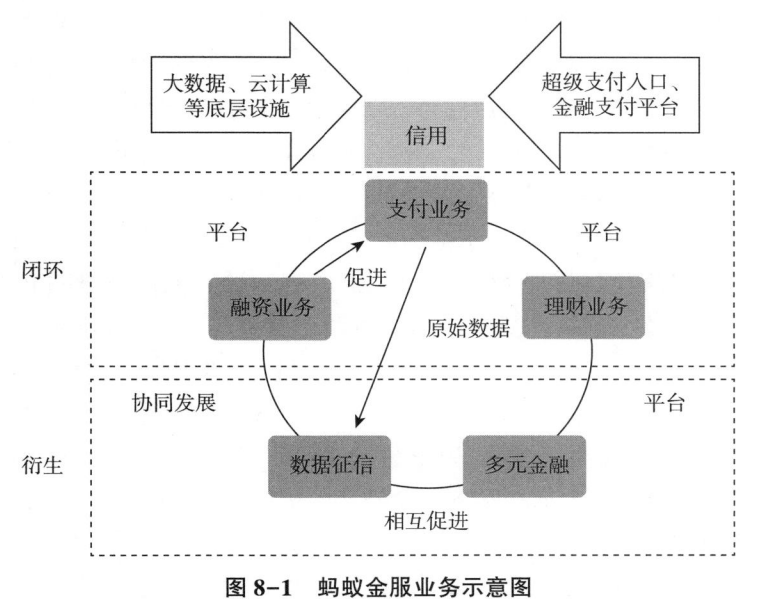

图 8-1　蚂蚁金服业务示意图

（资料来源：《蚂蚁金服：科技重构信用的金融平台》）

从业务结构上看，蚂蚁金服适合利用分布式估值法进行估值。具体来看，对于支付业务与融资业务，蚂蚁金服的市占率近三年稳定在 50%～55%，市占率较高，蚂蚁借呗主体的利润率也稳定在 30%～55% 的区间内，这两项业务已较为成熟，应当选择用 PE 估值法。对于理财业务，截至 2017 年，蚂蚁财富基金代销金额已达到 4000 亿元，规模已经与天天基金的份额相当，余额宝规模见顶，天弘基金净利率提升，应当选择用 P/E 估值法。对于多元金融业务，蚂蚁金融主要持股银行（持有网商银行 30% 股份）和保险公司（分别持有众安在线、国泰财险与信美相互保险 13%、51%、30% 股份），且持股标的的净资产近三年均实现了增长，因此应当选择用 PB 估值法。数据征信业务与其他业务相比仍处于早期投资阶段，成熟度较低，需要经过较长投入期才能变现，应当采用 EV/EBITDA 估值法。

表 8-4　蚂蚁金服的分布式估值

业务条线	具体情况	估值方法
支付业务与融资业务	市占率较高，业务成熟	PE 估值法
理财业务	规模见顶，利率提升	PE 估值法
多元金融业务	持有标的净资产增长	PB 估值法
数据征信业务	早期投资阶段，成熟度较低	EV/EBITDA 估值法

资料来源：蚂蚁借呗年报、网商银行年报、天弘基金年报。

（2）京东：以电商为核心，涵盖物流、金融、新零售的业务生态圈

2008 年 6 月，初创时的京东多媒体转型成为线上电商公司，此后京东依靠全品类和自建物流，延伸为涵盖金融、物流多元化经营的平台型公司。目前，京东已经建立了以电商为核心，涵盖物流、金融、新零售的业务生态圈。

我以可同样利用分布式估值的方法对京东进行估值。①对于电商业务,盈利来源于自营商品价差以及第三方卖家的佣金与广告,盈利较为稳定,应当采用 PE 法进行估值。②对于新零售业务,京东入股了永辉超市、唯品会、步步高等,并与沃尔玛合作打造新零售模式。截至 2019 年 10 月,京东之家和京东专卖店在全国建店数量已经突破了 2000 家。随着门店增多,加上销售额增大,带来了线上流量,线下零售与线上存在协同效应,应当采用 PS 法进行估值。③对于金融业务,京东的业务范围包括消费金融(以赊销及小额贷款的形式向消费者提供金融产品)、供应链金融(向电商平台相关供应商或商户提供供应链金融服务,包括小贷、保理及不动产融资等)、支付业务(主要基于京东支付平台提供第三方支付服务)、财富管理(提供多品类理财产品代销服务)。京东的金融业务成立时间短,基数小,未来增速较高,适合 PEG 估值法。④对于物流业务,京东的仓配一体化布局较为完善;截至 2019 年 9 月 30 日,京东物流运营超过 650 个仓库,包含京东物流管理的云仓面积在内的仓储总面积约为 1600 万平方米,实现了中国所有区县全覆盖(不含港澳台地区)。物流业务是京东的核心"护城河",初期投入较高,且是为其主营的电商业务服务,采用 EV/EBITDA 法进行估值。

表 8-5　京东的分布式估值

业务条线	具体情况	估值方法
电商业务	盈利较为稳定	P/E 估值法
新零售业务	线下门店与销售额持续扩张	P/S 估值法
金融业务	成立时间短,基数小,未来增速较高	PEG 估值法
物流业务	初期投入较高	EV/EBITDA 估值法

资料来源:京东年报、京东招股说明书。

（3）小米:以硬件为核心,拥有智能手机、物联网、互联网服务三大业务板块

小米从 2010 年诞生之初就定位于大众人群,凭借高性价比迅速占领国内市场,随后扩张到海外。2016 年依靠物联网浪潮构建自己的生态链,逐渐成长为行业巨兽。目前,小米主要有智能手机、物联网和互联网服务三大业务板块,凭借核心硬件带动互联网服务,形成客户的网络效应,新零售打通线下线上渠道,转化流量。

我们同样采用分布式估值的方法对小米进行估值。①对于智能手机业务,小米的智能手机业务毛利率低,但出货量较大,截至 2019 年第三季度,小米智能手机全球出货量高达 3210 万台,稳居全球第四,入口价值较大,以 PS 法估值。②对于物联网业务,截至 2019 年第三季度,小米物联网平台已连接设备数达到 2.1 亿台,同比增长 62%,小爱同学月活跃用户达到 5790 万,同比增长 68.6%。物联网业务虽然也以硬件为主,但以小米手机为入口具有高速增长的潜力,应当采用 PEG 指标估值。③对于互联网服务业务,2019 年第三季度业务收入为 53 亿元,同比增长 12.3%。2019 年 9 月全球 MIUI 月活用户达到 2.92 亿。小米以广告和游戏分发收入为主,盈利较为稳定,因此适合采用 PE法进行估值。

表 8-6　小米的分布式估值

业务条线	具体情况	估值方法
智能手机业务	毛利率较低，但是有入口价值	P/S 估值法
物联网业务	硬件为主，未来具有高速增长潜力	PEG 估值法
互联网服务业务	盈利较为稳定	P/E 估值法

资料来源：小米 2019 年第三季度业绩报告、小米招股说明书。

三、参与超级企业成长的全生命周期

1. 不同生命周期的划分和回报率分析

企业的生命周期可以划分为培育期、成长期、成熟期、衰退期，而企业的核心驱动力可划分为需求驱动、技术创新、产业升级和社会变革四种形式。

超级企业并非诞生于一日之间，在不同的生命周期阶段企业都能给予投资者丰厚的回报。对于一个超级企业而言，由于符合社会需求、满足人们的基本需求，产品生命力强，其成长期和成熟期会被持续拉长，各个阶段的投资回报率都非常高，投资人也因此可享受到长周期的回报。

（1）成熟期的特征及回报率

从美股来看，统计美国除 OTC 市场以外所有上市公司的存续时间，可以发现拥有100 年以上历史的上市公司有 260 余家。这些企业的总体生命周期远长于其他企业，是"百年老店"，这是超级企业一个非常重要的特征。

分析这 260 多家企业，占比最高的三大行业分别是工业、可选消费和金融。从 ROE平均水平看，260 多家的加权工业类平均 ROE 为 15.1%，高于同期美股全市场 12.3% 的总体水平。

最有名的超级企业投资案例是巴菲特投资可口可乐。2019 年正值可口可乐上市 100周年，复盘过去 100 年，可口可乐的投资回报共约 46 万倍，年复合回报率为 15% 左右。从投资阶段而言，虽然可口可乐 2016—2018 年 ROE 均值保持在 25% 附近，但近 3 年营业利润增速为 -5.8%，近 10 年营业利润增速同比为 3%，呈现明显的成熟期企业的特征，即总体市场空间波动不大，ROE 维持在稳定范围内。这类企业由于稳定占有一定的市场份额，盈利稳定增长，每股盈利和市场地位非常稳定，股价有长期上行的支撑动能。

（2）成长期的特征及收益率

相比于成熟期的超级企业，成长期的超级企业由于其市场想象空间更广、行业整体处于上行周期、市场份额逐步扩大等因素，业绩面临爆炸式增长，营收增长较快（利润未必），员工人数增长较快，总市值迅速膨胀。实际上，美股目前的 FAANG 中除苹果之外的企业均属于典型的成长型企业，作为超级企业，它们的特点是对指数具有引领性作用、股价迅速抬升、市场认可度最高。而苹果公司则具有一些典型的成熟期企业特点，但相比于可口可乐，苹果公司更偏向于成熟早期的上市公司，具有良好的市场空间和市场声誉，股价涨幅更为可观。

表 8-7　FAANG 公司近几年的利润表现与股价表现　　　　　单位:%

代码	公司简称	近 3 年营业收入增速	近 3 年营业利润增长	2017 年以来股价涨幅	ROE		
					2016 年12 月 31 日	2017 年12 月 31 日	2018 年12 月 31 日
AAPL. O	苹果公司（Apple）	20.65	6.51	157	35.62	36.07	55.56
AMZN. O	亚马逊（Amazon）	117.64	456.25	139	12.29	10.95	23.13
FB. O	Facebook	211.46	300.21	79	17.26	21.43	26.28
GOOGL. O	谷歌（Alphabet）-A	82.45	62.15	70	14.01	8.30	17.30
NFLX. O	奈飞公司（Netflix）	132.97	424.88	169	6.97	15.60	23.12

资料来源：Wind 数据库。

注：数据截至 2018 年 12 月 31 日。

从几家公司的对比来看，亚马逊、Facebook、谷歌、奈飞的年收入增速和利润增速远高于苹果公司，而手机市场在近几年的市场空间总体上有非常明显的见顶迹象。单从我国国内看，2018 年、2019 年市场出现了明显的零增长现象。而苹果公司作为行业内的龙头企业，其自身"正值壮年"，利润创造能力明显强于其他公司，为其自身股价的增长提供了较强有力的支撑。

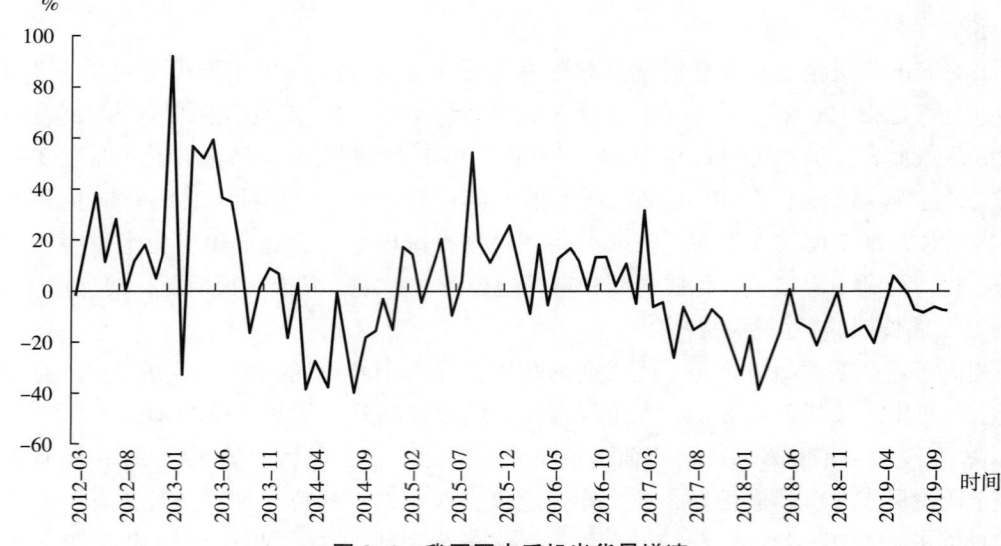

图 8-2　我国国内手机出货量增速

（资料来源：Wind 数据库）

（3）培育期的特征及收益率

相较于成长期、成熟期的超级企业，培育期的超级企业自身盈利可能更不稳定，但市场空间已经充分显现，潜能为世人所知。这里的超级企业代表是美国的特斯拉和中国的拼多多。

表 8-8　特斯拉和拼多多的对比　　　　　　　　　　　　　　单位:%

代码	公司简称	近 3 年营业收入增速	近 3 年营业利润增长	2017 年以来股价涨幅	ROE		
					2016 年12 月 31 日	2017 年12 月 31 日	2018 年12 月 31 日
TSLA. O	特斯拉	430.43	64.72	96	−14.20	−46.29	−19.83
PDD. O	拼多多	—	—	123	−81.91	−43.58	−54.28

资料来源：Wind 数据库。

注：数据截至 2018 年 12 月 31 日。

从这两家公司的对比来看，相较于前述的成长期和成熟期公司，培育期的超级企业股价涨幅不遑多让。同样从财务对比看，这些企业显现出明显的营收增速较高但盈利能力较弱的特点。原因是处于扩张期的企业在市场空间巨大的情况下市场扩张投入和固定投资投入都非常大，且在此阶段出于提高市场占有率的考虑，企业可能对商业模式整体的关注度不高，总体商业模式可能并未成型，盈利能力不强，但由于市场空间大、企业扩张迅速，整体被市场认可的程度不低于成长期和成熟期企业。

培育期的超级企业与成长期和成熟期企业的差异表现为，在此阶段，企业所面临的竞争对手较多，对于其实力和竞争格局难以进行准确的识别。这一现象可通过 Facebook 和推特上市以来的股价对比得到体现。

自上市以来，Facebook 的股价迅速飙升，成为 FAANG 中的代表公司，而推特的股价几乎没有变动。实际上这与两者选取的商业模式有很大关联。Facebook 代表熟人社交，其市场范围并不局限于美国国内，跨境用户群体更大，具有变现能力强、黏性强的特征，而推特的变现能力和市场想象空间明显更小。但站在两者刚刚上市的时点，是否能准确地看到这两种商业模式所带来的市场空间的差异，决定了投资者是否能够准确地找到超级企业的机遇。

（4）衰退期的特征及收益率

根据上述分析，超级企业具有超长"待机"周期，在培育期、成长期、成熟期都有丰厚的回报，但进入衰退期后，可能会面临较大的回调压力和风险，这也不可忽视。诺基亚和柯达就是这类企业的明显范例，因为技术更新不足、全社会技术升级换代，这两家企业出现了需求急剧衰减的情况。在这种情况下，由于其市场领军地位的丧失，股价出现巨幅且持续性下行趋势。

综合以上分析，超级企业是在各行各业具有领军地位的企业，生命周期超长，但其生命周期不同阶段的区分也非常明显，在培育期、成长期、成熟期，超级企业都可以给投资人以非常可观的回报。而在衰退期，由于市场地位的丧失，企业所面临的下行风险也非常剧烈。支撑超级企业成长、成熟且不迈入衰退状态的根本是其核心产品的强大竞争力和市场地位。影响核心产品竞争力的主要因素是企业的技术水平、商业模式选择、社会整体技术革新等。在投资人看来，长期持有一只看好的超级企业能够获得最为丰厚的回报，这应当就是价值投资的本质。

2. 不同生命周期中主导的投资形式不同，应构建适应生命周期的投资组合

企业投融资模式的切换在很大程度上取决于投资者的认可程度和企业自身意愿。按照生命周期理论进行比较可以发现，在企业的培育期，由于自身经营风险较高，未来能否出位尚不可知，其可获得的投资以天使投资、PE、VC 等高风险资金为主。在成长期和成熟期，股票债券投融资的性价比均较高，公司股票融资积极性下降，由于企业融资成本下降、公司整体扩张性股权融资需求下降，增发减少，债务融资整体比例上升。在衰退期，公司本身产品需求急剧下降，但此时"百足之虫，死而不僵"，对于公司债券类资产的投资仍然具有显著的价值，风险收益比相对可观。

以我国国内的"超级企业"为例，2019 年最被投资人热捧的中国平安、格力电器、贵州茅台、立讯精密、恒瑞医药、三一重工等企业均未在二级市场发债。而海螺水泥、宝钢股份等公司则在二级债券市场进行存续和发行。宝钢股份与海螺水泥属于成熟期的上市公司，其市场空间基本清晰，目前债券发行的隐含评级仍然是 AAA 级，企业资质良好，为投资者所认可。

由以上对国内例证的分析可以看到，企业在不同生命周期中的融资方式有所差别。分析国外的例子，在国际金融危机和欧债危机以来的美联储超宽松货币政策的影响下，美国债券市场收益率低，苹果公司也在 2019 年发行了 30 年期限的债券。一方面，这一行为与发债的低融资成本有关；另一方面，也符合超级企业生命周期中的规律，即在这个阶段，超级企业的稳定性才开始被债券投资人所认可。

由于超级企业在生命周期不同阶段的表现都较为优异，因此，它们在不同阶段都具有投资价值，可采用不同的投资方式。在其产生衰退苗头后，虽然作为权益投资人应当坚决退出，但作为债券投资人，其短中期债券仍然值得投资，偿债风险总体可控。

表 8-9　超级企业生命周期内的跨期投资组合方式

	培育期	成长期	成熟期	衰退期
PE、VC 等风险投资				
		股票/股权投资		
		（部分）	债券投资	

资料来源：笔者整理。

第九章　群雄并起——超级企业下一个十年

一、海螺水泥：世界水泥看中国，中国水泥看海螺

海螺水泥（0914. HK、600585. SH）是我国水泥行业的龙头公司，主要从事水泥和商品熟料的生产销售业务。公司由安徽省国资委通过安徽海螺集团有限责任公司间接持股18.56%，公司核心高管和员工工会间接持股18.61%。公司前身为成立于1978年的安徽宁国水泥厂，1997年、2002年先后于H股和A股上市，截至2020年9月30日，公司总市值为2819亿元。公司产能规模突出，目前已成为全球第二大水泥企业，截至2019年，拥有熟料产能2.53亿吨，水泥产能3.59亿吨，骨料产能5530万吨，商品混凝土产能300万立方米。通过自建产能及并购，海螺水泥构建起"熟料基地+长江水运+粉磨站"的"T型战略"布局，依托长江沿线得天独厚的地利之便，打造出无出其右的成本优势。截至2019年末，公司总资产为1788亿元，员工总数为47486人，2017—2019年，公司分别实现净利润164亿元、306亿元、343亿元。

（一）海螺水泥发展史

水泥是全球用途最广、用量最多的建筑材料。自改革开放以来，我国水泥工业飞速发展，截至2018年，国内水泥产量达到22.1亿吨，占全球产量的55.95%。早在十余年前，《世界水泥》杂志就曾用"世界水泥看中国，中国水泥看海螺"来评价海螺水泥，这不仅道出了中国水泥在世界上举足轻重的地位，更彰显了海螺水泥在业内无可置疑的超级企业地位。

回顾海螺水泥的发展历史，从安徽伊始到引领水泥行业步入类似于发达国家的"成熟阶段"大约经历了四个阶段，逐步建立了海螺水泥在水泥行业的超级企业地位。

1. 1978—1997年：安徽起家，工艺革新，资本运作领先行业

海螺水泥的前身为安徽宁国水泥厂，建厂之时，其地理选址便占尽资源、运输、成本、市场优势。从供给端来看，水泥生产主要以石灰石为原料，以煤炭为燃料：安徽省石灰石品质高、储量丰富，且多分布在我国成本最低的运输资源——长江水道沿线20公里内，同时，安徽淮南还拥有丰富的煤炭资源。从需求端来看，长三角是过去20年发展最快的城市群，水泥需求旺盛，但由于我国渤海湾以南离海岸线100公里的地区内没有可供大规模开采的石灰石资源，水泥需求量最大的东南沿海城市带长期依靠水泥输入，这为安徽水泥生产提供了稳定市场。

生产工艺不断革新，领先行业。1978年建厂时，公司日产4000吨的水泥熟料窑便采

用了引自海外的熟料预分解新型干法生产线,不同于传统的水泥立窑,新型干法水泥技术先进、能耗低、质量好。但由于生产设备需要从外国引进,投资成本较高,公司致力于新型干法生产线的国产化。1996 年,由国产设备制造的 2000 吨/天熟料预分解窑新型干法生产线创下了当时国内外同等规模水泥厂建设中投资最低、工期最短、建设质量最好的纪录,将每吨水泥投资成本从 1000 元以上降到 300 元左右。

1995 年,安徽铜陵海螺水泥有限公司组建,郭文叁任董事长。1996 年,安徽宁国水泥厂以 2 亿元现金整体并购芜湖白马山水泥厂,并购完成后改造完善了"湿磨干烧"生产线。1997 年,白马山水泥厂 2500 吨/天熟料预分解窑新型干法生产线再次创造了预分解窑新型干法生产线建设"低投资、高速度"的新纪录。自此之后,海螺水泥又率先建成了中国第一条 5000 吨、10000 吨到 12000 吨新型干法水泥熟料生产示范线,并实现了水泥成套装备的国产化。

公司的资本运作同样早于行业。1997 年 9 月以宁国水泥厂、白马山水泥厂为主体的安徽海螺水泥股份有限公司正式成立,当年 10 月海螺水泥 H 股上市,开创行业先河,募资 8.8 亿元,解决了铜陵海螺注册资本和白马山水泥厂收购资金问题。高速扩张需要大量的资金投入,而强大的融资能力和多种融资渠道为其提供了"弹药"。

2. 1998—2008 年:独创"T 型战略",布局长三角与珠三角

2002 年海螺水泥 A 股上市,其后利用独创的"T 型战略"布局华东,公司沿长江拥有丰富石灰石资源的地区建设熟料基地,在长江下游和沿海地区兼并小型水泥企业,改造成粉磨厂或水泥转运站,形成"熟料基地+长江水运+粉磨站"的独特经营模式。公司通过 T 型之"竖"整合长江沿线水泥产能,打通运输通道,形成显著的成本优势;借助 T 型之"横"覆盖华东核心城市群,占据需求旺盛的长三角市场。

公司沿长江主干道建设水泥熟料基地,形成区域主动脉。继兼并铜陵水泥厂、白马山水泥厂后,公司陆续开工建设了荻港海螺、枞阳海螺、池州海螺等熟料基地,选址均靠近长江。截至 2008 年,海螺水泥已经建设了 10 个水泥熟料基地,34 条熟料生产线,形成铜陵、池州、荻港、枞阳、芜湖 5 大骨干基地。骨干基地沿江分布,成为海螺主动脉,形成 T 型中的"竖",为当地市场和下游需求旺盛的长三角市场源源不断地输送产品。

截至 2008 年"T 型战略"初步成型时,海螺水泥沿江熟料产能已超过 4200 万吨,占公司总产能的比重超过 80%,且仅沿江部分就占安徽省总量的 50% 以上。除海螺水泥外,产能最大的企业都不超过 1 千万吨,龙头地位不断巩固。

同时,公司抢占长江沿线码头,形成高效运营的物流系统,扩大产品销售半径。1998—2002 年海螺水泥在沿江下游陆续收购小水泥厂,一方面,从中接手了水泥销售渠道和客户资源,避免海螺水泥进入华东市场的正面竞争问题,同时也利用其渠道快速占领华东水泥市场;另一方面,海螺水泥也获得了小水泥厂所拥有的深水码头资源,这一收购扩张战略帮助海螺水泥构建了高效运营的物流系统。之后公司通过不断扩建码头,匹配上游持续增长的产能。由于水泥是典型的短腿产品,陆运范围为 200 公里,水运范围为 500 公里，因此借助长江水运渠道的延展性，公司销售半径扩大，满足了长江中下游地区旺盛的水泥需求。

1998—2004 年，海螺水泥兼并成立了宁波、上海、张家港、南京、南通、上虞、泰州及江苏等多家公司，使其产品销售范围覆盖苏浙沪，犹如一条直线沿海排开，形成了"T 型战略"中的"横"。2008 年，海螺水泥在安徽、上海、江苏、浙江、江西配套水泥粉磨能力达到 5000 万吨。强大的物流和市场水泥运营系统使海螺水泥在长三角市场如鱼得水。

2003 年起，海螺水泥开始布局华南市场。2004—2006 年，受益于珠三角城镇化加速，公司在华南地区快速发展。这一挥师华南的战略充分体现了公司对"T 型战略"的理解和对区域经济景气的敏锐把握。自此，海螺水泥牢牢占据全国最核心的两大城市群：长三角、珠三角，这两个地区也成为海螺水泥的核心利润区。

3. 2009—2015 年：海螺水泥全球扩张，行业集中度大幅提升

2009—2014 年，海螺水泥通过新建与收购兼并两种方式，将公司版图从华东市场扩展至全国。在此期间，一方面，公司产销量快速增长，新增产能 1.69 亿吨，增幅为 80%。销量从 2009 年的 1.19 亿吨增长至 2014 年的 2.49 亿吨，增幅达 109%。另一方面，公司响应政策引导，进入西部地区市场，在西南、西北地区的北流海螺、平凉海螺、达州海螺、广元海螺等厂投产多条熟料生产线，又陆续重组、收购或兼并壮乡水泥、六枝工矿水泥、黔西南州发展资源开发公司、陕西众喜集团、四川南威水泥、凌云通鸿水泥、盈江允罕水泥等，扩张业务版图。

同一时期，中国建材集团也开启兼并收购大幕，推动了水泥行业集中度的提升。中国建材集团成立于 1984 年，是世界领先的综合性建材产业集团。2009—2014 年中国建材集团开启兼并收购大幕，通过联合重组上千家民营企业，我国水泥行业市场集中度 CR10 从 2010 年的 39% 上升到 2014 年的 52%，为日后的水泥市场变革奠定了基础。

4. 2016—2019 年：供给侧结构性改革新常态，从竞争走向竞合

由于 2009 年后国家发展改革委停批新增产能，2016 年后水泥新增产能压力逐步解除；而受益于政府对于环境问题关注度提升，水泥行业出现了错峰生产、环保限产等手段，有效平衡了部分地区的供给矛盾。同时，需求端进入平稳且足够长的缓坡期，全国水泥价格稳步攀升，并且波动性明显减弱，已经类似于"成熟阶段"的发达国家市场，海螺水泥的核心资产优势逐步显现。

在行业竞争供给调整的同时，海螺水泥的经营战略也顺应形势做出重大转变，联合水泥行业，逐步从竞争走向竞合。早在 2012 年，中国建材集团已经与安徽海螺集团就共同签署"战略合作协议"达成一致，双方一致同意在原有基础上进一步提升合作层次，拓宽合作领域，建立全方位战略合作关系。2015 年，海螺水泥前董事长郭文叁退休卸任，由高登榜接任董事长，推动海螺水泥的战略方向发生改变，带动水泥行业由竞争走向竞合，在核心区域内与中国建材、华润水泥等大企业走向战略合作，维护市场竞争格局。随着大企业间的合作加深，2017 年底，海螺水泥在华东、中部、华南等地区设立

了多家贸易公司，这对于稳定水泥市场、平抑业内竞争起到了积极的作用。

全国水泥价格从 2016 年开始一路上涨，经历了 2018 年第四季度的历史新高后，2019 年两个淡季不淡、旺季更旺，水泥价格波动明显收窄，走成了一条缓慢上升的直线，已经类似于成熟的发达国家市场。

（二）海螺水泥超级企业建立的三大关键要素

水泥是传统的建筑材料，最早由罗马人发明，区别于其他的周期品，水泥具有同质性、短腿特性、区域性、随时可开关等特点，这也决定了水泥行业的超级企业需要在成本端做到极致。

（1）水泥的同质性。作为传统产品，水泥具有较高的同质性。产品以标号区分强度大小，高标号代表其强度高（如标号 42.5），可用于建筑较大的桥梁或厂房，以及一些重要路面和制造预制构件；低标号产品硬度较低（如标号 32.5），可用于一些房屋建筑。国内外水泥均采用标号区分硬度，同一标号的水泥质量完全一样。目前的水泥产品与 500 年前的水泥产品并无太大差距，在可预见的未来，不可能有后进者通过技术革新实现弯道超车。由于产品单一、简单，因此低成本几乎是行业内公司唯一的竞争优势，适于大规模工业化生产。

（2）水泥的短腿特性。水泥是典型的短腿产品，由于价格低（平均为 300 元/吨左右），整体需求量大，同质性的特点导致运费在最终销售价格中起重要作用。一般来说，依靠陆运，水泥的运输半径只有 200 公里，而水运可以达到 500 公里左右。因此，掌控水运资源，可以明显扩大产品的销售半径，减少运费成本。

（3）水泥的区域性。水泥的短腿特性决定了水泥销售是局限于一个个区域的，并非像其他周期品（如钢铁、煤炭等）那样需要依托整体的宏观经济需求。一般来说，水泥的下游需求由基建、地产、农村"三驾马车"拉动，这就导致了区域需求的不平衡。近年来经济发达的华东、华南需求一直领跑全国，该区域的水泥企业盈利也居于领先地位。

（4）水泥随时可开关的特性。煤（40%）、电（20%）费用合计占据过半的总成本；而石灰石等原料价格低廉，目前在总成本中只占 12% ~ 17%。由于水泥生产中可变成本占大头，开关成本较低，水泥生产企业可以在价格较低时关停生产线，支撑了水泥产品的利润，也为水泥提升区域集中度提供了可行性。在经济人假设下，水泥不可能跌破现金成本（2015 年冀东金隅在现金成本线下出货导致巨亏，是因为恶性竞争）。同时，这样的成本结构也为水泥行业采取限产协同提价策略、提升区域集中度提供了可能。

1. "T 型战略"掌控长江核心河道资源

水泥是一种高体积、低价值的商品，运输能力对水泥企业的盈利能力影响至关重要。因此海螺的"T 型战略"布局使其具备了不可复制的三个成本优势。

（1）原材料成本优势：海螺水泥的熟料生产基地选址考究，或山坡建厂，利用重力势能运输石灰石；或靠近矿山，可用皮带短距离运输，皮带传输的运输成本约为 2 元/吨，明显低于陆运成本。

（2）长江水路运输成本优势："T 型战略"沿长江布局熟料产能，利用长江水道运输熟料至粉磨站，减少运输成本。参考行业数据，每吨水泥的公路运输成本约为 0.5 元/公里，而水运成本约为 0.05 元/公里，是陆运价格的 1/10。

（3）低销售费用优势：不同于其他水泥企业，海螺水泥的粉磨厂选址靠近需求端，而非熟料制造的生产端。通过在水泥市场需求旺盛但熟料资源匮乏的地区建设粉磨厂，公司扩大了销售半径，降低了水泥的销售费用。

2. 首创超低温余热发电技术，进一步降低生产成本

煤、电两项费用已经占据了水泥生产总成本过半的比重，而海螺水泥创出的低温余热发电技术是利用熟料生产过程中废气产生的蒸汽推动汽轮机发电的技术。2006 年，公司首个余热发电项目投产。2007—2009 年，余热发电量随着海螺水泥生产线使用余热发电装机量的增长而快速增加，该阶段公司与竞争对手的吨成本差距显著拉大。如果余热发电技术下每吨熟料生产能够节省 20 度电左右，以工业电价 0.5~0.7 元/度计算，那么每吨成本节省 10~14 元。在 10 多年技术演进和创新下，海螺水泥自主研发了具有国际领先水平的水泥余热发电综合利用技术，解决了企业自身 60% 的用电量，减少了大量煤炭消耗和二氧化碳排放。

3. 采用独一无二的全员持股模式，调动员工积极性，为长期发展奠定了基石

这一模式开始于 2000 年，在荻港海螺熟料基地的建设中，经安徽省体制改革委员会批准，海螺水泥 7758 名员工以现金出资的方式，通过集团工会参股；省委省政府奖励给海螺公司领导班子的股份全部量化到中高管。2001 年，经安徽省政府批准，由职工持股的海螺创业投资公司（以下简称海创公司）成立。2002 年，安徽省政府决定对海螺集团进行股权多元化改制试点。改制后，省政府持有海螺集团 51% 的股权，仍然保持国有控股地位；剩余 49% 的股权由企业工会和 8 名自然人设立的海创公司持有。改制过程中，安徽省委省政府奖励给海螺公司领导班子的 6173 万元股份，全部奖励给了集团公司当时在职的中高级管理干部。2006 年，为从整体上提高上市公司运行质量、减少关联交易、规范公司运作，海螺水泥以海创公司作为定向增发的载体，由海螺水泥实施定向增发收购沿江 4 家公司（荻港海螺、枞阳海螺、池州海螺、铜陵海螺）中 7000 多名员工持有的股份。2008 年海创公司偿还了职工身份买断资金，并请示省有关部门，将原有股份以期股的形式予以保留；同时把员工参股水泥主业的个人资产转为上市公司股份，较好地解决了历史遗留问题，形成了独特的持股架构。2013 年海螺创业在港交所成功上市，成为安徽首家香港红筹股上市企业，开辟了控股公司架构企业在香港上市的先河。在此期间，海螺水泥再次对 8500 名员工实施了股权激励，进一步激发了企业活力。

海螺水泥全员持股使得公司和员工的利益有机结合，充分调动了员工的积极性。可以看到，海螺水泥的吨管理费用从 2002 年的 13 元开始下降并稳定在 7~9 元，明显低于同行平均水平（12~16 元）。从生产员工人均水泥产量看，海螺水泥是华新水泥的 1.3~1.8 倍。行业独一无二、不可复制的全员持股结构，激发了企业活力，使海螺水泥成为中国水泥的标杆。

（三）成熟市场收购兼并成为大势所趋，海螺水泥市占率依然有较大提升空间

根据中国水泥网的数据，截至 2018 年，全国水泥熟料产能排名前十的企业总产能为 10 亿吨左右，占全国总产能的 54.43%，其中前三大企业（中国建材、海螺水泥、金隅冀东）分别占全国水泥熟料总产能的 19.75%、11.07%、5.26%。相较于我国水泥行业，日本水泥行业发展较早，行业发展阶段领先我国数十年。因此，分析日本水泥企业的发展历史，能够帮助预见我国水泥产业的未来发展路径，对我国水泥行业有较大的借鉴意义。

回顾日本水泥企业在第二次世界大战后的发展历史，从 20 世纪 60 年代中期开始，日本水泥行业的需求和产能快速增加，到 20 世纪 90 年代，行业基本到达顶峰，需求放缓。其后，日本通过行业整合与产能清理，关停拆除了全部多余和过剩的水泥工厂。目前，日本水泥行业形成了以太平洋水泥为首的三大水泥龙头企业，CR3 超过 80%，行业资源化特征明显，在国内需求不足的情况下，龙头企业通过开拓海外市场、多元拓展业务保持收入平稳。

参照日本水泥企业的发展情况，在中国步入需求成熟期后，大企业间的收购兼并有望继续加强，海螺水泥的市占率仍有明显的提升空间，超级企业的成长之路值得期待。

1. 日本前期水泥产量随 GDP 同步增长，后期需求放缓，产业集中度提升

日本水泥行业发展前后经历了三个时期：（1）1946—1973 年，伴随 GDP 高速增长，产量大幅提升；（2）1974—1985 年，经济发展放缓，水泥行业平稳增长；（3）1985 年以后，行业出现饱和，开启大规模兼并收购整合及落后产能淘汰，行业集中度空前提高。

日本水泥行业从 1950 年朝鲜战争爆发开始快速发展，高速发展状态持续了近 30 年。朝鲜战争极大地带动了日本经济的复苏，带来了"特需景气"，工矿业生产部门又活跃起来，水泥需求也得以恢复，截至 1952 年朝鲜战争结束，水泥产量上升至 712 万吨。停战后，美国不再从日本采购战争物资，在一定程度上导致了日本经济回落，但是这样的状态并未持续很长时间，"特需景气"导致人民收入增加，使得后续购买力不断增加，水泥产业也实现了蓬勃发展，1954 年达到新的峰值，首次突破 1000 万吨。自 1955 年开始一直到 1973 年石油危机，神武景气、岩户景气、奥林匹克景气、伊奘诺景气推动日本经济持续高速增长。近 20 年的时间内，平均年增长率保持在 10% 以上，甚至超过了战后复兴时期。1972 年日本实际 GDP 达到了 1960 年的 7 倍，人均 GDP 增长到美国的 60%。1972 年田中角荣提出的列岛改造论虽然没有最终成功，但是其中的工业重新布局、改造旧城市、建设新城市对建设投资的推动使得日本水泥产量于 1973 年达到 7729 万吨，成为仅次于苏联的世界第二大水泥生产国。

在战后经济复兴及高速增长期间，日本水泥产量与 GDP 呈明显的正相关关系。随着 GDP 增长，水泥产量也在不断增长，虽然最后几年水泥产量增速放缓，不及 GDP 增速，但整体来看这十几年二者的相关系数仍超过了 0.9，经济的强势复苏直接拉动水泥产

量达到当时的历史最高点。

1973 年到 1985 年，日本水泥行业进入高速增长后的平稳增长期，在 GDP 继续可观增长的同时，水泥产量整体始终保持在较高的水平，但开始脱离 GDP 的增长轨迹。尽管经济仍在不断增长，但是随着日本城镇化的初步成就，水泥需求已经远不及水泥产量。石油危机推高了能源价格，日本公共事业投资和民间需求也陷入低迷，1973—1975 年产销量持续下行，水泥生产企业首次陷入了产能过剩和需求萎缩的困扰。1975 年后宏观形势有所恢复，水泥行业产销量也呈现恢复态势。但 1979 年第二次石油危机之后，行业形势进一步恶化，水泥产能明显过剩，产能利用率不足 80%。在此形势下，1984 年，日本开始了第一轮去产能之路。1984 年 5 月，日本出台《日本水泥改革的基本方案》，于 1985 年底前强制淘汰了 3100 万吨过剩产能，同时推行联合销售，将水泥企业重组为五大集团，以促进生产、销售、流通等各个环节的合理化。五大集团控制了日本国内 100% 的水泥市场，每家各占 20% 的市场份额。

1991 年到 2011 年，日本经历了"失落的二十年"，经济增长几乎停滞，水泥产业也陷入了长期低迷，但龙头间收购+去产能提升了行业集中度，到 1998 年，日本已经形成了 CR3 超过 80% 的竞争格局。从行业产量来看，日本水泥产销量在 1996 年达到峰值 9449.2 万吨，此后逐年下降，10 年产量仅为峰值的 54.5%。但龙头间的收购加速：1994 年，日本水泥经历了第二次大型整合。小野田水泥与秩父水泥合并为秩父小野田；住友水泥与大阪水泥合并为住友大阪。1998 年，宇部兴产与三菱 MMC 合并为宇部三菱；秩父小野田与日本水泥合并为太平洋水泥，达到了约 3000 万吨的水泥产量，成为世界第二大水泥企业。至此，水泥企业从最初的 47 家整合重组成 7 家，日本三大水泥企业正式形成，CR3 超过了 80%，行业集中度得到了大幅提升。此外，日本于 1998 年开始了第三轮去产能以保证水泥产能利用率：第三轮去产能主要由大企业带头开始，水泥窑容量从 9700 万吨降到 5500 万吨，同时，几家大企业主动减少自己的国内产能，CR3 在过去二十年内市场份额共计下降了 3.21%。水泥厂从 69 家关停到 19 家，产能水平更是降到了 6200 万吨，成功地将水泥产能利用率保持在 85% 左右。整体来看，产能下滑程度基本与需求相匹配，这使得产能利用率得到了很好的控制。

在兼并整合和去产能两大背景下，虽然日本水泥需求持续低迷，但龙头逐渐明确，龙头企业收入基本保持稳定。以产能最大的太平洋水泥为例，1991—2011 年，日本水泥需求持续下行，但伴随行业集中度提升，太平洋水泥的盈利情况基本持平而未见明显下降；2011 年后，随着地震频发，日本市区重建及防灾减灾设施需求提升，同时 2020 年东京奥运会筹备工作展开，日本水泥板块需求见好，太平洋水泥的营业收入逐渐回稳，净利润也开始在高位维持。近几年，随着供需条件好转和成本的大幅削减，净利率及 EBIT 利润率企稳回升，毛利率维持在 20% 以上，ROE 也有所回升。而公司的资产负债率居高，高杠杆导致其在互联网泡沫和国际金融危机期间两次出现大幅亏损，近几年公司控制高杠杆，资产负债率不断下降，2018 年降至近 20 年最低值 57.62%。

2. 龙头企业拓宽业务板块，布局海外市场，应对低迷需求

目前，日本国内水泥产业已经处于发展基本完成的状态，为了应对国内低迷的需求，保持收入基本稳定，水泥龙头企业也采取了诸多策略，从业务板块、海外市场中寻求行业发展后期的扩张机会。

拓宽业务板块，多元化发展。近年来，日本水泥行业进一步向上游环保板块发展，较早就开始研发水泥窑协同处置垃圾焚烧飞灰技术，形成了较为专业的垃圾焚烧飞灰收集运输体系，进一步保证了水泥龙头的平稳运营。以太平洋水泥为例，从业务构成来看，水泥作为公司的主要业务仅占据了 65% 的收入份额，其他收入主要来源于矿产资源（8%）、建材（8%）等关联项目以及近几年兴起的环保板块（9%）。同时，太平洋水泥还涵盖了包括房地产、数据分析、仓储运输在内的多种其他业务，以水泥为主业，向其他各个板块发展，努力完善公司的业务结构。近几年，太平洋水泥各板块运行良好，营业收入和净利润双增，公司整体运行情况稳中向好。

此外，在本土市场接近饱和的情况下，龙头企业还通过拓展海外市场来维持平稳运行。从太平洋水泥近几年的发展历程来看，在日本国内水泥产业三大巨头格局形成，但依旧面临产能过剩的情况下，太平洋水泥选择开拓海外市场，依靠资金和技术优势不断扩张自己的海外产业布局，优化业务板块，从 2010 年至今，太平洋水泥的海外销售收入比重从 18% 提升到了 25%。

3. 对我国的启示：水泥行业需求可以看到 2030 年，龙头并购空间广阔

通过回顾日本水泥行业的历史，结合目前国内水泥企业的现状，可以看到国内水泥龙头的发展空间仍然较大，未来行业内可以形成一家或多家超级企业。

一方面，相比于海外水泥市场，我国水泥行业还有巨大的成长空间：（1）国内需求无忧。中国的城镇化率在 2018 年仅有 60%，距离日本人均水泥需求量到达峰值时的城镇化率 75% 左右还有很大差距。中国近 15 年年均城镇化率上升幅度不足 1.5%，按此增速计算，中国需要到 2030 年左右才能到 75% 的城镇化水平。同时，我们认为未来新型城镇化建设需求及基建投资（铁路、地铁、轻轨）仍会有保障，需求峰值平台期可能要延续到 2030 年以后。（2）海外市场广阔。我们认为印度尼西亚、老挝、缅甸等国 GDP 水平较低，而近几年增速维持在较高水平，长远来看未来发展前景广阔，同时整个制造业的重心也在逐步向东南亚转移，中国又占据了邻国的优势，我们看好水泥行业在东南亚区域未来的发展前景。我们认为，在目前国内限制新增水泥产能的情况下，拓展海外业务、打开盈利天花板是国内水泥企业应该积极开拓的方向。

另一方面，龙头企业之间并购空间较大：从太平洋水泥以及其他欧美国家的水泥企业发展路径来看，收购兼并是做强做大的重要途径，并且随着规模的扩大与并购收益的最大化，最终发展为龙头企业之间的相互兼并。我们认为，水泥这种占用大量资源的行业，去产能的最后环节必须依赖大企业之间的并购重组，这是我们从日本太平洋水泥的发展历程中可以清晰看到的。只有依靠大企业的联合，使产能有序退出，才能使工厂关闭的影响最小化，也保证了银行贷款的承担。日本作为一个领土面积不大的国家，前后经历了三轮去产能，最终形成 CR3 的行业格局，这也给我国水泥行业提供了发展的思路和逻辑。通过大型并购减小行业集中度，依靠大企业在行业无序竞争中维持行业秩序，使无序竞争转变为良性竞争，我们认为这是大企业并购重组实现行业发展的逻辑。

（四）海螺水泥的未来发展机遇：环保+收购兼并

结合海外行业发展经验及我国行业发展现状，我国水泥行业需求尚未见顶，行业和企业都还有较广阔的前景，未来以海螺水泥为代表的我国水泥"超级企业"将继续成长，在环保政策收紧的行情下进一步凸显资源优势，同时依靠稳定充足的现金流，使龙头间并购、市场份额提升成为可能。

1. 环保收紧，行业资源化特征凸显，龙头优势进一步拉大

近年来，伴随环保政策收紧，国家开始集中整治矿山开采"乱、小、差"的问题，优质大矿山成为水泥企业的资源；巢湖关停风景区周边的水泥熟料厂事件也使得水泥企业注意到合理布局的重要性，优质熟料水泥厂和码头的资源价值将迎来重估。

水泥70%以上的原材料为水泥用石灰岩，而这种砂石骨料则主要取材于天然砂石（河砂）与建筑石料矿山（机制砂）。过去我国水泥用石灰石开采管理十分散乱，由于建材行业受交通运输成本的因素影响导致地域性较强，且自改革开放以来大多数时间内我国均处于"稀缺经济"时代，因此过去我国各地石灰石资源的开发利用主要以小矿山为主，行业十分分散。同时，资源开采的过程中乱象丛生，非法开采屡禁不止。

党的十九大后，国家经济政策转向了以高质量发展为导向，各地陆续出台相关文件，对破坏生态造成水土流失等环境问题的中小矿山进行整治规范，采矿权不断被收紧，2018—2019年，政策力度更是空前严格。例如江浙等省，明文要求禁止在重大工程和铁路、高速公路等重要交通项目以及环境生态保护红线区域内开发矿山资源。

矿山治理趋严，石灰岩矿资源化有助于龙头企业采矿权估值提升。矿山整治导致石灰石价格从2016年之前的平均10~30元/吨上涨至100元/吨；以砂石价格作为参照，我们观察到，2013—2018年海螺砂石（骨料）业务毛利从30%提升至70%左右。考虑到环保政策未来更加趋紧，近期监察趋于严格，石灰石资源的价值将进一步重估。

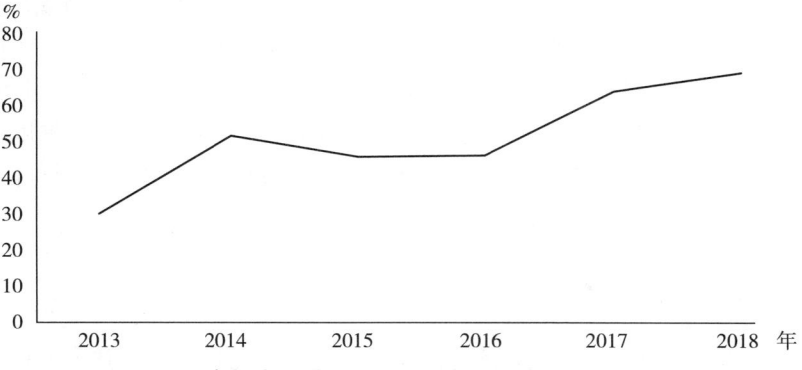

图9-1　海螺水泥骨料及石子业务毛利率近年明显抬升

（资料来源：Wind数据库）

在环保趋严、资源收紧的环境下，国内龙头企业的边际竞争优势得到提升。一方

面，在过去的 10 年中，如海螺水泥、中国建材等龙头水泥企业快速积累了大量的矿山采矿权，这些水泥龙头企业拥有的矿山资源规模大，开采期限长（多为 30 年），购置成本低，且开采状况好，基本不受环保整治的影响，因此在资源价值重估的过程中，水泥龙头企业所拥有的资源价值事实上在提升。另一方面，在新资源的争取过程中，由于门槛的提升，水泥龙头企业更占优势。假设目前海螺水泥的生产线均配备可采年限为 30~50 年的石灰石矿山，总体量约为 150 亿吨，对应 2018 年海螺水泥资产负债表中矿山开采权约 42.82 亿元的账面价值，每吨石灰石的账面价格仅为 0.3 元。

此外，巢湖关停事件也预示着布局合理的水泥厂、码头等企业资产资源化价值将凸显。2019 年 11 月，巢湖市政府推进巢湖风景区专项巡查，要求环巢湖风景区的皖维水泥、中材水泥、威力水泥 3 家水泥公司骨料全部停产。我们认为，当前环保治理力度加大，景区、城市附近的水泥厂可能陆续禁用。因此，布局合理的熟料水泥厂、港口码头及土地厂房资产也将迎来重估，龙头企业优势越发显著。我们认为海螺水泥拥有卓越的"T 型战略"布局，20~30 个长江中下游沿线的码头及在华东中南等地近 1000 万平方米的土地厂房等资源价格也会逐步凸显。

2. 水泥中的"茅台"，"现金牛"为未来大规模并购提供基础

水泥凭借其产业链的特殊地位，早已奠定了现款现付的经营模式，而 2016 年开始的水泥景气周期已经使得水泥企业盈利创历史新高，并有望在未来 2~3 年继续维持。海螺水泥 2018 年底货币现金已经近 400 亿元，完全处于净现金状态，而每年 400 亿元左右的经营性净现金流，为未来龙头间的大型并购提供了可能性。

（1）货币资金充足：公司货币资金从 2015 年的 144.71 亿元一路增长到 2018 年的 376.19 亿元，根据 2019 年第三季度的披露，公司货币资金超过 445 亿元。

（2）经营性净现金流稳定增长：公司经营活动产生的现金流量净额从 2015 年的 99.08 亿元翻涨至 2018 年的 360.59 亿元，预计未来 2~3 年海螺水泥的经营性净现金流均会保持在 400 亿元左右，"现金牛"特征继续凸显。

（3）完全的净现金状态：自 2017 年第一季度开始，海螺水泥进入净现金状态，截至 2019 年第三季度，海螺水泥有息负债（包括长短期借款、长期债券和一年内到期债券）合计 103 亿元；在手现金达 445 亿元，同比增加 133 亿元；经营性净现金流为 260 亿元，同比增长 54 亿元，保持着明显超过净利润的状态。自 2018 年第二季度开始，公司财务费用转负，2019 年前三季度的财务费用已经下降至 -9.57 亿元，同比降低 7.59 亿元，并有望在未来 2~3 年持续降低。

二、格力电器：世界空调，格力制造

格力电器（000651.SZ）为我国家电领域龙头企业，也是一家产业多元的科技型全球工业集团。公司业务范围覆盖空调、生活电器、高端装备、通信设备四大领域，其中空调是公司业务核心及主要创收来源，2017—2019 年累计营收占比超过 75%。格力电器的前身是成立于 1985 年的冠雄塑胶厂，1996 年 11 月 18 日于深圳证券交易所上市，截至

2020 年 9 月 30 日，公司总市值为 3206 亿元。公司无控股股东和实际控制人，实行的是以管理层为中心，珠海高瓴、HH Mansion、Pearl Brilliance 和管理层实体三方共管的管理架构，董事长及总裁为董明珠。公司行业地位突出，2019 年，在国内家电线下市场，份额位居行业之首，零售额占比为 36.83%，全球市占率为 20.60%，位列家用空调领域榜首。截至 2019 年末，公司总资产为 2830 亿元，员工总数为 88846 人，2017—2019 年公司分别实现净利润 225 亿元、264 亿元、248 亿元。

（一）成长史：格力制造 35 年

1. 1985—1988 年，朱江洪前时期：这样的厂你也敢去？

珠海格力电器股份有限公司正式成立于 1989 年，但此时的格力电器并不是一家空调厂，而是一家塑胶厂，是彼时珠海经济特区工业发展总公司（格力集团的前身）的诸多子公司之一。格力电器的前身是成立于 1985 年的冠雄塑胶厂，这家注塑公司的早期客户也不是空调厂，而是电视机厂之类，空调业务归属于珠海经济特区工业发展总公司旗下的另外一家名为海利的公司。冠雄塑胶厂由于管理不善，持续亏损，朱江洪加入之前朋友跟他讲，"有没有搞错，这样的厂你也敢去？"

2. 1988—1991 年，朱江洪时代：产品立业，品牌初成

新官上任三把火，朱江洪靠着脸皮厚，身先士卒搞生产、搞开发，重整企业文化，帮助冠雄塑胶厂拉回了电视、收音机、电风扇、洗衣机还有空调等多个产品的注塑件订单，并且还自己做起了电风扇的生意。1989 年，冠雄塑胶厂扭亏为盈。同一年，格力品牌 GLEE 注册完成。格力最早的名字是 GLEE，后来更名为 GREE。而且格力品牌最早设立是为了卖电风扇，而不是空调（因为冠雄塑胶厂不被允许与彼时属于同一集团的海利竞争）。有趣的是，现在两大国产空调品牌，都有一段做电风扇的经历，只是在电风扇这件事上美的做得更大更有名，而空调则是格力干得更好。

图 9-2　格力牌鸿运扇

（资料来源：百度图片）

虽然现在格力电器的官方历史是这样写的："珠海格力电器股份有限公司前身为珠海市海利冷气工程股份有限公司"，但格力这个品牌并非诞生于海利，只是业务发展于海利而已。在我们看来，格力的品牌诞生于冠雄塑胶厂，品质精神也始于朱江洪所领导的冠雄塑胶厂，所以我们斗胆在前文1985—1988年这段历史的描述中，用冠雄塑胶厂作为格力电器历史的起点，而非海利。1990年，董明珠进入格力电器，成为格力电器基层业务员。

3. 1992—1996年，前朱董时代：品质精神扎根格力，坐上头把交椅

1991—1996年，朱江洪任格力电器总经理。

1990—1994年，董明珠为格力电器基层业务员，1994—1995年，任经营部部长。

1991年，朱江洪开始兼任海利空调厂总经理，并在年底（11月18日）将两个公司合并，正式更名为"珠海格力电器股份有限公司"。

很快珠海经济特区工业发展总公司觉得格力的品牌效应出来了，干脆整个更名为格力集团，并且将格力品牌收归集团所有，授权集团旗下所有企业使用。这个动作也是后来格力电器和格力集团恩怨二十多年的起点。海利的问题跟之前的冠雄塑胶厂一样，就是管理问题很严重，产品品控很差。所以朱江洪来了就不得不将在冠雄塑胶厂做过的事情再做一次，而且做得更彻底。

1991年到1996年，朱江洪几乎就在做一件事，就是树立格力电器这个新公司的品质精神。品质精神的树立，消费者信任的逐步建立，成为格力未来二十多年的根基所在。朱江洪之所以如此重视品质，一是因为他深刻地理解品质的重要性，二是因为竞争形势所必需。

回顾当时的形势，当朱江洪接掌海利之时，春兰、华宝、三菱、松下、东芝、日立等国内外大大小小的空调厂已有数百之众。尽管1992年中国空调年产量才200万台不到，但市场增长的速度非常快，春兰、华宝等龙头厂商已经占领先机，大量厂商快速跟进，毫无名气而且生产能力羸弱的格力电器如何能够迎头赶上呢？

答案可能是这样的：1年时间维度上竞争的是规模，而3~5年时间维度上竞争的却是产品品质和消费者口碑。持续供不应求的状态使得空调根本不愁卖，导致很多厂商都没有尽早建立品质意识，一旦行业增速回落，无暇顾及产品质量的企业就会面临挑战。行业环境大变化之时，将会是朱江洪品质精神发光的关键窗口期。

这个变化其实很快就发生了。根据国家统计局的数据，我国空调的产量增速从1993年以前的100%以上，突然回落至1994年以后的30%左右的水平。格力电器1994年、1995年的收入增速分别为72%、130%，而春兰股份只有15%左右。

1992年，董明珠在安徽的销售额突破1600万元，占整个公司的1/10（总收入为1.62亿元）。同年，春兰股份收入7亿元，是格力的4.3倍。1995年格力电器的收入增长130%至25.6亿元，而春兰股份的收入只增长16%至18亿元，被格力电器超越。在朱江洪执掌格力仅4年之后，格力电器就登上中国空调销量的王位，再也没有下来过，转眼已经过去20多年。

4. 1996—2005年，朱董奋斗时代：10年价格战，成就"好空调，格力造"

1996—2001年，朱江洪任格力电器总经理，2001—2006年任董事长。

1996 年，董明珠升任格力电器销售公司经理，1997 年升任公司副总经理。2001年，董明珠任格力电器总裁。

朱董配正式成型。

1996—2006 年是格力电器最值得分析和讨论的时期，这个时期空调行业经历了一次持久而全面的大混战。在朱董通力合作下，格力电器的江湖地位全面稳固，铁板一块的"厂—商—客"生态锤炼成型，为后面 10 年的利润大爆发做好了充分的准备。这一役的成果是格力电器的收入增长了 10 倍，伤害则是公司利润只增长了 3.7 倍。

在 1995 年，格力电器坐上了中国空调行业的头把交椅，但是江山并不稳固。

国家统计局数据显示，1996 年中国空调产量为 646 万台，而格力电器生产了 90 万台，仅占总产量的 13.9%。而随着行业增速从高增长阶段进入中速增长阶段，行业竞争明显加剧。格力电器 1996 年年报这样写道："空调市场是旺季不旺，为争夺市场份额，许多厂家竞相削价销售。在巨大的压力和挑战面前，我公司经过全体员工的共同努力，奋力拼搏，生产空调 90 万台，比上年增长 29%；实现销售收入 28.4 亿元，比上年增长 11%。"这意味着均价下降了 14%。

不久之后开始的疯狂价格战一直持续到 2004 年。我们可以通过阅读格力电器的年报来回顾一下这几年的时光。

1998 年：公司在空调器价格下调 7% 的情况下，实现销售收入 42.98 亿元，比上年增长 24.54%（扣除折让后增长 5%），实现净利润 2.12 亿元，比上年增长 6.77%。

1999 年：我国空调器的普及率还较低，需求总量每年以较快速度增长，行业将保持较快发展。公司在激烈的竞争中稳步发展，1999 年生产空调 153 万台，销售 146 万台，产销量居全国第一位，继续保持行业领先优势。

2000 年：我国空调器的生产能力远远大于市场需求，市场价格不断下降，企业要盈利将更加困难。我公司在 2000 年激烈的竞争中稳步发展，2000 年生产空调 200 万台，销售 193 万台。

2001 年：空调行业供求关系严重失衡，生产能力远远大于市场需求，市场竞争十分激烈，市场价格继续下滑，主营业务利润率越来越低。公司 2001 年销售 236 万台空调，比上年增长 22%，实现销售收入 65.88 亿元，比上年增长 6.64%。

2002 年：本报告期空调市场价格继续下降，二三线品牌相继大幅降价，竞争十分激烈，同时由于天气原因，销售旺季不旺。

2003 年：空调行业一方面依然保持着供过于求的局面，市场竞争十分激烈，市场价格继续下滑；另一方面在钢、铜、铝等价格大幅上涨的带动下出现材料成本全面上涨的局面，空调行业毛利率继续下降，市场开始淘汰行业中规模较小的企业，市场集中度进一步提高。

2004 年：空调行业竞争依然十分激烈。虽然空调行业市场价格基本保持稳定，全行业出口量大幅增长，但在钢、铜、铝、塑胶等价格上涨的带动下出现空调材料成本上升，加上出口退税比例由 17% 下降到 13%，空调行业获利空间继续下降，许多品牌在市场竞争中黯然退出，市场集中度进一步提高。

2005 年：在本报告期，受房地产调控政策及电力供应紧张等多种因素的影响，空调行业国内市场比较平稳，竞争异常激烈，行业整合速度明显加快，很多品牌已被市场淘汰，目前市场上只剩下近 20 个空调品牌还比较活跃，市场集中度明显提高。

2006 年：在本报告期，国内空调市场总量略有下降，国外市场增长较快，原材料价格大幅上涨，竞争异常激烈，行业整合速度加快，市场集中度进一步提高。

2007 年初，张瑞敏说："家电产业是充分竞争的行业，目前的利润率仅在 2%～3%，已经像刀片一样薄了。"

这是空调史的一个大拐点。2006 年之后，空调行业再次迎来了一个大大的春天。

看似惨淡，但在这个时期，另一件更重要的事情一直在持续发展，那就是随着价格战的不断升级，供给结构保持着持续的优化。持续的价格战使得某些厂商想尽办法降低成本，但也同时牺牲了产品质量，短期内可能不会有什么问题，但是在 5 年的维度中，足以改变整个消费者的认知。这注定是一个优胜劣汰的过程，规模大的公司凭借规模效应，在相同的价位上尚能获利，但是小型企业却根本无法生存。

根据一份统计，2000 年中国空调品牌大约有 400 家，2003 年空调品牌下降到 140 家左右，2004 年市场上主要的活跃品牌仅为 50 家左右，2009 年国内市场仅剩下 29 个品牌，2012 年后能够听到声音的品牌其实也只有 10 多家。10 年的时间，空调品牌淘汰率达到了 90% 以上。

目光回到格力电器身上，2003 年以后的几年中，格力电器年报的管理层讨论与分析中都会提到一件事，就是市场集中度进一步提高，其中，2005 年的措辞最为强烈："市场集中度明显提高。"

我们简单估算一下，1996 年格力电器在国内的量份额估计在 10% 左右，而到了 2005 年，其量份额估计已经在 20% 左右，这个份额在 2006—2007 年还在快速提升。相应地，1996 年格力电器的收入为 28.4 亿元，到了 2006 年则达到 264 亿元，实现了 8 倍多的增长。

那么，格力电器究竟做对了什么呢？——空调工匠精神。

在中国家电行业，格力电器可能是唯一一个自始至终都专心做一个产品的公司，也是唯一一个靠一个品类就做大做强的公司。而主要竞争对手们大都进行了大量的产品多元化。

当然多元化并不一定是坏事，既有因为多元化败退的春兰，也有因为多元化成功的美的和海尔。但是，在所有的家电品类中，空调是最特别的一个，因为空调行业的龙头企业格力电器的市场份额和盈利能力都远远超过其他任何一个品类。

这是专注的力量。在朱江洪的每一天，格力电器都在推进他的精品工程。读《朱江洪自传：我执掌格力的 24 年》，你会发现他在所有的竞争要素中最看重的就是产品。在今天，主流品牌空调的产品质量都还不错，但是在我们讨论的这十年之中，品牌之间的产品质量可是泾渭分明的。否则，一句"好空调，格力造"也不会那么深入人心了。

与此同时，格力电器专注国内市场，大力发展自主渠道。如前所述，随着大量厂商进入，产能快速释放，1995年之后爆发了多次大大小小的价格战。价格战不断压缩国内市场的盈利空间，空调从暴利产品逐步缩水成为薄利产品，这使得很多企业将目光投向盈利能力相对稳定的OEM出口市场。

产业在线的数据显示，2001年中国空调出口比例大约只有28%，到2005年则上升至50%之高。格力电器的外销比例则基本以20%为上限——对中国市场的热爱，格力电器应该是所有家电公司中最深的一个。

董明珠主导的格力电器的渠道演变历史，以及其渠道的独特之处都值得大书特书，但是因为董小姐的《行棋无悔》等几本书已经写得很详细了，我们便没必要在这里再做赘述，简单做个总结如下。

产品和渠道，基本构建了我们所能观察到的主要竞争优势。但是还有一个非常核心的因素在支撑这两个显性要素，就是朱江洪构建的企业文化。在产品和渠道的关系上，产品是锦，是根本，渠道是绣，是枝繁叶茂；格力电器商业模式核心的描述是平衡共赢。

我们来看一下格力电器的一些有趣现象。

（1）管理层的平衡共赢

朱董都是强大的管理者，一般而言一山不容二虎，但是朱董的关系在合作时期是非常稳定牢固的。尽管后来有些小道消息，但是可以确定1997—2012年这16年关键合作期中，朱董一致战线是非常明确的。在珠海，（曾经）能让董明珠服气的人，估计没几个人，而朱江洪是其中一个。

（2）"厂—商"关系的平衡共赢

格力电器的经销商可能是国内最难撬的一个群体（至少曾经是这样）。关键在于，格力电器一直很好地保护经销商的利益，年终返利等制度就是格力电器特别引以为豪的发明。

除此之外，格力电器对经销商利益的维护可以说是系统而全面的，特别值得指出的是，格力电器会干预到渠道的专卖店端，大户制—多大户制—区域销售公司制的几次重大演进，都是在不断提升渠道的稳定性，构建全面的利益共同体。

下文摘自《朱江洪自传：我执掌格力的24年》："我曾看到媒体的一篇文章，文章说：'笔者常听到一些企业的业务员感叹，格力不知给经销商吃了什么迷魂药，在二、三级市场，格力的网络太牢固了，经销商简直是软硬不吃，油盐不进，你给他谈了半天，他张口闭口就是那句话：人家格力……'其实，我心里自然明白：如果有什么'秘密'，那就是诚信；如果有什么'迷药'，那就是'共赢'。"

（3）"厂—客"关系的平衡共赢

"好空调，格力造"，这个"好"包含了两个层面的意思：一是格力电器的空调质量有保证，跟谁比呢，跟大多数的国产品牌比；二是格力电器的空调价格合理，跟谁比呢，跟国际品牌比。对消费者而言，买空调还是买格力好，质量放心，而且价格还不算贵。良心产品，良心价格。

根据中怡康的监测数据，2007 年，格力空调零售均价约为 3100 元，略高于国产品牌的 2900 元，但是明显低于国际品牌的 4000 元。格力 23 年王者地位靠的是"厂—商—客"共赢生态。

公允地说，朱江洪构建的格力"厂—商—客"互信共赢文化理念，是格力能够稳坐江山二十余载最重要的基础，历年的产品创新和渠道发展，是这个文化理念的发展和演绎。

5. 2005—2012 年，朱董巅峰时代：定价权

2006 年至 2012 年 5 月，朱江洪任格力电器董事长，董明珠任副董事长、总裁。

从有限的史料上看，价格战最激烈的年份大约是在 1994 年、1996 年、2000 年、2002 年，到 2004 年左右，尽管价格战仍在继续，但是产业中开始发出一些积极的声音，号召大家把注意力放到产品上，不要一味地通过价格来竞争，这个声音开始被越来越多的人认可和接受。

在 2005 年，随着市场集中度的提升，行业竞争格局逐步稳定，价格战的热度开始衰减。此时行业面临的问题是成本。主要原材料价格在经济增长预期高涨的环境中出现了长达 4 年的快速上涨期，给本来就在价格战踩躏下喘息的空调行业又一个响亮的大耳光。

没有人能再打价格牌了，因为不涨价就得死。但问题是，涨价可能也会被挤死，因为一旦涨价，消费者可能会加速向龙头集中。2005 年是空调行业十多年来成本压力最大的一年。这一年，也正是格力年报对市场集中度提升最乐观的一年。

根据历史报道，2005 年国美、苏宁的零售均价同比提升了 15%，其中高端精品空调占比也上升了 15 个百分点，达到 40%。尽管格力的利润率要到 2007 年才开始正式回升，但是消费者和厂商在长达近 10 年的价格战之后重新燃起的对品质的追求，已经给了格力空调行业的定价大权。

等所有人意识到价格竞争没有结果，产品竞争才是关键的时候，它们已经远远落后于格力了。实际上，一旦市场从价格竞争进入消费升级的新趋势，低价低质产品不再受消费者欢迎，中小品牌想要在产品和品牌形象上超越格力电器就毫无可能，它们唯一的武器失效了，而格力电器积累多年的优势则变得更加明显。此时，格力的产品定价，就是消费者最认可，也是所有厂商都必须接受的基准定价。

此时市场定价权基本由格力掌握，行业开始加速出清。按照笔者估算，2004 年格力电器在国内总销量份额只有不到 20%，而到 2006 年则接近 30%，2009 年接近 40%！

2007 年，原材料价格企稳，以格力电器为主导的空调行业新格局发展成熟，主要国产品牌的销量大都集中在前三家公司手中。

竞争格局趋稳，成本趋稳，消费者对品质的追求日益增加，空调行业大治时期到来，零售均价稳步提升，中外差距缩小，行业盈利水平开始全面持续地回升。

注: 第1阶段为1993—1999年，第2阶段为2000—2004年，第3阶段为2005—2010年，第4阶段为2011—2015年，其中第3阶段为恢复期。

图9-3 格力电器的毛利率和净利率的几个重要阶段

(资料来源: Wind数据库)

2005—2012年发生了几件大事情，包括国际金融危机，以及2007—2011年强力的地产政策、家电补贴政策，使得行业出现了一定的波动，但是整体而言，这些变化只是阶段性地加快或放缓了格力的增长速度，对格力在行业中的地位持续提升，以及空调行业竞争格局持续优化，盈利能力持续提升的趋势，再也没有产生实质性的干扰。

2005—2012年，格力电器收入复合增速为28%（行业产量CAGR为9.6%），利润复合增速为43%。8年收入扩张7.2倍，利润增长18倍，成为A股市场成长最快的公司之一。

6. 2012—2018年，董明珠时代：暴利时代，守成攻败

2012年5月，朱江洪退休，董明珠任格力电器董事长。随即董明珠提出5年再造格力，也即2017年达到2000亿元收入的目标。朱江洪圆满退休，董明珠顺利接掌，格力进入了新的发展阶段。

随着中国空调行业逐步进入成熟期，行业收入增速放缓，加上格力的市场份额已经高达近45%，格力的收入增速也呈现放缓的态势。

虽然收入增速放缓，但是格力的盈利能力在这个时期是加速上行的。2011年格力的净利率只有6.3%（利润总额为52亿元），到2017年，已经稳步上升至14.9%（利润总额达到224亿元），净利率6年提升140%。14.9%的净利率对于一个制造业企业而言，是一件非常惊人的事，但是格力做到了。

伴随着高速增长的利润，格力的分红率也在持续提升，给投资者带来了丰厚的回报。截至2017年底，格力电器融资49亿元，累计分红19次共计418亿元。从分红率看，21世纪初的价格战使得分红率大幅降低，随后随着盈利能力的提升开始恢复。董明珠执掌格力时期，格力的分红率一路从29%上升到2016年的70%。

以上这一切，当然主要是靠空调。虽然在产品形态和市场地位上没有发生太大的变化，但公司的行为模式和特性仍旧发生了比较多的变化。财务报表的数据背后，隐藏着很多深层次的改变。

企业是由人组成的，当然也是由人领导的。一个企业的领导决定了企业的风格。"营销女皇"董明珠执掌的格力电器，自然也就比朱江洪执掌的时候多了一份进攻性，在渠道上的发力也更加明显。

尽管跟朱江洪一起征战多年的董明珠也非常理解产品的根本重要性，并且在任何一个场合都会反复强调格力产品立业的文化和信念，但是在这个时期，我们看到格力电器的实质性重大变化，仍旧主要发生在渠道和营销方面。新的"厂—商"关系开始建立。

沉淀了10年的区域销售公司，终于迎来了一场大变革。2011年起，格力在全国范围内的区域销售公司纷纷更名或成立了"盛世欣兴格力贸易有限公司"，形成一个全新的格力销售体系。新的体系虽然保留了大部分原有销售公司的结构和政策，但盛世欣兴这个新架构更倾向于集中管理。这个架构在格力后来的冰箱、手机等产品多元化尝试时有明显的表现。

我们可以更直接地从财务报表上看到，格力电器与经销商的关系发生了趋势性的变化。格力通过返利机制来激励经销商扩大销售，一般而言，格力会给经销商设定增长目标，如果达成则在年底给予其总销售额的一定比例作为奖励，反之则没有。这个激励会预先由公司估计并计入销售费用中，并在目标实际达成时兑付。因此，格力的资产负债表中有一个重要的科目来汇集公司对经销商的"激励"。这个科目是"其他流动负债—销售返利"。

正常来说，这个科目在每年年底应该不会太大，因为大部分情况下如果经销商完成目标，返利会结算兑付。2012年之前，也确实如此。但从2012年开始，"其他流动负债—销售返利"科目开始出现趋势性上升，到2017年底，其他流动负债余额达到了近610亿元，占流动负债总额的40%有余。

绝大部分研究者认为，其他流动负债余额的相当大一部分实际上是格力没有体现在利润表中的隐藏利润，经过多方求证和计算，这个判断基本正确——估计60%以上的其他流动负债可以认定为权益而非负债。今天，其他流动负债已经成为市场重估格力真实利润、有效估值的一个核心财务窗口。

这背后同时产生了另一个问题，那就是在这个利润爆炸的年代，工厂留给渠道的利润比例相比之前可能已经大幅缩水了。当然，假如未来行业承压，格力或许也会通过这个留存利润池来帮助渠道渡过难关。

格力比以前的任何一个时期都要强势，大家长的角色跃然纸上。公司也开始了更激进的多元化、形象展示。

与朱江洪不同，营销出身的董明珠显然更理解营销的套路和效果。无论是在股东大会上还是在媒体上，董明珠的敢言敢语跟朱江洪的低调谨慎形成了鲜明的对比。董明珠执掌格力的这7年中，有一系列饱受争议的言论和行为，这在朱董时代是没有出现过的。例如，董明珠高调代言格力品牌，经常高调发表观点，公开评论竞争对手等。

另外，董明珠时代的格力在多元化方面表现得更为激进，在小家电（大松TOSOT）、冰箱（晶弘）、手机、新能源汽车、机器人、芯片等多个领域进行了尝试。现在格力整个企业的个性和战略与朱董时代相比有了实质性的变化。可以说，今日的格力与2012年之前相比，已经相当不同了。

空调的行业定价权的利润在这一时期被充分挖掘，尽管主要竞争对手穷追猛打，但格力的王座从来没有真的动摇过，谓之"防守成功"；但数次进行多元化尝试，都还没有很大的实质性成果，格力发展的天花板问题没有得到实质性解决，谓之"进攻暂败"。

7. 2019 年至今，董明珠后时代的格力：混改成功落地，空调王者开启经营新篇章

2019 年 5 月 22 日，在格力电器举办的意向投资者见面会上，包括百度、淡马锡、高瓴资本、厚朴投资在内的 25 家机构投资者济济一堂。这些平时被前簇后拥的金主大佬们，此时却在争先恐后地表达一个意愿：希望格力能给个机会，让自己把 400 多亿元花出去。

2019 年 10 月 28 日晚间，格力电器做出了最后的决定。本次控股股东协议转让的股份，确定由高瓴资本主导的珠海明骏投资合伙企业成为最终的受让方。这家中国数一数二的家电企业，终于在混合所有制改革上走出了关键的一步。

2019 年 12 月 2 日，混改成功落地，格力电器控股股东格力集团与珠海明骏签署《股份转让协议》。格力集团以 46.17 元/股的价格向珠海明骏转让 15% 的格力电器股权，合计转让价款 416.62 亿元。

公司从国有控股转变为大股东、核心管理层、机构投资者等多元化的股权结构，治理结构得到了根本性的改善。混改之前，格力电器最大的股东是珠海市国资委，持股比例为 18.22%，作为国有控股企业，公司治理中存在委托代理问题。同时，公司管理层股权激励较少，管理层利益与上市公司绑定较弱，有限的激励幅度难以充分激发管理层积极性。激励的明显提升会使管理层利益和上市公司更加一致，也将带来管理层的长效稳定。经计算，董明珠及 17 名核心管理层通过格臻投资出资 24.35 亿元受让格力电器股份，占合计认缴金额 218.50 亿元的 11.14%，即董明珠及 17 名核心管理层通过格臻投资受让格力电器股份 1.67%。

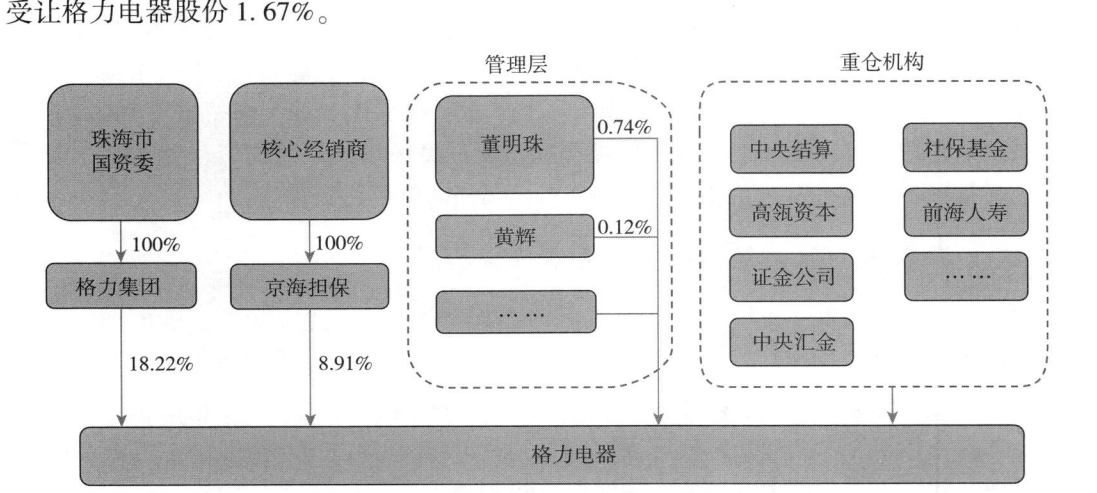

图 9-4 格力电器股权结构（混改前）

（资料来源：公司公告）

混改落地后，公司基本实现以管理层为中心，珠海高瓴、HH Mansion、Pearl Brilliance 和管理层实体形成稳健三角的管理架构。

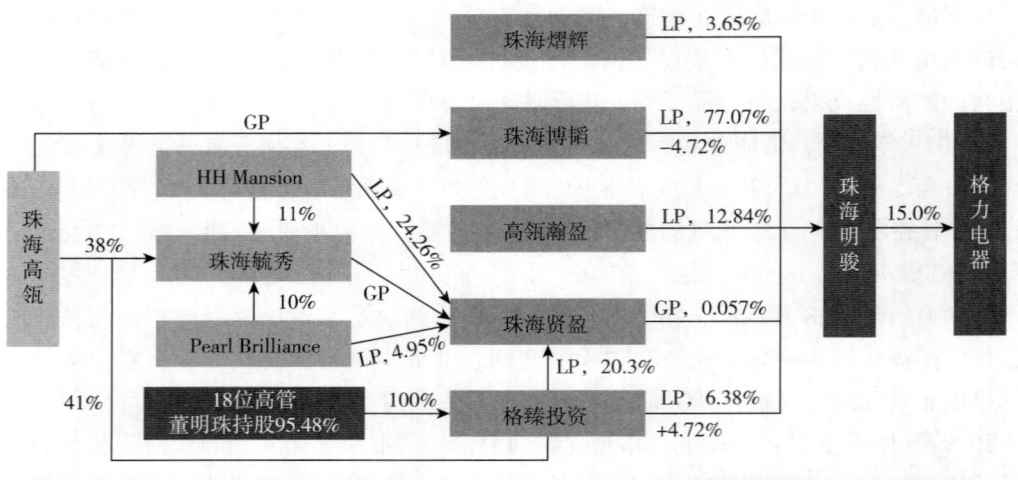

图9-5　公司实现珠海高瓴、HH Mansion、Pearl Brilliance 和管理层稳健三角的管理架构

（资料来源：笔者根据公司公告整理）

分红率50%+目标明确，4%的潜在股权激励同样值得期待。管理层与股东利益的进一步绑定带来后续分红率大幅回升和更大范围的股权激励。珠海明骏承诺在上市公司涉及分红的股东大会中积极行使股东投票以尽力促使上市公司每年净利润分红比例不低于50%。且珠海高瓴、HH Mansion、Pearl Brilliance 和格臻投资一致同意，在本次交易完成交割后，推进格力电器层面给予管理层实体认可的管理层和骨干员工总额不超过4%格力电器股份的股权激励计划。格力账面有超过千亿元的净现金资产，且目前并无大额资本开支，分红率的提升会带来股东利益的最大化，还将明显提升对长期资金的吸引力。

根据过往高瓴资本的投资案例，预计高瓴资本将更注重格力电器空调主业的发展，且在新零售方面对格力电器的赋能有利于公司的长期发展。高瓴资本战略资源储备雄厚，有望帮助格力电器打造互联网基因，进行全面数字化升级。高瓴资本和腾讯系、京东系关系密切，可以说在京东的发展过程中重要程度最高的战略投资伙伴非高瓴资本莫属，高瓴资本有能力引入互联网巨头的力量赋能格力电器的新零售。

（二）产业链一体化筑高壁垒，成本优势尽显

格力通过高度垂直一体化的制造体系、明显的规模优势及强大的渠道掌控力，在制造端和渠道端均领先其他竞争对手。（1）自产核心零部件保障性能和成本领先；（2）对上游供应商的议价能力更强，钣金、铜管等原材料采购成本更低；（3）长期积淀的供应商管理和品控体系保障品质稳定性更优；（4）强大的渠道掌控力。因此，在二线品牌仅能实现微利的情况下，格力空调的净利润率达到15%以上。

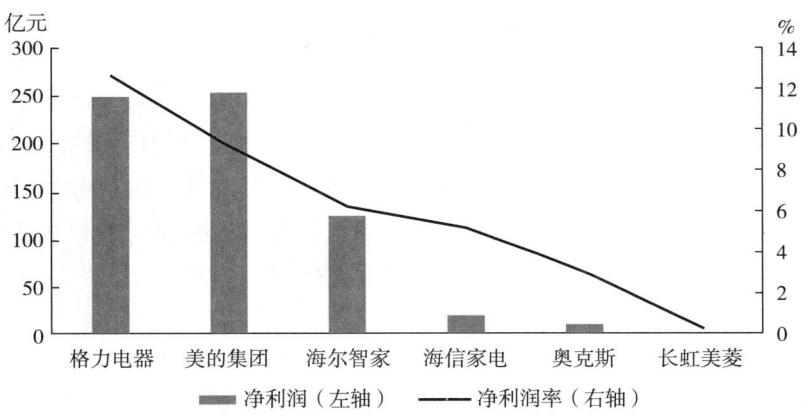

图 9-6　空调龙头公司盈利能力与二线品牌差距进一步拉大

（资料来源：各公司财报）

1. 上游核心部件实现自配套

在格力空调的整个价值链中，压缩机、原材料、其他零部件分别占生产成本的约 35%、35%、20%。格力在空调领域逐步向产业链上下游延伸，压缩机、电机等核心零部件大部分实现自配套，制造成本优势非常明显。

格力通过子公司实现部分零部件自产，打通上游供应链。格力旗下子公司有凌达压缩机（生产压缩机）、珠海凯邦电机（生产电机）、珠海格力电工（生产漆包线）、珠海格力新元电子（生产电容器）、多家精密模具公司（生产精密模具）。其中凌达压缩机是核心组件，占除原材料以外的成本 1/3 以上，在 2004 年被格力收购，下辖珠海（总部）、合肥、郑州、武汉、重庆 5 大生产基地，年产 5000 万台。通过子公司，格力实现大部分零部件自产，打通了压缩机、电机、电容、漆包线等上下游供应链。

规模和技术壁垒高，投资回报率低，空调压缩机行业很难有新进入者。压缩机行业技术壁垒较高，除了凌达一家纯内资企业处于行业第一梯队外，其余领先的压缩机企业均为中外合资，主要承继了日韩的压缩机技术。同时，空调压缩机行业自 2005 年起已很难再有新进入者。自 2010 年以来，压缩机行业年产销量始终在 1 亿～1.5 亿台，直到 2017 年才再度实现大幅增长，新进入者在行业回报率本就不高的情况下，很难在规模上实现突破以降低成本。

2. 格力为上游配件生产商供应原材料，放大成本优势，保障产品质量

格力为上游配件生产商供应原材料。格力自己采购原材料，并转手给上游的配件生产商；上游的配件生产商在接到供货后，生产完产品后再交付给格力等空调制造商，格力既是供货商也是客户，这个过程被称为"甲供"。

首先，"甲供"是格力核心产品质量的重要保证。通过"甲供"，格力能够自主选择满足质量要求的原材料，为产品的品控管理奠定基础。

其次，格力庞大的规模和稳定的出货节奏使得"甲供"可以为格力提供相对低于同行的成本。上游配件生产商采用的是"成本+目标毛利"定价模式，其中，成本是大宗

原材料基准价格，目标毛利区间是双方企业谈判得到的。上游配件生产商目标毛利的制定就是追求单位时间效益最大化。此外，上游配件生产商在导体加工、绝缘、成缆、护套加工、挤出等工序上机械化程度较高，具有一定的规模效应。大批量规模化生产可有效节省生产过程中换料、清洗、试产、停机等产生的损耗，提高设备和人员的工作效率，相对于小批量定制化生产，目标毛利可适当降低。而格力产能相对季节性平滑，传导到上游配件生产商所需要的单位时间产值平滑，且对供货时间要求相对弹性较高，因此上游配件生产商对格力的毛利率可以实现季节性平滑，因此格力可以实现低于同行的成本。

2018 年格力的其他收入为 294 亿元，占收入的 15%，毛利率为 12%。其他收入占比仅次于空调收入占比（78%）。格力的其他收入主要是原材料转手的收入，毛利是转手的价差。"甲供"提供的其他收入来源降低了格力的成本。

3. 更强的产品力、品牌力和实力更强的代理商带来格力强大的渠道掌控力

由于格力特殊的高返利政策以及高渠道库存的存在，格力在经销商渠道获得的利润率以及现金回报率均最高，并且经销商的利润率也显著高于其他渠道商。值得注意的是，格力更强的品牌力、实力更强的代理商，意味着格力的渠道管理成本反而比竞争对手更低。

（三）全球暖通龙头企业对比

在全球暖通龙头企业中，大金工业（以中央空调为主）、格力电器（以家用空调为主）是业务结构单一的暖通空调企业，其他暖通空调龙头都是综合性公司。全球暖通龙头普遍具有较优的盈利能力，毛利率在 25%～35%，ROE 也属于中高水平，较好的盈利能力和优质的现金流，使得全球暖通龙头普遍落实较高的分红政策。

全球空调龙头大金工业的扩张之路

（1）全球化打开市场空间天花板

20 世纪 90 年代，日本的空调市场趋于饱和，大金工业的规模收益开始递减，2000年后，大金工业的全球化发展带来海外收入的直线上升。其中，在欧亚市场，大金工业主要通过自有品牌迅速拓展；在北美市场，大金工业通过并购实现突破增长。2008年，其美国业务通过并购奥维尔出现飞跃，2014 年，通过并购 GOLDMAN 成为北美空调龙头。

中国和美国市场表现最为优异，大金工业海外收入占比不断提高。公司海外收入占比从 2000 年的 32% 迅速增长到 2018 年的 76%。尤其是中国和美国市场表现优异，分别占大金工业海外收入的 25% 和 16%，为近几年大金工业规模迅速扩张的主力，但大金工业在这两个市场的成功之路却截然不同，后面我们会详细阐述。

净利润快速增长，盈利能力进一步提升。经历了国际金融危机和 2011 年日本地震的严重打击后，大金工业很快通过海外市场的优异表现迅速恢复业绩。此外，国际金融危机后，公司盈利能力迅速提升，净利率从国际金融危机低谷时的 2% 上升到 2016 年的

7.6%，已超过国际金融危机前的最高水平。

（2）自主品牌进入新兴及欧洲市场

大金工业在全球不同市场的初次进军遭遇了截然不同的结局。中国、欧洲和美国从竞争格局和产品来看完全不同，大金工业初期都采用了开设子公司销售自己产品的方式，却在两地遭遇了冰火两重天。大金工业在中国和欧洲市场份额迅速攀升，在美国却只能两次遗憾退出。

大金工业搭上中国空调快速增长列车。1995年，大金工业看到中国空调的广阔市场，与上海协昌缝纫机厂合资设立上海大金协昌空调有限公司，并在上海建设"Sky Air"等年产30000台规模的工厂。1997年，上海大金、西安大金、惠州大金相继开始生产，至1999年，大金中国即实现了盈利，2001年便收回了投资。同时，其采取差异化战略打造"大金空调是空调中的奔驰"。中国空调快速增长初期，厂家杂乱林立，竞争激烈。大金工业通过投入商用"VRV"以及"Sky Air"天花板嵌入型家用空调这种最尖端的高附加值产品，很快打入了中国的高端市场。大金工业至今仍占据中央空调高端市场，均价比国产空调贵很多。

大金工业以自有品牌进入欧洲取得成功。大金工业1966年进军欧洲市场，1973年大金工业的首座欧洲厂房在比利时建成，开始生产小型风冷商用空调和水冷设备。1995年，大金工业成为欧洲空调市场份额第三名，到了2004年，大金工业跃升为欧洲空调市场份额第一位。

大金工业两次以自有品牌进入美国市场均以失败告终。1981年，美国市场竞争激烈，价格水平低，大金工业首次进入但遗憾撤退。因为美国空调市场和日本完全不同，家用空调均为窗型，价格仅为日本的1/3；商用空调也多为风管式的小型住宅分离型，竞争十分激烈。大金工业将其热泵多联型家用空调作为主力产品在美国发售，产品相对于美国本土产品而言并无竞争力，只能在1988年全面撤退。2000年和空调巨头特灵合作也没有显著提升美国市场份额。大金工业于2000年与特灵签订合作协议，希望以无风管空调进军美国市场。在生产上，两公司采用分别生产的体制，在世界各地互相供给。和全球空调巨头的强强合作使大金工业缺乏自主能动性，其在美国市场的份额并没有显著提高。

大金工业在中国和欧洲能够获得成功，主要有以下两个原因：①中国和欧洲空调市场竞争强度小：中国空调市场刚刚起步，而欧洲气候寒冷，空调需求不大，产生不了实力较强的空调厂商。②大金工业的产品适合欧洲市场：欧洲有很多历史悠久的建筑物，很难重新大规模设置风管和水配管，因此对于无风管产品占优的大金工业是个绝佳的机会。

美国并不具备欧洲那样成为大金工业发展的天然土壤的条件，在美国的试水完全暴露了大金工业在产品、价格以及渠道方面的全部劣势。①美国市场竞争激烈：北美空调四巨头开利、特灵、约克、麦克维尔主导市场多年，且美国空调已经有很高的普及率，新进入者很难有发展空间。②大金工业的优势产品水土不服：美国的家用空调均为窗型，商用空调也多为风管式的小型住宅分离型，与大金工业以小型商用空调为主的业务有很大不同。③美国空调价格较低：美国家用空调价格仅为日本的1/3，一旦日元升值，大金工业将在美国彻底丧失竞争优势，这也是大金工业在广场协议后退出美国的主要原因。④渠道劣势：相对于北美空调四巨头在全美遍布的销售网络，大金工业作为外来者拓展销售网络精力有限，销售也必然无法达到很好的效果。

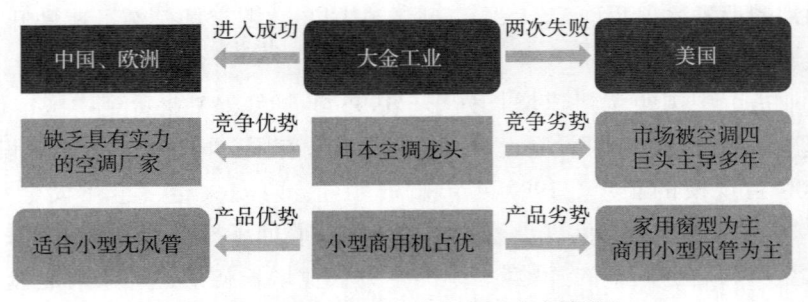

图9-7 美国市场不适合大金工业直接进入

（资料来源：笔者整理）

（3）以并购方式进入美国市场

并购让大金工业最终实现了在美国市场的成功。2006年5月，大金工业以2320亿日元收购麦克维尔。麦克维尔是北美空调四巨头之一，为马来西亚空调企业奥维尔的子公司。麦克维尔拥有大型商用空调的生产技术、在低成本产品上的竞争力以及在北美的渠道优势，恰能弥补大金工业在大型商用空调以及在北美渠道方面的劣势。收购完成后，大金工业空调收入海外占比超过50%。可收购麦克维尔后不久就赶上了2008年国际金融危机，大金工业和麦克维尔的合作并没有达到预想中的效果。2012年之前，美国空调收入占大金工业总收入的不到10%，远不如中国市场的表现，美国市场还有待进一步渗透。

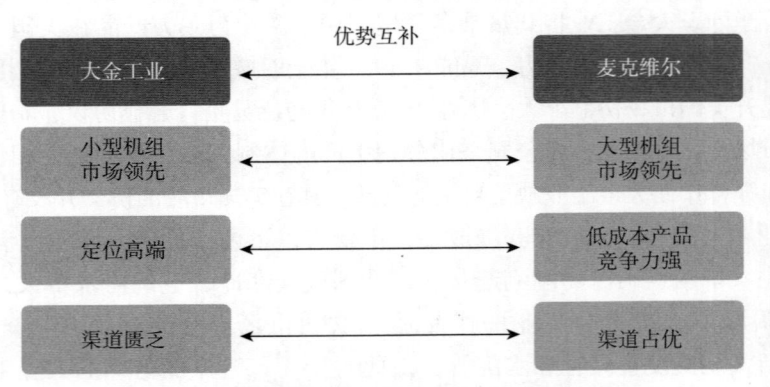

图9-8 大金工业和麦克维尔实现协同效应，优势互补

（资料来源：Bloomberg）

大金工业收购北美家用空调第一名古德曼，配备完整销售渠道，北美事业再上一个台阶。古德曼是美国家用空调市场的绝对龙头，拥有丰富的渠道网，成本优势显著。2012年，大金工业斥资2960亿日元收购古德曼，以期在收购麦克维尔后进一步加强稍显薄弱的北美和中南美业务。

①家用空调市场优势明显：古德曼 90% 的营业收入来自住宅市场，占据家用空调 25% 的市场份额，于 2011 年超越开利成为美国家用空调第一名。古德曼家用空调的优势弥补了大金工业家用市场的劣势。

②低成本经营：古德曼具有牢固的销售网络和低成本生产的优势，通过彻底的高速、批量生产来形成成本竞争力，例如，古德曼偏爱在生产高峰期雇佣大量临时工来削减成本。此外，古德曼将工厂直接与经销商结合来完备销售和服务体制，使用从采购到开发、制造、物流的供应链管理一条龙体制来进行减量经营。

③高端市场以及全球渠道具有劣势：古德曼在高档机方面没有技术，全球销售网络匮乏。

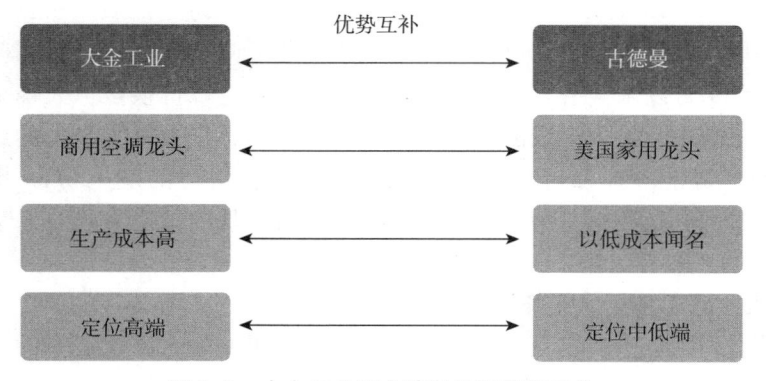

图9-9 大金工业和古德曼实现优势互补

（资料来源：Bloomberg）

商用空调起家、家用空调稍显乏力的大金工业在完成收购后获得了古德曼在美国的大量的销售网点，通过家用和商用互补发挥协同效应，让北美事业再上一个台阶。2006 年以前，美国市场占大金工业总收入的不到 5%。对麦克维尔和古德曼的两次成功收购，让大金工业和收购标的之间发生了良好的协同效应，在产品线以及渠道方面进行优势互补。2016 年，其美国市场的收入占比已跃升到 25%，成为大金工业最大的海外市场。

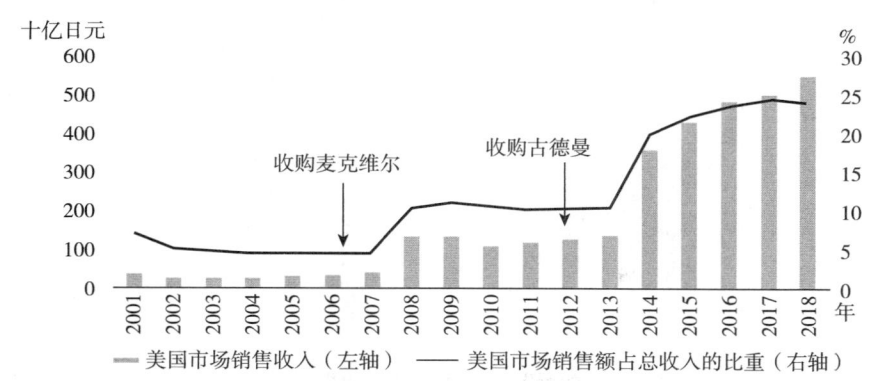

图9-10 两次关键收购后美国已经是大金工业最大的海外市场

（资料来源：Bloomberg）

（四）格力的未来：从防守到进攻

1. 发力线上重塑双寡头竞争格局，砍掉竞争缺位带来的小企业生存空间

2015 年的价格战之后格力的市场份额并没有上升。除了去库存的影响外，另一个重要原因在于二线品牌通过线上再次实现增长。因为奥克斯的崛起，价格战后空调行业集中度反而有所下降。

格力的产品结构偏向中高端，给了"奥克斯们"以低价攫取市场空间的余地。根据奥维云网的数据，线上市场空调 2300 元以下的销量占比超过 50%，格力在中高端市场占据领导地位，但过去在低端价位段并无主力机型，竞争缺位使得过去格力在线上占比始终不高，让二三梯队以及互联网品牌们凭借价格优势得以迅速发展。一旦格力的竞争策略转向全面夺取市场份额，凭借自身强大的品牌势能和成本优势，二线品牌无力突围。

自 2019 年 11 月以来，格力三次发布让利活动公告，以价换量，大幅抢占二线品牌份额。本轮价格战中，格力三级能效空调降价力度空前，加上格力强大的成本优势，导致其他品牌的三级能效产品降价很难起到防御作用，格力的线上份额出现了大幅上升，根据中怡康的周度数据，2019 年 11 月、12 月两个月内，格力的线上零售量份额同比增加超过 15%。

2. 更积极地探索多元化业务

在强势的空调主业下，多元化一直没有实质性成果，随着高瓴资本的入局，预计格力将更积极地探索多元化业务。在生活电器业务方面，格力采用三大品牌经营，包括晶弘（冰箱）、大松 TOSOT（小家电）、格力（洗衣机、油烟机）；在高端制造方面，掌握了工业机器人、数控机床等智能制造关键技术；在半导体方面，2018 年 10 月格力 30 亿元战略投资闻泰科技，支持其收购全球半导体龙头安世集团项目，格力持有闻泰科技 12.33% 的股权。2020 年 6 月，格力以 20 亿元现金认购三安光电非公开发行 A 股股

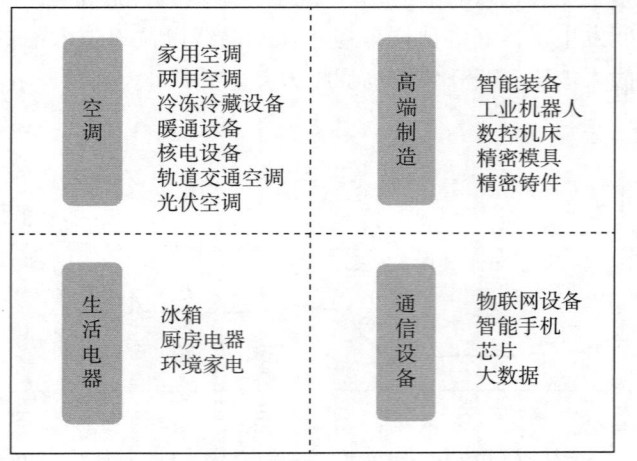

图 9-11 格力电器产业规划

（资料来源：公司官网）

票，公司将持有三安光电 2.56% 的股份，此次对三安光电的战略性股权投资，使得格力有望借助三安光电的半导体研发优势以及领先的市场地位，进一步在中央空调、智能装备、精密模具、光伏及储能等板块打入半导体制造行业，同时通过与三安光电在半导体领域的合作研发，有助于进一步提升公司在相关领域的技术积累。

3. 全球化是长期发展战略

中国已是全球家用空调生产基地，全球化是格力的长期发展战略。据产业在线统计，2019 年，全球家用空调产量为 1.85 亿台，中国产量占比为 80%，已成为全球最大的空调生产基地，而在中国市场中，格力、美的已形成非常稳固的双寡头垄断格局。

三、贵州茅台：高端白酒，唯有茅台

贵州茅台（600519.SH）是我国白酒行业的标杆企业，主要生产销售世界三大名酒之一的茅台酒，是我国大曲酱香型白酒的鼻祖和典型代表。公司成立于 1999 年，由贵州茅台酒厂有限责任公司作为主发起人联合贵州茅台酒厂技术开发公司、深圳清华大学研究院等多家公司发起设立，主要从事茅台酒系列产品的生产和销售。2001 年 8 月 27 日，公司于 A 股上市，截至 2020 年 9 月 30 日，公司总市值达 20960 亿元。茅台酒历史悠久、源远流长，具有深厚的文化内涵，距今已有 800 多年历史，1915 年荣获巴拿马万国博览会金奖，与法国白兰地、英国威士忌并称为"世界三大（蒸馏）名酒"。茅台酒生产工艺特殊，从投料到出商品酒需经 5 年时间，且需配合茅台镇特有的地域、气候等条件，因此具有模仿者不可逾越的技术壁垒。截至 2019 年末，公司茅台酒制酒车间设计产能为 38528 吨，实际产能为 49922 吨，形成了低度、高中低档、极品三大系列 70 多个规格品种。截至 2019 年末，公司总资产达 1830 亿元，员工总数为 27005 人，2017—2019年分别实现净利润 290 亿元、378 亿元、440 亿元。

登顶之史：战略、产品、渠道、产能，缺一不可

1. 2001 年以前，产能落后的高端白酒

改革开放后，我国逐渐放开酒类专卖，地方政府推动兴建酒厂，白酒产量快速增长。茅台执行差异化品牌战略，受限于产能和小众品味，茅台位于行业第二。

1988 年，政府放开名酒价格管制，实行市场调节，白酒行业进入发展壮大阶段，名酒企业实行差异化价格战略并开始改扩建工程。茅台、五粮液、剑南春等借助品牌影响力不断提价，而山西汾酒、古井贡酒、泸州老窖等则采取规模化策略，主攻低价位白酒市场。浓香型和清香型白酒的扩产相对于酱香型白酒容易得多，因此在 20 世纪 90 年代产品供不应求的时期，能够轻易扩产的白酒企业自然可以占领更多的市场份额。属于浓香型酒的五粮液扩建后的产量规模达到 1 万吨，此后还通过品牌买断模式于 1994 年在价格和规模上全面超过已连续领先多年的山西汾酒，成为白酒行业新的领军企业。20 世纪 90 年代，五粮液超越汾酒成为中国酒王。1998—2001 年，行业受到亚洲金融危机、"三公消费"禁令、违法酒类广告处罚、山西假酒案等多方面负面影响，整体处于去产能的周期。白酒产量从 1998 年的 573 万吨下降到 2001 年的 420 万吨，而名优酒企逆势提升市场份额。

　　丰富的文化内涵是酒类竞争的核心要素。白酒消费不仅能满足生理上的饮酒需求，更带有强烈的社交属性和丰富的精神内涵。茅台管理层在进入市场竞争之初就已经找到了酒类竞争的核心要素，对茅台酒文化进行了深入的挖掘。茅台率先在白酒行业提出"卖酒就是卖文化"的理念。中国白酒行业经过作坊酒、工业酒、品牌酒（广告酒），正进入"文化酒"时代。进入 2000 年，茅台提出"三个茅台"的茅台酒文化发展战略，即"绿色茅台""人文茅台""科技茅台"。"绿色茅台"代表广大人民群众的利益和健康消费趋势。"人文茅台"包括历史文化、质量、传统工艺、服务以及经营理念升华、企业文化升华等方面，也包括员工的责任感及道德意识、危机意识、发展意识，又可谓"道德茅台"，反映先进文化前进方向，代表着茅台深厚的文化底蕴、文化积淀与人文价值。"科技茅台"反映先进的生产力，茅台将产品无论内在外在都浓缩成高科技的一扇窗口、一个高科技结晶，做到艺术与技术的完美统一，让茅台酒这个传统产品体现出"与时俱进"的光辉。

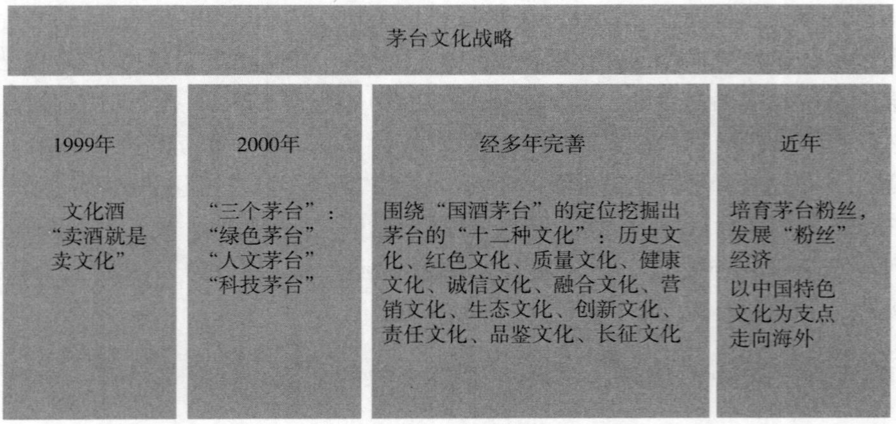

茅台文化战略			
1999年 文化酒 "卖酒就是 卖文化"	2000年 "三个茅台"： "绿色茅台" "人文茅台" "科技茅台"	经多年完善 围绕"国酒茅台"的定位挖掘出茅台的"十二种文化"：历史文化、红色文化、质量文化、健康文化、诚信文化、融合文化、营销文化、生态文化、创新文化、责任文化、品鉴文化、长征文化	近年 培育茅台粉丝，发展"粉丝"经济 以中国特色文化为支点走向海外

图 9-12　茅台文化战略带来差异化延伸
（资料来源：笔者整理）

　　茅台的物质属性具有天然的差异化，而茅台的成功在于其成功教育了消费者的"口感"，减缓了消费者"饮酒伤身"的顾虑。1998 年前后，属酱香型酒的茅台产量不足全国白酒产量的 1‰、名优白酒的 1%，整个酱香型白酒产量在全国白酒行业的占比更是不足 0.5%，可以说是个小众香型。小众香型具有明显的优势和劣势，优势是酱香型白酒不像浓香型白酒一样存在大量的香型内部竞争，比如川酒六朵金花、苏皖名酒都属于浓香型白酒；劣势是消费者教育相对困难，消费者的教育需要更多靠龙头自身而非行业。因此，茅台作为酱香龙头，以独占一个香型品类的优势开启了市场教育工作。酱香品类市场小，既有工艺和产量的原因，也有口感"偏重"的原因。茅台针对口感问题进行了大量消费者教育工作，"口味重"的产品初次接受的时候比较困难，但一旦接受之后成瘾性更强。茅台的管理层反复教育消费者的是，喝茅台酒不仅不伤肝，还护肝，还可以治疗和缓解多种疾病，其中在消费者中传播最广的莫过于"喝完茅台酒不头痛"，在一定程度上降低了消费者饮酒伤身的顾虑。

　　同时，在20世纪90年代计划经济向市场经济转型的初期，茅台的管理层便意识到了品牌的重要性，品牌是企业的无形资产。此时，市场上的白酒多以地域命名，如"山西汾酒""泸州老窖"等，如果在进行品牌宣传时叫"贵州茅台"，不容易与其他白酒拉开档次，所以茅台的管理层"巧妙地"从周总理采用茅台作为"国宴酒"等早期共产党领导人的茅台酒典故中挖掘出"国酒茅台"进行品牌定位，一举占领了档次的制高点。公司对茅台的品牌定位是"国酒""绿色食品""世界最好的蒸馏酒"，其中，"国酒"与历史相连，"国酒"是茅台品牌的形象定位和价值定位，反映的是茅台酒尊贵的价值观、丰厚的文化观、激情的民族观。"绿色食品"与健康消费趋势相连，是茅台酒品牌再定位后的消费定位，是以消费者为导向的价值定位策略。"世界最好的蒸馏酒"则表明品质地位。正是由于被誉为"国酒""政治酒""外交酒"，茅台1997年进入市场竞争之后的主要目标客户群体也自然定位为政务客户和大型集团客户。随后在政务消费的带动下，在市场经济的蓬勃发展中，茅台酒的商务需求逐渐成长。同年，公司管理层敏锐地捕捉到了借助产品等级满足消费者差异化需求的机会，成为国内率先推出陈年酒的公司之一，对茅台酒整体品牌力的提升起到了关键性作用。对标普通飞天茅台酒5年出厂，陈年茅台酒依次开发了15年、30年、50年、80年产品，销售以15年和30年为主。

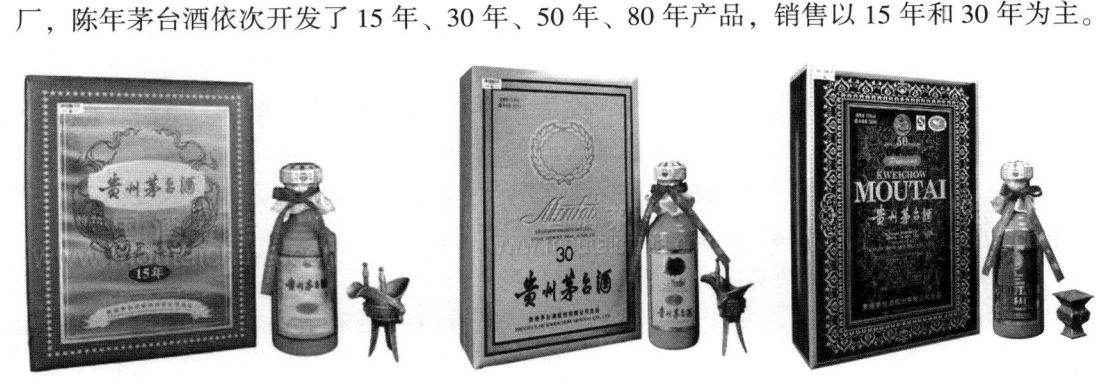

图9-13　陈年茅台酒的主力产品

（资料来源：茅台官网）

　　飞天茅台是茅台的代表产品，历史底蕴深厚。在公司眼中，飞天本身就代表着产品级别，只有飞天及以上产品才能真正代表"茅台酒"，飞天以下产品称作"酱香酒"。"飞天"商标源于1957年的出口需要（曾于1968—1978年期间改成"葵花牌"，后因不被外商认可，又改回"飞天"），当时，国内销售的茅台酒品牌为"金轮牌"，也叫"五星牌"。20世纪90年代后期，出口和内销的茅台酒统一使用"飞天牌"，"金轮牌"则少量出厂内销。消费收藏两相宜，年份特征助推茅台酒价格攀升。2001年起，飞天茅台在瓶身的突出位置标上出厂年份，并在出厂的第二年将价格上调10%。正是这一"极小"的营销技巧，凸显了茅台酒的年份概念，撬动了老酒收藏市场。在公司和经销商的宣传推动下，每瓶53度飞天茅台酒每储存一年增加100元左右，年份越长递增幅度越大，加上老酒交易市场的兴起，价格指示作用强，飞天茅台成为"硬通货"。

茅台认为好品牌既要有质又要有量，既要让消费者知道，又能让消费者喝到，因此由系列酒来肩扛酱香市场教育。20世纪90年代以前，为优先保证茅台酒的生产，公司对茅台酒以外的其他产品采取限产或停产的措施。公司在1998年提出"一品为主，多品开发，做好酒文章"的发展战略，于1999年和2000年分别推出了具有茅台风格的茅台王子酒、茅台迎宾酒，定位于中端市场，目的是培养酱香酒消费市场，通过终端促销让系列酒真正被消费者"喝下去"，将茅台酒的文化和健康理念传递给消费者。

在1998年以前的政务消费和糖酒公司时代，茅台酒以政务特供为主，市场销售根据计划安排进行，各省糖酒公司获有相应的销售指标。1997年，管理层提出要建立与市场经济相适应的组织机构，创设专门的销售部门。根据各省市糖酒公司实力，公司制发总经销牌匾和特约经销商牌匾，总经销一个省份一家，特约经销商则每省份1~3家，建立和巩固稳定的市场和用户。1998年，整个白酒行业遇到了一次大调整，截至7月，茅台仅完成全年任务的30%，于是，茅台内部招聘了第一批营销人员17名，由"坐商"转变为"行商"，打破了完全依靠各省份糖酒公司销售的惯例，在剩下5个月的时间内顺利完成年度任务。这期间，茅台酒70%以上产品仍通过各省份糖酒公司销售。这些渠道的特点是信誉好、网络覆盖面宽。但是，随着消费群体的演变和多渠道崛起，国有糖酒公司僵化的经营理念阻碍了产品的正常销售，茅台酒常受到恶意低价和窜货的困扰。

2000年，茅台拓展军政渠道需求并且大力开发团购、建立专卖店。公司不断到军队里面慰问，不断到政府里同相关的部门人员做沟通推广，到政府、军队大院附近设立专卖店从而缩短销售环节，这些方式不仅成为团购直销的主渠道，同时也契合了茅台酒的高端形象定位，最终取得了一线意见领袖的基本认同。截至2001年底，茅台经销商数量达到了394户，包括170家专卖店，基本覆盖地级以上城市。

2. 2002—2012年，商务消费下超车成为第一

税制改革，经济发展，商务消费场景增多，高端白酒迎来"黄金十年"。茅台上市后，一方面加快产能扩张，另一方面加强品牌文化、渠道发力。放量又提价使得茅台终于超车成为行业第一。

随着我国宏观经济快速发展，政商务消费场景增多，我国白酒行业进入"黄金十年"。规模酒厂数量开始扩增，高端、次高端产品不断提价，名酒价格的提升被视为品牌战的第一步，53度飞天茅台、52度五粮液、国窖1573之间的小幅多步提价呈现一种你追我赶的趋势，提价时间间隔非常短，并且后期提价幅度也越来越大。对于高端白酒市场而言，价格不是购买的决定性因素，但是当其他高端酒提价，某一品牌不提价时，该品牌可能被认为不够"高端"，反而影响销量。尤其是在2011—2012年，价格快速提升，行业泡沫积聚。在此期间，茅台从产品价格、利润等各方面超越五粮液，成为我国白酒行业龙头。在这十年，白酒行业面临的经济环境复杂多变。国内白酒行业虽然仍以分散经营为主，但高档白酒市场集中度大幅提高，随着消费者消费理念的成熟、保健意

识的增强和消费多元化，做高档、优质白酒成为发展趋势。白酒消费将更趋向于品牌消费。

历经多年扩建和技改，茅台酒产能不足问题在这一阶段得以解决。2001—2004年，行业依然处于整体去产能的过程，白酒产量从2001年的420万吨降到2004年的312万吨。该阶段的关键因素是白酒行业的税收政策，在从价税的基础上加征从量税，直接冲击低端白酒市场，推动酒企重点发展中高端产品。"产能为王"时代的优势反而成为劣势，五粮液在这段时期的增速出现明显的放缓。与此同时，茅台几乎都是中高端产品，高端产品占到其产品结构的96%左右，因此茅台很幸运地没有受到税政影响。茅台的扩建范围由最初2001年确定的7.5平方公里扩张到2013年的15.03平方公里（扩张区域为茅台镇北部的中华村和太平村）。技改同样重要，早期茅台酒扩产困难，主要是因为生产工艺和规律没有被充分掌握，同时缺乏机械设备。上市初期茅台酒的年生产能力仅4000吨，茅台酒基酒产能不足成为制约公司长远发展的关键。自2001年上市后，茅台便开启了扩产计划，借助更高的产能获得更多销量。但是在2012年以前，茅台一直处于"超卖"的状态，即销量高于四年前基酒的可销售量，对应地，这段时间的基酒存量积累较慢。

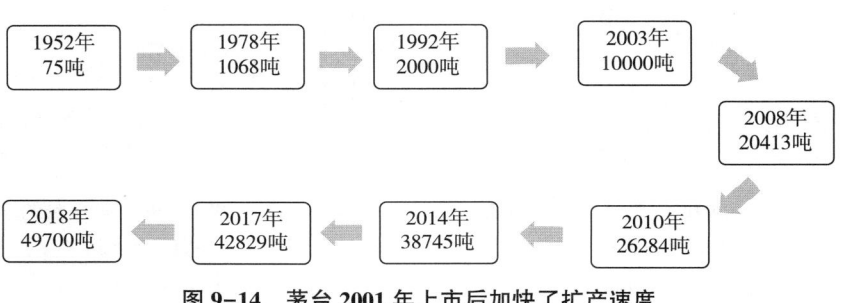

图9-14 茅台2001年上市后加快了扩产速度

（资料来源：笔者整理）

茅台酒谨慎提价，盈利模式逐渐从主要靠销量增长转为"总量稳中有增，价格稳中有升，结构逐步调整"的新盈利模式。2004—2007年，白酒行业经过深度调整之后开始新一轮的快速发展，受益于新产能投放，可供销售的茅台酒数量快速提升，加上营销网络不断完善，销量从2004年的6100吨提升至2007年的9800吨。同时，五粮液在该时期出现诸多公司治理问题，渠道价格倒挂，收入增速明显放缓。从销量来看，2005年开始，茅台酒的销量已与五粮液高端酒的销量不相上下。2007—2012年，五粮液收购集团酒类相关资产，收入再次反超茅台。但是，茅台经过2001—2007年四次出厂价提价，已逐渐接近五粮液的价格，2008年1月，茅台再次提高出厂价，恰好高出五粮液出厂价1元，一改多年的价格跟随策略，成为茅台确立"国酒"地位的标志性事件。2009—2012年，茅台三次提高出厂价，将优势逐步拉大。更令人振奋的是，茅台每次都是终端价格带动（先于）出厂价提价，茅台渠道价差从200元/瓶逐渐提升至1000元/瓶以上，茅台经销商实力迅速提升，茅台酒的美誉度在经销商赚钱之后得到更广泛的传播。

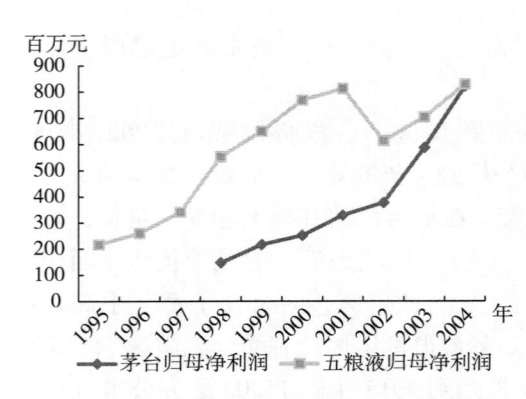

图 9-15　2004 年茅台归母净利润首超五粮液

（资料来源：Wind 数据库）

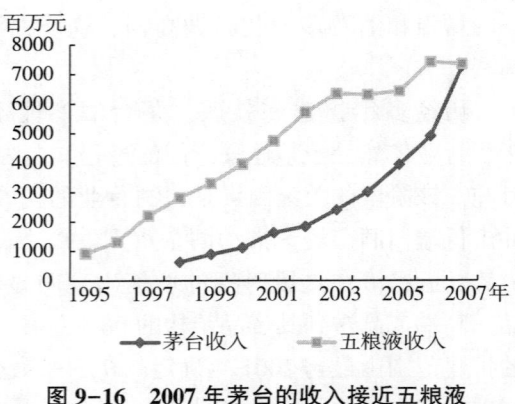

图 9-16　2007 年茅台的收入接近五粮液

（资料来源：Wind 数据库）

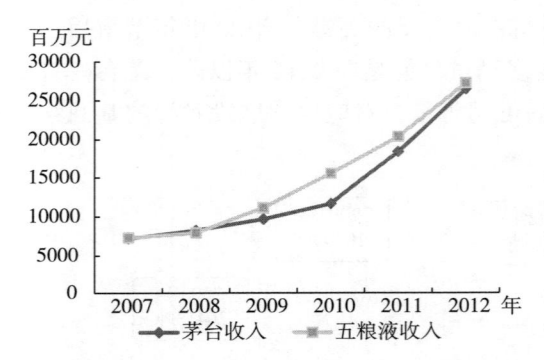

图 9-17　2007—2012 年茅台、五粮液的
收入交替位居第一

（资料来源：Wind 数据库）

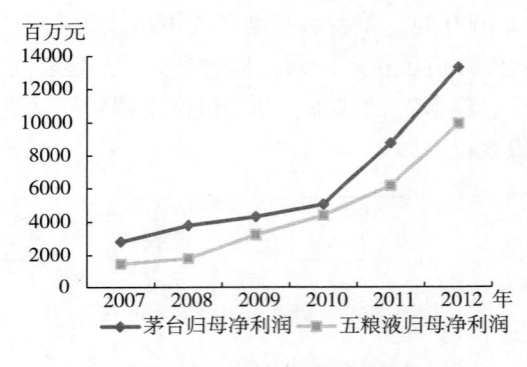

图 9-18　2007—2012 年茅台的净利润
一直保持领先

（资料来源：Wind 数据库）

提价同时还树立了品牌信心。53 度飞天茅台终端价先于出厂价提升，渠道毛利丰厚，提价消化顺畅。长期保持渠道顺价，往往表现为终端价格提升带动出厂价提升。茅台酒长期以零售价拉动出厂价上涨，资源稀缺和价格上升助推消费者的投资热情，投资热情强化稀缺性助推价格攀升。茅台在 2008—2012 年零售价疯涨期间通过理性提价的举措完成了资源积累并树立起强大的品牌信心。

销售网络不断丰富，乘商务消费之东风。茅台是团购渠道的先行者，招揽大批在地方具备大型客户（主要是政商务消费群体）开发能力的经销商成为茅台特约经销商，主做团购渠道，实现地方核心资源的整合和消费人群的覆盖。这一做法直接掌控了消费群体中的意见领袖，同时，一个重点销售区域的多家特约经销商相互制衡，避免了经销商做大后对公司的反制作用，有利于在不引起大商过多抗议的情况下平稳推进渠道扁平化。仅 2008 年茅台就新增了上百家的特约经销商。除特约经销商外，茅台还有上千家茅台专卖店，方便客户购买，并在与消费者的日常接触中自然形成广告效应。

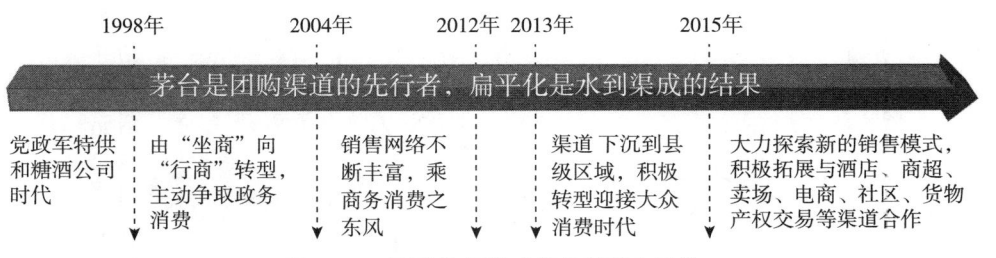

图9-19　团购先行带动茅台渠道扁平化

（资料来源：笔者整理）

公司的销售网络逐步丰富，形成了"茅台专卖店+特约经销商+区域经销商+总经销制"的复合渠道网络。其中，茅台专卖店是茅台产品的展示窗口，拥有几乎所有产品的代理权，考虑到开店成本，茅台公司的销售政策会向专卖店倾斜。特约经销商不用开设茅台专卖店（可申请开店），以团购客户为主。区域经销商以产品代理权为划分依据，拿到某款产品区域经销商代理资格的经销商即可拥有该款产品的销售指标。部分个性化酒采取总经销模式，厂、商合作，互利共赢。个性化酒开发运作的总经销模式对于厂商和经销商来说是一种双赢的合作模式，酒厂负责生产环节，而品牌运作和市场推广主要依靠合作商完成。对厂商而言，在几乎相同成本的情况下，总经销模式生产出的个性化酒的毛利高于普通飞天茅台酒。厂商借助大商进行品牌运作类似于一种"体外加杠杆"的行为，可以迅速放大盈利，同时，"加杠杆"对厂商同样意味着风险提升，表现为在市场过热或过冷阶段价格管理难度加大。对于有总经销品牌开发权的大商而言，既可扩大盈利，又可彰显实力，其开发的产品通过茅台酒的经销网络投放市场。对于经销商的盈利而言，往往越知名的酒，价格体系越透明，产品毛利率越低。但茅台是个特例，既是名牌产品，又拥有超高的毛利率，1吨茅台酒可以让经销商盈利超过100万元，因此茅台经销权成为稀缺资源。

3. 自2013年以来，大众消费时代维持行业龙头地位

受多项政策影响，高端白酒进入调整期，消费结构从政务消费转向大众消费。茅台渠道下沉，产品"飞天茅台"和"系列酒"双轮驱动，迎接大众消费时代，继续维持行业第一。

政策严打压使得行业深度调整。2012—2015年，在严控"三公消费"、酒驾入刑、塑化剂事件等负面影响下，白酒行业进入深度调整期。这个阶段是白酒行业政策负面影响最明显的阶段。"黄金十年"中，白酒产量从2003年的330万吨上升到2012年的1153万吨，至2015年又惯性上涨至1313万吨。但白酒销量却在2012年开始出现回落，深度调整的起因是政府对高档白酒公款消费的禁令，政务消费占到30%的茅台酒被推上舆论的风口浪尖，并在2012年12月"八项规定"出台之后出现需求的断崖式下滑，白酒行业正式进入下一轮调整期。自2012年起，高档白酒批价大幅下降，到2014年基本企稳，行业价格带明显下移。在上市公司层面，除茅台等个别酒企实现个位数增长外，多数酒企出现负增长，上市公司代表性酒企整体收入和净利润均下滑。

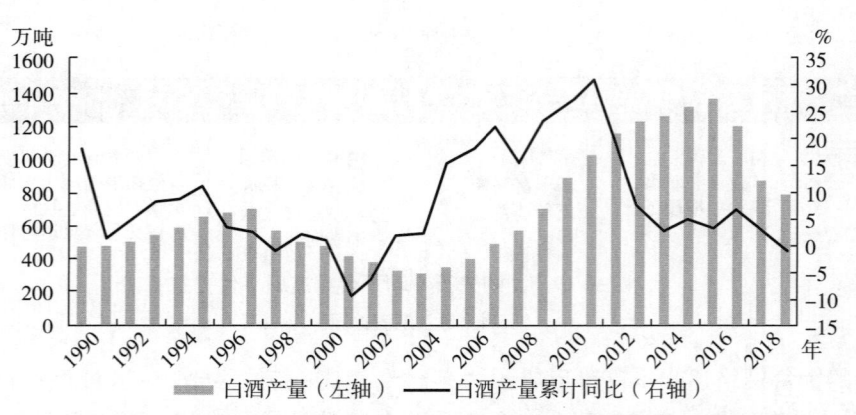

图 9-20　受政策严打击，白酒行业在 2012 年左右进入深度调整期

（资料来源：笔者整理）

　　高端白酒被迫降价求生存抢占市场份额。白酒价格从高端酒向下层层回落，引发行业性调整，茅台一批价从最高每瓶 2200 元降至出厂价 819 元附近。茅台处于被动降价的状态，但是始终没有低于出厂价。而行业出现了其他酒商主动降价以抢占市场份额，致使酒的价格跌破出厂价从而价格倒挂的现象。在调整期，整个白酒行业只有茅台的业绩没有出现下滑，主要是因为在降价过程中茅台维持住了出厂价没变，而且销售量逆势增加，业绩稳定。特别是 2013—2014 年，茅台一批价贴近出厂价时，公司坚决不降价，维护了茅台酒的品牌力，并通过多种方式补贴经销商，保持丰厚的渠道价差，没有发生价格倒挂，经销商敢于"持仓"，最终厂商与经销商一道扛过白酒深度调整期，并在经销商圈子形成了良好的口碑。

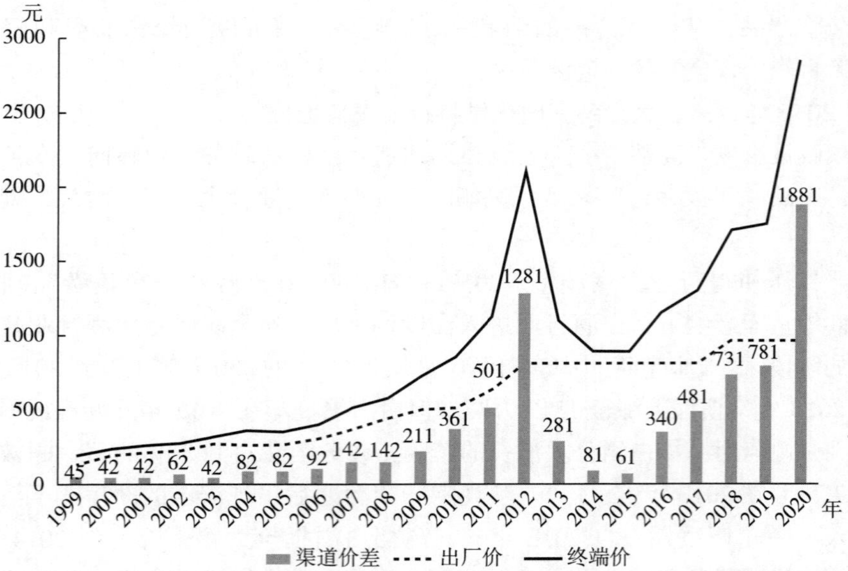

图 9-21　茅台坚决不降价，选择通过多种方式补贴，与经销商一起扛过深度调整期

（资料来源：调研数据，Wind 数据库）

行业内大众消费取代了政务消费，产品结构向中低端延展，茅台开拓空白市场来应对。在调整期，仅茅台和古井贡酒等少数酒企的业绩维持了正增长。茅台在该时期开启了新一轮招商，积极开发空白市场，对经销商给予经营补贴、信贷支持、优惠打款等多项政策支持，最终茅台酒的政务需求由大众消费承接，茅台酒价格企稳回升。而一些拥有中低端产品的酒企纷纷开发 OEM 产品，发力腰部产品，在高端酒收入端和利润端双双下滑的情况下，希望借助于中低端产品来维持业绩。

2015—2018 年，茅台引领行业名优酒企复苏，酱香酒市场份额显著提升。白酒行业产量一直惯性上涨至 2016 年的 1358 万吨，随后开始下滑，至 2018 年，白酒产量降至 871 万吨，侧面印证了这一时期大量小型酒企正在经历减产或倒闭。名优酒企经过三年的调整，渠道库存降至低位。2015 年，房地产及股票价格上涨带来的财富效应使得处于渠道库存低位的茅台酒进入补库存周期，茅台终端价开始快速提升，渠道又进一步加快补库存的节奏，随着高端酒打开价格天花板，白酒价格带整体上移。而此轮行业复苏随着消费升级，高端、次高端名优酒企由于充分受益于此轮价格提升而获得了快速发展，区域地产龙头也在省域消费升级的带动下实现了产品结构的不断升级，市场份额进一步向头部集中。

从"一品独大"到"双轮驱动"，系列酒成为茅台新的业绩增长点。茅台公司产品可以分为茅台酒和系列酒，曾经在很长一段时间，茅台产品体系单一，茅台酒，尤其是 53 度飞天茅台"一品独大"，系列酒发展缓慢，行业内流传"大树底下难长草"，其中既有营销方面的原因，又有产能方面的原因。近年来，产能限制问题已逐渐得到解决，茅台系列酒开始在营销方面做更多的努力。2014 年，公司成立专门的子公司运作系列酒，布局中端和次高端价位产品。2015 年公司提出"双轮驱动"，确定了将系列酒发展成新的增长点。茅台酒可分为高度茅台酒和低度茅台酒，其中高度茅台酒包括 53 度飞天茅台和年份酒、精品酒、生肖酒、个性化酒等非标产品。

随着茅台酒从公务消费向大众消费转型，系列酒不再只为教育酱香酒消费市场，而是成为公司布局次高端和中端产品体系的重要组成部分。酒类整体毛利率保持在 90% 左右，茅台酒与系列酒销量达到 1：1 的关系，系列酒收入占比超过 10%。截至 2018 年，高度茅台酒占公司酒类收入的比重接近 85%，53 度飞天茅台的收入贡献占茅台酒类业务近半，低度茅台酒占比为 5%，系列酒占比超过 10%。茅台酒的毛利润率为 90% 左右，系列酒的毛利润率为 60%～70%，由于茅台酒的收入占主导地位，公司酒类整体毛利润率在 90% 左右。其中系列酒收入从 2014 年的 9 亿元上升至 2018 年的 80 亿元（不含税），销量从 2014 年的 1.9 万吨上升至 2018 年的 3 万吨以上。系列酒方面，2020 年营收约为 94 亿元，含税销售额为 106 亿元左右，销量为 2.95 万吨左右。

公司于 2014 年提出"133"产品战略，系列酒形成以"一曲三茅四酱"为核心的产品体系，即贵州大曲、华茅、王茅、赖茅、王子酒、迎宾酒、汉酱、仁酒。在营销方面，公司将系列酒业务单独运营，成立"贵州茅台酱香酒营销有限公司"专门负责系列酒中除"赖茅"之外其他产品的销售管理，赖茅则由专门成立的贵州赖茅酒业有限公司运营及销售。

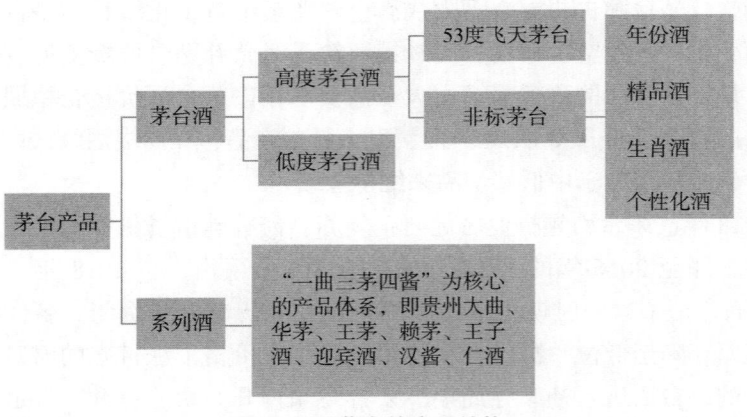

图 9-22　茅台的产品结构

(资料来源：笔者整理)

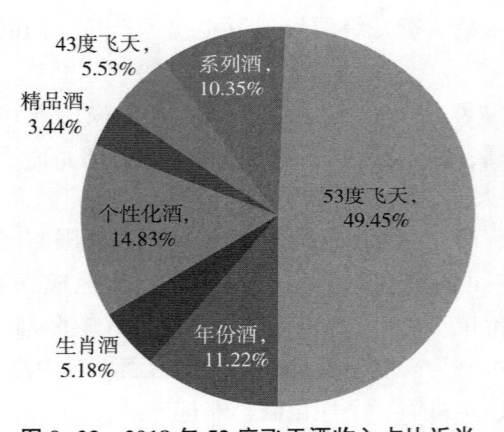

图 9-23　2018 年 53 度飞天酒收入占比近半

(资料来源：笔者整理)

公司将渠道下沉到县级区域，并大力探索新的销售方式，积极转型迎接大众消费时代。在 2012 年"三公消费"禁令对茅台形成冲击之后，茅台管理层快速转变营销思路，在稳住现有经销商的同时，开启新一轮的招商进行渠道下沉。为应对政务需求的萎缩，茅台开启空白市场的开拓。2013 年 4 月，茅台开始在各省份积极招商，商家以 999 元/瓶的团购价购买 1.5 吨以上茅台酒，可获得茅台酒经销商资格。茅台"开始释放过去一直储备的市场资源"。2014 年 6 月，茅台开始新一轮的空白市场招商，这些区域包括：符合专卖店各项条件，且未有国酒茅台专卖店或特约经销商的县级行政区域、地级城市、省会城市的空白区、新区、经济开发区。到 2016 年 8 月，茅台在全国空白市场新增 334 家专卖店，这些经销商均在当地酒类营业额排名中位列前三，具有较好的社会关系、成熟的销售网络和销售队伍。这些专卖店使茅台彻底完成了从政务消费向大众消费的转型，消费升级对茅台的发展形成了强力支撑。

茅台营销体系的建设一直朝着渠道扁平化的方向发展，同时逐步提升直营比例。这次开拓完成了茅台的全国销售网络的布局，在巩固贵州、河南、山东、北京、广东5个核心市场的同时，重点教育和扶持了江苏、浙江、上海等潜力市场。沿海一带经济发达省份的渠道下沉到县乡一级，使得呈点状布局的消费群体连接成片，酱香型白酒的群众基础得以巩固。茅台还大力探索新的销售模式，积极拓展与酒店、商超、卖场、电商、社区、货物产权交易等渠道的合作。

公司在电商方面进行了多年的探索，一方面建立并完善自己的电商平台，另一方面以直营的方式与各大电商平台合作。与电商平台合作方面，茅台一直比较谨慎，由于电商对白酒行业传统渠道具有较大的冲击，5%的线上销售会影响95%的线下销售体系，所以，茅台对利用茅台酒低价吸引流量的行为进行了坚决抵制。近几年，随着电商对销售行为的规范，茅台也积极与电商平台开始合作。在2018年茅台经销商大会上，管理层提到要扩大直销渠道，推进营销扁平化，重点投向大型商超、知名电商以及重点城市机场、高铁站的经销点。

四、隆基股份：天时地利人和，成就全球竞争力

"在描述隆基的章节中，作者综合考虑了光伏发展的大势以及隆基自身发展的特点，深入浅出地为读者道出了隆基取得今天的成绩的背后故事，格局与细节兼备，可以细读之。"

——隆基股份总裁李振国

隆基股份（601012.SH）是全球最大的单晶硅生产制造商，控股股东及实际控制人为李振国、李喜燕夫妇，截至2020年6月末，合计持股19.59%。公司前身为成立于2000年的西安隆基硅材料有限公司（以下简称隆基有限），2008年7月5日，公司整体变更为股份公司，2012年4月11日在上海证券交易所上市，2017年更名为隆基绿能科技股份有限公司，截至2020年9月30日，公司总市值为2829亿元。公司主要从事单晶硅棒、硅片、电池和组件的研发、生产和销售，光伏电站的开发及系统解决方案的提供业务。其中太阳能组件和单晶硅片是公司业务核心和营收的主要来源，2017—2019年累计营收占比分别为51.70%和34.78%。截至2019年末，公司单晶硅片产能为42吉瓦，单晶组件产能为14吉瓦，按照公司规划，2020年单晶硅片产能可达75吉瓦以上，单晶组件产能达到30吉瓦以上。2019年公司单晶硅片、组件出货量分别为64.78亿片、8.07吉瓦，分别位居全球第一、第四。截至2019年末，公司总资产为593亿元，员工总数为32873人，2017—2019年公司分别实现净利润35亿元、26亿元、55亿元。

（一）为什么选择光伏？为什么选择隆基？

2010—2018年，风电成本下降得并不明显，而光伏度电成本下降了80%，接近陆上风电的成本。度电成本的大幅下降使得光伏装机快速增长，7年复合增速为20%。这些

都离不开国内的补贴—退补政策，离不开国内优秀的民营光伏企业持续降成本的努力，更离不开资本的蜂拥而至以及充分市场化厮杀产生的全球竞争力。

1. 光伏的历史和未来

转换效率的持续提升和产业链各个环节的成本持续下降，是光伏产业发展和技术进步的推动力。

2011—2018 年，全球可再生能源新增装机规模复合增速为 7.67%。其中，太阳能光伏的新增速度最为迅猛，达到年化复合增速 17.3%。《中国光伏产业发展路线图（2018年版）》预测，2019—2025 年光伏新增装机年化复合增速将下滑到 6%~9%，进入平稳增长期。更远期的情况是，如果按照太阳能 1500 小时/年的日照时间计算，若 50% 的新增均是太阳能，则每年需要新增 350~400 吉瓦的光伏装机，相比于 2018 年的 110 吉瓦，仍然有 3~4 倍的成长空间。

受制于地理环境等因素，全球风力发电发展较为平稳。2011—2018 年，全球岸上风电新增装机年化复合增速在 2% 左右；按照行业预测，2019—2023 年岸上风电的新增装机依然保持平稳增长，年化复合增速维持在 2% 左右。

光伏行业新增装机数实现高速增长的背后，是度电成本的显著下降。2011—2018年，光伏度电成本从 1.89 元/千瓦时下降至 0.56 元/千瓦时，降幅达到 70.37%。相反，岸上风电新增装机一直在 30~65 吉瓦波动，主要原因是其度电成本下降的幅度远远慢于光伏，2011—2018 年岸上风电度电成本下降了 31.25%。

2011—2018 年，光伏行业度电成本的大幅下降主要得益于光伏产业链各个环节（硅料—硅片—电池片—组件）持续降成本的努力，2011—2018 年硅料、硅片（单/多晶）、电池片（单/多晶）、组件（单/多晶）价格累计下降的幅度分别为 90.22%、90.42%/93.80%、86.73%/89.31%、81.25%/82.54%。

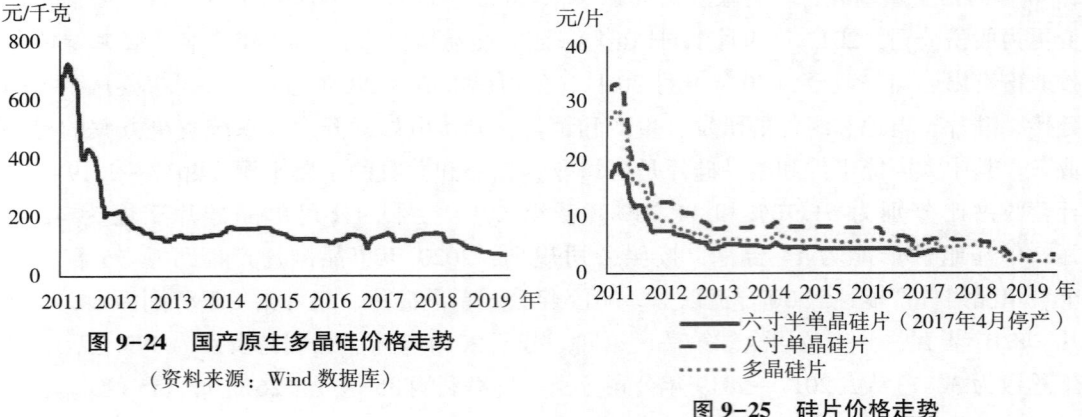

图 9-24　国产原生多晶硅价格走势

（资料来源：Wind 数据库）

—— 六寸半单晶硅片（2017年4月停产）
---- 八寸单晶硅片
······ 多晶硅片

图 9-25　硅片价格走势

（资料来源：Wind 数据库）

图9-26　晶硅电池片价格走势

（资料来源：Wind数据库）

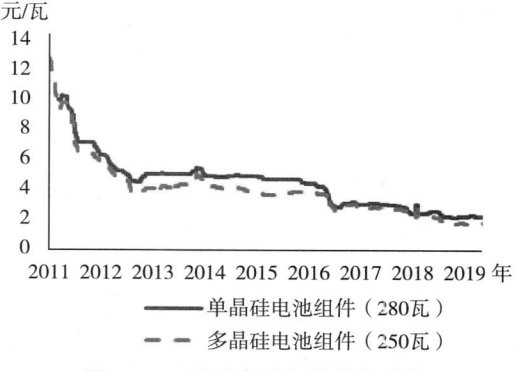

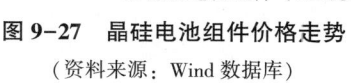

图9-27　晶硅电池组件价格走势

（资料来源：Wind数据库）

2. 规模优势带来的全球竞争力

光伏行业的龙头隆基股份从材料环节（硅片）起家，向下游拓展，形成了硅片—电池片—组件产能4∶1∶2的纵向一体化。光伏电池片成本中硅片成本占比达到了50%～60%，是目前光伏产业链集中度最高的环节。

有意思的是，其他材料环节也出现了具备全球竞争力的优秀企业，福斯特全球EVA的市场占有率超过50%，信义和福莱特全球光伏玻璃的CR2达到45%，华为和阳光电源全球光伏逆变器的CR2达到38%。

隆基股份是全球最大的单晶硅片、电池以及高效组件制造商，成立于2000年。公司的前身是西安新盟电子科技有限公司，以半导体材料、半导体设备的开发、制造、销售为主要业务。2005年底，公司已形成年产30吨器件级单晶硅生产能力。

2006年，隆基股份确定了自己专业化单晶厂商的战略定位。随着2006年12月宁夏隆基的成立、2009年11月西安隆基一期350兆瓦单晶硅片项目的建成及银川隆基的成立，隆基股份在单晶领域的技术、成本等多个方面取得了领先优势。2010年9月，无锡隆基成立，主要从事单晶硅片的切片加工，标志着隆基股份在单晶加工环节专业化的完善。2012年4月11日，隆基股份在上海证券交易所主板正式挂牌上市，证券代码为601012。隆基股份上市前，全球没有生产1吉瓦产量的单晶硅企业，而隆基股份在2012年底已具备1.4吉瓦单晶硅棒和1吉瓦单晶硅片生产加工能力，成为全球最大的单晶硅片供应商。

然而隆基股份并不打算止步于单晶硅片领域的龙头地位。2014年5月，其控股子公司西安隆基清洁能源公司正式成立，标志着隆基股份正式进军光伏电站建设及EPC业务。2014年10月，隆基股份收购浙江乐叶光伏科技有限公司85%的股权，公司业务向太阳能电池、组件的研发、制造和销售拓展。隆基股份开始从太阳能硅材料专业化制造商逐渐向全球领先的太阳能电力设备公司战略转型。2015年2月，隆基股份设立乐叶光伏作为电池组件业务平台，同年10月，乐叶光伏衢州基地1吉瓦高效单晶组件项目建成投产。与此同时，硅片的切割技术取得了重大进步，同年12月，西安切片工厂投资3.1亿元的"金刚线切割技改项目"全面建成投产，至此西安切片工厂硅片产能由1.15吉瓦提升至 3 吉瓦，年产值增加 24 亿元。

2016 年，隆基股份开始在国际市场也投入重兵。首先，公司收购了 SunEdison 马来西亚古晋工厂切片资产，古晋隆基正式成立，后者成为隆基股份第一个海外单晶硅片生产基地。隆基股份在马来西亚耗资 16.37 亿元投资扩建的 300 兆瓦单晶硅棒、1 吉瓦单晶硅片、500 兆瓦单晶电池及 500 兆瓦单晶组件产业链项目也陆续投产，后期还陆续投入了二期 1 吉瓦、三期 1.25 吉瓦单晶电池项目。海外产能的快速提升，为单晶产品在海外市场持续稳定的供货能力提供了保障。

在开发海外市场的同时，隆基股份在国内的布局也没有止步。2016—2019 年，隆基股份陆续开展了丽江年产 5 吉瓦高效单晶硅棒项目、保山年产 5 吉瓦单晶硅棒项目、楚雄年产 10 吉瓦高效单晶硅片项目、银川年产 15 吉瓦单晶硅棒和硅片及 3 吉瓦单晶电池建设项目。

隆基股份坚持多年搞研发投入。2019 年 1 月隆基单晶 PERC 电池正面转换效率达到 24.06%，5 月隆基 72 型双面半片组件正面功率突破 450 瓦，都创造了世界纪录。

目前，隆基股份已在全球光伏行业形成了领先的规模优势和成本优势。根据隆基股份发布的《未来三年（2019—2021 年）产品产能规划》，在 2018 年底单晶产能基础上，隆基股份计划单晶硅棒/硅片、单晶电池片、单晶组件产能于 2021 年底分别达到 65 吉瓦、20 吉瓦、30 吉瓦，非硅成本不高于 1 元/片。2019 年中报显示，公司 65 吉瓦硅片产能将提前一年，于 2020 年提前完成。

隆基股份的脱颖而出离不开天时（历史行业政策变迁和技术路线之争）、地利（友善的融资环境）、人和（优秀企业的基因）。

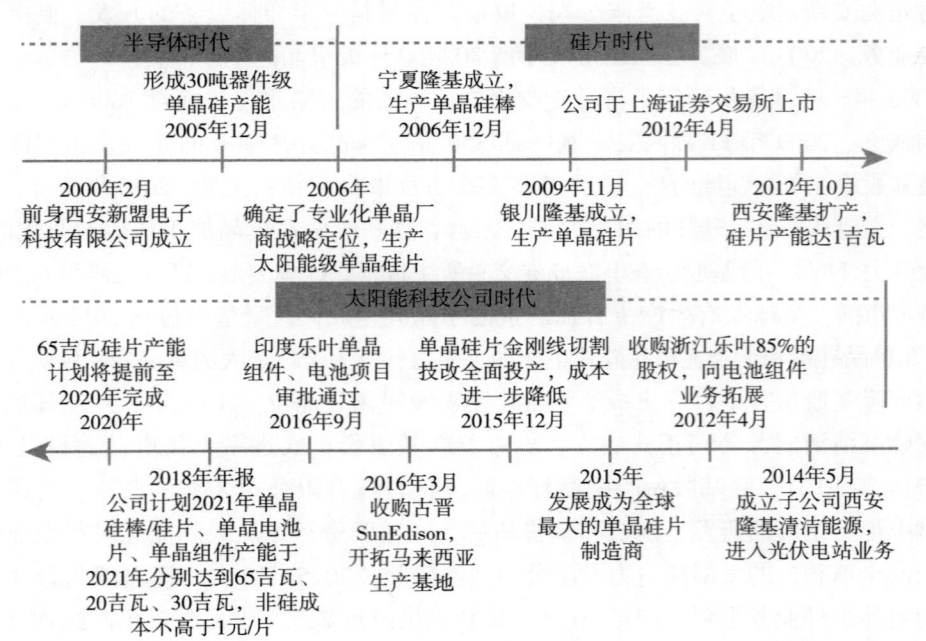

图 9-28　隆基股份发展史

（资料来源：隆基股份年报）

（二）人和：优秀企业的基因到底是什么？

1. 战略选择与执行力

隆基股份2012—2018年的年报，体现了教科书里频繁出现的"战略选择"的重要性：在单晶与多晶技术路线之争中，看准行业的方向可能并不困难，但隆基股份能够持续坚持战略选择，且在遇到下游组件厂商阻力时，以极高的战略执行力将产业链拓展至下游单晶组件（2014年），引领PERC技术成为主流，打败"亚洲硅王"保利协鑫，完成了产业链一体化。到2019年，PERC的市场占有率已经达到约65%。

在全球光伏产业发展初期，各种技术路线的发展前景均充满不确定性，隆基股份对各种技术路线进行了缜密调研，深入对比分析了晶硅路线与薄膜路线、晶硅路线中的单晶路线与多晶路线，并研究了聚光电池技术路线的发展前景和物理法多晶硅的发展前景。经过充分的调研考察和分析，公司得出以下战略判断：晶硅路线是未来十年的主流光伏技术路线，相对于薄膜路线具有投资成本低、产业基础稳定、产业化前景广阔等优势；单晶路线与多晶路线相比具备可持续发展优势，其生产工艺和技术门槛高，对区域布局要求高，高转化效率所带来的度电成本降低空间大；聚光电池技术路线和物理法多晶硅短期缺乏产业发展前景。在以上分析基础上，隆基股份将单晶路线作为长期发展的技术路线。同时，隆基股份对专业化与垂直一体化进行了比较，并认为光伏制造未来一定会迎来充分竞争时代，各环节的短缺现象不可持续，上下游的交易成本在成本中所占比重较低，多领域投资和垂直一体化模式对企业资源能力和风险承担能力要求偏高。鉴于这些分析基础，隆基股份在主要光伏企业进行垂直一体化扩张时仍坚持专业化战略定位，取得了单晶领域技术、成本等多方面的领先优势。

——摘自《隆基股份2012年年报》

目前国内光伏应用市场以多晶产品为主，单晶产品的份额不足10%，单晶价值没有得到充分认可，主要原因在于渠道不畅，销售推动力不足。在通往电站的渠道中，组件制造商占据主导地位，其对单晶、多晶的选择推广尤为重要。在光伏产品供应不足的时期（2005—2008年，2010—2011年），多晶产品因为工艺简单，产能快速扩张，国内主流电池组件企业均是以多晶为主的一体化企业。目前国外光伏应用市场单晶产品比例明显高于国内市场。2013年中国硅片出口共16.94亿美元，其中单晶硅片出口7.05亿美元，占总出口额的41.6%。国外成熟市场光伏制造及应用市场单晶比例提升趋势明显。

——摘自《隆基股份2013年年报》

集中优势资源持续打造成本优势型与规模优势型企业。公司依托雄厚的科研实力和精细化管控手段，按计划顺利导入各项专利技术成果，产品品质提升与成本降低的成绩显著。报告期内，研发投入2.54亿元，比2013年增长62.80%。多次拉晶技术、金刚线切割技术、细线化和薄片化等技术的应用使公司的非硅成本同比降低12.79%，形成了明显的成本优势。产业链整合与新业务的培育取得实质性进展，有望成为新的利润增长点。2014年公司启动产业链整合，收购了浙江乐叶光伏科技有限公司，将产业链拓展至组件业务。

——摘自《隆基股份 2014 年年报》

2. 现金流和供应链管控

对于重资产属性的光伏企业而言，导致其破产的直接原因不一定是亏损，但极有可能是现金流断裂。而"现金流危机"可以说是直接导致了无锡尚德、江西赛维等中国光伏巨头的轰然倒塌。

隆基股份一直将"合理安排负债结构，保持稳定现金流"视为公司运营的"两大基石"之一。根据 PHOTON Consulting 发布的 2016 年第三季度全球光伏企业"铁人三项"竞争力报告 PV Triathlon，隆基股份在全球 59 家知名的光伏公司中位列第一梯队，财务健康指数排名跃升至第一位，表现出稳健的发展能力和可持续融资能力、领先行业的盈利能力与成本控制能力。

隆基股份的经营性净现金流在 2017—2018 年稳定在 12 亿元左右。凭借预收账款较同期上涨 124%，2019 年前三季度公司实现经营性净现金流 40.14 亿元，同比增长 278%。2015—2018 年经营性净现金流与净利润基本匹配，2019 年现金流状况又实现了进一步改善。

公司致力于建立策略性的供应链管理体系，保障原材料供应安全，满足产能扩张需要，有效控制采购成本。策略性的供应链管理体系建立包括以下几个方面。

（1）提前分析和预判，对紧俏物料采取长短单结合、提前进行储备等措施，降低供应紧张带来的供应安全风险和涨价风险。

（2）与全球优秀的供应商及有潜质的供应商加强联盟，强化与主要供应商的合作伙伴关系。

（3）提高采购专业化管理水平，实行与生产密切相关的主辅料、主要工艺设备集中采购。

（4）提高采购与计划物流的信息传递效率，保障内部信息交互、处理的及时性和有效性。

——摘自隆基股份招股说明书

在精细化管理和信息化建设方面的投入，保障企业竞争力持续提升。公司与世界顶级的信息化咨询公司 IBM 合作，实施信息化建设项目，ERP 于 2012 年 10 月成功上线。与国内知名的 6S 精益管理咨询机构慧泉公司合作，推进制造系统的精益化生产管理。与国内知名的咨询机构正略钧策合作，开展组织架构流程梳理和内控体系建设，提高内部管理效率，完善治理机制。

——摘自《隆基股份 2012 年年报》

3. 基于成本下降的技术创新

在成本控制中，最重要的依然是技术创新。近十年间，隆基股份累计投入研发费用达 38.27 亿元，占营业收入的比重达 5.63%。2018 年末，隆基股份研发人员达 548 人，是 2012 年初的 5.89 倍；累计获得各类已授权的专利 526 项，至少是 2012 年初的 17 倍。

表 9-1　隆基股份的技术研发及成效

时间	技术	成效	意义
2012 年	砂浆回收再生技术	耗材成本较同行低 30%	增加公司净利润空间
2013 年	金刚石线切割工艺研究	在国内率先完成了 130μm 薄片切割工艺的研究。由于管理层的前瞻性布局，公司所有切片设备均可快速改造为金刚石线切割工艺，隆基股份在国内率先规模化应用金刚线切割技术	该技术目前已成为硅晶体等硬脆材料切割技术的发展方向和换代技术。在提高设备切割产能、降低生产成本、高效环保方面的优越性，使率先运用该项技术的隆基股份获得成本控制优势的可持续性
2013 年	完美晶格太阳能单晶硅生长工艺研究	研发出的全自动专用单晶生长工艺控制系统平台采用全新的工艺控制模型、全自动控制拉晶操作，为实现高品质晶体生产奠定了工艺装备基础	该项目的达成标志其已具备更低成本更高品质的单晶生产能力
2014 年	单晶快速生长技术	实现单晶生产速率 30%～40% 的提升，大幅缩短了长晶时间，提升了单炉产能，并有效改善了单晶性能，在降低成本的同时提升了产品品质	使单炉月产量从 1.1 吨提高至 1.4 吨，并为单产的进一步提升打开了技术通道
2015 年	金刚线切割工艺、PERC 电池技术的产业化应用	使硅片成本快速下降，全年非硅成本同比降低 20.78%	PERC 电池的成本得到显著降低，结合较高的转换效率，使其量产成为可能；高效单晶组件和常规多晶组件成本已基本持平
2017 年	Hi-MO1 低衰高效单晶组件	公司生产的 60 型 Hi-MO1 组件获得了莱茵测试报告，功率达到 325.6 瓦（STC），组件光电转换效率为 19.91%，刷新了该系列产品的功率纪录	解决了困扰行业多年的光伏电池初始衰减问题，有力地推动了光伏发电度电成本的持续降低
2018 年	双面 PERC 电池技术	正面最高转换效率为 24.06%，屡次刷新 PERC 电池转换效率世界纪录。拉晶环节平均单位非硅成本同比下降 10.49%，切片环节平均单位非硅成本同比下降 27.81%	公司目前的硅片非硅成本控制在 1 元以内。截至 2018 年底，公司硅片产能达到 28 吉瓦，占全球单晶产能的比例超过 40%，位列 2018 年全球硅片企业首位

资料来源：根据公开资料整理。

（三）地利：友善的融资环境，产融互动给企业赋能

光伏是典型的重资产行业，加上技术迭代速度快，资本的协同对于企业来讲至关重要。隆基股份在 2012 年登陆 A 股之后，通过增发、可转债、配股、公司债、短融等多种融资方式，8 年内累计融资 147 亿元，是所有光伏行业上市公司中股权融资最多的公

司，也是因为相对友善的融资环境，给了龙头企业更为广阔的发展空间。

表9-2　硅料—硅片—电池片—组件资本开支强度比较

项目	年份	项目名称	公司	数量 （吉瓦）	项目预算 （亿元）	资本开支强度 （亿元/吉瓦）
硅料资本 开支	2018	永祥新能源2.5万吨/年高纯 晶硅项目	通威股份	8.30	31.84	3.84
	2018	内蒙古一期2.5万吨/年高纯 晶硅项目	通威股份	8.30	32.29	3.89
硅片资本 开支	2018	银川15吉瓦硅片项目	隆基股份	15.0	45.86	3.06
	2019	包头晶澳3吉瓦硅片项目	晶澳太阳能	3.0	4.22	1.41
电池片资本 开支	2017	双流3.2吉瓦高效晶硅电池 项目	通威股份	3.2	20.23	6.32
	2018	合肥2.3吉瓦高效晶硅	通威股份	2.3	15.01	6.53
	2018	成都三期3.2吉瓦高效晶硅电 池项目	通威股份	3.2	18.00	5.63
	2018	宁夏乐叶年产5吉瓦高效单晶 电池项目	隆基股份	5.0	30.50	6.10
组件资本 开支	2017	泰州乐叶年产2吉瓦高效光伏 组件项目	隆基股份	2.0	5.93	2.97
	2018	滁州乐叶年产5吉瓦高效单晶 组件项目	隆基股份	5.0	22.62	4.52

注：按照目前的转换效率，每瓦太阳能电池需3克多晶硅；组件环节是产业链上资产最轻的环节，实际资本开支在1亿~2亿元/吉瓦，流动资金较多。

资料来源：上市公司年报。

表9-3　历史融资对比　　　　　　　　　　　　　　　　　　　　　　单位：亿元

公司	年份	融资方式	募资总额	资金用途
隆基股份	2019	配股	38.75	—
	2018	短期融资券	5.00	—
	2017	可转债	28.00	—
	2016	定向增发	29.80	年产2吉瓦高效单晶电池组件项目
	2016	公司债	10.00	—
	2015	定向增发	19.60	年产2吉瓦单晶硅棒、切片项目，西安隆基年产1.15 吉瓦切片项目，无锡隆基年产850兆瓦切片项目
	2012	首发	15.75	银川隆基年产500兆瓦单晶硅棒/片建设项目

续表

公司	年份	融资方式	募资总额	资金用途
募资合计（亿元）			146.90	
通威股份（2015 年注入光伏资产）	2019	可转债	50	—
	2019	短期融资券	25	—
	2018	短期融资券	40	—
	2016	定向增发（配套融资）	30	光伏发电项目；发行股份购买通威集团；购买合肥通威 100%的股权；合肥通威二期 2.3 吉瓦高效晶硅电池片项目，年产 3.2 吉瓦高效晶体硅太阳能电池项目
募资合计（亿元）			145	
晶澳太阳能	2008	增发配股	10.03	—
	2008	可转债	49.5	—
	2007	增发配股	17.49	—
	2007	首发	15.58	—
募资合计（亿元）			92.6	
晶科能源	2019	可转债	5.61	—
	2017	增发配股	4.29	—
	2014	增发配股	13	—
	2014	可转债	9.9	—
	2011	可转债	8.25	—
	2010	增发配股	8.32	—
	2010	首发	4.5	4500 万美元用于扩大硅锭、硅晶片、太阳能电池、组件产能，500 万美元用于研发投入
募资合计（亿元）			53.87	
阿斯特	2014	增发配股	6.6	—
	2009	增发配股	6.27	—
	2008	增发配股	7.85	—
	2006	首发	8.11	3000 万美元用于购买或预付太阳能电池和硅原材料；3500 万美元用于向太阳能电池制造的扩展
募资合计（亿元）			28.83	
天合光能	2014	可转债	11.42	—
	2014	企业债	7.59	—
	2010	增发配股	10.56	—

续表

公司	年份	融资方式	募资总额	资金用途
天合光能	2009	增发配股	8.51	—
	2008	增发配股	7.06	—
	2008	可转债	17.03	—
	2007	增发配股	16.04	—
	2006	首发	6.88	—
募资合计			85.09	

注：汇率以 2018 年美元平均汇率 6.6 计算。

资料来源：Wind 数据库。

在 2019—2021 年的后单晶时代，隆基股份为了巩固其在硅片行业绝对的寡头地位，完全吞噬掉单晶的市场份额，资本开支强度仍将维持在高位。充足的现金流和硅片寡头地位的丰厚利润与自我造血能力，给未来两年的资本开支提供了非常好的支持（公司账上货币资金以及投资理财的资金均超过了 150 亿元）。

股权激励的推出给了员工更好的激励体系。公司首次股权激励实际授予 489 人，授予数量为 927.23 万股，占当时公司总股本的 1.72%，目前已完成；第二次实际授予 1202 人，授予数量为 1257.74 万股，占当时公司总股本的 0.63%。

（四）天时：单晶与多晶技术路线之争带来纵向一体化的契机

1. 技术路线之争

2000 年，无锡尚德成立，2005 年于纽约证券交易所上市。2006 年无锡尚德董事长兼 CEO 施正荣以 23.13 亿美元身价成为中国内地新的首富。不仅尚德成为全球最大的光伏组件制造商，无锡也成为"中国最大的光伏生产与出口基地"。但由于盲目扩张造成产能过剩，以及管理层的重大决策失误，2012 年 2 月底尚德拖欠 9 家债权银行 71 亿元人民币，公司于 2013 年正式破产。虽然尚德以这样的方式退出了国内光伏行业，但是它催生了中国光伏产业的迅猛发展，使中国光伏产业与世界水平的差距缩短了 15 年。

2005 年，德国通过《可再生能源法》，光伏产业迎来了一波发展热潮。这一时期，大量进入光伏产业的企业都选择了品质稍差，但扩张更快、门槛更低的多晶路线，其中就包括多晶硅片龙头企业保利协鑫。当时国内龙头企业尚德、英利等都着重于光伏组件，多晶硅则被国外企业垄断了几十年。保利协鑫原本是电器成套厂，之后向热电领域布局，在接下一个被原股东抛弃的多晶硅项目后，开始进军光伏产业的上游原料领域。2009 年，保利协鑫以 263.5 亿港元收购中能全部股权，并开始涉足硅片业务。三年后，保利协鑫成长为世界领先的多晶硅和硅片生产及研发基地，成为全球最大的多晶硅和硅片生产商。

隆基股份的发展方向与保利协鑫完全相反。2006 年，在进行了深入研究后，隆基股份得出单晶技术路线才是未来度电成本能够降到最低的技术路线的结论，并坚定选择这条路线。隆基股份的"逆周期"选择为之后的发展创造了有利条件。单晶硅片与多晶相比杂质少，因而具有更高的功率稳定性及转化效率。2013—2015 年，连续快速拉晶技术和金刚线切片技术的导入使得单晶组件成本与多晶组件成本的差距缩小到 3%以内，采用单晶组件与采用多晶组件的电站单位投资成本持平，单晶硅片的市场占有率开始迅速提高。2018 年上半年，单晶硅片市场占有率已经提升至 52.7%，占比过半。持续的技术领先，使隆基股份成长为全球最大的单晶硅片供应商。同时，技术迭代的结果导致多晶厂商基本都不计成本甩卖，产能利用率大幅下滑，设备折旧成本压力快速放大，多晶龙头保利协鑫于 2018 年也由盈转亏，曾经的多晶硅片第一梯队厂商旭阳雷迪更是直接停产，截至 2018 年底，多晶的市场份额已从高峰时的 80%降至 50%左右，预计未来还将进一步下降。

目前整个光伏产业链中，硅片环节的单晶硅、多晶硅之争已基本定局，单晶硅的效率优势已经显现。而电池片环节仍是技术密集型产业，需要通过技术研发提高电池效率，降低生产成本，技术是唯一的突破方向，也是核心竞争力。

P 形电池的工艺简单且目前效率与 N 形差距不大，但在成本上具有领先优势，具有明显的性价比，在晶硅电池市场中占据绝对领先地位。2019 年，PERC 产能已突破 90 吉瓦。随着越来越多的电池制造企业、上下游企业、设备厂商将发展聚焦于单晶 PERC 电池，持续投入大量人力、物力和财力，进行研发和技术攻关，单晶 PERC 电池存在转换效率进一步提升、成本进一步下降的空间。根据中国光伏行业协会的预计，2021 年 PER-C 电池量产转换效率可达到 22.6%，2025 年将达到 23%。

而 N 形单晶硅拥有发电量高和可靠性高双重优势，是未来高效电池的发展方向。目前市场上的 N 形电池片供应商主要有 Sunpower（IBC）、Santo（HIT）以及 Yingli（PAN-DA）这 3 家，分别代表了已经商业化的 3 种电池技术：集成背接触被发射极、前发射的极异质结、热扩散的前发射极 N 型电池技术。

2. 龙头企业产业链（硅料—硅片—电池片—组件）一体化的契机

光伏产业链可分为上游、中游、下游三部分。上游包括多晶硅料及硅片硅棒，中游包括光伏电池及组件，下游即光伏发电系统。产业结构呈倒金字塔形，涉及的企业数量依次大幅增加。

多晶硅料是生产多晶硅的直接原料，是光伏产业链的最上游部分。多晶硅料经还原、冷氢化等过程可形成多晶硅。习惯上按照硅含量将多晶硅分为太阳能级硅（6N）和电子级硅（11N）。

硅片可分为单晶硅片和多晶硅片，二者生产方法有明显不同。单晶硅片是通过对融化的晶硅原料进行提拉形成单晶硅棒后切片而成；多晶硅片则是对融化的晶硅原料缓慢降温后形成多晶硅硅锭，先锯成具有正方形截面的砖形硅锭后再切片制成。在相同的器件结构制作条件下，利用单晶硅片制作的太阳能电池，相对于用多晶硅片制成的电池，具有转换效率高、温度系数低、弱光性强等优点。历史上多晶硅片产品因为成本优势，在光伏市场占据主流的位置。然而，近几年得益于单炉产出的提升，以及金钢线切工艺的引进，单晶产品成本实现了大幅下降，压缩了多晶硅产品的成本优势，此外，叠加高效单晶电池技术（如 PERC）的导入，在综合发电成本上单晶电池已取得优势地位，开始逐步对多晶电池产生替代。

电池片环节是光伏投资强度最重的环节，为 5 亿~7 亿元/吉瓦。电池片环节技术路线多变，光伏行业的快速更迭便体现于此环节，由于不同技术路线设备兼容性弱，如果技术发生突变，老的产能将成为拖累。根据所用材料不同，太阳能电池有晶硅太阳能电池和薄膜太阳能电池两种，其中晶硅太阳能电池占九成以上，可分为单晶电池和多晶电池两类；而薄膜电池由于技术提升空间有限或成本较高的原因，未能实现大量量产。未来光电转换效率的提升主要依靠制备技术的更新换代。目前，最成熟并大规模进入量产的高效晶硅电池为 P 型 PERC 电池，转换效率更高但尚未成熟的技术有异质结、IBC、N-Pert+TOPCon 等。

单体太阳电池不能直接做电源使用，必须将若干单体电池串、并联连接和严密封装成组件，因此光伏组件是太阳能发电系统中的核心部分。由于光伏组件最接近市场，直接面向客户，其重要性吸引了大批企业进入，成为光伏产业链中发展最快的环节之一。光伏电站对组件产品质量的要求很高，光伏组件必须进行大量的可靠性实验，以获得更多的国家、地区和权威第三方机构的认证。目前，中国光伏组件生产技术不断进步，生产成本持续下降，自动化、数字化、网络化程度不断提升；国内多家企业开始在海外设厂，生产布局全球化趋势明显。组件也区分为单晶、多晶。由于单晶较高的转换效率以及不断下降的价格，单晶的占比逐年提高，2018 年全球出货中单晶占比为 48.5%，未来还有上涨趋势。

光伏产业下游光伏发电系统主要由太阳电池板（组件）、控制器和逆变器三大部分组成；涉及建站及运营的模式主要有 BT、BOT、EPC 三种模式。光伏的终端应用主要为小型分布式电站和大型地面电站。光伏电站开发运营投资大，回款周期长，企业核心竞争优势在于资金实力。目前国内光伏发电装机由西北部向中部地区转移，由地面电站向分布式转变。

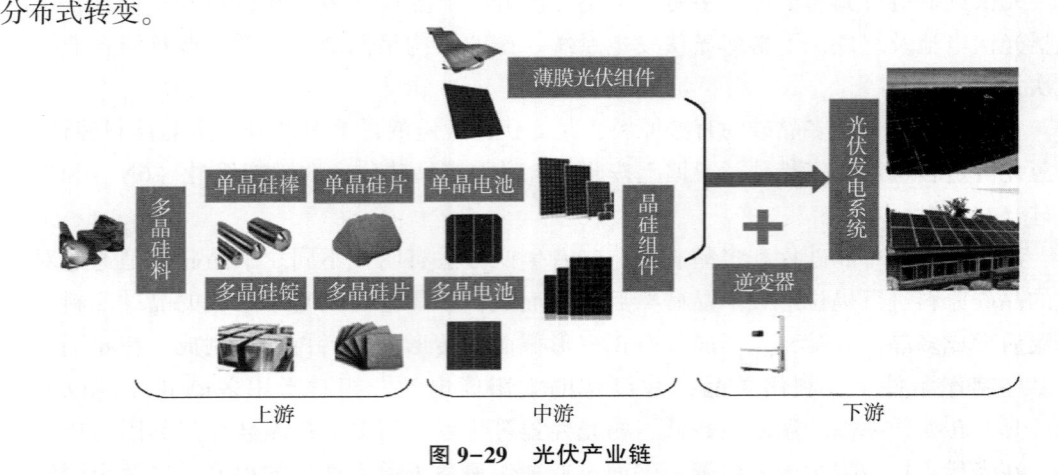

图 9-29 光伏产业链

（资料来源：《爱旭科技首次覆盖报告 20190412》）

得益于单晶硅电池技术的快速进步，单晶替代多晶带来高于行业的成长性。按照2019年底隆基40吉瓦、中环30吉瓦单晶硅片产能测算，CR2达到70%，双寡头格局使得硅片成为整条产业链中盈利最好的环节；按照隆基股份2021年规划的65吉瓦单晶硅片产能测算，其市占率在2~3年内将达到50%~60%，将完全吞噬掉多晶硅片的历史份额。

单晶硅片环节的规模效应和技术领先带来20%左右的成本优势，双寡头格局带来丰厚的现金流，帮助龙头企业向下游扩张。未来，随着组件环节的品牌效应提升，各个环节都将走向集中。

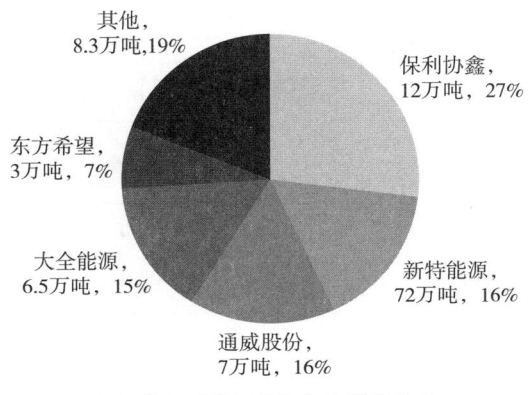

图9-30　国内硅料企业产能结构

（资料来源：晶澳太阳能重组报告书）

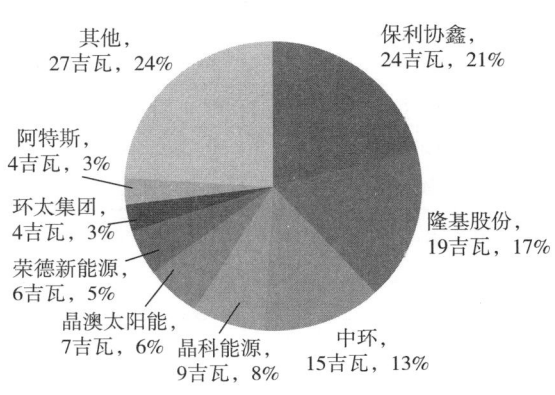

图9-31　2018年全球主要硅片企业产量

（资料来源：晶澳太阳能重组报告书）

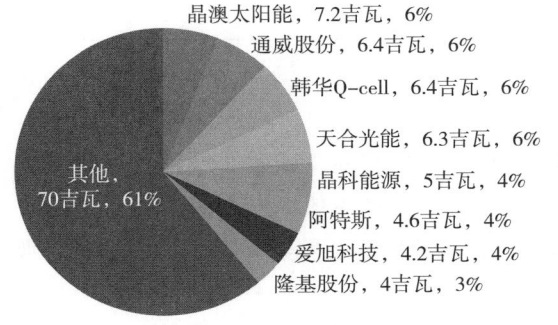

图9-32　2018年全球主要电池片企业产量

（资料来源：晶澳太阳能重组报告书）

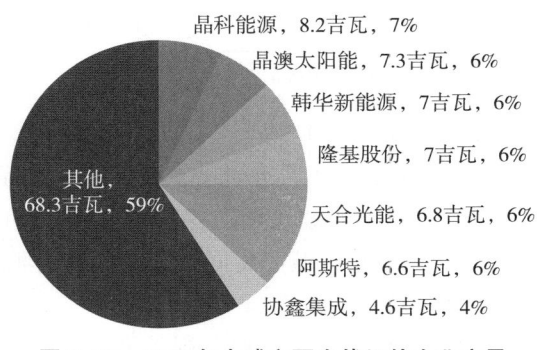

图9-33　2018年全球主要光伏组件企业产量

（资料来源：晶澳太阳能重组报告书）

（五）光伏行业政策历史

1. 补贴支持：国家对三类资源区实行定额补贴

单位电量定额补贴政策简称度电补贴政策，即按光伏系统所发出的电量进行补贴，主要适用于分布式光伏发电系统。特点是自发自用，余电上网，即自发自用的光伏电量不做交易，国家按照自用电量给予补贴，富余上网电量除了电网企业支付的脱硫煤火电机组上网标杆电价外也享受国家的度电补贴。

目前，除少数地区具备较优质资源，早期实现平价上网外，大部分地区仍需要一定补贴才能维持。根据各类资源区的实际情况测算，要在保证内部收益率为8%的情况下实现发电侧平价上网，则装机成本仍需下降14%~21%。《中国可再生能源发展报告2018》认为，2020年将是中国光伏发电全面平价上网的开元之年。

表9-4 一二三类资源区电价及单位电量定额补贴   单位：元/千瓦时

时间	2011年	2012年	2013年	2014年	2015年	2016年	2017年	2018年1月	2018年6月
一类区上网电价	1.15	1.00	0.90	0.90	0.90	0.80	0.65	0.55	0.5
二类区上网电价	1.15	1.00	0.95	0.95	0.95	0.88	0.75	0.65	0.6
三类区上网电价	1.15	1.00	1.00	1.00	1.00	0.98	0.85	0.75	0.7
单位电量定额补贴	—	—	0.42	0.42	0.42	0.42	0.42	0.37	0.32

资料来源：国家发展改革委。

表9-5 资源区分布

Ⅰ类资源区	宁夏，青海海西，甘肃嘉峪关、武威、张掖、酒泉、敦煌、金昌，新疆哈密、塔城、阿勒泰、克拉玛依，内蒙古除赤峰、通辽、兴安盟、呼伦贝尔以外地区
Ⅱ类资源区	北京，天津，黑龙江，吉林，辽宁，四川，云南，内蒙古赤峰、通辽、兴安盟、呼伦贝尔，河北承德、张家口、唐山、秦皇岛，山西大同、朔州、忻州、阳泉，陕西榆林、延安，青海、甘肃、新疆除Ⅰ类资源区以外的其他地区
Ⅲ类资源区	除Ⅰ类、Ⅱ类资源区以外的其他地区

资料来源：国家发展改革委。

2. 领跑者计划

根据2015年1月8日国家发展改革委等七部门联合发布的《能效"领跑者"制度实施方案》，所谓能效"领跑者"，是指同类可比范围内能源利用效率最高的产品、企业或单位。国家发展改革委将同有关部门制定激励政策，鼓励能效"领跑者"产品的技术研发、宣传和推广。

而"光伏领跑者计划"则是国家能源局每年实行的，与其并行的专项方案，旨在促进先进光伏技术产品应用和产业升级，加强光伏产品和工程质量管理。计划将通过建设先进技术光伏发电示范基地、新技术应用示范工程等方式实施。

加入"光伏领跑者计划"对企业意味着，国家部分用电项目将优先采用"领跑者"的产品。同时，政府将在关键设备、技术上给予"光伏领跑者"计划项目市场支持。各级地方政府使用财政资金支持的光伏发电项目，也应采用"领跑者"先进技术产品指标。

企业加入"光伏领跑者"其实得不到任何资金上的补贴，但加入计划本身对企业提升自身的品牌效应的影响是不言而喻的。此外，就整个光伏产业而言，一些"领跑企业"成为业内标杆，将带动产业内的其他企业提升产品质量和转换效率，从而推动整个行业的良性竞争与发展。

表 9-6　"光伏领跑者"产品技术指标要求

项目			第一批	第二批	第三批	
					应用领跑基地	技术领跑基地
光电转换效率	组件	多晶硅电池组件	≥16.5%	≥16.5%	≥17%	≥18%
		单晶硅电池组件	≥17%	≥17%	≥17.8%	≥18.9%
光伏电站首年系统效率			≥81%	≥81%	—	—

资料来源：国家能源局。

3. 光伏扶贫

2016 年，国家发展改革委、国家能源局等五部门联合下发《关于实施光伏发电扶贫工作的意见》，计划在 2020 年之前，在 16 个省份的 471 个县的约 3.5 万个建档立卡贫困村，以整村推进的方式，保障 200 万建档立卡无劳动力贫困户每年每户增收 3000 元以上。截至目前，国家能源局累计下达光伏扶贫规模 1712 万千瓦，可帮扶 288 万建档立卡贫困户。

根据国家能源局的规划，"十三五"时期，中国光伏扶贫工程总规模将达 15 吉瓦，按照每千瓦投入 7000 ~ 8000 元来计算，投资资金将高达 1050 亿 ~ 1200 亿元。另外，地方政府的相关光伏扶贫政策也在持续落地。光伏扶贫因地制宜，采取各种"光伏+"的模式（渔光、农光、牧光、屋光、旅光、生态光等）积极推进。目前，光伏企业陆续进入该领域。

4. "531" 新政

近年来，新增光伏装机量的高速提升带来的直接后果便是补贴缺口不断扩大。为避免行业无序发展，国家发展改革委、财政部、国家能源局联合发布了《关于 2018 年光伏发电有关事项的通知》（以下简称"531"新政），截至目前，"531"新政已经实施了两年多，对光伏行业影响明显。

根据"531"新政的规定，暂不安排 2018 年普通光伏电站建设规模，仅安排 1000 万千瓦左右的分布式光伏建设规模。由此，光伏新增容量明显减少。2018 年 7 月，新增装机 7 吉瓦，环比下滑 35.5%，同比下滑 42.5%；2018 年 8 月，新增装机仅为 1.3 吉瓦左右，环比下滑 81.5%。2018 年中国光伏新增装机容量超过 44 吉瓦，同比下降 18%。

由于并网规模大幅下降将直接影响到光伏组件的需求量，2018 年下半年起，供应链价格大幅下滑，各环节均受到较大冲击。根据 PV InfoLink 网站的统计，"531"新政发布之后一个月的光伏产品价格跌幅基本上都在 10% 以上。在这一轮洗牌中，具有技术和规模优势的大企业市占比进一步扩大，而优势不明显的企业尤其是中小企业则面临巨大的生存压力。

国家能源局在 2018 年底召开的太阳能发展"十三五"规划中期评估成果座谈会中，释放了一系列的积极信号，对于"531"新政进行了纠偏。与以往政策不同的是，竞价补贴和平价并行是2019—2020年的主旋律，光伏已经逐步迈向平价新时代。2021年及以后，光伏补贴将退出历史舞台。财政部、国家发展改革委、国家能源局在《关于促进非水可再生能源发电健康发展的若干意见》以及《可再生能源电价附加补助资金管理办法》征求意见座谈会上曾明确，到2021年，陆上风电、光伏电站、工商业分布式光伏将全面取消国家补贴。

5. 平价上网

2019年1月，国家发展改革委、国家能源局联合印发《关于积极推进风电、光伏发电无补贴平价上网有关工作的通知》，明确各地需开展不需要国家补贴的平价上网风电、光伏发电项目建设，将从降低非技术成本、保障消纳、绿证交易、降低输配电价及收费、市场化交易等全方位多角度地对光伏平价项目给予支持。

6. 国际政策

各国最新的光伏产业政策显示，光伏产业依然对政策的依存度很高，但共同的趋势是逐步降低补贴，并创新电价定价机制，使无补贴光伏尽快落地。部分国家和地区对进口光伏产品仍然采取较高反倾销税的贸易政策。

表9-7　2019年各国光伏市场政策

德国：光伏补贴退坡	每年新增装机目标为2.5吉瓦，年度光伏装机量达到1.9吉瓦之后，将会开启新一轮的补贴下调。2019—2021年还计划4吉瓦额外光伏装机量的招标。新能源法案在补贴缩减上，力度相比预期要小，按月递减，并留出了一个月的过渡时间
英国：智能并网交易助力无补贴发展	上网电价补贴政策于2019年3月31日结束。新政"智能并网保障"规定所有大型能源供应商必须为小型光伏电站的并网发电付费。大型供应商将掌握定价权，小型供应商将自愿加入该机制
比利时：隔墙售电交易+绿证机制	2019年起将允许各企业在"直接线路模式"下互售电力。理论上用户可以将电力出售给使用现场的最终客户，而不一定必须是在同一发电区域的客户。10千瓦以上的光伏系统使用"可交易绿色证书"
日本：再降小型商业光伏电站补贴	对小型商业光伏电站支付的补贴从每千瓦时18日元（0.165美元）减少到14日元；对于容量超过2兆瓦的项目上网电价补贴削减政策将在下半年生效。同时将降低10~500千瓦商用光伏系统的税率
印度：支持屋顶光伏项目，对进口光伏材料征税	到2022年将有总额超过4600亿卢比（64.8亿美元）的财政支持，以促进农民使用光伏产品并推动该国的屋顶光伏装机容量达到40吉瓦。印度贸易总署（DGTR）将对马来西亚进口光伏玻璃征收115.58美元/吨、为期5年的反倾销税；还建议对从中国、马来西亚、沙特阿拉伯以及泰国进口的光伏组件用EVA薄膜征收537~1559美元/公吨、为期5年的反倾销税
美国：法案失利，继续"双反"	国会没有延迟1.37万亿美元政府支出计划的光伏产业投资税收抵免，导致2020年光伏产业的信用额度将下降到26%。继续对中国进口的晶体硅和光伏组件产品的反倾销和反补贴课征关税，关税、贸易政策的不确定性，降低潜在装机

资料来源：GTM、根据公开资料整理。

五、京东方：锐意进取的液晶显示面板龙头

京东方科技集团股份有限公司（以下简称京东方，000725.SZ）成立于 1993 年，发展至今已近 30 年。公司以液晶显示面板业务起家，经过多年发展，现已成为一家为信息交互和人类健康提供智慧端口产品和专业服务的物联网公司，下辖端口器件（D）、智慧物联（S）、智慧医工（H）三大板块，2017—2019 年累计营收占比分别为 90%、17%、1%。根据 IHS Markit 的数据，2018 年京东方显示面板总体出货量保持全球第一，五大主流产品市场占有率持续提升，全年实现全球第一；显示器件整体出货面积同比增长超过 30%，由全球第四升至第二。智造服务出货量稳步提升，电视、显示器整机出货量约为 1800 万台，分别居全球第三、第四。公司于 1997 年 6 月 10 日在深圳证券交易所上市，截至 2020 年 9 月 30 日，总市值达 1687 亿元。公司第一大股东为北京国有资本经营管理中心（北京市国资委全资子公司），持股 11.68%（2020 年 6 月末），其中 70% 的股份交由北京市电子控股有限责任公司管理（北京国有资本经营管理中心全资子公司），后者为公司控股股东及实际控制人。截至 2019 年末，公司总资产为 3404 亿元，员工总数为 65017 人，2017—2019 年分别实现净利润 78 亿元、28 亿元、-5 亿元。

表 9-8　京东方主要业务板块营收构成　　　　　　　　　　单位：亿元,%

项目	2019 年 1~9 月		2018 年		2017 年		2016 年	
	金额	比例	金额	比例	金额	比例	金额	比例
端口器件	789.87	92.14	866.88	89.27	851.50	90.78	625.08	90.73
智慧物联	118.80	13.86	175.00	18.02	156.21	16.65	112.02	16.26
智慧医工	9.98	1.16	11.52	1.19	10.24	1.09	9.07	1.32
其他	39.96	4.66	35.69	3.68	22.26	2.37	18.35	2.66
抵销	-101.39	-11.83	-118.00	-12.15	-102.20	-10.9	-75.57	-10.97
合计	857.22	100	971.09	100	938.00	100	688.96	100

资料来源：京东方债券募集说明书。

（一）发展历史：从后起模仿者到全球领导者

京东方近 30 年的发展历史大致可分为四个阶段：进入者、追赶者、挑战者、领先者。每一阶段的生存环境都堪称严酷，既有国外先发巨头的技术封锁，也有行业本身周期律动的冲击。京东方之所以能够从后起模仿者逐步蜕变成全球领导者，主要源于其因时而变的业务布局、持续与时代共振的能力以及自我革新的勇气，而这也奠定了京东方向超级企业进化的基因。

1. 2003—2007 年：进入者，培育自主创新基础

2003 年 1 月，京东方以 3.5 亿美元通过收购韩国现代公司的 TFT-LCD 业务进入液晶面板市场，以"海外并购+国内扎根"形式实现了技术转移。随后，京东方选派了数百人到韩

国现代公司学习，同时筹备在北京上马一条 5 代线，把收购的资源转化为自己的技术，为以后的扩张储备专业人才。同年，京东方又以 10.3 亿港元购买冠捷 26.38% 的股份。冠捷母公司潘氏集团在 1995 年曾与京东方有合资意向，并于 1997 年合作生产 CRT 显示器，该商业纽带促成了这次收购，解决了京东方产品 1/3 的市场问题。随着对技术掌控力度的加大，公司也加快了内生扩张的步伐，加大自建生产线的规模，逐步巩固自主的基础。自 2005 年起，全球液晶面板行业开始步入下行周期，TFT-LCD 市场价格低迷导致公司陷入了业绩亏损的泥潭。同时，公司在香港上市被喊停，资本市场融资受阻，外部扩张开始受到资金的钳制，公司由此放慢了资本扩张步伐，资产规模扩张进入平稳阶段。

2. 2008—2012 年：追赶者，逆市扩张，出货量升至全球前五

市场的低迷并未打消京东方扩张的念头，2008 年起资本市场融资限制的放开为京东方提供了二次扩张的契机。在经历了 2 年多的沉寂后，自 2008 年下半年开始，京东方借助定增融资，再次加快扩张步伐。在国际金融危机蔓延、行业因市场萎靡而衰退、国际巨头放缓脚步的时候，王东升提出了"化市场低谷为成长机会"的经营理念，京东方由此开始了逆市扩张之路。2009 年 4 月，京东方 6 代线在合肥破土动工；8 月，8.5 代线在北京奠基，开始涉足高世代线领域。2009—2012 年，京东方连续生产四条生产线，包括合肥 6 代线（2009 年 4 月）、北京 8.5 代线（2009 年 8 月）、鄂尔多斯 5.5 代 AMOLED 线（2011 年 8 月）、合肥 8.5 代线（2012 年 5 月），显示面板出货量一跃跻身全球前五。该阶段京东方战略的实施彻底改变了整个液晶显示产业的格局。2010 年京东方合肥 6 代线投产结束了中国内地"无电视屏时代"；2011 年北京 8.5 代线量产成为中国内地首条最高世代液晶面板生产线，结束了中国内地"无大尺寸电视屏时代"。京东方生产线的扩张不仅使中国获得了自主造屏能力，而且打破了国外企业的技术垄断，迫使日韩台企业做出战略调整，向中国转移高世代线。

表 9-9　2011 年京东方 LCD 出货量首次跻身全球前五

序号	2008 年	2009 年	2010 年	2011 年	2012 年
1	三星	三星	乐金显示	乐金显示	乐金显示
2	乐金显示	乐金显示	三星	三星	三星
3	友达光电	群创光电	群创光电	群创光电	群创光电
4	群创光电	友达光电	友达光电	友达光电	友达光电
5	中华映管	日立	中华映管	京东方	京东方
6	日立	中华映管	夏普	龙腾光电	夏普
7	夏普	夏普	日立	中华映管	龙腾光电
8	京东方	京东方	龙腾光电	夏普	中华映管
9	—	龙腾光电	京东方	松下电器	松下电器
10	华星电子	松下电器	松下电器	日立	华星电子

资料来源：Bloomberg。

注：序号表示当年各大面板企业 LCD 出货量排名。

3. 2013—2017 年：挑战者，保持战略定力，出货量全球登顶

在完成了追赶者战略目标之后，2013 年起，京东方开始向全球面板巨头发起挑战。其间，全球宏观经济环境的持续下行以及需求端消费者对产品需求的渐进饱和持续给面板显示行业带来巨大压力。面对复杂的竞争格局及严峻的市场环境，京东方贯彻"一四三三"战略（围绕一个目标，加快四大创新，活用三大资本，实现三个转变），利用资本市场改革的便利，加速进行产能扩张。在进一步夯实基础业务的基础上，全面优化升级智慧端口产品，同时大力拓展物联网系统和专业服务业务，不断提升抗风险能力和盈利能力。2013 年公司成立了智慧系统事业群，通过内生和外延的手段构建了包括智能制造、智慧零售、智慧车联以及智慧能源在内的四大业务体系。2014 年在业界激烈争论 OLED 是否将替代 LCD 之际，时任京东方董事长王东升提出："无论是 OLED 还是 LCD 都属于半导体，OLED 在中小尺寸领域将逐渐替代 LCD，但在大尺寸领域 LCD 仍将是主力，并相当长时间内会与 OLED 并存。"依托 2014 年定增以及后期国资战投资金的引入，公司进一步加快了扩张的步伐。在产品结构上，仍以 LCD 作为主力，先后投建了成都（柔性）6 代线（2015 年 5 月）、福州 6 代线（2015 年 10 月）、合肥 10.5 代线（2015 年 12 月）、绵阳（柔性）6 代线（2016 年 12 月）。在全球主要巨头纷纷收缩 LCD 产能之时，京东方则加速扩张，2013—2017 年出货量年均复合增速达到 28.46%，同期 LG、三星 LCD 出货量复合增速分别为-11.25%、-20.79%。

4. 2018—2022 年：领先者，巩固硬件优势，向软硬融合综合服务商全面转型

2018 年起，京东方开始进入二十五年长期战略规划的领先者时期。按照规划，公司除了继续巩固在全球显示领域的领先优势外，也会加速向智慧系统和健康服务领域渗透。为此，公司创新提出了"三个再平衡"战略思想，即在中国经济新常态背景下，实现重资产业务与轻资产业务再平衡；在第四次产业革命背景下，实现市场机会与能力建设再平衡；在全球政治经济新格局背景下，实现贸易再平衡。具体来看，就是在现有硬件优势的基础上进一步向应用端渗透，打造 D（显示器件）、S（智慧系统）、H（健康服务）三大板块协同发展的产业闭环。2018 年，公司显示面板总体出货量继续保持全球第一，并且五大主流产品的市场占有率全面达成全球第一。确立数字化艺术品图像显示系统 ITU 国际标准，推出人工智能语音版画屏，行业生态初步建立；智慧零售电子标签业务全球市占率超过 50%，服务全球 61 个国家及地区约 1.7 万家门店。智能睡眠仪、便携式心电检测仪、体脂秤等产品陆续上市，自主规划和建设的合肥京东方医院投入使用。

在 2019 年京东方全球创新伙伴大会上，京东方新掌门陈炎顺表示："简单的数量规模已不是公司关注的重点，公司思考的重点是，如何通过技术与产品创新，拓展应用，赋能场景，推动行业健康发展。在显示领域，不再投资 LCD，行业已经处于过剩阶段，未来柔性 AMOLED 技术将更加成熟，迎来良好发展是必然。未来十年，京东方不会仅限于全球最大的面板企业，而是成为物联网时代全球性的创新企业。"

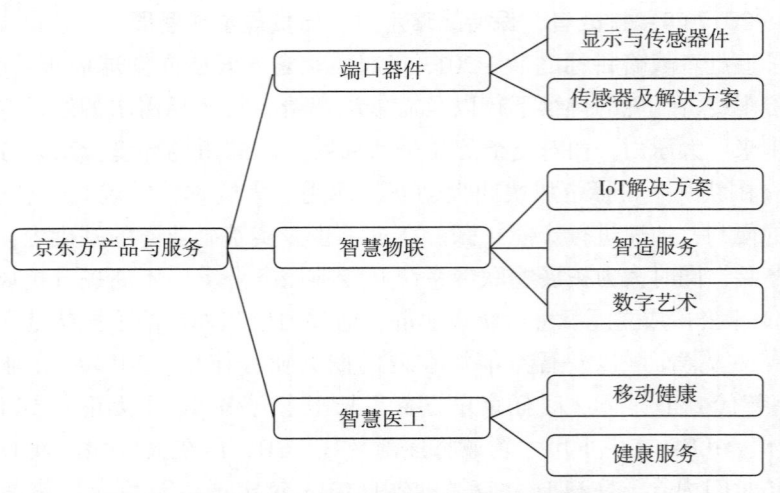

图 9-34   京东方加速向软硬融合综合服务商转型

(资料来源：京东方官网)

（二）京东方具备孵化成超级企业的基因

1. 具备前瞻布局的基因，战略执行力强大

从京东方的成长历程看，逆市布局是其弯道超车的一个很重要的原因。在行业低迷阶段，LG、三星等老牌劲敌纷纷收缩产能，而京东方则能坚定信念，持续扩张，最终实现了对老牌巨头的赶超，奠定了在全球液晶显示面板领域的霸主地位。京东方之所以能够坚守本心不被外界所干扰，主要是因为公司清晰地把握住了液晶显示面板行业的发展脉络，产能扩张契合了行业运行轨迹。除了公司管理层敏锐的行业洞察力外，基于行业前景所做的前瞻性布局以及公司本身强大的战略执行力也是公司能够实现跨越式发展的关键保障。

在进入液晶显示面板领域之前，京东方主要生产 CRT 部件，在 CRT 电视行业如日中天之际，公司前任董事长王东升即从崭露头角的平板显示看到技术替代的危机。通过对显示产业的前瞻研究和判断，王东升认为平板取代 CRT 是必然，因此决定转型平板显示。当时也存在 PDP（等离子）、FED（场致发电）等可选技术，且投资少，风险低。王东升在反复研究后认为自 1947 年晶体管诞生以来，电子器件进化史就是一部半导体技术替代真空电子技术的发展史，在 PDP、FED、TFT-LCD 中只有液晶显示是以半导体技术为基础的，因此坚定信念做 TFT-LCD。在 TFT-LCD 领域的前瞻性布局使得京东方赢得了一条属于未来的黄金赛道，至今仍保持着勃勃生机。

2008 年国际金融危机后，京东方采取的逆市扩张举措成为其实现赶超的关键抉择。支撑公司选择反周期扩张的原因有两个：一是公司管理层看到了中国市场庞大的液晶屏消费需求与空白的液晶显示出货量之间的巨大错配。这意味着本土化扩张空间充裕且存在着隐性保障。此外，补全技术短板，从根本上解决我国液晶面板受制于人的产业情怀也是京东方坚定扩张的初衷。以 2010 年为例，当年我国生产彩电 1.2 亿台，占全球生产量的一半以上，位居世界第一；生产电脑 2.46 亿台，占全球产量的一半以上；生产手机 9.9 亿部，占全球总产量的 69%。但在供给端，由于全球液晶显示市场份额主要集中在韩国、我国台湾、日本三地，我国液晶显示面板几乎是零自给，因此中国每年需要进口大量液晶显示面板。2010 年中国进口产品中，液晶面板的进口额为 474 亿美元，排名第四，仅次于集成电路、石油和铁矿石。而且这种状况由来已久，从可得数据看，2005—2012 年，我国每年对于液晶显示面板的进口金额一直保持上升趋势。

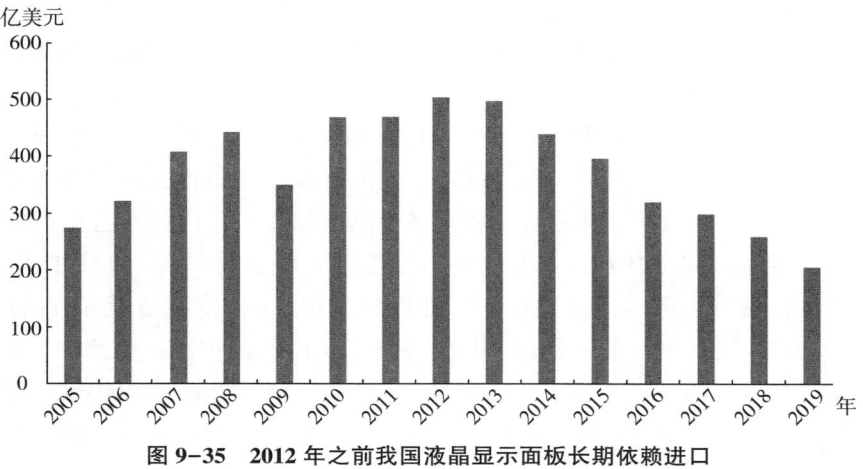

图 9-35　2012 年之前我国液晶显示面板长期依赖进口

（资料来源：Wind 数据库）

二是王东升提出的"液晶显示行业生存定律"，即"王氏定律"——每三年，标准显示器件价格将下降 50%，若价格不变，产品性能必须提升一倍以上，有效技术保有量必须提升两倍以上。这一变化周期还将不断被缩短。在王东升看来，价格在不断下跌，一旦跌破一条底线，现金流就会断裂，企业就会被淘汰。价格下跌是无法阻止的，那么就需要创造渠道，快速推出新技术，不断推出新产品，才能把价格拉上去，不至于跌破生死线。专利代表技术保有量，有了专利和创新能力，才能把产品的性能赶上去。但仅仅性能上去还不够，必须第一时间在市场上推出产品。第一时间推出新产品价格可能是高的，第二时间推出，可能只能保住价格底线，到第三时间连价格底线都可能保不住。这一定律的发现，让京东方加快世代线投建速度，以此推动技术创新和更快地推出新产品。

在此期间，行业的萎靡不振将京东方拖入了巨额亏损的泥潭，长期的业绩低迷使得京东方及其管理层饱受质疑，激进的研发及扩张战略也备受诟病。但这并没有动摇京东方的扩张初心，公司继续按照既定战略规划，秉承规模扩张与技术创新并重的发展理念，对内加大研发投入，增加专利储备，对外继续加快产能扩张，巩固规模优势，产品性能及产能均得到了持续性提升，为在行业好转之际抢占先机打下了基础。

2010 年之后，随着 AMOLED 技术的迅猛发展，业界重新掀起了关于显示产业发展方向的争论。关于 AMOLED 对 TFT-LCD 的替代，王东升认为"从 CRT 到 TFT-LCD 是技术的结束和开端，从 TFT-LCD 到 AMOLED 是技术的延伸和发展。TFT-LCD、AMOLED 以及柔性显示等新型显示，基础技术都是半导体技术，都可统称为半导体显示"。因此，公司并未大幅转向 AMOLED，而是将发展重心继续放在 TFT-LCD 领域，在三星、LG 等巨头纷纷收缩 LCD 产能之际，持续的深耕使得京东方加快了赶超的步伐，并最终实现了在五大细分领域的全线登顶。从目前来看，TFT-LCD 仍然是液晶显示面板的主流，AMOLED 对 TFT-LCD 的革命性替代尚未显露迹象。对 TFT-LCD 与 AMOLED 发展趋势的预判再次证明了公司管理层敏锐的战略眼光，而这也意味着在接下来 3~5 年内，京东方能够凭借在 TFT-LCD 领域的后发优势抢占更多市场份额，实现损益表的加速扩张。

2. 均衡布局，提升抗周期能力

京东方是中国内地首家能够自主研发、生产和制造 1.5~110 英寸全系列半导体显示产品的企业，在北京、四川成都、四川绵阳、安徽合肥、内蒙古鄂尔多斯、重庆、河北固安、江苏苏州、福建福清、湖北武汉拥有多个制造基地。公司拥有已投产显示面板生产线 11 条，包括北京第 5 代和第 8.5 代 TFT-LCD 生产线，成都第 4.5 代 TFT-LCD 生产线和第 6 代 AMOLED 生产线，合肥第 6 代 TFT-LCD 生产线、第 8.5 代 TFT-LCD 生产线及第 10.5 代 TFT-LCD 生产线，鄂尔多斯第 5.5 代 LTPS/AMOLED 生产线，重庆第 8.5 代 TFT-LCD 生产线，福州第 8.5 代 TFT-LCD 生产线，绵阳第 6 代 AMOLED 生产线。其中，成都第 6 代 AMOLED 生产线是中国内地首条 AMOLED（柔性）生产线，自投产后良品率稳步提升，供货给一线品牌厂商。

相比于国内其他四家核心显示面板厂，京东方产能分布更加均衡。无论是在大尺寸 LCD 面板领域还是在中小尺寸 AMOLED 面板领域产能均远超同行。深天马虽然在中小尺寸面板领域产能领先于京东方，但其在大尺寸面板领域完全没有布局。华星光电无论是大尺寸面板还是中小尺寸面板都和京东方差距较大。而维信诺和和辉光电都是只在 OLED 领域布局，而且产能也远不及京东方。

表 9-10　国内液晶显示面板企业生产线分布

产品类型	世代线	京东方	华星光电	深天马	维信诺	和辉光电
中小尺寸 LCD	2.0 代			★		
	3.0 代			★		
	4.5 代	★		★★★		
	5.0 代	★		★		
	5.5 代	★		★		
	6.0 代	★	★	★		
大尺寸 LCD	8.5 代	★★★★	★★			
	10.5 代	★★				
	11 代		★			

续表

产品类型	世代线	京东方	华星光电	深天马	维信诺	和辉光电
中小尺寸 AMOLED	4.5 代			★		★
	5.0 代	★				
	5.5 代			★	★	
	6.0 代	★★★	★	★	★★	★
大尺寸 AMOLEDS	11 代		★			

资料来源：公司公告。

对比海外巨头的产能分布情况，三星目前主打 OLED 领域，每月产能可达 2800 万片，已经在全球范围内形成了一定垄断优势，其中在中小型柔性 OLED 领域市占率超过 90%。目前公司共有 6 条面板产线，LCD、OLED 各有 3 条。3 条 LCD 产线中 L6 主要生产 IT 产品用 LCD 面板，L7 与 L8 生产电视用 LCD 面板。随着中国 LCD 产能扩张，行业供需格局转向过剩，三星 LCD 面板业务盈利大幅下滑。因此，公司已决定暂停 LCD 产业，将业务重心进一步向 OLED 转移。目前，公司现有的 3 条 OLED 生产线中，A1 是一条 OLED 试验线，生产刚性 OLED 面板，A2 生产刚/柔性 OLED，A3 生产柔性 OLED。此外，三星还在不断扩充 OLED 产能，原 L7 液晶生产线计划出售部分液晶生产设备，并改为生产 OLED 面板。新 OLED 厂 A4 即将投产，另外公司计划提升 A3 产线柔性 OLED 生产线产能，以应对日益增长的 OLED 面板需求。公司还打造第六代柔性 OLED 面板生产基地 A5 厂。2019 年 10 月三星表示将投资建造 8.5 代 QD-OLED 生产线，并在 2025 年之前将 LCD 业务转为 OLED 业务，第 8 代 LCD 工厂转为 QD-OLED 生产线，随后第 7 代 LCD 也将转产 QD-OLED。QD-OLED 本质上是 LCD 与 OLED 显示器之间的混合，不使用 LED 背光，使用可单独点亮的蓝色 LED，可以将光转换为红色和绿色，在此过程中消耗更少的电力，实现更高的效率和色彩准确度。

表 9-11　三星电子主要在中小型 OLED 领域发力　　　　单位：千片

工厂	产线代数	类型	实现月产能	规划月产能	量产时间
A1	G4.5	刚性	56	55	已量产
A2	G4.5	刚/柔性	140	140	已量产
A3	G6	柔性	105	135	已量产
A4	G6	柔性	0	30	2017 年第一季度至 2019 年
A5	G6	规划中	0	180~270	—

资料来源：根据公开资料整理。

LGD 则是大尺寸 OLED 领域的领先供应商，目前几乎垄断了用于电视的 OLED 面板。2018 年 LGD 大尺寸 OLED 面板产能是 180 万片，预计 2019 年可达 250 万片。LGD 原以 LCD 业务为主，近年在中国竞争对手的持续冲击下逐步收缩了 LCD 业务布局，根据 HIS

Markit 的预计，2020 年 LGD 的 OLED 面板业绩或将升至 45 亿美元，进而超过 LCD 30.9 亿美元的预期销售额。

表 9-12 LGD 主要在大型 OLED 领域发力   单位：千片

工厂	产线代数	类型	规划月产能	量产时间
龟尾 E2	G4.5	刚/柔性	23	2015 年
龟尾/坡州 E5	G6	柔性	22.5	2017 年第二季度
坡州 E6	G6	柔性	45	2018 年第二季度
坡州 P9	G8.5	刚性	60	2017 年底
坡州 P10	G10.5	—	60	2022 年
广州	G8.5	刚性	60	2020 年

资料来源：根据公开资料整理。

经过多年的发展和渗透，TFT-LCD 和 AMOLED 已成为显示面板的主流技术。2018 年大尺寸 TFT-LCD 面板出货面积增至 1.98 亿平方米，同比增长 10.6%，在全球半导体显示面板出货面积和销售收入中的占比分别为 96.76% 和 78.46%。AMOLED 面板在全球显示面板出货面积和销售收入中的占比则分别为 2.99% 和 20.46%。

目前 TFT-LCD 生产线呈现出向高世代发展的趋势，不同世代 TFT-LCD 生产线的主要区别是加工的玻璃基板尺寸不同，高世代线（6 代线以上 TFT-LCD 生产线）切割同样尺寸的面板时，单块面板分摊的折旧费用更低，规模经济效应更明显。伴随着技术升级，TFT-LCD 显示器件厂商投资高世代线不仅可以开拓更大尺寸市场，而且在经济切割范围内，与低世代生产线相比具有规模优势，单块面板成本更低，后发优势明显。

AMOLED 是自 20 世纪中期发展起来的一种新型显示技术，与 TFT-LCD 同属半导体显示技术，是 TFT-LCD 技术的延伸和发展。与液晶显示器相比，AMOLED 具有主动发光、高亮度、高对比度、超薄、低功耗、快速响应、宽视角、全固态、易于柔性显示等诸多优点。近年来，在强大的应用背景推动下，AMOLED 技术取得了迅猛的发展，随着近年来苹果 iPhone、三星 Galaxy、华为 Mate20 等手机产品采用 AMOLED 显示屏幕，AMOLED 产品市场迅速发展，但在大尺寸应用领域受限于技术和成本约束，短期内仍难以形成规模。根据 IHS Markit 的预计，到 2021 年，AMOLED 面板的出货面积和销售收入占比将分别提升至 5.77% 和 31.86%。虽然 AMOLED 市场份额大幅提升了，但 TFT-LCD 仍然保留 94.06% 的出货数量份额和 67.37% 的收入份额，AMOLED 技术短期内难以完全替代 TFT-LCD。

AMOLED 对 TFT-LCD 的替代将更为温和，其原因在于：一方面，两项技术是继承和发展的关系，二者均属于半导体显示，而不是简单的替代关系。由于工艺技术的继承性及设备的通用型，未来 AMOLED 技术对 TFT-LCD 技术的完全替代很可能由目前 TFT-LCD 业内领先企业率先实现。另一方面，AMOLED 技术的研发期、成长期均较 TFT-LCD 技术更长，其良率提升、成本降低的难度远远大于 TFT-LCD 技术，这也是目前其仅限于应用在中小尺寸高端智能移动显示终端的原因。因此，TFT-LCD 技术仍将存有较长的生存周期。

　　液晶面板制造处于整个面板产业链的中游，产业的上游主要有玻璃基板、自动化设备、曝光机、涂布机、显影机、蚀刻机、光阻材料、靶材、膜材料等设备及材料，下游则是终端应用，包括手机、电脑、电视、显示器、平板电脑、车载显示、工控等领域。按面积口径，2018 年，电视、平板电脑、笔记本电脑、显示器的占比分别为 74.65%、1.88%、5.16%、11.27%。

　　液晶显示行业具有明显的周期波动特征，具体表现为：半导体显示面板技术或尺寸等产生更替，新的应用市场需求得以创造出来，市场供不应求导致产品价格上涨；利润空间吸引现有企业进行新的投资，以及新的厂商开始进入；投资增加导致产能迅速扩张，市场供过于求，价格下降，厂商被迫减少或关停产能，行业进入衰退期；产品价格下降以及技术创新带来的应用领域扩张，引发新的市场需求，市场开始进入新的"液晶周期"循环。

　　但由于下游市场景气周期错配以及同业产能调整动向的不同步，各类型产品的景气周期也存在一定差异。产能布局更均衡使京东方可以最大限度地避免单一应用领域景气波动的冲击。此外，由于 AMOLED 目前主要是在智能手机等小尺寸领域发力，大尺寸渗透相对缓慢，京东方在高端产线上的布局可以在一定程度上熨平 AMOLED 产业周期带来的冲击。

　　3. 强化自主创新，产品及技术保持领先

　　"对技术的尊重和对创新的坚持"是京东方的重要文化基因之一。近年来，京东方持续加强技术研发投入，不断强化自主创新能力，全力确保技术和产品的前瞻性和领先性。公司研发支出从 2013 年的不到 20 亿元激增至 2018 年的 72 亿元左右，占营收的比重也从 5.6% 提升至 7.5%。研发人员数量同样出现了大幅增长，尤其是 2017 年公司研发人员数量暴增 427%，研发人员数量占比也从 6% 提升至接近 30%。

表 9-13　京东方研发开支位居 A 股前 20 位　　　　　　　　　　单位：亿元,%

证券简称	研发开支	研发支出/营业总收入	研发人员占比	证券简称	研发开支	研发支出/营业总收入	研发人员占比
中国石油	396.46	0.91	8.27	中国电建	168.58	3.00	17.08
中国建筑	282.96	1.26	3.81	中国中冶	158.76	2.98	0.00
上汽集团	269.84	1.52	10.70	比亚迪	148.02	6.27	14.12
中国中铁	254.86	1.78	9.26	京东方 A	142.10	7.44	28.73
中兴通讯	238.68	12.28	38.06	格力电器	130.35	3.72	13.30
中国铁建	219.70	1.56	13.40	宝钢股份	123.81	2.08	2.20
中国中车	216.71	5.04	19.52	潍柴动力	121.40	3.91	9.10
中国交建	187.90	1.93	—	TCL 科技	103.92	4.62	16.63
美的集团	183.11	3.63	10.74	海尔智家	99.87	2.92	17.09
工业富联	169.32	2.20	9.20	上海建工	97.81	3.13	18.20

资料来源：Wind 数据库。

在技术与产品方面，柔性 OLED 技术不断取得新突破，推出多款异形全面屏产品。6.18 英寸 WQHD 柔性产品实现了 1 毫米动态弯折；TFT-LCD 技术实力持续提升，全球首款采用 LTPS COF+COB 技术的非 Notch 全面屏产品、8 英寸 WXGATDDI 产品、10.1 英寸 WUXGATDDI 产品、13.3 英寸 OGMTilt 主动笔产品实现量产出货，全球最薄的 3.9 毫米 23.8 英寸 Ultra Slim MNT 产品成功量产；传感器技术取得创新突破，MSMX-ray 量产评估型样机实现全球首发，液晶分子天线项目成功实现全球首次连接卫星调测，用于基因突变位点检测的玻璃基 d-PCR 芯片完成全球首款集成化、全自动化、便携化样机开发；物联网人工智能技术产品及应用取得突破，自主研发的艺术领域自然语言处理算法落地京东方画屏 S2 产品，人脸识别、OCR 等人工智能技术落地京东方 AI 数字标牌和智能高拍仪等产品；医工融合取得技术突破，心脏膜片建立临床级无血清培养体系，全球首款多功能骨科机器人样机、AI 全科医生 1.0 完成开发。

在专利方面，京东方全年新增专利申请 9585 件，新增授权超过 4800 件，其中美国授权超过 1600 件，全年共主持制修订外部技术标准超过 20 项。公司专利申请数量和首发新产品的覆盖率都是全球业内第一，且大部分为国际专利。

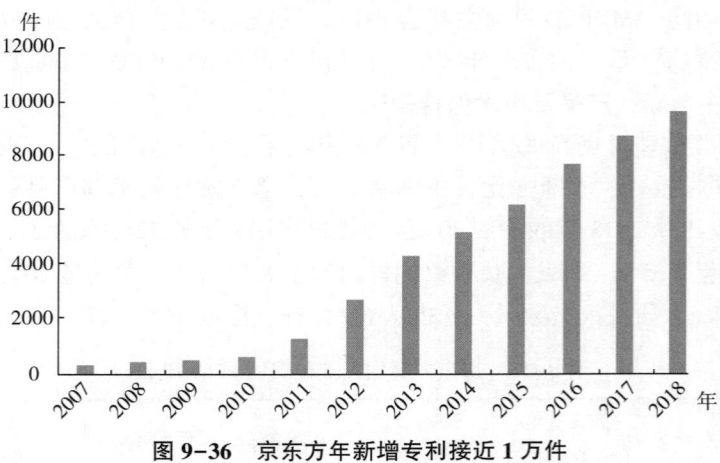

图 9-36　京东方年新增专利接近 1 万件

(资料来源：公司公告)

除了技术创新外，近年来，京东方也在探索模式创新。在半导体显示器件的基础上，进一步发展了信息交互和人类健康相关的传感器件。一方面，将显示与传感功能整合，将显示屏进化成物联网系统的人机交互智慧端口；另一方面，则将传感、显示和生命科技相融合，形成生命数据专业智慧端口。京东方确立了显示器件（D）、智慧系统（S）、健康服务（H）的业务布局。

2016 年，在京东方全球创新伙伴大会上，王东升对此进行了更具体的阐释——"开放两端，芯屏气/器和"，即让技术和应用端更开放合作，推动芯片、显示屏、各种功能器件和设备、软件更有机地整合和创新，更好地构建物联网时代的价值创造系统和新生态，将京东方打造成一家全球领先的、为信息交互和人类健康提供智慧端口产品和专业服务的物联网公司。以顾客需求、应用场景指引技术创新，意味着京东方将由原来的主打硬件策略转向软硬融合发展的轨道。

对此，王东升进一步解释，这是将京东方现有的显示和相关传感技术优势在相关细分领域、物联网系统和智慧健康领域进行跨界融合创新。无论是行业还是单一业务，当发展到一定阶段时总会遇到天花板，基于这一思考，京东方早在2014年即开始谋求转型。公司选择进入健康服务产业主要是考虑到第四次工业革命的一个趋势是半导体技术向健康医疗领域的快速渗透，推动生命科技革命性进步。液晶显示面板行业也存在可与医疗产业相结合的技术，例如，液晶面板坏点修复是由人通过远程操作线上机器人进行修复，精度能达到微米级，这一技术也可应用到一些微创手术中。

进入智慧系统领域则是基于京东方的持续技术迭代的一脉相承。起初京东方只做显示屏，后来把触控功能整合到显示屏里，实现了显示和输入功能的融合，现在京东方做的是触控显示一体化的产品，并在开发把指纹功能整合到显示屏的技术，之后计划将摄像头或更多东西整合到显示屏里，实现由一家显示器件产品公司向物联网系统的智慧端口公司的蜕变。随着人工智能的不断进化，以及互联网、显示、生命科学等细分学科和专用领域的渗透融合，相关产业也将迎来巨大的发展机会。

从当前业务模式看，智慧物联事业板块包括智造服务、IoT解决方案和数字艺术三大事业群。智造服务事业群为B2B整机整合设计制造模式，为全球伙伴提供最具竞争力的电视、显示器、白板、电子标牌、商用显示、电子标签、移动终端等整机智能制造服务。IoT解决方案事业群为B2B软硬融合解决方案与系统集成模式，聚焦智慧零售、智慧金融、数字医院、商务办公、智慧家居、智慧交通、智慧政教、智慧能源等领域，为客户提供物联网细分领域整体解决方案，包括商超零售管理、营销管理、影像管理、智能会议、场景交互、拉手广告、政教信发、智能微电网管理等系统解决方案。数字艺术事业群为B2C物联网平台模式，致力于打造最佳体验的数字艺术平台，主推的京东方画屏将终端产品和App相结合，将语音交互等信息技术融入数字艺术中，通过艺术欣赏、视觉美学等多种应用场景，为用户提供艺术赏析、艺术百科普及、艺术品商城、视觉美学欣赏等多种内容产品与服务。

智慧医工事业板块包括移动健康、健康服务两大事业群。移动健康事业群为B2C物联网平台模式，通过智慧终端与App相结合，基于人工智能和大数据算法，为用户提供生命体征数据监测与解读、AI疾病风险预测、专家健康课程以及在线问诊、体检挂号等就医服务，让用户足不出户即可享受个性化家庭健康管理服务。健康服务事业群为线上与线下融合的B2C专业服务模式，业务涵盖数字医院、数字人体、再生医学、健康园区等领域，以数字医疗服务为核心，智慧康养、健康社区整体解决方案、产业园区运营管理等服务为延伸，为客户提供线上与线下融合的专业健康医疗服务。

从长期发展看，物联网和健康服务是两条具有巨大发展潜力的黄金赛道，市场空间大，当前参与者较少，先发者容易迅速形成规模。以显示业务为基础的产业闭环的形成一方面提升了京东方现有产线的附加值，另一方面也为京东方提供了一个涉足物联网业务的契机。顺应物联网转型不仅能够成为公司新的增长点，而且也有望通过对端口需求的扩张反哺显示器件业务。根据麦肯锡的预测，在 2030—2045 年将迎来物联网 2.0 发展阶段，其特征为多对多的智慧连接，实现万物智慧相连。作为物联网设备的终端载体，智能手机、平板电脑、显示器、电视、智能家居、车载导航仪等的需求均会放量，而这又会催生对液晶显示器件的需求。京东方从硬件开始切入，在一定程度上降低了转型风险，能够通过其在硬件领域的绝对优势加速培养用户黏性，进而逐步建立起在物联网领域的品牌优势，为在未来物联网发展浪潮中抢占先机打下基础。

4. 日韩竞争优势渐失，行业供需格局进入洗牌期

液晶面板最早由美国人发明，产业化应用早年主要由日本人主导，20 世纪 90 年代后期，韩国企业利用产业周期底部逆势吸纳日本工程师并逆势投资，果断投入几十亿美元建设面板生产线，很快行业的主导地位就由日本转移到了韩国。我国台湾的面板企业也在 2001—2003 年多次采取相同的策略，市场份额超过日本成为全球第二，并成就了友达光电、奇美电子、广辉电子、中华映管、瀚宇彩晶"面板五虎"，风头一时无两。自 2009 年开始以京东方为首的内地企业也采用相同的策略，持续加码高世代线的建设，中国企业全球市场份额持续提升，仅用 8 年时间内地面板产能全球占比就从 3% 迅速提升到了 28%，超过台湾地区位列全球第二，并逐步超过韩国，成为全球产能霸主。

面对中国企业的攻势，韩国面板厂商已经无法在规模上进行压制，但是在技术和产品结构上仍然具有明显的竞争优势。由于 LCD 面板业务持续获利变得愈加艰难，因而 LG 和三星都在推动产品线从 LCD 转向 OLED。目前三星和 LGD 都已经启动了产能转换计划，计划逐步把 8.5 代线转用 OD-OLED 电视面板，以避开中国 10.5 代线即将到来的量产冲击。曾经风光无限的台湾液晶面板也开始逐步没落，从友达光电、群创光电和中华映管三家公司的营收加总来看，2018 年三家公司的营收已经远不如前几年。其中，中华映管连年亏损，目前已申请破产重组，而其他厂商则试图避开与内地企业竞争，另辟蹊径，把经营的重心转向商用显示和车载等小众市场。目前全球面板产业主要集中在韩国、中国内地、中国台湾以及日本。未来随着更多的 10.5 代线投产，中国内地厂商的产能将超过韩国，成为全球面板产业霸主，到 2022 年将有望超过 50%。

随着全球面板大厂部分高世代产线的折旧计提结束，折旧对 LCD 面板盈利的侵蚀快速下降，根据 WitsView 的数据，截至 2019 年第二季度末，32 寸面板的平均折旧成本已经降至 0.86 美元，55 寸面板的平均折旧成本降至 3.09 美元，日本、韩国、我国台湾等地的老牌巨头的成本竞争力被大幅削弱。

此外，以京东方为代表的陆资龙头加大了 10.5 代线、11 代线产能投入，进一步巩固在大尺寸面板市场的竞争力。面对中国内地企业的进击，三星、LG 等老牌巨头节节败退，近 4 年来陆续关闭了部分 LCD 产线转向 OLED、QOLED。2020 年三星进一步退出部分 8 代线 SEC Tangjiong L8-1，涉及产能 24 万片/季，面积 132 万平方米/季，LG 计划退出 7 代线 LGP Paju P7、8 代线 LGD Paju P8，分别涉及产能 69 万片/季、30 万片/季，面积 273 万平方米/季、165 万平方米/季。

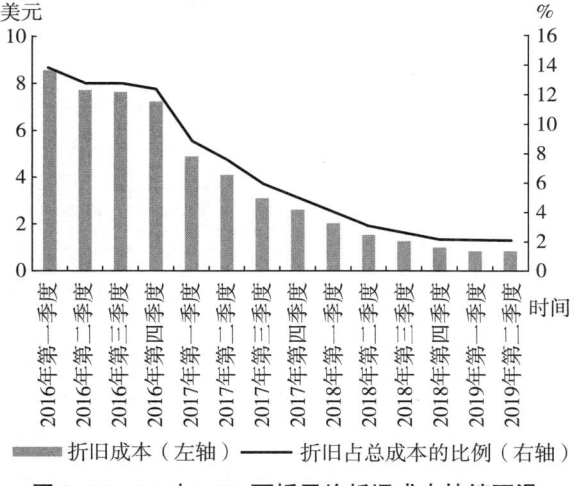

图 9-37　32 寸 LCD 面板平均折旧成本持续下滑

（资料来源：WitsView）

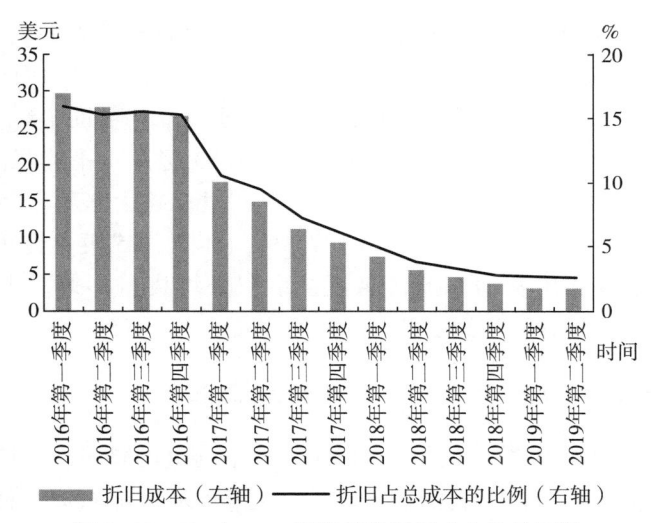

图 9-38　55 寸 LCD 面板平均折旧成本持续下滑

（资料来源：WitsView）

　　半导体显示产业是资本与技术双密集的产业，投资该领域不但需要庞大的资本投入，而且还有很高的技术门槛，在全球性竞争的背景下，随着日韩巨头的退出，必然会导致半导体显示产业厂商集中度较高，京东方兼具技术和资金优势，必然会在行业洗牌期内占得先机，市场份额有望进一步提升。

表 9-14　三星、LG 逐步退出 LCD 领域　　　　　单位：万平方米

时间	2019 年第一季度	2019 年第二季度	2019 年第三季度	2019 年第四季度	2020 年第一季度	2020 年第二季度	2020 年第三季度	2020 年第四季度
京东方福州 8.5 代线新增								
京东方合肥 10.5 代线新增	89.17							
CEC 咸阳 8.6 代线新增								
中电熊猫成都 8.6 代线新增	49.5	49.5						
华星光电 11 代线		66.88	66.88	66.88	66.88			
惠科滁州 8.6 代线			49.5	49.5	49.5	49.5		
京东方武汉 10.5 代线				89.17	89.17	89.17	89.17	
惠科绵阳 8.6 代线						49.5	49.5	49.5
富士康广州 10.5 代线						66.88	66.88	66.88
三星拟关闭的 L8-1			-33	-33	-33	-33		
LG 拟关闭的 P7					-68.31	-68.31	-68.31	-68.31
LG 拟关闭的 P8					-41.25	-41.25	-41.25	-41.25

资料来源：HIS，WitView。

随着智能终端设备的应用场景越来越宽泛，我国面板产业预计也将得到长足发展，尤其是 5G 引发的新一轮手机换机潮，预计将转化为对液晶显示面板的需求。未来面板超大尺寸化也将带来新的增量空间，根据群智咨询《2019 年度全球 TV 面板的研究报告》，2019 年全球液晶电视面板的总出货量达到 2.83 亿片，平均尺寸达到了 45.3 英寸，同比增长了 1.4 英寸，增长幅度较大，并且从尺寸结构上来看，65 英寸以上的大尺寸面板比重也有了较为明显的增加，达到了 7.4%，其中，75 英寸比重的增长更是达到了 1.7%。在出货数量和出货面积的排名里，京东方均拔得头筹。未来，在大尺寸领域，布局较深的京东方预计将继续受益。

（三）京东方的未来：千亿美元级的超级企业

成为全球液晶显示面板之王并没有让京东方停下前进的脚步，第四次科技革命来临之际，公司又开始前瞻性地在智能物联、智慧医工等领域谋篇布局。独具特色的"开放两端，芯屏气/器和"的物联网转型战略成为公司新的五年规划的战略指引，DSH 三大板块协同发展，除了继续巩固显示器件业务全球领先优势外，智能物联及智慧医工均突飞猛进，2019 年，京东方在医疗、车载等 12 个物联网创新应用市场同比实现 100% 的增长，智慧交通解决方案服务中国 22 个城市的地铁线路，覆盖全国 80% 以上的高铁线路。该板块 2019 年贡献营收 167 亿元，毛利为 22 亿元，占比分别为 14%、12%。

目前京东方的业务结构还呈现显示器件独大的格局，营收和毛利占比均在 80% 左右，未来随着智慧物联发力，京东方将由一家传统纯制造类企业蜕变为一家为信息交互和人类健康提供智慧端口产品和专业服务的物联网公司，预计显示器件、智能物联、智

慧医工的营收贡献占比将分别达到 35%、55%、10%。

在显示器件领域，虽然行业增速已经放缓，但按照半导体元件行业运行规律，集中化仍有较大提升空间，作为全球液晶显示面板之王的京东方未来市占率有望提升至40%，这意味着公司显示器件业务营收有望达到 2500 亿元。

在智能物流方面，产业政策、产业生态、客户需求三大驱动因素均已成熟，在 5G 商用的催化下，行业将迎来爆发期，依托硬件方面的优势以及共生发展、协同创新的业务模式，京东方在该领域的营收预计将达到 4000 亿元。

智慧医工有望复制淘宝和嘉信理财的投顾模式，通过平台撮合供需双方，以中介费为收益补偿，未来随着数字化医疗大潮来临，人们消费观念提升，营收贡献有望达到1200 亿元。

综合以上三大板块，未来十五年，京东方预计将成为一家营收超过千亿美元的超级企业。

1. 战略规划：DSH 三维协同，抢先布局万亿美元新赛道

依托科学技术领域的爆发性升级，由物联网、人工智能与生命科技引领的第四次产业革命的大幕徐徐拉开，人们开始迈入万物互联时代，工业时代的标准化产品和互联网时代的通用化平台已经无法满足消费者的个性化需求，以应用场景为中心的多维协同，正逐渐成为实现价值创造的热门。随着 5G 提前商用，物联产业发展也进入提速阶段，5G "大带宽、泛链接、低时延"的技术特点和物联网"平台化、细分化、场景化"的特点融合，催化了相关应用场景的大爆发，制造业、交通、教育、能源、地产、医疗、环境、科研以及人们日常生活的方方面面开始出现颠覆性应用。根据京东方的数据，预计到 2030 年，物联网、人工智能和大数据的市场规模将超过 14.2 万亿美元，在全球GDP 中的占比将由当前的 1% 增长到 10%。

面对新的行业形势以及潜在机遇，京东方一如既往地贯彻"开放两端，芯屏气/器和"的物联网转型理念，加快在智慧物联及健康服务领域的布局，以 DBG、SBG、HBG三大战略为指引，为迎接十万亿美元市场的来临谋篇布局，助力公司成为半导体显示领域的全球领导者、智慧产品和服务领域的全球领先者、健康医疗服务领域的全球典范。

（1）显示器件：深化技术创新，拓展应用场景

DBG 的目标是通过技术方向、产品形态、应用拓展三个维度的创新助力公司成为半导体显示领域的全球领导者。

在技术方向上，从非晶硅向氧化物、LIPS、刚性 AMOLED、柔性 AMOLED 和传感等技术方向转型。到 2020 年，在规模、技术创新能力、盈利能力等方面成为全球第一。加大在 AMOLED 领域的技术积累和生产线投入力度，在 AMOLED 领域实现第一。加快在微显示领域的布局，抓住 VR/AR 产业的战略机遇。成立传感器件事业部，主攻医用光电传感器、基因测序传感器、分子天线等非显示产品和解决方案，通过跨界应用创新，将现有相关显示产线和技术资源转换为新的生产力和营收利润贡献点。

在产品形态上，从 Cell 和 Opencell 向触控模组、准系统模组和显示系统整体解决方

案转型，提升单位面积玻璃基板的销售额，为客户提供更完整的产品解决方案。

应用拓展：从电视、显示器、笔记本、平板电脑、手机五大传统应用领域，向透明、车载、工控、医疗、穿戴、虚拟显示等显示应用领域以及非显示应用领域（如传感器）等方向转型发展，加速物联网出入口布局。

（2）智能物联：赋能应用场景，推动产业变革

SBG 包含智能制造、智慧屏联、智慧车联、智慧能源四个业务板块。在智能制造方面，一是通过一系列智能工厂的打造，颠覆现有代工制造模式，给客户带来全新的智能制造服务体验；二是整合线上线下资源，为客户提供个性化定制服务。智慧屏联主要是依托有京东方特色的显示终端产品平台以及基于人工智能与大数据技术的屏联网软件平台，形成智慧银行、智慧教育、智慧画廊等一系列行业解决方案。在智慧车联方面，目前京东方在 Passive 车载显示市场已位居全球第一，公司客户几乎包含了全球所有主流汽车品牌。后期，公司将依托现有基础，快速提升在高端车载显示市场的份额，并借助汽车产业变革的契机，通过抬头显示、分子天线系统等创新产品进入车载显示系统和全车电子系统市场。智慧能源将推进人工智能与大数据技术在能源领域的应用，加快建设光伏电站，拓展配售电业务，打造智能微电网平台，实现发电侧与用电侧的高效互联，为用户提供清洁、透明、高效的能源服务。

（3）智慧医工：三端协同联动，提供智慧健康管理综合服务方案

智慧医工领域的 HBG 战略包括 O2O 医疗服务、移动医学、再生医学、健康园区、健康保险五块业务。通过五大业务全面整合、协同发展，提升运营效率、降低运营成本，通过整合式服务，为客户提供颠覆性医疗服务，延长用户寿命，提升生活质量。实现以人为中心，家庭、社区和医院"三端协同联动"的生态闭环，通过人工智能和大数据平台，将检测设备、传感器、医学影像等技术融合，形成智慧健康管理生态系统。O2O 医疗服务是搭建一个从预防到康复、线上线下相结合的分级诊疗服务体系。移动医学将开发前沿的移动健康智能产品，并与 IBM 合作开发相应病种的机器人医生。再生医学将构建细胞工程实验室、细胞制备中心、临床转化中心"三位一体"的模式。健康园区将融合医疗、绿色、科技、人文等元素，提供园区整体解决方案。健康保险业务将利用互联网手段及健康医疗大数据，开发京东方专属健康保险产品。

从服务形式上看，一方面，通过智慧终端与 App 相结合，基于人工智能和大数据算法，为用户提供生命体征数据监测与解读、AI 疾病风险预测、专家健康课程以及在线问诊、体检挂号等就医服务，让用户足不出户即可享受个性化家庭健康管理服务。另一方面，提供线上与线下融合的 B2C 专业服务模式，业务涵盖数字医院、数字人体、再生医学、健康园区等领域，以数字医疗服务为核心，智慧康养、健康社区整体解决方案、产业园区运营管理等服务为延伸，为客户提供线上与线下融合的专业化健康医疗服务。

2. 发展前景：拥抱万物互联时代，打造千亿美元巨头

从产业规划以及行业发展趋势看，随着万物互联时代来临，智慧物联（S）将成为京东方未来布局的核心和主要业绩驱动。未来营收预计将达到 4000 亿元。

物联网（The Internet of Things，IoT），是指通过各种信息传感器、射频识别技术、全球定位系统、红外感应器、激光扫描器等各种装置与技术，实时采集任何需要监控、连接、互动的物体或过程，采集其声、光、热、电、力学、化学、生物、位置等各种信息，通过各类可能的网络接入，实现物与物、物与人的泛在连接，实现对物品和过程的智能化感知、识别和管理。物联网是一个基于互联网、传统电信网等的信息承载体，让所有能够被独立寻址的普通物理对象形成互联互通的网络。

从业务体系来看，终端的软硬件系统、数据连接、管理平台、应用与运营形成了物联网时代的业务生态闭环。作为一个由多行业再融合而成的新兴产业，物联网具有涉及面广、应用面宽的特点，几乎可以应用于所有行业。自下而上看，物联网整体可分为四大层次：感知层（芯片、传感器）、网络层（芯片、通信模组、通信网络）、平台层（平台、操作系统）和应用层（智能终端、集成应用）。

感知层是物联网的底层，主要由芯片和传感器构成，低功耗、高可靠性的半导体芯片是必不可少的关键部件之一。传感器用于采集各类信息（如压力、温度、流量等）并转换为特定信号。目前，全球传感器市场主要由海外公司主导，国内约70%的份额被外资企业占据。

网络层是指无线模组和各类通信协议。无线模组是将射频芯片、基带芯片、存储器、功效器件等集成在一块线路板上，并提供标准接口的功能模块，可以方便各类终端集成进而实现联网。

平台层包括操作系统、设备管理平台、连接管理平台，主要是对硬件设备所采集的数据进行汇总处理。操作系统用于支持软件应用的部署；设备管理平台进行监管维护，提供云端数据存储等；连接管理平台用于保障硬件设备联网通道的稳定性，行业代表是斯科、爱立信等硬件制造商。

应用层是物联网产业链的最顶层，直接面向各类应用场景，包括智能终端和集成应用，通过集成传感器和具有通信功能的智能硬件，接入互联网并实现特定功能和服务。按照面向客户划分，可分为To B类和To C类。To B类指B端付费，如车载前装T-BOX、无线POS机、智能控制器、智能水表等；To C类指C端付费的消费电子，如可穿戴设备、智能家居、车载后装设备等。

驱动物联网发展的主要包括三大因素：产业政策、产业生态、客户需求。目前来看，三大因素均已成熟。

在产业政策方面，近年来，我国将物联网产业的发展逐步上升至战略性产业的高度，顶层设计不断完善，政策红利加速释放。自2010年以来，国务院以及国资委、工业和信息化部等部门陆续出台了一系列政策文件，鼓励物联网发展。其中，2018年6月工业和信息化部印发《工业互联网发展行动计划（2018—2020年）》，提出到2020年底，初步建成工业互联网基础设施和产业体系。到2020年底，初步建成适用于工业互联网高可靠、广覆盖、大带宽、可定制的企业外网络基础设施，企业外网络基本具备互联网协议第六版（IPv6）支持能力等。2018年8月，《扩大和升级信息消费三年行动计划

（2018—2020年）》指出，到2020年，信息消费规模达6万亿元，年均增长11%以上。信息技术在消费领域的带动作用显著增强，拉动相关领域产出达到15万亿元。利用物联网、大数据、云计算、人工智能等技术推动电子产品智能化升级，推进智能可穿戴设备、虚拟/增强现实、超高清终端设备、消费类无人机等产品的研发及产业化，加快超高清视频在社会各行业应用普及。发展便携式健康监测设备、家庭服务机器人等智能健康养老服务产品，满足多样化、个性化健康养老需求。加快新型显示产品发展。支持企业加大技术创新投入，突破新型背板、超高清、柔性面板等量产技术，带动产品创新，实现产品结构调整。推动面板企业与终端企业拓展互联网、物联网、人工智能等不同领域应用，在中高端消费领域培育新增长点，进一步扩大在线健康医疗、安防监控、智能家居等领域的应用范围。

物联网产业政策的战略目标及行动规划上与京东方DSH三维协同发展的产业布局不谋而合，京东方再次走在了时代的前列。

在产业生态方面，在互联网巨头的推动下，"云管端"的物联网产业生态日渐成熟。"云"负责计算资源的分配和数据处理分析，微软、谷歌、阿里巴巴、华为等均推出了基于物联网的服务平台、应用和系统等。"管"包括通信接口适配、终端功能定制、运行状态跟踪、流量计费管理、固体软件升级及生命周期管理等内容。国内三大电信运营商均加快蜂窝物联网建设，推动连接数持续高速增长。"端"主要是显示控制管理，华为、高通、锐迪科等均推出了基于蜂窝物联网的芯片，海尔、三川智慧、上汽通用则分别发布了基于物联网的终端产品。

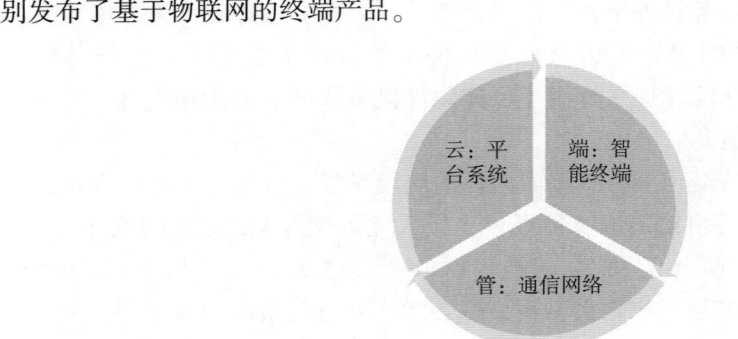

图9-39 巨头推动物联网"云管端"产业生态日渐成熟

（资料来源：根据公开资料整理）

在客户需求方面，目前B端拉动效应日渐强烈，C端仍在培育。To B端，根据Vodafone调研数据，截至2017年，全球29%的政企客户已应用物联网，其中95%的客户认为应用物联网后收获了成效，55%的客户认为物联网可提升效率，49%的客户认为可降低风险，49%的客户认为可增加收入，49%的客户认为可削减成本。To C端，电子发烧友数据显示，80%的消费者对物联网—智能家居感兴趣，对智能安防、智慧能源与照明产品以及智能娱乐互联设备感兴趣的分别占55%、53%、48%。

在产业政策、产业生态、客户需求合力推动下，近年来，我国物联网产业规模不断扩大，增速也保持上升趋势。根据前瞻产业研究院的数据，2013—2018 年我国物联网产业规模从 4896 亿元增长到 11500 亿元，年复合增长率高达 25%，预计 2025 年全球物联网设备基数将达到 754 亿台，复合增长率为 17%。

虽然物联网的发展已经驶入快车道，但目前仍处于规模化初期。从移动互联网的发展经验看，物联网的发展路径将是"先连接再爆发"，"先连接"即做大物联网的连接规模，动力可能来自"需求驱动+巨头配合"；"再爆发"是基于大量连接及海量数据，交互衍生出丰富的物联网增值应用服务，如智慧出行、智能家居等，推动物联网进入全面繁荣。

按照移动互联网的发展规律，从内容端或应用端切入需要较长的培育期，且因客户黏性难以获得，成功率往往较低。京东方深耕硬件领域多年，已经积淀了深厚的技术经验和品牌声誉，选择以入口级终端硬件为切入点，通过"端"的品牌效应及用户体验向内容端垂直整合更有望打造物联网产品用户的黏性。从客户需求看，京东方在物联网的布局已经从 To B 率先开始，目前已包括车载显示、零售、智慧银行、智慧教育、智慧拼接等 10 多个产品，营收超过 100 亿元。未来五年，公司计划做到 100 个创新 BU。To C 模式包括两种，一种是完全由公司自主开发和建设，如智慧画屏业务，目前已成体系，产品、平台、App 都已成熟，未来是渠道建设。另一种是对外合作，未来京东方计划与国内互联网巨头合作推出产品，融合双方在云平台、活跃用户数、硬件终端等领域的优势，推出拥有大规模连接数量及高科技含量的物联网产品。

通过在物联网领域的垂直布局，随着"大连接"时代的来临，京东方能够在最大化连接规模的同时扩大技术优势，实现硬件与运营的协同发展，通过闭环形式的业务生态，巩固在物联网行业的"护城河"，向物联网巨头迈进。

液晶显示板块仍存增长空间，增量来自市场份额的提升，未来营收预计将达到 2500 亿元。经过多年的积累与发展，随着电视、计算机、手机等主要终端市场渐趋饱和，液晶显示面板产业也开始进入成熟阶段。根据 IHS Markit 的统计及预测，2018—2021 年，全球显示面板销售面积将从 22088.85 万平方米增长至 25258.91 万平方米，年均复合增长 4.57%，其中 TFT-LCD 预计复合增长 3.59%，AMOLED 复合增长 30.26%。未来液晶显示面板将进入存量博弈阶段。从各类产业在不同生命周期阶段的运行规律看，进入成熟期后，产业集中化将成为行业竞争的必然，达到均衡的标准是行业呈现出由 2~3 家巨头把控的寡头格局。半导体行业因其本身的特性，竞争尤为激烈，多呈现全球性寡头格局。未来，液晶显示面板行业必然也会像 CPU、GPU 一样，最终只剩下 3~5 家企业。根据"王氏定律"，产品迭代能力将成为企业持续经营的关键，由于京东方在专利储备、规模、成本、品牌、运营效率等诸多领域均具备明显的相对优势，预计将成为把控全球市场的寡头之一。这意味着，即使行业成长陷入停滞，但依靠市场份额的提升，京东方的面板业务仍存在较大的成长空间。当前公司全球市占率不到 20%，假设未来行业产值不增长，依靠市场份额提升，公司市占率提升至 40%，营收仍有翻倍空间，预计将达到 2500 亿元。

　　智慧医工定位于"让人类更健康"，打造私人健康管理管家，通过为人们提供健康管理综合服务方案变现，有望复制淘宝模式，数字化医疗将成为重要业绩驱动。根据王东升的规划，京东方健康服务产业未来将分三步走：第一步预计花十年时间，为中国人健康寿命提升 15 年作贡献；第二步是帮助人们实现"过百岁无疾而终"的梦想；第三步是用 30~50 年时间，通过生命科技进步，为人类健康寿命超过 150 岁作贡献，推动人类自身进化。目前，京东方已经跟国际伙伴合作开发了机器人医学助理、无创血液监测产品、无创血糖仪等，其中无创测试仪可以检测 14 个指标，未来大规模铺开后能够解决医院血液监测设备的短板问题。机器人医学助理会自动提供异常解读、健康风险预警和建议等个性化健康管理报告。无创血糖仪专门针对糖尿病人，减少病人扎针取血痛苦。智能睡眠仪、便携式心电检测仪、体脂秤等产品陆续上市；移动健康 App3.0 成功上线；自主规划和建设的合肥京东方医院投入使用。在服务模式上，有望复制淘宝模式，通过开放平台，引入多元化健康管理服务供应方，一键满足人们多元化的医疗康养消费需求。此外，与嘉信理财的投顾模式也有异曲同工之妙，在投顾领域，嘉信理财仅提供相对标准化的投顾服务，对于专业性的定制化需求，则是介绍给独立的第三方 RIAs 进行匹配，享受投顾服务的客户不需要向嘉信理财支付费用，而是直接向 RIAs 支付咨询年费，然后 RIAs 再支付一定比例的分成给嘉信理财，作为提供客源的报酬。

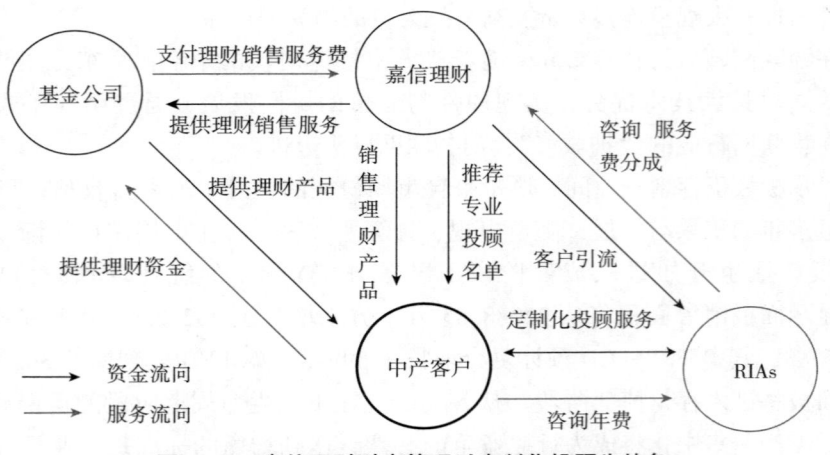

图 9-40　嘉信理财财富管理以定制化投顾为特色

（资料来源：根据公开资料整理）

　　嘉信理财为个人投资者配备了多元化的可选服务模式。相关服务包括在线、电话和分支机构等，在这一领域，理财顾问的工作重点更多是建立和维持客户关系，并通过与客户的持续接触，了解客户的个性化需求，由 RIAs 进行定制化匹配。另外，也会通过不定期的研讨会、网络广播、互动课程、在线投资信息和在线研究与分析等服务，帮助客户实现更好的投资结果，最终目的是将与客户的单一业务转变成长久的持续性关系，达到客户沉淀的效果。

随着生活水平的提升，人们对健康医疗服务的需求趋于多元化、个性化，更加崇尚系统化、简洁、便利。而生物医学、基因技术的革命性进步，物联网和人工智能技术向健康医疗领域快速渗透，催生了智慧健康产业的发展。产业重要性日益提升，《"健康中国 2030"规划纲要》正式将"健康中国"提升至国家发展战略的高度，大健康产业成为中国经济的新引擎。2018 年 4 月，国务院办公厅发布《关于促进"互联网+医疗健康"发展的意见》，支持和鼓励健全"互联网+医疗健康"服务体系和支撑体系，应用大数据、人工智能等技术手段实现医疗资源上下贯通、信息互通共享、业务高效协同。

在供需两端以及产业政策的推动下，近年来，我国数字化医疗迅速升温。麦肯锡预测，到 2030 年，中国数字化医疗解决方案营收将达到 2 万亿~7 万亿元，在医疗行业中占比将提高至 45%。未来，随着新技术的应用、医疗体系改革的推进以及监管环境的日趋利好，我国数字化医疗领域将迎来改革的大浪潮。5G、云计算、大数据分析、人工智能及可穿戴智能设备等新技术，将使得数字化企业为中国庞大的人口提供各类数字化医疗康养解决方案成为可能。

随着京东方智慧医工生态体系的日渐健全，依靠系统化、便捷性等优势，有望迅速引流，参照微信和支付宝的经验，平台运营领域很容易形成一家独大格局，假设受益于人们对数字医疗消费观念的提升，未来京东方智慧医工用户量达到 4 亿，年均消费 300元/人，营收可达 1200 亿元。

六、立讯精密："5G+AI"时代的精密制造平台

立讯精密（002475.SZ）成立于 2004 年，2010 年在深圳证券交易所上市，截至 2020年 9 月 30 日，公司总市值达 3990 亿元。公司实际控制人为王来春、王来胜兄妹，通过立讯有限合计持有公司 44.97% 的股权（截至 2019 年末）。上市后公司通过持续深耕和不断并购整合，快速成长为国内电子行业精密制造龙头，营收规模从上市之初的 10 亿元发展到 2019 年的 624 亿元，复合增速高达 51%。如今公司已经实现连接器、声学、天线、马达、FPC 等多业务布局，客户已覆盖消费电子、PC、通信、汽车、医疗等多个行业。截至 2019 年末，公司总资产达 494 亿元，员工总数为 137284 人，2017—2019年分别实现净利润 17 亿元、28 亿元、49 亿元。公司管理层大多来自富士康等优秀精密制造企业，拥有丰富的管理经验和技术积累，具备行业趋势前瞻性的判断力以及极为优秀的执行力。自上市以来公司已推行了三期股权激励，让员工分享企业成长的红利。

（一）发展历史：完美把握 PC、智能手机、智能硬件三轮机遇，市值快速增长

（1）2010—2011 年，全球 PC 市场高景气，公司 PC 连接器业务大爆发，带动营收分别同比增长 73%、153%，净利润分别同比增长 56%、122%。

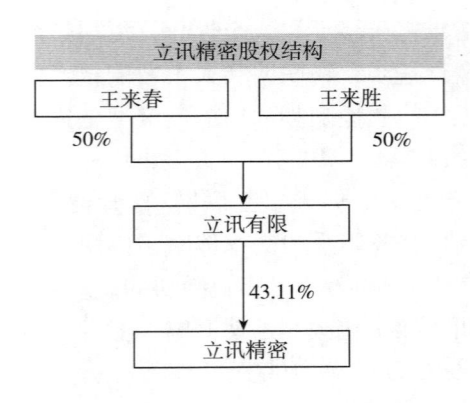

管理层	简介
王来春	董事长，自1988年起在富士康线装事业部工作近10年，1997年离开富士康自主创业，1999年出资购买香港立讯，2006年通过香港立讯收购了昆山全胜，现任公司董事长
王来胜	副董事长，与董事长是兄妹关系，1999年开始与王来春共同购买香港立讯，进入电子精密制造领域，现同时兼任协讯电子董事长
李斌	副总经理，上海交通大学硕士，现任公司技术副总经理，2000年加入富弘精密公司，从事高频数据线缆连接组件的技术开发和管理工作，2009年加入昆山联滔电子有限公司，负责产品开发及管理工作
熊藤芳	副总经理，董事长特助，2005年加入正威精密，从事连接器研发工作；2008年加入华为技术有限公司，从事连接器研发及项目管理工作；2014年加入立讯精密工业股份有限公司，负责产品开发及管理工作
薛海皋	副总经理，上海大学电磁场博士，曾任无锡阿尔贡首席工程师，2015年加入立讯，现任立讯控股子公司立讯射频科技董事，昆山立讯射频科技法定代表人及总经理
叶怡伶	现任公司财务总监，1996年起任职于普华永道，后就职于多家台湾上市公司，2011年加入立讯
黄大伟	董事会秘书，台湾清华大学硕士，曾任职富士康，从事市场开发与运营管理，2013年就职立讯

图 9-41　立讯精密由兄妹控股，管理层来自精密制造行业，拥有经验和技术积累

（资料来源：公司公告）

（2）2013—2015 年，全球智能手机出货量爆发，公司切入消费电子龙头苹果供应链，实现了第二次爆发式增长，营收分别同比增长 50%、59%、39%，净利润分别同比增长 29%、85%、71%。公司通过深耕连接器领域，实现了在 PC 和智能手机市场的高速增长。

（3）2017 年开始，公司通过多品类拓展，围绕大客户提供多元化产品，迎来第三个快速发展期。2017—2019 年，营收分别同比增长 66%、57%、74%，净利润分别同比增长 46%、61%、73%。

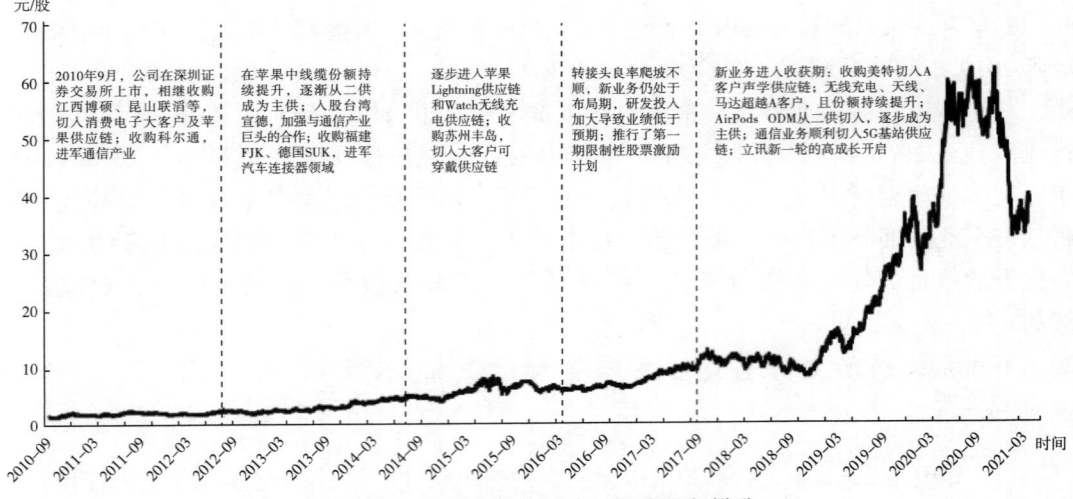

图 9-42　公司自上市以来，股价不断攀升

（资料来源：公司公告、Wind 数据库）

1. "内生+外延",走向精密制造平台型企业

公司自上市以来,多次通过并购拓展新业务和新市场,并且实现了良好的整合效果。这展现了公司强大的核心竞争力:极为优秀的管理水平、组织裂变能力、成本品质管控能力以及大客户服务能力。

(1)内生:组织裂变能力与内部支持机制

公司成立至今已有多年,不论是老员工还是新同仁,都同样饱含创业激情。公司的BU内部有很多SBU(小BU),不断孵化新的团队、新的业务,具备不断裂变的能力。

(2)外延:优秀的成本管控和业务整合能力,是立讯并购与经营成功的法宝

2010年公司收购江西博硕,完善了线束加工能力和产能;2011年公司收购昆山联滔,切入苹果笔记本和平板高频连接线供应链;通过收购科尔通,公司切入华为、艾默生等通信连接器和线缆供应链。2012年,公司控股台湾宣德,强化了板端连接器领域布局,并收购珠海双赢,切入手机FPC领域。2013年,通过收购福建源光电装和德国SUK,公司进军汽车主线束及连接器领域。2014年公司收购苏州丰岛,切入了可穿戴领域。2016年公司收购苏州美特,进入了苹果声学供应链。2017年公司收购惠州美律,切入了国内声学组件供应链。

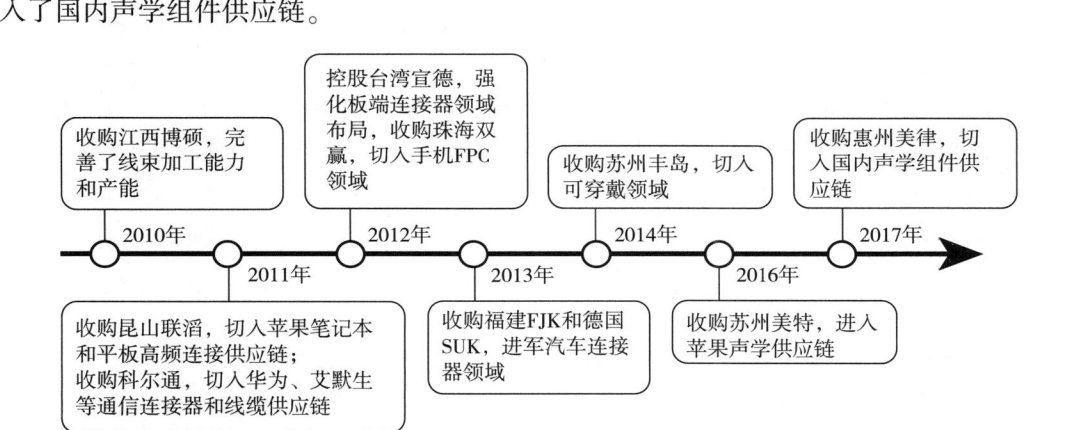

图9-43 公司依靠强大的业务整合能力,上市后多次通过并购拓展新业务和新市场

(资料来源:公司公告)

从事苹果内部线束的昆山联滔在2010年仍处于亏损状态,但是2011年被立讯并购后便迅速实现盈利,且营收从11.5亿元快速增长至2018年的135亿元,复合增速达42%。江西博硕2010年被立讯收购,并购后营业收入从2011年的4.3亿元快速增长至2018年的32.8亿元,复合增速达34%,净利润也由0.36亿元快速增长至2.5亿元,复合增速达32%,且利润率显著提升。

2. 与核心客户"共舞",成就全球一流

公司在技术研发、品质管控、客户服务等方面实力强劲,深受国际大客户的认可和信赖,并围绕大客户开展多元化业务布局。公司从收购昆山联滔开始切入苹果供应链,2014年开始供应Lightning数据线,2015年开始供应Apple Watch无线充电模组,

2016 年上半年开始供应 Apple Watch 表带，2016 年下半年开始供应 Lightning 转 3.5 毫米耳机线转接头。2017 年公司多元化布局齐开花，切入 iPhone 无线充电、声学、天线等多项新业务，单机价值量大幅提升，迎来新一轮高成长。2018 年公司在苹果中的业务不断扩大，切入 LCP 天线、线性马达，2019 年切入 AirPods Pro 业务。

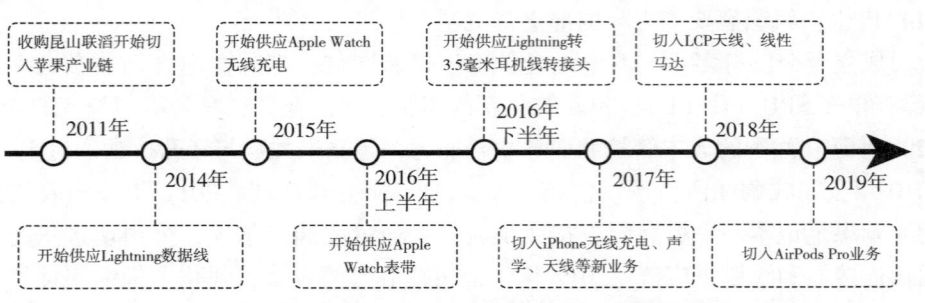

图 9-44　公司在苹果业务中不断延伸拓展，获得持续成长动能

(资料来源：公司公告)

2017 年 12 月 4 日，苹果公司 CEO 库克及高管团队一行前往立讯精密参观 Airpods 生产线。当天库克在微博上透露了自己到昆山拜访苹果合作伙伴立讯精密的消息："我在昆山拜访了我们的合作伙伴立讯精密。超一流的工厂将了不起的精良工艺和细思融入 Air-Pods 的制造。董事长王来春女士打造了以人为本的卓越文化。我们很高兴可以跟他们合作！"公司紧跟苹果创新，抓住了行业趋势，不断培育自己的拳头产品，从 Lightning 充电口到 Type-C，再到苹果 AirPods。公司在苹果体系中扮演的角色越发重要，已成为苹果不可或缺的供应商。

（二）注重长期布局，培育核心竞争力

1. 智能硬件业务：AirPods 爆发，Watch 接力

（1）智能硬件渗透至各层面，行业迎来爆发

当前，智能硬件产品已经在衣食住行、教育、医疗等环节全面渗透。主要产品包括智能眼镜（Google Glass、Hololens 等）、智能手表手环（Apple Watch、小米手环等）、无线耳机（AirPods、Galaxy Buds 等）以及智能服饰等。2012 年 Google Glass 推出后，可穿戴设备迎来了一波创新热潮，近年来可穿戴设备需求逐步爆发。

随着传感器芯片等技术的成熟，智能硬件能够满足用户切实的便利性和实用性需求，而不仅是智能手机的附属品：①健康监测，目前很多智能手表/手环设备已经能够监测用户心率、血压等体征，部分已通过了 FDA 和 CFDA 认证，专业级的健康监测有望成为可穿戴设备的用武之地；②eSIM、移动支付、身份认证、语音助手、健身记录等功能，极大地增加了可穿戴设备的便利性和实用性；③苹果、小米等厂商，逐步建立起了集手机、可穿戴设备以及智慧家居于一体的生态体系，设备之间的交互能力、协同能力大幅提升，极大地增强了产品的黏性和实用性，也让更多消费者接受并购买相关产品。根据 IDC 的数据，2018 年全球可穿戴设备出货量达 1.722 亿部，比 2017 年的 1.35 亿部

增长了 27.6%。2019 年在 TWS（True Wireless Stereo）爆发的推动下，行业进一步加速增长。

（2）AirPods 带领 TWS 爆发，立讯为最大赢家

TWS 耳机是指真无线蓝牙立体声耳机，与传统蓝牙耳机不同，TWS 耳机真正实现了蓝牙左右声道无线分离使用，并配有充电盒，在使用便利性和续航方面有了极大的提升。2016 年，苹果推出了第一款 TWS 耳机 AirPods，迅速风靡全球受到无数消费者追捧，成为可穿戴设备市场的后起之秀。其他厂商也陆续跟进，三星、华为等手机厂商，以及 Bose、JBL 等耳机厂商纷纷推出 TWS 产品，耳机已经进入了 TWS 时代。市场调查机构 Counterpoint Research 统计数据显示，2016 年全球 TWS 耳机出货量仅为 918 万副，2018 年达到 4600 万副，年均复合增长率为 124%。2019 年，安卓系蓝牙连接芯片成熟，市场迎来全面爆发，全年出货量达 1.2 亿副。在换机与新购机的双重拉力下，2020 年 TWS 耳机出货量跃升至约 2.55 亿副，增速高达 112.5%。

AirPods 供不应求，仍有提升空间。2019 年苹果推出了第二代 AirPods 和高端版 AirPods Pro，采用了 H1 芯片，支持了 Siri 语音助手，并增加了无线充电版本，继续保持着热销状态，2019 年销售 5870 万套，大超市场预期。2019 年 AirPods 在 iPhone 活跃用户中的渗透率仅为 10%，渗透率提升空间巨大，根据 Canalys 数据，苹果在 2020 年出货了 1.089 亿台智能个人音频设备，其中包括 AirPods 和 Beats 耳机。

AirPods 零组件众多，涉及众多供应商，设计和组装难度也极大。2017 年，立讯精密成功进入 AirPods ODM 供应链，并帮助客户解决了生产良率问题，极大地缓解了产能瓶颈。2019 年，苹果推出了新一代的 AirPods，立讯成为新一代 AirPods 主力供应商，同时苹果也导入歌尔股份作为二供。在 2019 年下半年推出的 AirPods Pro 中，立讯为独家供应商。

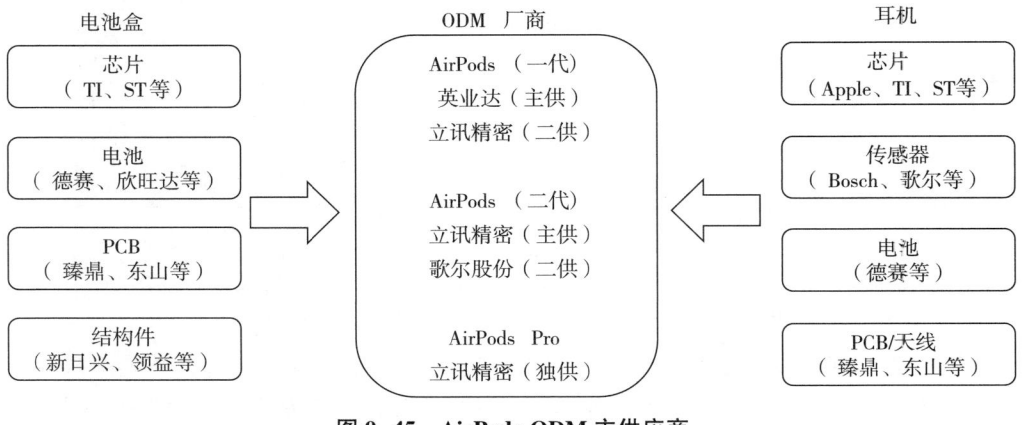

图 9-45　AirPods ODM 主供应商

（资料来源：笔者整理）

（3）SiP 打开公司 Apple Watch 业务空间

智能手表在健康监测上具备不可替代性。智能手表紧贴人体皮肤，同时佩戴时间要

远长于耳机等可穿戴设备，因此可以持续不断地获取人体生命指标，在可穿戴健康监测上具备不可替代性。三星、苹果在 2014 年率先发布智能手表产品，随后华为、小米、Fitbit 等陆续发布。

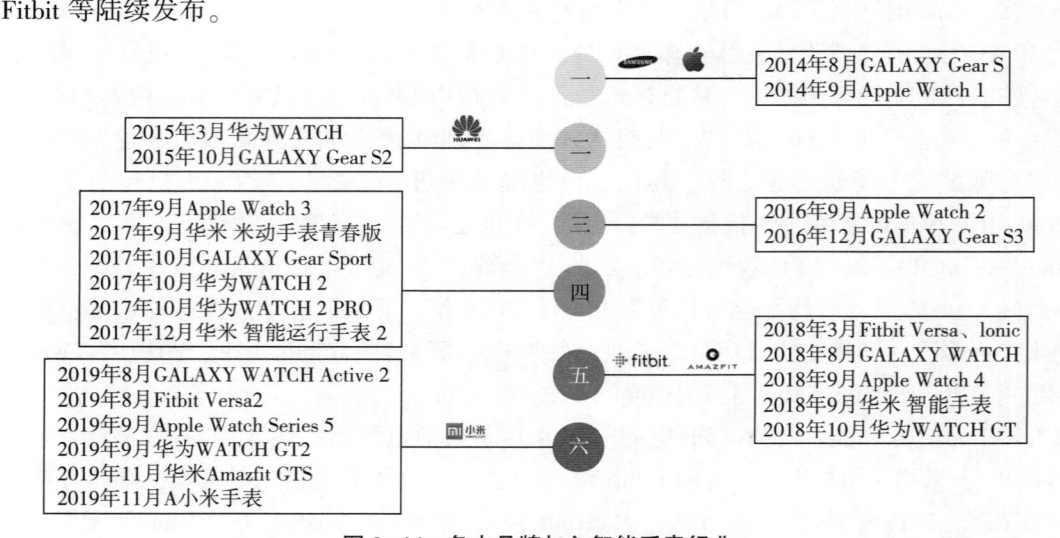

图 9-46　各大品牌加入智能手表行业

（资料来源：笔者整理）

2018 年苹果推出具备心脏检测和摔倒检测功能的 Watch Series 4 后，当年出货量提升 22%，根据 Canalys 的数据，2020 年，苹果手表的总出货量为 3520 万部，相比 2019 年的 2730 万部，增加接近 30%。

表 9-15　智能手表分品牌销售情况　　　单位：百万部、%

报告期	2017 年		2018 年	
	出货量	市占率	出货量	市占率
苹果	17.7	60	22.5	50
Fitbit	0.5	2	5.5	12
三星	3.1	11	5.3	12
Gamin	2.2	8	3.2	7
其他	5.8	20	8.50	19
合计	29.3	100	45.0	100

资料来源：Strategy Analytics、Gartner。

立讯于 2014 年切入 Apple Watch 供应链，提供无线充电等零组件，并陆续导入表冠等模组。2020 年公司导入 Apple Watch 组装及 SiP 业务，未来有望给公司带来不小于 Air-Pods 业务的营收和利润体量。

2020 年，立讯精密新增的 Apple Watch 业务为组装和 SiP，其中 SiP 业务未来具有巨大的发展前景。SiP 作为系统级封装技术，利用成熟的封装工艺集成多种元器件，它不仅仅是多种芯片的简单叠加，相对于其他传统的封装技术，具有不同方面的优势。

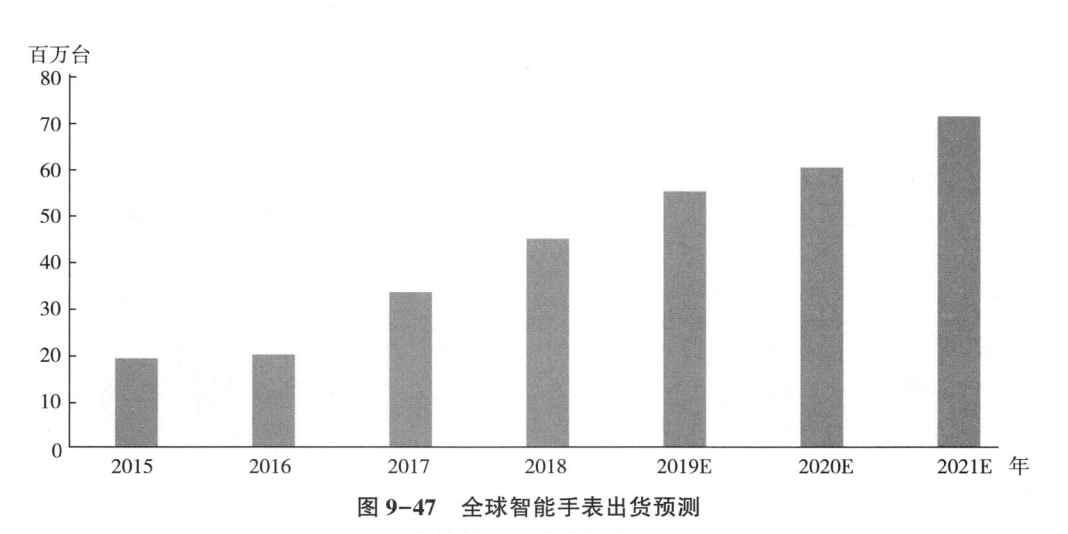

图 9-47　全球智能手表出货预测

（资料来源：中商产业研究）

表 9-16　SiP 领先于其他封装技术

项目	SiP 的优势
与 Package 相比	SiP 是系统级的多芯片封装，能够完成独立的系统功能
与 MCM 相比	SiP 是 3D 立体化的多芯片封装，其 3D 主要体现在芯片堆叠和基板腔体上，同时，SiP 的规模和所能完成的功能也比 MCM 有较大提升
与 PCB 相比	SiP 技术的优势主要体现在小型化、低功耗、高性能方面。实现和 PCB 同样的功能，SiP 只需要 PCB 面积的 10%～20%，功耗的 40%左右，性能也会有比较大的提升
与 SOB 相比	SiP 是采用不同芯片进行并排或叠加的封装方式，而 SOB 是基于基板的方式封装，局限性更大，SiP 具有更小的尺寸、更高的效率和灵活性

资料来源：笔者整理。

　　苹果是最早大规模使用 SiP 的公司，典型的应用为 Apple Watch，同时在 iPhone 中也具备多个 SiP 模组，在 iPhone 7 中 SiP 模组就已多达 5 个，且预期 iPhone 中的 SiP 模组数量与集成度仍将不断上升。

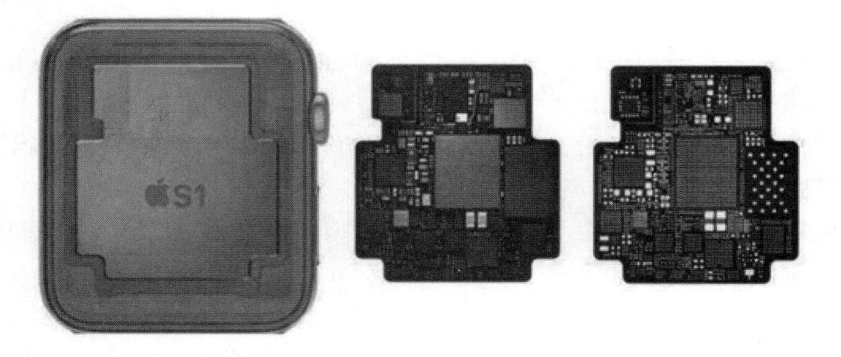

图 9-48　第一代 Apple Watch 即开始采用 SiP 封装

（资料来源：苹果网站）

除手表外，手环等智能穿戴设备也因为对轻薄短小、低功耗的追求，开始逐渐采用 SiP。在远程控制、健康、健身和医疗器械、家庭自动化、能源等方面，还具有 BT/BLE+MCU、WLAN+MCU、LoRa/SigFox/NB-loT 等无线通信 SiP 模块。

以苹果为代表的智能手机中也大量使用 SiP，应用范围包括 FEM、Display、Touch、GPS、WiFi、PMIC 等模块。采用 SiP 技术，可缩小手机体积、厚度，提升防水性。

立讯精密从 5 年前就开始关注 SiP 技术，团队人数已由当年的 2~3 人发展到现在的 3000 余人。公司在各个阶段都做了细致的沙盘推演，充分分析市场和客户需求、客户痛点，深入研究如何满足客户所需。苹果 Watch SiP 业务过去一直由其他公司负责，立讯的切入充分体现了公司的研发能力、强大的量产实力。其实类似后来居上的事情在 AirPods、马达等业务领域已发生多次。

2. 消费电子业务：围绕大客户扩充产品线

立讯精密过去的成长主要靠消费类电子零配件领域的横向拓展，消费电子领域一直是一个高度竞争的行业，只有狠抓质量，严控成本才能立足，然后才是发展壮大。公司在门槛极低的电子代工红海中历练了 10 年后最终上市，上市后公司围绕大客户做大做强。

（1）5G LCP 天线模组：紧随大客户，把握行业最新趋势

5G 终端标准为支持下行链路 4×4 MIMO、上行链路 2×2 MIMO，而目前仅部分高端 4G LTE 手机支持 4×4 MIMO，大部分仅支持 2×2 MIMO，因此 5G 将带来：

①射频前端用量翻倍：4×4 MIMO 需要 4 根天线和 4 个独立的 RF 通道，4×4 MIMO 普及意味着 PA、LNA、滤波器、射频开关等射频前端器件用量翻倍增加；

②终端天线数量增加：4×4 MIMO 需要 4 根天线和 4 个独立的 RF 通道，也会带动终端天线数量进一步增加；

③从 64QAM 升级为 256QAM（正交幅度调制），传输速率提升 1.33 倍，对于射频前端的线性度提出更高要求。

由于频率的提升，相应的信号损耗会更大，高频性能更优的 LCP 材料逐渐被采用。LCP（Liquid Crystal Polymer，液晶聚合物）具备三大性能优势，有望成为 5G 终端天线主流材料：

①电学性能优异，高频段的功率损耗更低（高频损耗 LCP<MPI<PI），在 5G 毫米波频段 LCP 的损耗只有 PI 损耗的 1/10；

②LCP 可替代同轴连接线，实现天线模组和射频连接线的整合，且体积更小，LCP 厚度仅为同轴连接线厚度的 1/4；

③LCP 是多层电路板结构，可实现高频电路的柔性埋置封装，5G 时代有望整合射频前端实现集成度更高的模组。

目前 LCP 上游材料（树脂、薄膜）和 LCP 覆铜板主要由日本厂商提供，LCP 软板最初由村田主导，目前逐渐有台湾和内地软板厂商参与，模组段国内厂商已经具备一定的竞争优势和市场规模，目前立讯精密已成为全球最大的 LCP 天线模组供应商。目前仅有

苹果大规模导入 LCP，其他终端厂商也在积极跟进，我们预计 5G 到来后，LCP 将成为终端天线和传输线的主流，市场有望迎来爆发。

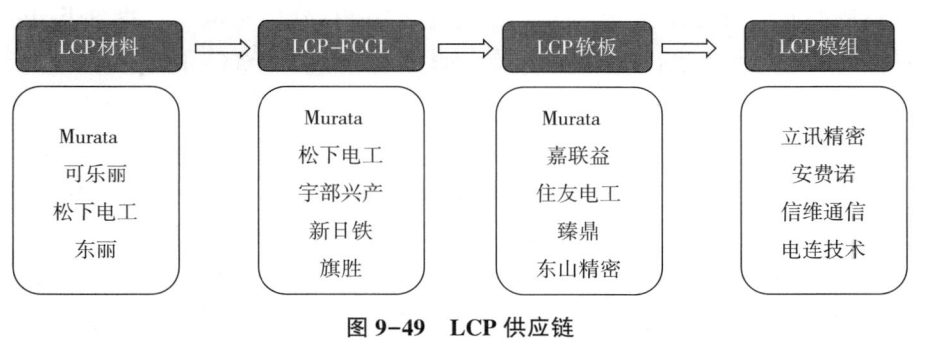

图 9-49　LCP 供应链

（资料来源：笔者整理）

（2）声学：收购后做大做强的典型案例

立讯精密于 2014 年进入电声领域，并于 2016 年 8 月出资 5.3 亿元收购苏州美特 51% 的股权，切入苹果声学产品供应链。苏州美特是全球领先声学厂商美律集团的孙公司，主要为苹果供应声学产品，2016 年营收约为 7 亿元，约占苹果 7% 的份额。

2017 年，公司再次出资收购惠州美律 51% 的股权和上海美律 51% 的股权，惠州美律是主要电声器件生产基地，上海美律为主要接单中心。公司通过投资惠州美律和上海美律，借助其在电声器件领域方面领先的生产工艺和丰富的客户资源，进一步提升在声学领域的实力。

立讯精密入主苏州美特后，其在苹果中的份额将持续提升，并将突破国内客户。①娄氏出局后，苹果扶持第三家供应商，苏州美特的份额获得提升；②立讯精密募投 10 亿元扩产电声器件、音射频模组，苏州美特的产能规模将显著提升，苏州美特大规模导入柔性模组化、自动化生产，整体效率也在提升；③立讯精密具有极强的大客户服务优势，公司凭借丰富的产品线和音射频一体化优势，可抢占更多份额。2019 年起苹果声学供应链形成三足鼎立的局面，公司与歌尔、瑞声平分市场，同时公司在安卓客户中的市占率也在逐步提升。

（3）线性马达：从 0 到 1，攫取竞争对手份额

苹果从 iPhone 6 开始导入线性马达（Taptic Engine），iPhone 7 更是取消了按压式的 HOME 键，用线性马达来模拟真实的触控反馈效果。相比于传统转子马达，线性马达在触觉反馈方面使用用户的体验有了大幅提升。自苹果采用后，国产机也开始陆续跟进，小米、华为、魅族等厂商纷纷推出采用线性马达的机型，行业渗透率逐步提升。长期来看，我们认为在智能手机全面屏和无孔化趋势下，线性马达的渗透率和单机用量有望进一步提升。立讯精密于 2018 年正式切入苹果 Taptic Engine，凭借优秀的产品质量、强大的成本管控，公司马达业务份额快速扩大，预计海外企业将逐渐出局。

（三）通信业务：被市场低估的 5G 龙头

立讯精密的业务布局是具备一定前瞻性的，从 PC 到消费电子，再到 AirPods 的爆发，布局多年的 SiP 业务也在 2020 年开始启动，2021 年贡献百亿元级的营收。公司总能先对手一步找到下一个增长点，布局多年的通信业务也具备这一潜质。2015—2018 年公司通信业务营收分别为 7.03 亿元、10.55 亿元、16.55 亿元、21.52 亿元，实现快速增长。当前公司 CPE、小基站、5G NR 射频系统陆续斩获北欧大客户订单，2019 年通信互联产品及精密组件业务营收为 41.7 亿元。立讯通信业务分为两个 BU。

（1）射频 BU：主要以 RF 射频产品为主，包括 4G 基站天线、塔放/合路器、基站滤波器以及 5G 相关产品线，目前客户包括华为、诺基亚、爱立信等全球主要的通信设备提供商。

（2）互联 BU：包括互联产品和光电产品，包括射频连接器、高速传输线/连接器、高速 DAC、AOC、光模块等。

5G 到来，公司通信业务将迎来爆发式增长。首先，公司深度绑定全球前三通信设备提供商：公司于 2015 年开始进军通信射频业务，陆续认证进入华为、爱立信、诺基亚供应链，为其提供 4G 基站天线、塔放/合路器、基站滤波器等产品 ODM、EMS 服务，依托 4G 布局，公司已成功成为两大设备厂商的 5G 产品供应商。

其次，公司凭借强大的精密制造能力和全面的业务布局，立讯有望成为 5G 时代龙头厂商：在 5G 时代，天馈一体化的设计将导致供应链发生巨大改变，主设备厂商将会收缩供应链，直接由天线系统供应商完成 AAS 的设计制造，并交付给主设备厂商，因此 AAS 厂商必须同时具备天线、滤波器、AAS 系统的设计和制造能力，立讯是全球少数具有完整 5G AAS 完整设计和制造能力的厂商，有望凭借强大的精密制造能力成为全球主流设备厂商 5G AAS 的主要供应商。

最后，围绕大客户扩充产品线，公司的通信业务有望重新演绎消费电子成长路径：公司在 4G 时代以天线、滤波器等器件产品为主，5G 时代公司有望扩充到 AAU 整机设计制造、CPE、Small Cell 等更多产品类型，重新演绎消费电子从零组件到整机，围绕大客户做大做强的成长路径。

（四）汽车电子业务：下一个蓝海市场

汽车电子是典型的长坡厚雪的优质赛道，但是长周期的验证时间、高可靠的产品要求、大额的研发投入，使得行业具备很高的进入门槛。立讯精密凭借在消费电子领域丰富的经验和深厚的积淀，从 2011 年起就开始向汽车电子业务拓展，再次体现了公司业务布局立足长远的特点。

目前在汽车电子业务方面，公司已经形成 3 大类产品线：（1）汽车线束（特种线束、整车线束、子系统线束）；（2）汽车连接器与结构件（ECU 连接器、雨刮系统组件、传感器支架连接器、新能源转换插头等）；（3）汽车电器（5V/18V 无线充电、USB

HUB、110W 大灯 DCDC 等）。

公司在上市之初就向德尔福等 Tier 1 供应数码影音娱乐线束和连接器，此后公司通过新设及收购不断扩大汽车业务版图。当前公司旗下涉及汽车业务的子公司主要包括立讯精密工业（昆山）有限公司、福建源光电装、德国 SUK、晋江立讯。另外，昆山联滔、立讯电子科技（原丰岛电子）、江西工厂、深圳工厂除了做 3C 产品外，也有部分涉及汽车电子产品。公司主要服务客户有日产、长城、众泰、宝马、奔驰等整车厂，以及博世、大陆等 Tier 1 供应商。

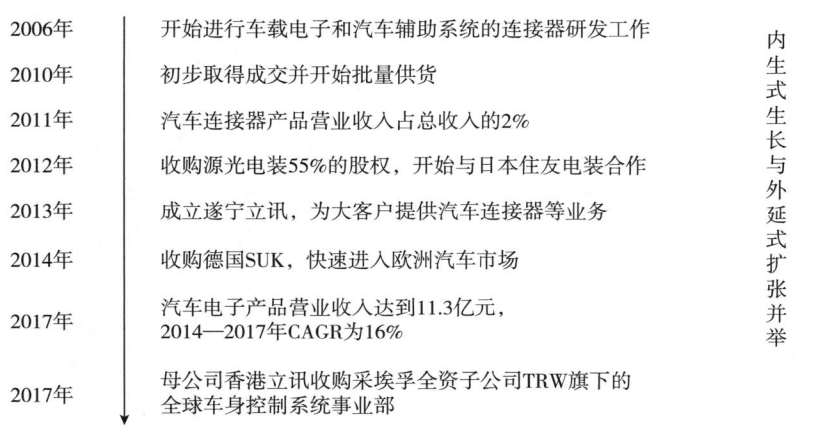

2006年	开始进行车载电子和汽车辅助系统的连接器研发工作
2010年	初步取得成交并开始批量供货
2011年	汽车连接器产品营业收入占总收入的2%
2012年	收购源光电装55%的股权，开始与日本住友电装合作
2013年	成立遂宁立讯，为大客户提供汽车连接器等业务
2014年	收购德国SUK，快速进入欧洲汽车市场
2017年	汽车电子产品营业收入达到11.3亿元，2014—2017年CAGR为16%
2017年	母公司香港立讯收购采埃孚全资子公司TRW旗下的全球车身控制系统事业部

内生式生长与外延式扩张并举

图 9-50　立讯精密汽车业务发展历史
（资料来源：公司公告）

近年来立讯汽车业务保持较快增长，2018 年公司汽车互联产品及精密组件业务实现营收 17.3 亿元，同比增长 53%，2018 年上半年营收快速增长至 10.66 亿元，同比增长 46%，毛利率为 16.4%。

汽车电子市场高达万亿元级，中国市场增速高于全球。根据盖世汽车的数据，2017 年全球汽车电子市场规模高达 1.46 万亿元，其中中国市场规模为 5400 亿元，预计到 2022 年，全球汽车电子市场规模为 2.14 万亿元，其中中国市场规模为 9783 亿元。从复合增速来看，2017—2022 年全球汽车电子市场规模 CAGR 为 8%，而中国市场为 12.6%，超越全球。我们认为主要是因为中国汽车产品的电子设备配备率一直处于国际水平之下，随着近几年消费者对汽车安全性、舒适性和娱乐性的需求不断增加，引发了整车装备电子设备的热潮。

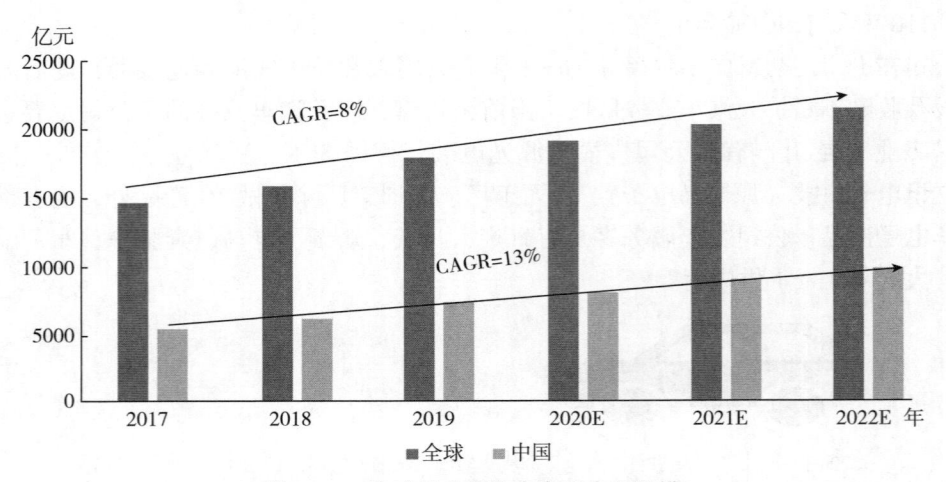

图 9-51　全球及中国汽车电子市场规模

（资料来源：盖世汽车）

立讯精密在汽车电子业务的布局上极具章法，主要从以下几点出发：

（1）消费电子业务的自然延伸：车载无线充电、车载 USB 充电在技术原理上和手机无线充电、手机 USB 充电并无区别。公司以其技术和经验积累、产线自动化优势可顺利切入汽车领域。

（2）选取与自身业务有协同效益的汽车电子业务进行并购：以连接器为例，公司为消费电子连接器龙头。公司通过控股源光电装，增强线束能力。线束为连接器和线缆的结合，通过并购获取技术与客户，同时配合公司强大的注塑冲压装配能力、自动化产线，可快速提升该业务的表现。

（3）我们认为以公司出色的精密制造能力、自动化产业优势，结合并购标的的技术、渠道、客户资源，依托国产汽车品牌和新能源汽车市场的崛起，公司汽车电子业务有望快速发展。

（五）总结

纵观立讯精密的发展过程，可以发现其具备成为全球标杆企业的一切素质：

（1）对行业趋势精准的战略把握（内生+外延）；

（2）优秀的执行力，确保战略落地；

（3）优异的管理团队，公司对管理团队的拓展、塑造能力（拓宽业务边界）；

（4）极致的精益管理，以具有竞争力的报价获取较为可观的利润水平（成本控制、效率优化、供应链管控、自动化能力等）；

（5）极致的客户服务水平，灵活的对策、快速的响应。

如今，全球已进入 5G+AI 时代，公司多条产品线全面爆发，将推动公司持续高质量成长：

（1）AIoT 时代精密制造平台：以 TWS 耳机、智能手表为代表的可穿戴设备进入高速成长期，公司作为 AIoT 时代的精密制造平台，从零组件和整机组装全面布局，Air-Pods、Watch 销量快速提升以及产品线持续扩充，将推动公司 IoT 业务持续高速增长，是公司未来成长的核心驱动力之一。

（2）围绕大客户持续扩充产品线，引领消费电子创新方向：公司内生外延前瞻性布局多个新方向，凭借强大的成本管控、交付能力以及优越的产品品质，消费电子产品品类和份额持续提升。未来三年 LCP 天线、线性马达、声学等模组在 ASP、份额方面仍有较大提升空间，消费电子业务成长动能依旧强劲。

（3）企业级业务前瞻布局迎收获，5G 驱动通信业务爆发：深耕三年即将迎来收获期，传统天线、滤波器、塔放等产品继续扩大份额，5G AAS、CPE、射频系统 ODM 等产品正在陆续突破全球重要系统及客户，5G 将驱动公司通信业务大爆发。

（4）汽车电子业务内生外延持续布局，迎接汽车智能化时代：围绕电动化、智能化持续布局，集团层面也已收购汽车电子顶级供应商 BCS，汽车业务高速成长，未来三到五年将成为公司成长的核心驱动力之一。

七、恒瑞医药：走向创新，走向国际

恒瑞医药（600276.SH）是国内知名的抗肿瘤药、手术用药和造影剂的研究和生产基地之一，控股股东为江苏恒瑞医药集团有限公司，持有公司 24.15% 的股权，实际控制人为孙飘扬，通过江苏恒瑞医药集团有限公司间接持有公司 21.55% 的股权。公司成立于1997 年，旗下资产包括连云港制药厂以及连云港中金医药包装有限公司。2000 年，公司于上海证券交易所上市，截至 2020 年 9 月末，公司总市值达 4766 亿元。公司实行仿制药与创新药并行战略，产品涵盖了抗肿瘤药、手术麻醉类用药、特色输液、造影剂、心血管药等众多领域，已形成比较完善的产品布局，其中抗肿瘤、手术麻醉、造影剂等领域的市场份额在行业内名列前茅，是公司的核心产品，2017—2019 年累计营收占比分别为 43%、25%、14%。公司研发团队实力凸显，创新能力突出，在创新药开发上，已基本形成每年都有创新药申请临床，每 1~2 年都有创新药上市的良性发展态势。截至 2019年末，公司总资产为 275 亿元，员工总数为 24431 人，2017—2019 年分别实现净利润 33亿元、40 亿元、53 亿元。

（一）核心观点和结论

恒瑞医药是国内医药行业的龙头企业，是国内最重视研发的制药公司。研发创新一直是公司的核心竞争力和"护城河"之一，另外，销售架构的不断完善、产品结构的搭建、国际化战略都是公司不断成长的驱动力。恒瑞医药是由仿制到创新的成功案例，公司前身连云港制药厂于 1970 年成立，以仿制药出身，到 20 世纪 90 年代探索创新药，并从 me-too 发展到 me-better，紧紧跟随国际前沿。

公司的成长来自产品的创新和销售渠道的发展。在创新方面，公司是仿制药和创新药并行，仿制药产品技术壁垒较高；在创新药方面，公司进入具有良好发展空间的赛道，并扩展赛道下的产品种类，目前有上百种药类产品。近年来公司坚持每年投入销售额10%以上的研发资金，处于行业领先地位。公司目前已形成每年都有新药上市和进入临床的良性态势。在销售渠道方面，公司对内和对外双线拓展，对内，公司实行学术推广，抓牢核心市场和大医院，同时向全国展开覆盖和渗透；对外，公司探索出口业务，通过与国际大药企合作的模式，以仿制药规模销售作为突破口，为实现创新药全球化销售积累经验，并为新一轮全球生物医药竞争赢得机会。

好的战略需要由专业的管理层制定和执行实施。公司的管理层是专业人士出身，极具战略眼光，在赛道的选择上，进入的是空间较大，进入门槛较高，前景较好的领域，如一开始的肿瘤领域，以及后面的心血管、糖尿病等。由于公司的核心驱动力是创新和销售，因此对人才的依赖度极大，公司实行了多次限制性股票激励计划。

公司业绩持续增长的能力来自销售渠道的搭建、创新药品扩宽产品结构和国际化扩宽需求，核心竞争力在于持续的创新（行业里研发费用投入力度最大的企业）。

随着生物医药的发展，大量生物制药企业尝试弯道超车，恒瑞医药也不例外，力争赶上这一轮新的全球竞争，赢取一席之地。

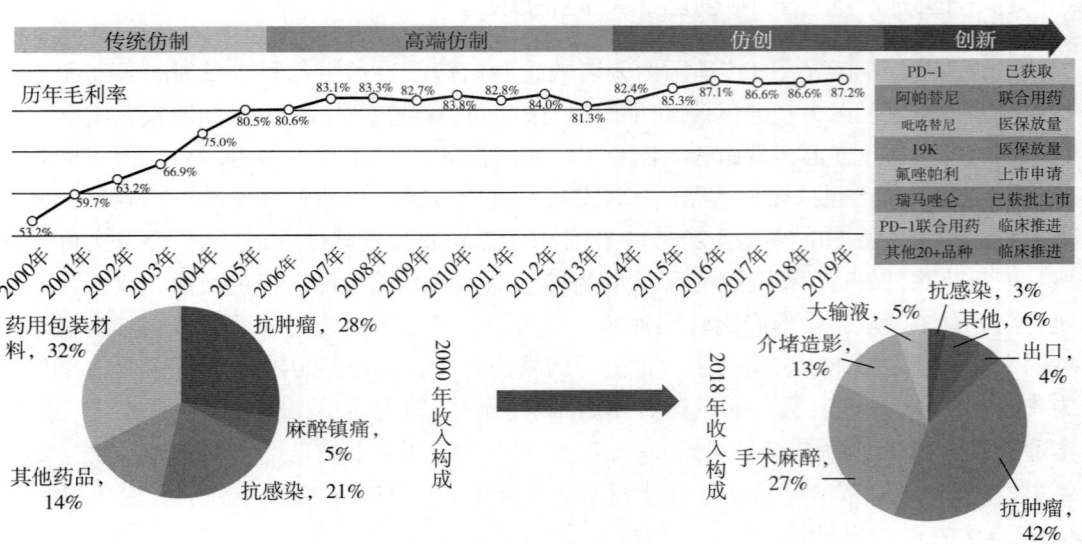

图9-52　恒瑞医药从仿制到创新，产业升级跨越20年

（资料来源：Wind数据库、公司公告）

（二）发展历史：从仿制走向创新，积极追赶

1. 1997—2003年：结构调整，产业升级

早期中国的医药行业以仿制药为主，加入WTO后，跨国企业进入，竞争加剧；医药行业改革，医药价格下降，利润率受到挤压。公司对产品结构进行升级调整，专注于抗肿瘤药物等药品的制造销售，剥离医药包装业务。

随着我国医疗体制改革的逐步深化，药品招标采购制度普遍推广，药品持续降价，医药行业的市场竞争日趋激烈；同时，随着中国加入 WTO，知识产权的执法力度加大，药品进口关税降低，市场开放，国外的医药公司大量抢占国内市场，竞争更加激烈。国内涌现出大量合资医药企业并且在国内进入医药行业的企业不断增加（新进入者增加），各地存在不同程度的地方保护政策（下游的进入有难度，所以对渠道依赖度较大）。

江苏恒瑞医药股份有限公司于 1997 年成立，旗下资产包括连云港制药厂以及连云港中金医药包装有限公司。其中，连云港制药厂是苏北地区最大的制药企业，连云港中金医药包装有限公司是全国最大的药用包装材料生产基地，公司在抗肿瘤药物和药用包装材料领域具有较大优势。公司于 2000 年上市，上市时公司的业务结构主要包括制药和药品包装，分别占 67.1% 和 32.9%；其中，制药又包括抗肿瘤药、抗感染药、麻醉镇痛药及其他药物四类，并又以抗肿瘤药和抗感染药为主要来源。早期公司主打四大系列产品：抗肿瘤药、麻醉镇痛药、新型抗生素、新型包装材料。

20 世纪 90 年代末期，公司提出生产经营结构由普药向附加值高的新药调整；同时考虑市场需求量，适当进行品种结构调整，逐步减少和淘汰微利产品，增加高利润的产品。自 1997 年以来，公司一直调整产品结构，逐步提升毛利润率较高的抗肿瘤药的比重，并在 2004 年进一步剥离了附加值较低的医药包装材料和普药产品业务。

与此同时，公司推进全国销售网络的建设和健全。公司完善了"办事处—大区销售经理—销售公司"的三级销售网络，构筑了以"重点城市为基础辐射周边，从中心城市渗透到县城"的销售战略。公司还专门成立了新药销售二公司来推广新药产品；成立了市场部来加强临床宣传工作，聘请专业人员和专家进行学术推广；在经济较好的大中城市选择产品代理商，拓宽销售渠道；成立了专门的招标办公室来应对药品招标。

恒瑞医药在早期就极度注意产品创新。这个时期，公司与科研院所建立长期合作关系，从过去的单纯产品转让变为成果共享、利益共享的合作关系。在科研领域，公司在关节炎、糖尿病等治疗领域用药取得进展，公司在上海等地建立了自己的创新研究基地。公司获人事部批准设立博士后科研工作站，进一步促进产学研相结合，并加大与国外公司合作开发新药的力度。

恒瑞医药同样在早期就开始探索国际化之路，2001 年上半年，公司有多个原料药顺利通过美国 FDA 认证，利用部分产品通过美国 FDA 认证的时机，在欧美、印度等国家和地区注册产品，扩大出口渠道。同时，公司加强与国外的技术合作和技改力度，推进 GMP 和 FDA 的认证工作，促进成药出口。

2. 2003—2011 年：仿制转向创新，不仅要创新，还要仿中有创

医改政策下，国内药品价格持续下降，而随着跨国制药企业的进入，竞争格局持续恶化。随着新医改方案扩容增加医药消费，国家大力推动创新，提高新药门槛，压缩流通环节，研发能力越发重要。2003 年，公司研制的具有独立知识产权的一类新药艾瑞昔布片获得临床研究批件，标志着公司新药研究由"仿制"向"创新"的转变，在恶劣的环境中寻找突围。

2005 年，卫生部下属的《医院报》头版头条刊出卫生部政策法规司司长刘新明的讲话——《市场化非医改方向》。同年，国务院发展研究中心和世界卫生组织合作的研究报告披露，中国的医疗卫生体制改革"从总体上讲是不成功的"。基本医疗服务和公共卫生服务属于公共服务产品，只能由政府来承担，医改开始转向。随着医保扩容，更多药品被纳入医保目录。2009 年，《中共中央　国务院关于深化医药卫生体制改革的意见》出台，开始新一轮医改，基本药物制度出台，规范药品流动和药品安全。早期，抗肿瘤药多属于个人消费，随着医保扩容，公司抗肿瘤药产品受益于医保覆盖销量提升。

2003 年，公司研制的具有独立知识产权的一类新药艾瑞昔布片获临床研究批件，标志着公司新药研究由"仿制"向"创新"的转变。艾瑞昔布片的研究可以追溯到 1999 年，公司选择了 COX-2 酶抑制剂作为研究对象，随后与中国医学科学院药物研究所联合建立了 COX-2 酶抑制剂创新实验室。经过多年的攻关，2002 年公司对其中一个化合物进行临床研究，遂成为公司自主研发的一类新药，并被列入国家"863 计划"。

在产品结构上，公司一直尝试降低对抗肿瘤药的依赖度，加大非抗肿瘤药的销售占比。当初选择抗肿瘤专科药物发展为恒瑞医药营造了发展的良机，"技术壁垒+专业营销"造就了公司在抗肿瘤领域的成功，公司成为医院市场抗肿瘤国内第一品牌。恒瑞医药在 2005 年年报中指出，公司计划培育多个过亿元和过两亿元的大品种，来强化非抗肿瘤药的销售，努力把手术用药、麻醉精神药品等打造成公司的第二支柱产业，并改革销售体制。

在产品创新方面，2004 年公司在上海的科研中心投入使用，标志着公司独立的科研创新体系初步建成；2007 年，医药创新体系基本建立，并持续引入国内外优秀人才。为了更好地把握国际制药的方向，开展新药研究的国际交流，公司还在美国投资成立独资公司，主要从事新药创新研究、人才引进和培养、新药研究的信息和技术交流，同时负责向美国 FDA 申报和注册药品，为其药品打入美国市场做好准备。此后，除了抗肿瘤药物，公司还陆续在心脑血管药物、治疗高血压、免疫类药物等领域进行创新研究。2010 年，公司成立了生物研究所，专门从事发酵、蛋白药物的开发。同年，公司进一步深化研发制度改革，推行项目首席科学家制度，并通过薪酬体系改革和股权激励计划，充分调动研究人员的积极性和创造性。

在销售方面，公司继续完善销售网络的建设，以及加强客户信用和应收账款的管理，并通过学术带动销售，开启了行业的先河。公司针对自身产品的特点，对目标市场进行细分，对重点医院深度开发，把科室当作医院来做，并加大渠道的拓展力度，积极实施"由中心城市向社区、周边城镇辐射"的策略。另外，公司加大了学术推广力度，特别是在推进新产品销售时，每年在全国开展大小规模不等的几百次学术活动。

2007 年，恒瑞医药提出以科技创新和国际化为战略重点，公司的生产质量标准逐渐接轨国际水平。国际化战略主要体现在两个方面：一是继续开展 FDA 认证工作，包括制剂和原料药生产基地等，公司优选科技含量高、剂型独特、仿制有较高技术壁垒的通用名药申请更多制剂的 FDA 认证；二是加强与国外的技术合作，在国外建立研究机构，紧随世界医药发展趋势。2009 年，公司自主研发的用于治疗Ⅱ型糖尿病的创新药"瑞格列汀"在美国获批进入一期临床试验，这也是我国化学制药行业首次在美国进行创新药的临床试验。

3. 2011—2015 年：创新药陆续上市，进入专利收获时期

医改政策下，医药价格持续下降，行业格局持续恶化，但是利好龙头企业和创新药企业。2011 年开始，艾瑞昔布的上市，标志着公司进入收获专利的时期。公司的创新药陆续上市，逐渐形成每 2～3 年都有创新药上市的态势，仿制药也陆续打入国际市场，带来多个新增利润增长点。

从"十一五"规划开始，生物医药产业被确定为国家重点发展的战略性新兴产业之一。2010 年后，该行业进入医保控费期，医药价格持续下行。医疗产品需求逐年增长，药品销售也逐年增长。随着国家逐步完善社会保障体制，医改方案在 2009 年出台，从低端医保向全民医保转变，新修订的《药品注册管理办法》等政策鼓励创新，低水平重复受到限制，同类竞争品种减少。外企和合资制药企业凭借专利及技术品牌持续占领国内高端医药市场，国内多数制药企业在中低端竞争，利润薄且抗风险能力差。这个时期，国内企业多头竞争，加上市场整顿、"一品两规"、挂网招标竞价等新政策，以及政策性降价、原材料涨价等多种因素，导致行业竞争力下降，制药产业集中度逐步提升。

艾瑞昔布的生产上市，具有标志意义，将掀开公司成长的新篇章。如果说过去十年是公司抢仿全球重磅品种的十年，那么下一个十年将是公司收获专利品种的十年。公司将凭借优秀的产品梯队，完成从"抢仿"到"创新"的华丽转身。2011 年，公司第一个获批的国家一类新药艾瑞昔布上市。艾瑞昔布是新一代非甾体抗炎类创新药，主要用于缓解骨关节炎的疼痛症状。这个时期，公司在创新药开发上，已基本形成了每年 1～2 个创新药申请临床，每 2～3 年有创新药上市的良性发展态势。公司致力于在抗肿瘤药、手术用药、内分泌治疗药、心血管药等领域的创新发展，并逐步形成品牌优势和较高的知名度，其中抗肿瘤药、手术用药销售名列行业前茅。2014 年，公司自主研制的国家 1.1 类创新药阿帕替尼获批上市。阿帕替尼主要用于晚期胃癌标准化疗失败后的治疗，该药是全球第一个在晚期胃癌被证实安全有效的小分子抗血管生成靶向药物，也是胃癌靶向治疗中唯一一个口服给药制剂。阿帕替尼从立项研发到获批上市前后历时 10 年，该药是国家"十一五""十二五"重大新药创制专项课题。阿帕替尼立足于胃癌，但随着未来适应症拓展，肝癌、肺癌、直肠癌、乳腺癌等都有望成为战场。

与此同时，抗肿瘤药进入成熟期，非肿瘤药成为公司成长新引擎。其中，手术麻醉药，电解质输液和造影剂等产品上量较迅速。由于医保扩容和医改政策下医药的降价趋势，公司对多个传统药物进行了新剂型的开发来缓解降价压力。

营销网络广度深度两维扩张，加强市场地位。在广度方面，公司渠道进一步下沉，并加大开发潜力市场的覆盖度，推行了"县级市场三年发展规划"。销售工作在县城及乡镇医院、大中城市社区医院逐步展开，成为销售收入的另一个增长源。在深度方面，公司强调医院内部的深耕细作，将覆盖范围由肿瘤科扩展到妇科、泌尿科等其他科室。公司还于 2014 年整合资源，一切为销售服务，形成公司"整体作战"模式，并加强大医院的发展，借助学术和项目平台，抓核心市场。

公司的创新科研投入维持在 8%~10% 的水平，处于行业领先地位。公司通过整合资源，2011 年在连云港恒瑞研究院内设立六大研究所，2012 年进一步整合为"五所一部"。公司还承担了多项国家重点计划，包括 1 项新靶点及创新药物开发的计划。公司先后在连云港、上海、成都和美国设立了研发中心和一个临床医学部。公司提出重点围绕抗肿瘤药、手术用药、心脑血管、造影剂以及生物医药等领域，紧密接轨国际先进水平，注重创新药与品牌仿制药并重、国内市场与国外市场并行，实现创新发展的良性循环，推动创新成果的全球化销售。其中，创新药主要围绕抗肿瘤药、手术用药、心脑血管和内分泌以及生物医药等领域。在重大创新领域，公司选择紧密接轨国际前沿科技，并于 2013 年率先在国内申请国际前沿的治疗肿瘤的抗体毒素偶联物 ADC，同时成功开发国内外领先的第二代 ADC 药物。

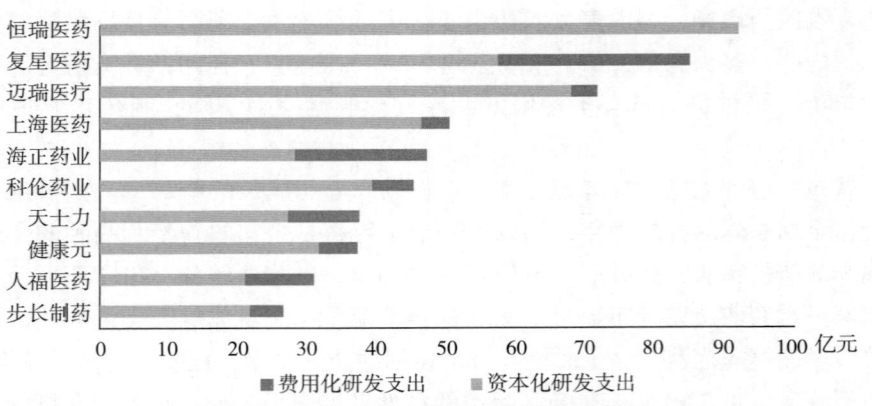

图 9-53　2013 年至 2019 年上半年研发支出累计：A 股医药公司前十位

(资料来源：公司公告)

在国际化方面，公司拟以仿制药实现全球规模化销售作为突破，为专利药积累经验，并为公司在未来新一轮的全球生物医药竞争格局中争得一席之地。2011 年，恒瑞医药在国际化战略上取得重大进展，并提出打造"中国人的专利制药"的目标。2011年，公司的伊立替康注射液获准在美国上市销售，公司成为国内第一家注射液通过美国 FDA 认证的制药企业；另一肿瘤注射剂奥沙利铂接受欧盟检查验收，公司成为国内第一家接受欧盟无菌注射剂认证的企业。与此同时，公司还在国际药政中积极注册申报。

在海外市场扩展方面，公司一方面采取与国际先进医药企业开展战略合作，进行欧美日高端市场的开拓；另一方面建立自己的销售队伍，为实现仿制药在全球的规模化销售奠定基础，并为最终实现专利药全球化销售积累经验，为公司在未来新一轮的全球生物医药竞争格局中争得一席之地。2014 年，公司海外市场销售开启了新的篇章。一是制剂出口取得了里程碑式的突破，产品实现规模化销售。二是公司与 Sandoz、Teva、Sagent

等国际知名企业开展合作，并取得较好的销售业绩。另外，注射用环磷酰胺、奥沙利铂注射液获批在美国上市，注射用环磷酰胺、吸入用七氟烷获批在欧洲市场销售；完成6项 ANDA、MAA 申报。

4. 2015 年至今：国际化战略突破，逐步走向源头创新

医改政策深化，创新药得到国家扶持发展。公司重点围绕抗肿瘤药、手术用药、心脑血管、造影剂以及生物医药等领域，紧密接轨国际先进水平，注重创新药与品牌仿制药并重、国内市场与国外市场并行。

医改政策密集出台，如药品审评审批改革、仿制药一致性评价、"两票制"、国家医保目录调整、新药专利保护、临床机构扩容等，行业面临集中采购下的降价压力和药品利润空间挤压，但是对优质仿制药和创新药采取一定的优待措施，新药审批流程提速。行业迎来一轮出清，低质量低价格抢占市场的企业将被淘汰，但是创新药企业有望在行业中进一步提升市场份额。同时，随着生物医药技术的发展，传统技术药销售逐步萎缩，生物制药逐步兴起，全球迎来新一轮生物医药的竞争。2017 年中国正式加入 ICH，对开展国际注册的制药企业而言，可以按相同的技术要求向多个国家或地区的监管机构申报。同时，中国医药企业可以通过海外并购、专利许可、技术合作等方式拓宽产品线，进行产业升级、结构优化及开拓市场。

公司的新增业绩驱动力主要来自三个方面。第一，2015 年，创新药阿帕替尼、艾瑞昔布开始在市场上逐步放量；公司拥有自主产权的 PD-1 单克隆抗体的海外授权获得 2500 万美元的首付款收入。第二，公司的制剂出口逐渐实现规模销售，例如以环磷酰胺为代表的公司出口制剂产品，推动了公司的营业收入和利润增长。第三，随着公司产品结构调整，多年来抗肿瘤药"一支独大"的局面正在被逐步改变，以手术麻醉、造影剂和特色输液为代表的公司非抗肿瘤药产品在各自的治疗领域内逐步扩大市场。截至 2015 年，公司所有的生产线都已经通过新版 GMP 认证。公司自 2005 年开始就把生产体系目标瞄准了国际知名度和权威度最高的药品监管机构美国 FDA，目前拥有国际标准的生产车间和一流生产设备。在产品开发上，已基本形成了每年都有创新药申请临床，每 2~3 年就有创新药上市的良性发展态势。直到 2019 年，公司已实现 6 个创新药上市（艾瑞昔布、阿帕替尼、硫培非格司亭、吡咯替尼、卡瑞利珠单抗和甲苯磺酸瑞马唑仑）。

在销售方面，为了利于销售结构的转变，2018 年，公司进行分线销售，新成立肿瘤、影像、综合三个销售事业部和战略发展部，并逐步在全国各省、自治区、直辖市（不包括港澳台）设立区域管理中心，形成覆盖全国的专业化的营销网络。截至 2018 年，公司收入增长主要来自抗肿瘤药、造影剂、手术麻醉和输液产品。尽管市场竞争不断加剧，但由于创新药阿帕替尼等产品的快速放量，肿瘤药品依然保持市场领先地位。

在创新药开发上，已基本形成了每年都有创新药申请临床，每年都有新药上市的良性发展态势。在仿制药上，公司着眼于高技术含量的仿制药、首仿药的研发，促成"人无我有"的优势。随着生物医药技术的发展，公司未来也将生物制药纳入公司的业务重点。公司采取的是紧密跟踪国际最新技术和靶点的策略，争取在生物制药领域建立新的品牌优势。在生物制药领域，公司发展迅速且布局较为全面，2015 年即完成国内首个 PD-1 单抗的海外授权，新药聚乙二醇重组人粒细胞刺激因子注射液正处于申报生产阶段，已布局双抗/抗体平台、ADC 技术平台、免疫疗法。2016 年，PD-1 单抗获临床批件，和君实是当时唯二取得临床批件的国内厂商。在后续的发展过程中公司还将以积极布局新靶点和新型抗体作为发展生物制药的策略，紧密跟踪国际上最新的技术和靶点，争取在生物制药领域建立新的品牌优势。

恒瑞医药的创新模式从创新初期"me-too""me-better"逐步走向源头创新，创新药布局正在从小分子药物向大分子药物转化，产生了具有自主知识产权的抗体毒素融合物（ADC）技术平台，掌握了肿瘤免疫抗体系列产品开发专有技术，在代表着全球医药产业发展方向的生物技术领域，公司搭建了一系列研发平台，并率先在国内申请国际领先的抗体毒素偶联物 ADC 药物（生物导弹）。

2015 年，公司国际化战略进入收获期，创新药全球化方面实现重大突破。公司将具有自主知识产权的 PD-1 单抗许可给美国 Incyte 公司在国外开发销售，协议首付款加里程碑款总额达到 7.95 亿美元，标志着公司在创新药全球化方面取得了重大突破。在仿制药国际化方面，制剂出口成为公司新的利润增长亮点，环磷酰胺等系列产品海外销售取得重大突破，包括注射剂、口服制剂和吸入性麻醉剂在内的 6 个制剂产品获准在欧美日销售，为公司经营发展注入了新的活力。在与国际领先制药企业合作方面，公司与 Sandoz 等公司进一步深化合作并拓展产品线，共同进行项目开发；引进美国 Tesaro 公司用于肿瘤辅助治疗的止吐专利药 Rolapitant；引进日本 Oncolys BioPharma 公司的溶瘤腺病毒产品 Telomelysin™，补充公司肿瘤免疫产品线，增强公司在抗肿瘤领域的竞争力。

公司将继续加大投入成立专门的研究所，欧洲、美国、日本等高端市场项目申报持续展开，后续还拓展了加拿大、澳大利亚、中东以及其他新兴市场。2018 年，公司国外业务收入占比约为 3.7%。国际化战略开始逐渐为公司贡献业绩。

（三）恒瑞覆盖药品研发、生产和销售

医药的产业链主要包括上游的原料药，中游的制药，再通过销售流通环节到医院或者零售药店，最后到患者。其中，制药环节又包括研发—试验—制造。根据药的研发程度，药可以分为仿制药和创新药，其中创新药中的原研药即是寻找到新的靶点后研发出来的药物，国际上的创新都是寻求靶点创新。但更多的创新药是在该靶点上设计出新的化学方程。药物靶点是能够与特定药物的特异性结合并产生治疗疾病作用或调节生理功能作用的生物大分子或生物分子结构，对物质的结构产生生物效应，在复杂调节过程或作为通路中具有主导作用，病理条件下对物质的表达、活性、结构或特性可以发生改变。专利药的研发投资大、周期长、风险高，开发一个专利药往往需要 10 年以上时间，投入数十亿元甚至十几亿元资金，成功的概率还不高；批准进入临床后，需要经历三期临床试验，通过后进行新药申请，批准后才能批量生产上市。专利药受专利保护，但是一旦到期，大量的仿制药就会出现。

上游原料药是旨在用于药品制药中的任何一种物质或物质的混合物，而且在用于制药时，成为药品的一种活性成分。化学药产业链最上游主要为石油、煤炭等化工原料制造业和化学原料药制造业。化工原料一般是来源于石油、天然气、煤炭、矿石和天然物质方面的已被成熟应用的基础化学品，主要分为无机和有机化工原料。经过多年的发展，我国的相关行业已经建立了较为完整的工业体系，产品原料品种齐全，产能充足，能够为化学药提供稳定的原材料基础。但相关行业的原料价格主要受石油等资源性产品价格的影响，若价格发生波动，就会连带影响化工原料行业的产品定价，进而影响产业链中相对下游行业的成本。

化学原料药可分为大宗原料药、特色原料药和专利原料药。大宗原料药包括抗感染类、维生素类、激素类等大吨位、不涉及专利问题的传统化学原料药，市场需求大且比较稳定，应用范围比较普遍。行业整体竞争激烈，产品附加值相对较低，利润率较低，未来在新医药政策环境和创新药研发能力大幅提升的背景下，中国大宗原料药将产业化。特色原料药包括以抗高血压、抗肿瘤、中枢神经以及降血糖为代表的特色化学原料药，主要用于生产专利到期或即将到期的仿制药，产品附加值一般较高。专利原料药是指用于制造原研药（专利药或创新药）的医药活性成分，主要满足原研药制药公司和生物制药公司的创新药在药品临床研究、注册审批及商业化销售各个阶段的需求，也包含用于生产该原料药但需要在法规当局监管下的高级中间体。随着全球产业分工及跨国制药公司的业务模式转变，专利原料药的外购市场将进一步扩大。

中游可以分为药品研发与药品生产制造。化学药板块属于化学制剂制造业。化学制剂指的是直接用于人体疾病防治诊断的药品制剂，包括片剂、胶囊、药水、软膏、粉剂和溶剂等。从专利的角度看，化学制剂可分为创新药、仿制药和 Me-too 药。创新药即药企自主研发的新药，拥有专利保护，且在专利保护期内不可被仿制。仿制药即在创新药专利保护期到期后，其他药企以创新药为蓝本，按照 FDA 规定生产出来的在剂型、剂量、安全性、服用方式、质量、性能特征和用途方法等方面都与创新药相当的药品。Me-too 药又称派生药，特指具有自主知识产权的药品，其药效和同类突破性的药品相当。这种药品研究大多以现有药品为先导物进行研究，要点是找到不受专利保护的相似的化学结构。

下游是销售经销渠道，通过医院或者医药零售商最终到达患者。过去医药经销商环节过多，是医药价格较高的原因。但是随着"两票制"政策的出台和普及，预计经销环节在价值链中的份额将受到挤占。

八、万科集团：时代铸就，合伙奋斗

早期的地产行业是通过高周转高杠杆的形式快速扩张规模抢占市场，因此融资能力和拿地能力是核心竞争优势。但是随着行业逐渐饱和以及房地产长效机制的建立，住宅板块持续增长需要通过产品能力来挤压对方市场，甚至以规模排名来获取融资渠道，同时寻求新的业务增长点。传统的住宅市场，一方面通过新业务的协同效应提升产品力

（如购物中心、写字楼等），另一方面依然需要在融资和销售方面实现平衡。在新的业务增长点上，主要转向持有物业运营，在用稳定的现金流来抵抗风险的同时，用产业对地产进行赋能。由于中国房地产市场的特殊性，以及不动产本身的特性，房企很难实现全球范围的组织和资源配置，不具备产品输出能力。但是，存量的房地产市场却是大量新兴产业的孕育之地，如智慧楼宇、智慧城市、社区消费等领域。在住宅方面，虽然是销售，但是物业基本上由自己的物业公司管理；在持有物业方面，与多类应用进行合作，为新兴产业的发展提供支撑和相互协同。

万科的转型主要是向地产产业上下游延伸，公司的转型方向是"城乡建设与生活服务商"，业务范围涉及物业服务、商业地产、物流地产、长租公寓及其他四大领域。这四大新领域业务与传统住宅开发业务能够相互补充，起到了协同作用，依靠的是房企的核心竞争力，即资金优势和获取资源的优势。另外，这四大新领域均属于市场规模超万亿元的超级蓝海，万科在其中将大有作为。

地产企业难以成为全球的超级企业，但是地产行业可以孕育出超级企业，房地产市场是应用最大的领域之一，同时也是拥有资源禀赋的行业，从场景到资金为新兴产业提供支撑以及相互协同发展。

万科（000002.SZ）是我国领先的城乡建设与生活服务商，公司无控股股东和实际控制人，第一大股东为深圳市地铁集团有限公司，持有公司 27.91% 的股权（2020 年 6 月末）。公司于 1984 年在深圳经济特区成立，1988 年实行股份制改革，1991 年 1 月 29 日在深圳证券交易所上市，截至 2020 年 9 月 30 日，公司总市值达 3118 亿元。公司聚焦国内三大经济圈及中西部重点城市，主要经营住宅开发、物业服务、长租公寓三大业务，其中住宅开发为业务核心和营收主要来源，2017—2019 年累计营收占比为 95.80%。2019 年公司住宅开发业务实现销售面积 4112.2 万平方米，在全国商品房市场的份额约为 4%，在 21 个城市销售额中位列当地第一，在 12 个城市中排名第二。截至 2019 年末，公司总资产达 17299 亿元，员工总数为 131505 人，2017—2019 年分别实现净利润 372 亿元、493 亿元、551 亿元。

（一）城镇化红利下的高规模高利润扩张

万科自 1984 年成立至今已有近 40 年，其在房地产行业一直处于龙头地位。这里以万科的十年规划作为划分期，简单分为三个阶段，每一个阶段公司从战略到执行层面，都具有一定的前瞻性和极高的效率。万科的业务布局也经历了从多到一，再回归多元的路径。

1. 2004 年以前：从做加法到做减法，专注地产

商品房开发在深圳萌芽，万科抓住机会进入房地产，并确立为单一主业。随着 1998 年房改和城镇化的推进，房地产进入快速成长阶段，城镇人均住宅面积不到 20 平方米，行业空间巨大。

20 世纪 80 年代末深圳房地产开始萌芽，万科早期便进入地产行业。1984 年，万科

的前身"深圳现代科教仪器展销中心"成立，主营业务为自动化办公设备及专业影视器材的进口销售，是当时深圳经济特区内最大的摄影录像专业器材供应商。商品房萌芽于20世纪70年代末土地有偿出让以及20世纪80年代深圳首次住宅用地招拍挂。深圳早期发展房地产具有得天独厚的优势，万科进入房地产行业的第一个项目便是1988年竞标得到的威登别墅项目。同年，深圳市政府批准公司股改方案，公司改名为"深圳万科企业股份有限公司"并公开上市。

这个时期，万科明确了未来的战略方向，并集中公司资源专注于地产，经历了从做加法到做减法的转变。当时万科感应到房地产行业的发展契机，果断放弃综合商社的发展模式，转为单一发展模式。1993年公司确立房地产为单一主营业务，开始做减法，之后陆续转让了工业、商贸和文化等产业。同时，万科陆续进入上海、青岛等一二线城市做项目，积累了一定的经验，为随后向全国扩张做好准备。1998年房改启动，全国正式进入商品房时代，房地产快速发展，成为国民经济的支柱产业之一。城镇化进程下流动人口释放大量住房需求，城镇常住居民人均居住面积不到10平方米，行业整体供给严重不足。2001年万科彻底完成专业化战略调整，集中精力快速抢占市场。2002年，公司由"深万科"改名为"万科"，定位是全国性的公司，而非深圳的本地公司，并立志成为国内最好的房地产开发商。

图 9-54　1990 年万科初步形成"四大支柱"的经营架构

（资料来源：公司公告）

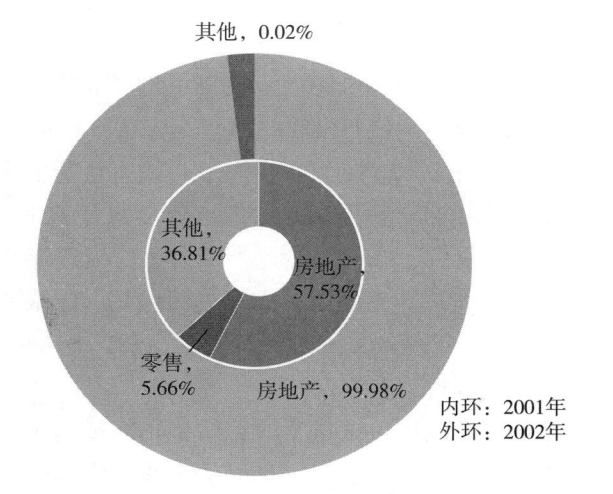

图 9-55　1993 年万科开始做减法，直到 2001 年
才彻底完成转型，变成单一房地产业务集团

（资料来源：公司公告）

图 9-56　1993 年在柏林、东京获奖的《找乐》
是万科集团投资拍摄的
（资料来源：豆瓣）

图 9-57　2001 年万科转让万佳百货股权后完成
战略转型，成为单一房地产业务集团
（资料来源：百度百科）

万科在这个时期也注重品牌的构建，包括产品设计、合理规划、巧妙营销和可靠的售后服务等。其中，物业管理是公司品牌的一个重要组成部分（万科物业管理有限公司成立于 1992 年），助力公司的住宅跟同类产品相比有一定的销售溢价。一开始万科看准的是城市居民住宅这一潜力较大的市场，起初是以中档及中高档城市居民住宅为主导方向，其购房人群的收入和消费水平远高于当地城市平均水平。但是随后公司意识到普通人的大众消费才是不可逆转的主流趋势，因此之后明确提出"关注普通人"，才有了后面一直强调的盖"普通人"住的房子。为了全面把控产品质量和成本，万科还于 2000 年逐步发展了供应商战略制度，以"名牌"为主；项目开发以招标的形式总包给建筑公司，主要建筑材料由承建商提供。公司供应商直接提供的商品主要包括供电及采暖、电梯等机电设备、玻璃幕墙和门窗等外装和内装材料。

为了提高公司的效率，万科于 20 世纪 90 年代末开始实行职业经理人管理制度，公司无实际控制人。为了使职业经理人管理良好运作，公司调整了业务架构，完善了分权和授权的机制，并快速建立了投资、决策的专业委员会运作模式。2000 年，为适应大规模开发和跨地域扩张，集团管理总部完成了管理架构的调整，形成了以房地产业务为核心的管理总部，新设立了设计工程部、物业管理部，直接对各地业务进行指导和监控，使项目开发的每一个环节都得到有效控制。

在资源获取和拓宽融资渠道方面，万科当时曾希望华润成为绝对控股股东，但是多次方案均未成功，最后华润仅为第一大股东。华润的进入，为万科未来的发展提供了一定的支持。

2. 2004—2013 年：质量扩张

在行业红利的释放下，城镇住房面积依然不足，行业竞争激烈，公司从专注过渡到精细化、有质量的扩张，通过城市扩张、拓宽融资渠道、提升运营效率，维持行业龙头地位。

2004年，万科提出新的未来十年规划，以"有质量增长"作为新的战略目标，同时提出三大策略：客户细分、城市圈聚焦、产品创新。客户细分策略下，公司按照客户的不同生命周期，建立梯度产品体系，提升自己的产品力。产品创新策略下，公司注重住宅产业化发展，建立万科的住宅标准。三大策略中最关键的是城市圈聚焦策略，由于公司的规模增长跟随着中国城市经济圈的成型发展，因此万科决定集中资源在这些地区进行集约型扩张。2010年万科销售额突破千亿元，销售规模从此上了一台阶，2014年突破2000亿元。

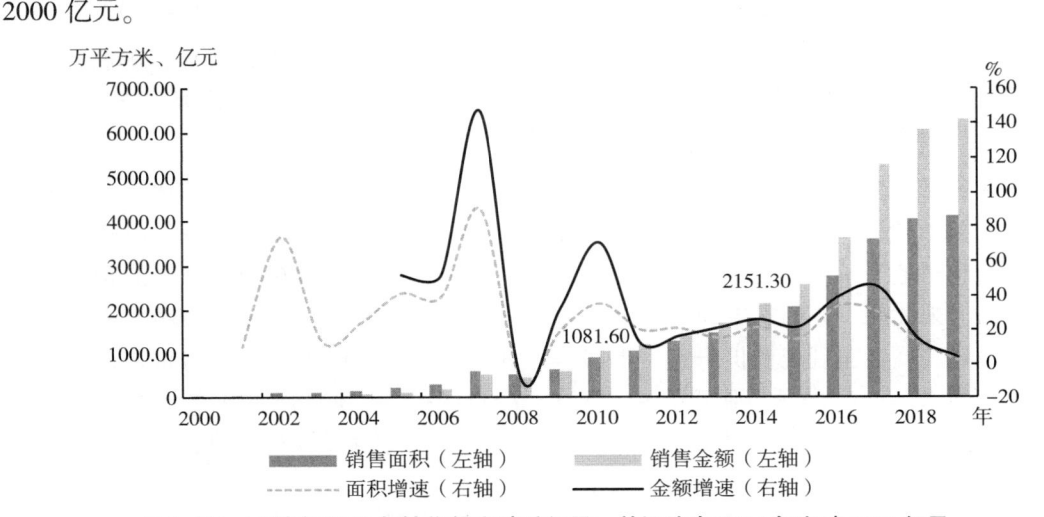

图9-58 万科在2010年销售额突破千亿元，并迅速在2014年突破2000亿元

（资料来源：公司公告）

为了适应全国业务的快速扩张，公司设立了三级管理架构以方便区域深耕，并搭建了自己的标准化住宅产品体系，方便快速异地复制。早期进入外地的时候，公司主要是靠总部派人出差到外地进行管理，但是随着项目的增加以及城市数量的增加，管理半径扩大，需要建立"战略总部、专业区域、执行一线"的全新架构。2005年起公司开始新一轮改革：建立以客户为导向的经营体系；转向基于资源整合的操作模式；打造全新的组织架构；建立与业务快速发展相匹配的风险管理体系；等等。2006年，公司正式从以往"总部——一级公司"的两级管理架构过渡到"战略总部—专业区域—执行一线"的三级管理架构，并将过去由总部负责的设计、工程、销售等专业管理职能逐渐下放到区域中心。一开始的时候万科是"3+X"的布局，靠收并购和"农村包围城市"的战术进入当地市场，例如2005年收购浙江南都的部分股权深入上海区域的市场，靠郊区城乡接合部进入城市。"3"代表着3大区域：珠三角、长三角和东北地区，"X"代表以武汉、成都等为经济中心的城市。2010年，成都区域公司成立，至此万科的四大区域（南方区域、上海区域、北方区域、中西部区域）城市布局基本框架形成，城市扩张放缓，开始区域深耕。

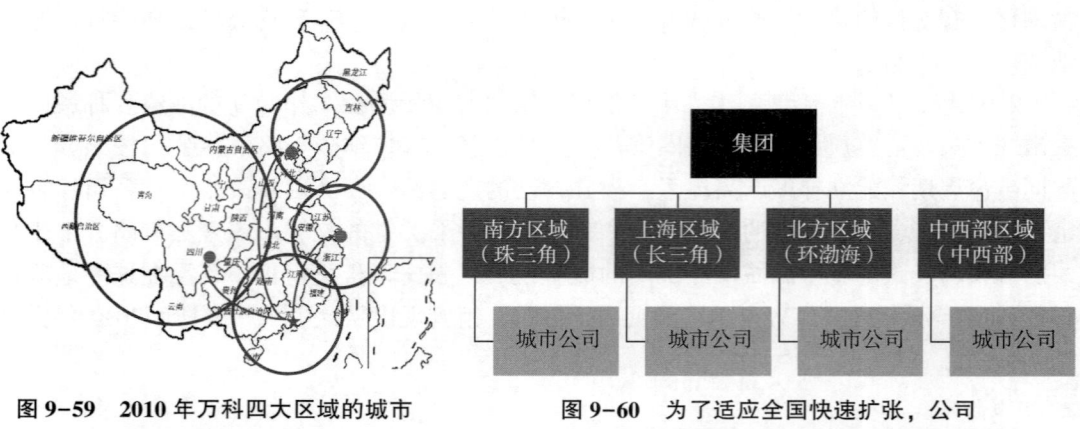

图 9-59   2010 年万科四大区域的城市   图 9-60   为了适应全国快速扩张，公司
　　　　布局框架基本完成　　　　　　　　　　　　设立了三级管理架构以方便区域深耕
　　　　　（资料来源：公司公告）　　　　　　　　　　　　（资料来源：公司公告）

在融资渠道方面，公司不仅尝试多种融资渠道，还加大了长期借款的比重，并充分运用"无息负债"。在这一期间，万科发行过债券，进行过股权增发、海外融资、设立信托计划和房地产基金等。随着行业监管的加严，土地市场日益规范，拿地的资金要求越来越高。因此除了原始资本积累以外，万科通过大幅提高营运资本的周转率提升经营效率，通过高周转实现规模扩张。由于房地产处于房建产业链的下游，房企普遍具有较强的议价能力。商品房预售制度，使得房企普遍拥有大量预收账款，类似于"无息负债"。在这一期间，万科的应付账款和预收账款（合同负债）的周转天数分别从 20 世纪 90 年代的 28 天和 75 天延长到 415 天和 230 天。

为了实现营运资本的高周转，除了房建产业链本身带来的优势地位外，公司还通过产品体系和业务流程标准化，大幅缩短项目开发周期，降低建设成本，加快资金周转。万科与监理单位建立长期合作伙伴关系，加强过程控制和供应商的管理；并按照中国人口结构和家庭结构将主流产品定位在中小户型（144 平方米以下）上，占公司产品的 90%左右，主要客户群体为自住普通购房者，公司实现快速销售。公司的标准化产品体系包括"产品库、风格、精装修、景观和性能"等全方位的标准，并通过集中采购的形式降低流程的复杂度和采购成本。万科以前的项目开发，从项目立项到项目销售，通常需要 3 年左右的时间，但是通过精细化的运作，可以将这个时间大幅缩短。

在存货方面，万科不过度追求土地储备，基本保证 3 年滚动的开发需求，不过多占压运营资金。与此同时，公司贯彻"现金为王"原则，完善现金流管理体系，降低风险。

在这 10 年间，万科的房地产业务覆盖城市从 16 个扩张到 65 个，在开发项目从 43 个扩张到 417 个，平均每个城市从 2~3 个项目扩张到 6~7 个，体现了公司大范围操盘的能力，并于 2010 年提前实现了千亿元销售规模的目标。

3. 2014 年至今：阵痛转型

这一阶段，房地产行业逐渐饱和，城镇人均居住面积达到 36 平方米，房地产长效机制建立，坚持"房子是用来住的，不是用来炒的"。随着行业竞争加剧，房企间因策略不同而拉开规模差距，转型带来短期阵痛。

2014 年是万科提出房地产"白银时代"的一年，在未来十年里，住宅仍将是最重要的业务，但是为了之后的发展，万科需要在这个十年基本完成新业务的探索和布局，确定新的商业模式。早在 2012 年，万科已经开始探索多元化发展，并在 2013 年初成立了商用地产管理部，逐渐发展社区配套商业，并探索海外业务。公司早期已经开始关注新的细分市场的机会，直到 2014 年提出基本业务框架。在移动互联网时代，万科关注了三个领域：住宅地产里围绕居住的一系列生活服务和社区氛围、消费地产里面向体验和展示的新一代消费中心、产业地产里物流地产的全面升级换代。公司将自身未来十年的业务版图归纳为"三好住宅+城市配套服务商"，随后在 2017 年升级为"三好住宅+城乡建设与生活服务商"。

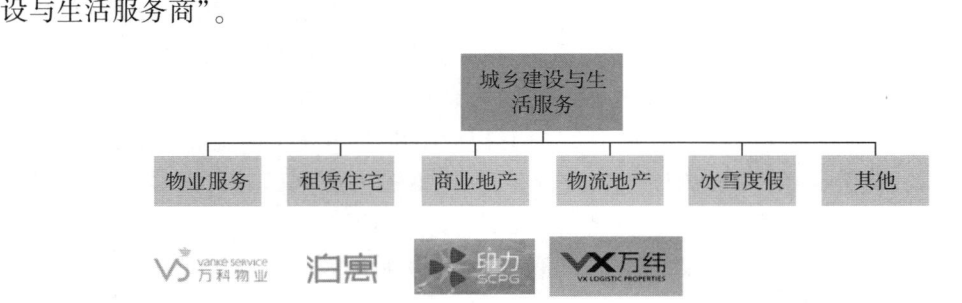

图 9-61　万科未来十年的业务版图是"三好住宅+城乡建设与生活服务商"
(资料来源：笔者根据公司公告整理)

房地产"白银时代"意味着行业逐渐饱和，城镇化尚未结束，但未来的增长需要依靠公司的竞争优势和"护城河"去挤占竞争对手的份额。为了激励企业回归创业心态，实现新业务的成功孵化，万科推出了事业合伙人持股计划和项目跟投制度。前者激励骨干团队推进新业务的发展，集团结构从传统金字塔科层结构转向扁平化，后者激励住宅业务持续发展冲刺规模。项目跟投实际上是事业合伙人制度的一部分，核心是把员工自己的利益和公司绑定在一起，靠制度吸引和保留人才。2015 年，万科将总部原有的战略投资部门转型为事业发展部，并加快筹备各项新业务的事业部，推动转型。公司对各区域、一线公司充分授权，鼓励各地结合城市发展方向，因地制宜地开展新业务的探索。

在传统住宅业务上，由于扩张战略由城市扩张转向区域深耕，万科的销售规模从行业第一落到了行业第三，但是城市深耕水平最高（截至 2018 年底）。万科的城市扩张已经放缓，但平均每个城市的项目在 11 个左右；公司在投资策略上也愈加谨慎，以量入为出为原则。万科的城市策略是在城市功能和配套成熟、具有人口支持力的地区发展项目，因此逐渐与其他房企在布局上拉开差距。2014—2018 年，万科覆盖城市数量新增 10 余个，达到近 80 个城市，而超车的房企如恒大和碧桂园均是覆盖超过 200 个城市，平均每个城市 4~7 个项目。在经营效率上，除了利用项目跟投制度来提升销售和周转效率之外，万科还通过"小股操盘"的轻资产运营模式，进行管理和品牌输出并继续抢占市场份额，公司新增项目的权益比例逐渐下降，从上个十年 70%~80% 的水平降至当前 50%~60% 的水平（截至 2018 年）。在产品上，公司深化品牌战略，升级为"好房子、好服务、好社区"的"三好住宅"体系，提升品牌溢价。

万科认为"房地产+服务"里有多个细分行业具备投资、收入超过万亿元的潜力，这些新兴的细分行业，其集中度都有可能超过原来的房地产开发。这些细分的行业就是围绕城市配套的运营服务，同时与原有的房地产开发具有协同作用，如投资开发、区域规划等，原有的客户和合作伙伴资源也能得到挖掘。截至 2018 年底，万科确立的转型方向包括物业服务、长租公寓、物流仓储服务、商业开发运营、冰雪度假、标准办公与产业园、养老、教育等领域。

万科的转型主要通过自己培养，以及通过并购成熟企业实现快速布局。例如在物流地产方面，万科参与了全球领先的现代物流设施服务商普洛斯的私有化并成为其第一大股东，同时万科旗下也有自己的万纬物流品牌；在商业地产方面，收购了印力集团（国内行业第二）；在物业服务方面，在原有的住宅物业基础上拓展了商业物业，2018 年入股了戴德梁行，成为其第四大战略股东。根据与住宅业务的协同，万科很早便进入租赁市场，长租公寓板块经过整合自己的业务形成自有品牌"泊寓"。

这个时期，万科经历了股权之争，华润退出，深圳地铁集团成为新的第一大股东，继续为公司的发展提供支持。

（二）房企普遍往消费服务链条转型

1. 房地产产业链包括房建投资和消费服务两个链条

房地产的产业链可分为两条：一条是传统的拿地开发建设的投资链条，另一条是围绕存量不动产的运营、服务和金融链条。

从房建产业链看，房地产的投资建设环节主要包括破土开工、建设、装修装饰、竣工验收、家居家电等。国家逐渐推行现房销售和装修房交付，装修装饰环节的消费在一定程度上从居民端转移到房企采购。通常来说，房地产的施工建设环节都是外包给建筑公司，而一些建材会由房企（甲方）采购或指定。施工建设环节包括地基处理、基础工程、结构工程（主体）装修装饰等工程，其中还涉及挖掘机、起重机、装载机、混凝土搅拌机等机械设备的使用。建筑行业发展的方向之一是建筑工业化和装配式建筑等领域。建筑工业化是指通过现代化的生产方式来制造、运输、安装和科学管理建筑建造，标志是建筑设计标准化、构配件生产工厂化、施工机械化和组织管理科学化。建筑工业化主要包括两个样式：装配式建筑和工具式模板现浇式建筑。万科等房地产企业在住宅工业化技术领域一直有所探索。

国内建筑一般是砖混、钢和钢筋混凝土等结构，因此钢筋和水泥是国内房屋的主要建筑材料。建筑钢材主要包括螺纹钢和线材等。螺纹钢又称热轧带肋钢筋，是钢筋中的一种，大量应用在各种建筑结构中；线材既用作建筑钢筋混凝土的配筋，还用于特钢。在钢铁的下游需求中，房地产直接占比约为 18%。水泥是一种粉状无机凝胶材料，加水搅拌后形成浆体，能在空气中或者水中硬化，将砂、石等材料胶结在一起。在整个房建过程中，从一开始的地基，到基础，再到主体结构，都离不开水泥。在水泥的下游需求中，房地产的占比在 3 成左右。

　　主体结构工程后就是建筑的装饰装修工程，包括抹灰、地面、门窗、吊顶、轻质隔墙、饰面板、玻璃幕墙、涂饰、裱糊与软包、细部等。饰面工程就是将人造的或天然的块料镶贴于基层表面形成装饰层。建筑外立面的装饰既可以用涂料，也可以贴面砖，还可以用幕墙、石材、面板等。但由于容易出现脱落，外墙砖在高层建筑中的使用频率在下降，多用涂料甚至幕墙代替。另外就是门窗、阳台栏杆安装、公共部分的装饰和安装、电梯安装、室内排水给水工程、电气工程，室外的建筑环境，包括大门、道路、绿化等。管材在房屋建筑中的主要用途有给水管、排水管、煤气管、燃气管、暖气管、电线导管、雨水管等。

　　根据房屋交付时的装修程度可将其分为毛坯房/清水房、简装、精装。一般装修房指的是硬装部分，不包括软装。毛坯房则只做了基础处理而未做表面处理，达到交付条件，但不具备居住条件。简装房是对墙、地面等做了简单处理。而精装房则是对每个细节部分都有考虑，并有一定的设计风格，顶级的还有拎包入住的精装房。毛坯房仍然是当前市场的主流，但是装修房和精装房的占比在不断提升。近几年我国精装房占比不断提升，房企的集中度在提升，精装采购标准也正在由"价廉"向"质优"转变。根据测算，2020 年精装房渗透率将达到 35%，龙头房地产精装采购高速增长。

　　围绕存量不动产的相关领域主要分为运营、服务和金融。其中，运营类包括住宅、商业、产业+。服务主要包括房屋中介、社区服务、营销代理、物业管理等。而未来房地产的金融化主要是在存量地产（运营）领域，如商业地产的 CMBS，公寓的类 REITs 产品等。

　　存量住宅市场的业务主要包括两部分：二手房交易以及租赁。在成熟国家和城市，随着城镇化率的放缓和城市发展的放缓，房地产市场将逐渐进入存量市场，即以二手房交易为主的市场。同时，随着租赁政策的建立、租住同权的推进，以及城市人群住房习惯的变化，租赁市场也将规范化、机构化、金融化。二手房市场衍生出的是经纪业务，主要包括中介交易、中介媒体、其他服务这三块业务。中介交易业务主要是撮合交易，赚取的是佣金费用。中介媒体主要是互联网平台，赚取挂牌信息费和广告费。其他服务包括保险、房屋检查、律师、按揭服务等。租赁市场的参与模式主要有自持模式、二房东模式、平台运营商模式、租赁金融等。参与主体主要是个人、专业公寓运营机构、房企、金融机构、酒店集团等，现在还有互联网企业巨头参与进来。其中酒店集团主要以短租为主，其他主体以长租为主。目前国内仍然以个人房东为主体。2017 年，国家鼓励发展住房租赁市场，大量房企陆续进入长租公寓领域。公寓主要包括分散式公寓和集中式公寓，未来还将逐渐发展资产托管业务。

　　房地产的服务主要是围绕存量房屋提供管理服务和增值服务，如物业管理、社区服务，以及房地产产业链的增值服务，如项目规划策划、营销代理、房屋检测等。物业管理主要是对物业（地上永久性建筑物、附属设备、各项设施及相关场地和周围环境）进行专业化管理，为业主和非业主使用者提供良好的生活或工作环境。每个大型房企在成立之时基本上都伴随着自己的物业公司的成立，对自己的住户和社区进行管理和维护，强化自己的住宅品牌。当前已有多家房企的物业公司单独上市，服务内容包括但不限于安保、小区环境维护、物业管家等。传统的物业管理主要是围绕住宅，现在逐渐往商业和城市的物业管理延伸。社区服务，即为社区内的业主提供生活方面的服务，包括多种形式，如食堂、理发店、超市、幼儿园、美容院、停车缴费等。

商业物业主要包括零售类商业、写字楼、酒店等类型。基于商业物业的运营也衍生出了相关服务，如全球四大行：戴德梁行、第一太平戴维斯、世邦魏理仕、仲量联行。四大行的业务范围包括各种房地产项目的代理租赁和销售（住宅、商业、工业、物流等）、物业管理、估价、咨询、服务等。商业物业的运营主要是通过自持和出租的方式，赚取租金和资产增值。当前大量房企都进入零售类商业地产，并形成自己的购物中心品牌，根据辐射范围，占据着城市、区域和小区的核心位置。写字楼一般分布和集中在一个城市的各个商圈，是企业集中办公的地方。写字楼因为租金稳定，租期较长，而且可以标准化运营，管理成本比零售类地产更低，是金融机构持有和大宗交易里最主要的资产类别之一。写字楼领域的延伸发展包括建筑智能化。智能建筑是指以建筑物为平台，通过对各类智能化信息的应用，将架构、系统、应用、管理和优化集于一体，形成人、建筑和环境互相协调的综合体，提供安全、高效、便利及可持续发展功能环境的建筑。智能建筑是智慧城市的重要应用场景之一。

地产与产业的结合在近几年开始加深，近几年房企涉及的产业有文化旅游、物流、养老等。文旅地产主要是发展旅游产业和配套服务业，如主题公园、滑雪、度假等。物流地产即经营专业现代化物流的地产，根据物流的需要，选择一个合适的地点，建设现代物流设施，并通过出租、服务等形式营业，赚取租金和资产增值。从人均仓储面积看，物流地产在中国具有较大发展空间。养老地产当前的模式主要是地产与医疗健康相结合，目前主要的盈利模式是出租或者销售。随着人口老龄化，以及具备一定养老意识的人群逐渐往退休年龄迈进，养老地产行业将迎来发展机遇。

2. 房企转型主要是沿着消费服务链条延伸

自 2015 年以来，房企转型方向已基本确定。主流的转型方向为商业和公寓等持有型物业，还有就是差异性比较大的产业地产，但对企业的运营能力有较高要求。房企的转型主要是沿着消费服务链条延伸和发展，主要原因在于消费服务链条增加值较高，且与原有业务有一定的协同作用。梳理一下行业十强房企的转型方向，可以发现它们主要集中在商业的运营开发、长租公寓、康养、文旅等产业地产、金融等领域。物业服务一般是地产公司成立时就伴随着开展的业务，近年来逐渐单独分拆上市，如中海物业、碧桂园服务、绿城服务等。

表9-17 2018年销售十强房企业务布局主要是地产消费服务产业链

房企	业务布局
碧桂园	房地产、物业、农业、酒店、产城融合、其他（建筑）
万科	房地产、物业、商业、公寓、物流、度假、其他（装饰、教育、养老、酒店）
恒大	房地产、新能源汽车、旅游、健康、其他（院线、互联网）
融创	房地产、服务（物业、房屋保养）、文旅、文化
保利	房地产、综合服务（建筑、物业、经纪、商业、公寓、会展、康养、教育、文旅）、不动产金融（房地产基金、投资管理等）
绿地	房地产、商业及酒店、金融、地铁投资、能源、建筑
中海	房地产、物业、商业
新城	房地产、商业、其他（孵化器、养老）
华润	房地产、商业、城市更新、物业、康养、公寓、产业基金、产业地产、代建代运营、文化体育、影院、建筑装饰
龙湖	房地产、商业、长租公寓、服务（物业）

资料来源：根据公司官网及最新年报调整。

注：此处房地产主要是以住宅开发销售为主。

这些房企为什么会转向或参与城市运营？笔者认为第一个原因是其竞争优势是在项目获取端，如与当地政府合作和城市运营等，而不是在建造端，如建筑工艺、建筑材料；第二个原因是服务市场竞争格局尚未清晰，行业集中度较低，行业空间较大，而且进入门槛较高（对资本要求高）。在过去20多年的房地产开发业务中，龙头房企完成了原始资本积累，在核心区域和城市积累了开发经验，并在当地设立了区域总部和城市公司，对当地的经济、人口、文化、消费习惯都有较深的了解。在过去"拿地—开发—销售—服务"的商业盈利模式中，房企形成的核心竞争力在于资源获取端（土地和项目），体现为资金实力、政府合作能力、多种业态开发运营等；随着行业逐渐饱和，行业内部竞争力变大，产品去化能力也越发重要（产品力和品牌力），体现为物业区位、物业服务、物业环境等，例如小区内是否有养老托管服务、社区商业等增值服务。对于商业持有型物业来说，商业盈利模式一般为"获取项目—开发—出租—运营"，资源获取能力同样是核心竞争力，与原有的住宅开发形成协同和互相强化的作用。

3. 万科的转型围绕城乡建设与生活服务

万科选择进入了多个行业空间较大，并与原有住宅业务有协同作用的领域，转型战略定义为"城市配套服务商"，后升级为"城乡建设与生活服务商"。根据万科2014年年报披露，公司在选择新业务发展方向时确定了两条基本原则。第一个原则是新业务需要能够体现万科的优势或潜力，且必须与公司的文化基因、体制特征、客户基础和能力优势相符合。第二个原则是新业务必须代表着未来发展的方向，必须顺应移动互联网时代的大趋势。因此，对于移动互联网时代的房地产，万科认为，在住宅地产方面，客户关注的不仅是房子本身，还有围绕居住的一系列生活服务，以及邻里互动的社区氛围；

在消费地产方面，电商已颠覆传统零售渠道，传统购物中心走向没落，但是面向体验和展示的新一代购物中心将兴起，同时新生代追求更丰富的人生体验，度假需求将迅速增长并取代原来单一的观光旅游模式；在产业地产方面，创客文化兴起，中小、小微企业创业将成为中国未来经济增长的主要动力，原有的物流地产也难以适应现代物流的要求，需要全面升级换代。基于此，万科将公司未来十年的业务版图总结为"三好住宅+城市配套服务商"。其中，城市配套服务商主要包括两个考虑：一是有别于传统商办、符合移动互联网时代大趋势的新兴地产业务；二是与万科的客户资源以及技术、信用优势存在关联性的延伸业务。

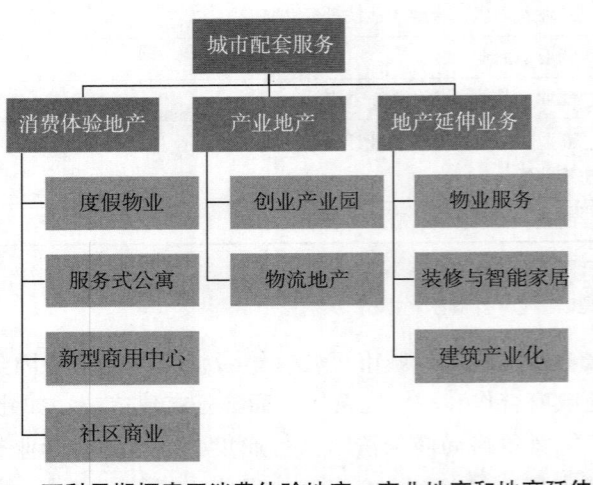

图 9-62　万科早期探索了消费体验地产、产业地产和地产延伸业务

(资料来源：公司年报)

从这两个考虑来看，沿着地产产业链上游和下游均可发展。如果把地产建设产业链定义为上游，服务产业链定义为下游，万科早期确实在上游和下游均有所探索，但主要是以下游为主。根据万科早期年报披露，在住宅业务之外，公司加强了在装修与智能家居、建筑产业化这类传统建设产业链业务方面的探索，同时也加强了度假物业、服务式公寓、新型商用中心、社区商业等消费体验地产，创业产业园、物流地产等产业地产，以及加深物业服务这类下游服务市场的探索。

从公司的角度来说，万科的优势在于广泛的住户资源，曾经的住宅产品满足了他们的居住需求。在这个基础上，由于社区商业、物流地产等领域能满足居民移动互联网时代的消费需求，因此客户资源能够得到进一步挖掘。

从行业的角度来说，万科曾表示，"房地产+服务"这些新兴细分产业，集中度都有可能明显超过原来的房地产开发，因此对于房地产龙头企业来说，如果能抓住这个机会，新天地会比以往更广阔（2015 年年报）。万科进入的这几个领域，都有对标的千亿元市值的企业。对于自持以及自我开发建设的公寓业务，美国的 EQR 和 AVB 是全球市值最大的两家公寓运营服务商；物流地产对标 PLD，它是全球市值最大的物流地产服务商；商业物业对标 SPG；在物业服务方面，万科从住宅延伸到商业和城市运营，特别是战略投资了戴德梁行。

万科的拓展主要通过四种模式来实现：一是自己孵化和发展品牌，例如长租公寓业务，主要产品线是青年公寓"泊寓"。二是通过收购或者入股细分领域的龙头企业，例如商业地产领域，公司以"印力集团"为商业开发和运营集团，印力集团是万科 2016 年与合作方联合收购的黑石集团持有的商业地产公司。三是合作，例如装修领域，万科与链家于 2015 年共同投资成立"万链家装"，联合撬动家装市场。四是综合发展，例如物流地产和物业服务，其中在物流地产方面，万科于 2015 年成立了自己的独立品牌"万纬物流"，2017 年参与了全球领先的现代物流设施服务商普洛斯的私有化，成为后者的第一大股东；在物业服务领域，万科物业在过去主要发展住宅物业服务，新增签约饱和收入中 2018 年非住宅业务占比为 35%，同时，万科物业于 2018 年成为戴德梁行的第四大战略股东。

（三）万科上一个十年的学习对象：帕尔迪住宅

由于中国土地制度的特殊性，对于中国的房地产企业来说，海外没有能够完全对标的公司。按照美国的 SIC 行业分类，住宅开发商属于建筑业，而非金融地产。但在这里我们还是可以简单对标一下帕尔迪住宅（Pulte Homes Inc.），其是万科 2004—2014 年的十年标杆企业。帕尔迪住宅是美国的三大龙头房地产开发商（住宅建筑商）之一，成立至今已有 70 多年的历史，直到 2007 年才第一次出现亏损的情况。截至 2018 年底，帕尔迪运营的市场超过 24 个州和 44 个市场。2018 年房屋销售收入为 98.2 亿美元，结算房屋量为 2311 万套，当年新房销售市占率约为 4%。

帕尔迪的业务主要包括住宅销售和金融服务两部分，公司的成长主要来自地域扩张和并购。2018 年其住宅开发收入为 99.8 亿美元，金融服务为 2.1 亿美元，分别占 98% 和 2%。其中金融服务包括住房抵押贷款、保险经纪业务等，住房抵押贷款服务主要为公司的购房者提供。帕尔迪是建筑商出身，但之后进入金融领域，这一决策与美国的房地产金融政策放宽以及业务协同性要求脱不开关系。帕尔迪成立于 20 世纪 50 年代的底特律；60 年代开始向外地扩张，包括华盛顿、芝加哥、亚特兰大等市场；70 年代在 10 个主要市场扎根，并针对"婴儿潮"市场推出了大量性价比高、创新设计的产品；70 年代初创建了 ICM 抵押贷款公司，为购房者提供一系列融资服务和优越的贷款利率；80 年代在地域和金融领域继续扩张，新进入北卡罗来纳州，同时收购了 5 个得州当地的储蓄机构（后来合并成一家休斯敦的联邦储蓄银行）；90 年代继续地域扩张，并进入中老年人市场，在 1995 年成为美国最大的住宅建筑商，但随后被霍顿和莱纳超越；2000 年后帕尔迪经历了多次收并购，致力于成为美国最大的住宅建筑商，其中，2001 年完成与 Del Webb 公司的并购，2009 年完成与 Centex 公司的并购（Centex 是当时美国四大龙头之一，覆盖 59 个市场和 29 个州）。

与国内开发商不同的是，帕尔迪的商业模式是"获取土地—销售营销—建设"。通常，帕尔迪获取的土地会预计在开始打造社区的未来 2~3 年内完成销售（除了个别产品外）。大部分产品的销售是基于订单，即跟客户签约后才开始开工建造房屋。但帕尔迪在多个社区也有"机会房"（speculative homes），以满足那些想在短期内购房的消费者的需求。帕尔迪将客户分为首次置房（first-time buyers）客户、改善置房（move-up home-buyers）客户、中老年置房（active adults）客户。其中，针对首次置房客户的产品较小、平均价较低、密度较大；改善置房客户的产品地理位置和设施较好，价格较高；中老年置房客户（55 岁及以上）的产品通常设施发达，并提供一系列服务，为客户带来精彩的生活，如高尔夫课程、娱乐中心和教育课程等。2018 年，这三类客户分别占比为 28%、47% 和 25%，帕尔迪当前的策略是加大首次置房在销售结构中的比例。万科重点学习的就是帕尔迪对客户的精细化管理。在城市扩张上，二者的策略也有异曲同工之妙。

（四）让地产为技术和产业"赋能"

地产行业本身不具备太多科学技术含量，但是却是巨大的新兴技术应用市场。房企也曾出过海，但是国内房企的竞争优势是拿地获取项目，而这个技能到了海外却无法形成优势。国外的住宅开发商其实是建筑商，也就是说在产品力这方面，国内房企已经无法与当地房企竞争，国内房企的竞争优势不具备全球输出的能力。然而回到国内房企的"护城河"本身，许多顺应时代发展的领域是离不开不动产的，例如已经发展起来的物流地产，5G 和智能化技术发展下数据中心的建设与运营开发等，以及智慧楼宇和智慧家居都需要广泛应用于物业中。因此，地产行业具备与新兴产业融合互助的机会，而这些最后会落回到公司的产品力上。

万科与微软就智慧城市领域达成战略合作，2019 年共同发起设立以"未来城市"为主题的实验室，研究领域涵盖智能家居、智能建筑、未来城市、智能物流，并搭建连接云计算、大数据、物联网、人工智能技术和城乡建设与生活服务领域的桥梁。

九、复星国际：深耕业务蓝海，产业运营投资双轮驱动

复星国际（0656.HK）于 1992 年由几位复旦大学校友创立，2007 年 7 月 16 日在港交所上市，截至 2020 年 9 月 30 日，公司总市值达 672 亿元。公司实际控制人为郭广昌，通过复星控股有限公司间接持有公司 60.63% 的股权。自创立以来，公司植根中国，链接全球，通过"深度产业运营+产业投资"双轮驱动的战略模式，深耕产业，持续创新，牢牢把握中国及全球经济发展的动力，从而获得了高速发展。公司聚焦家庭客户，致力于为全球家庭提供定制化的一站式幸福解决方案，截至目前，已经形成健康生态、快乐生态、富足生态三大板块，成为一家创新驱动的家庭消费产业集团。2019 年复星国际实现总收入 1430 亿元，同比增长 31%，归属于母公司股东利润达 148 亿元，同比增长 10%，过去 8 年复合增长率为 23%，净资产收益率为 12.8%，与上年持平。截至 2019 年末，公司总资产为 7157 亿元，拥有全球员工 71000 人，居福布斯全球排名第 371 位。

表 9-18　2010—2019 年复星国际营收结构变化　　　　　单位：亿元

年份	快乐产业营运	富足生态保险及金融	人类健康	富足生态投资	保险业务收入	钢铁	医药产品	房地产
2010	—	—	—	—	—	297	45	88
2011	—	—	—	—	—	382	64	97
2012	—	—	—	—	—	317	73	105
2013	—	—	—	3	—	264	99	114
2014	—	—	119	—	79	273	—	121
2015	74	—	154	—	147	220	—	169
2016	104	—	180	—	276	—	—	139
2017	117	278	221	41	—	—	—	—
2018	441	260	286	106	—	—	—	—
2019	674	336	326	95	—	—	—	—

资料来源：Wind 数据库。

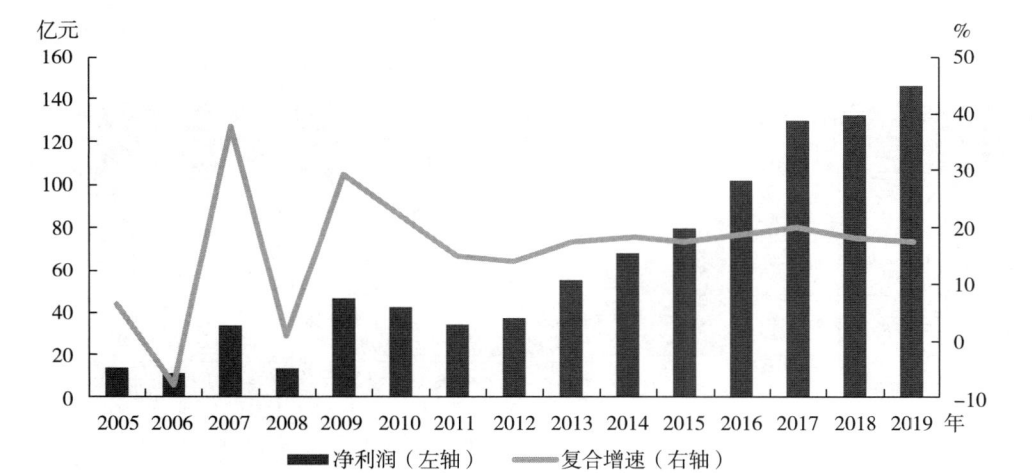

图 9-63　复星国际净利润变动情况

（资料来源：Wind 数据库）

　　健康生态涵盖制药与器械、诊断与医疗、健康服务三大板块，致力于打造创新引领的制药业务以及一站式健康服务生态体系。成员品牌包括复星医药、复宏汉霖、万邦医药、国药控股、复星弘创（制药）；杏脉科技、直观复星、Sisram Medical（器械诊断）；佛山市禅城中心医院、微医、星堡（医疗及健康服务）。拥有首个获批上市的单抗生物类似药汉利康，非公立医院竞争力排名第一的佛山市禅城中心医院，葡萄牙最大的私人医疗服务集团 Luz Saúde，西非法语区第三大药品分销公司 TRIDEM。2019 年复星医药研发投入为 34.63 亿元，拥有 264 项在研新药、仿制药、生物类似药及仿制药一致性评价等项目，控股成员医院核定床位数为 4328 张，宝宝树平均月活总数达 1.39 亿。2019 年贡献营收 331 亿元，同比增长 14%，制药研发、医疗及健康服务、器械诊断三大板块贡献占比分别为 65%、24%、11%。贡献净利润 15.6 亿元，同比增长 5%。

富足生态涉及家庭金融、企业金融、投资三大板块，拥有葡萄牙龙头保险公司复星葡萄牙保险，葡萄牙最大的上市银行 Millennium BCP 银行，秘鲁排名第四的保险公司 La Positiva，2019 年 ROE 德国行业排名前三的 Hauck & Aufhäuser，复星创富基金管理规模超过 160 亿元，拥有中国首条民营控股高铁杭绍台铁路，实现了"保险—产业""保险—资产配置"的协同。2019 年富足业务贡献营收 434 亿元，同比增长 20%，家庭金融、企业金融、投资贡献占比分别为 54%、24%、22%。贡献净利润 104.2 亿元，同比增长 7.98%。

快乐生态涉及旅游文化和品牌消费两大领域，精耕中高端家庭客户群，聚焦内容、模式、产品，打通线上平台和线下场景。成员品牌包括复星旅文、三亚·亚特兰蒂斯、Thomas Cook（旅游文化）；豫园股份、复星时尚、老庙、青岛啤酒、百合网、世纪佳缘以及法国历史最悠久的高级时装品牌之一的 LANVIN 等（品牌消费）。截至 2019 年，公司拥有珠宝时尚门店 2759 家，全球度假村 66 个，豫园商圈 2019 年客流量达 4500 万人次，百合、佳缘会员数超过 3 亿。2019 年快乐业务贡献营收 676 亿，同比增长 50%，品牌消费、旅游文化贡献占比分别为 73%、27%。贡献净利润 28.3 亿元，同比增长 24%。

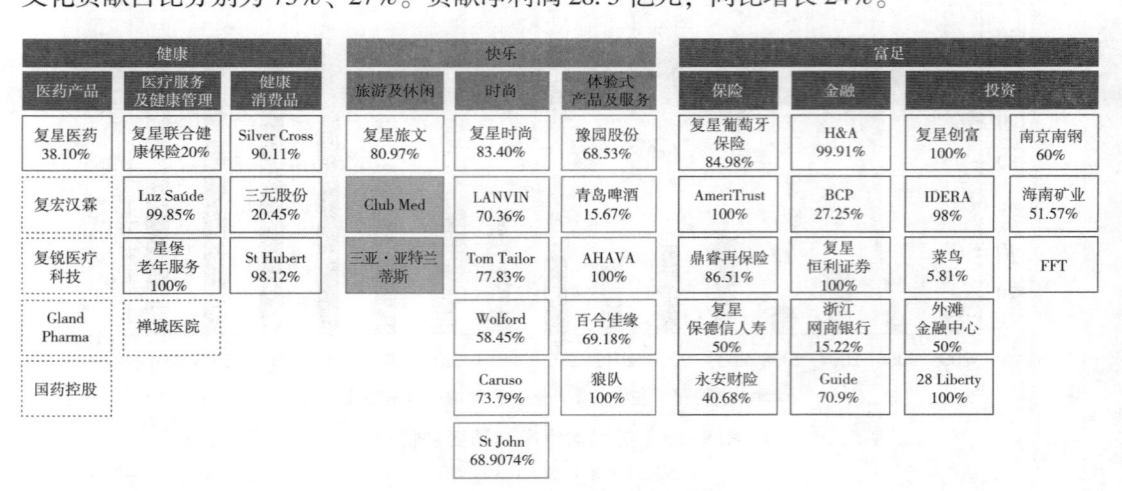

图 9-64　复星国际的业务架构

（资料来源：公司公告）

基于三大业务生态，复星构建了金字塔式的资产结构，涵盖基础资产、高成长资产、创新引领资产三个层级。基础资产安全稳健，认定标准是所在市场的龙头资产，能够为集团贡献稳定的利润和现金流，资产价值具备增值空间；高成长资产能持续快速增长，认定标准是在核心赛道拥有并持续打造数一数二的好产品、好品牌，已实现或目标 ROE≥15%，利润高增长的核心资产，具备创新和产业整合并购能力的优秀团队；创新引领资产着眼于布局未来空间，认定标准是具备长期潜力和竞争力，布局创新驱动的好赛道，投资优秀的团队，捕捉创新前沿机会，与健康、快乐、富足的产业具有高度协同性。

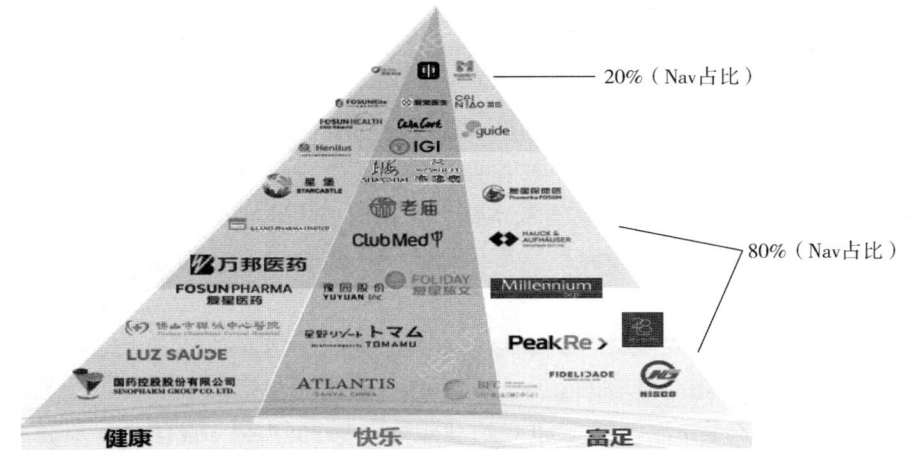

图 9-65　复星国际的金字塔形资产结构

（资料来源：公司公告）

（一）复星成功的原因：持续的战略进化是核心原因

对产业赋能、培育和运营是复星特殊的核心价值和竞争力。金字塔形资产结构使复星得以通过成熟资产的经验和能力带动成长型及创新型资产的培育和成长。三大生态存在较大协同空间，形成了相互促进的关系。在地域上，中国动力嫁接全球资源，拓宽其盈利空间。

"深度产业运营+产业投资"是复星的基因。根植产业，多年积累的产业深度使得复星具备了产业经营的能力，并且可以通过复星生态内的产业协同实现乘数效应。在产业选择方面，复星进入的是有创新壁垒、有市场潜力、有全球化潜力且复星具备优势的产业，通过产业并购、VC 投资、合资合作、授权合作、绿地孵化等方式切入，通过战略梳理、业务结构优化、人才引进与激励、研发创新投入等方式提升运营，通过供应链协同、营销协同、投资协同、资金协同、技术协同等方式进行赋能。

复星从创立至今的发展历程大致可分为五个阶段。

第一阶段：1992—1998 年，创业期，实现资本积累。

1992 年，复星开始"三无"创业，起初从事的业务主要是为一些公司做市场调查。到 1993 年，公司团队开始迅速转型，主攻房地产销售业务和生物制药业务。房地产销售业务让复星在当年年底赚到了第一个 1000 万元。1995 年，通过乙肝诊断试剂，公司赚到第一个 1 亿元。在这一过程中，复星逐步建立起一个覆盖全国的药品销售网络。同时，房地产销售业务也由销售转为了开发。1998 年，复星医药在上海证券交易所上市，复星地产也正式成立，至此，复星的医药和房地产两大板块正式成型。

1994 年前后，国内保健品行业异军突起，"生命核能"、太阳神、三株口服液、昂立一号等品牌激活了国内消费市场。复星也因此开始试水保健品行业，推出了一款保健品——"咕咚糖"，一种不含蔗糖的糖果。最终，复星亏损百万元后退出，之后迅速调整方向，坚定发展生物医药。通过复盘，复星意识到这次失败是源于自身对保健品行业的商业模式了解得不够透彻，同时缺乏人才储备，执行力不够。"咕咚糖"的失败也给复星带来一个启示：在进入一个行业之前，要经过充分调研，考虑项目底线，进入之后如果走不通就要及时退出，这也成为复星后期投资的准则之一。

第二阶段：1998—2007 年，对外扩张期，加大重工业化布局。

1998 年复星医药上市使复星初尝资本魅力，相应的资本经营的运作模式也开始植入企业灵魂中。此后，复星不再单纯地从事供研产销一条价值链，而是进入了产业扩张高速成长期。

对豫园商城的收购是复星资产扩张的一个典型例子。豫园商城是上海市国资委下属企业，是当时少数股权相对分散的上市公司，且具备相对稳定的现金流以及充裕的土地资产。此外，在 1997 年，豫园商城即开始涉足生物医药领域，拥有上海童涵春制药厂 53.33% 的股权，通过收购豫园商城，复星有了稳定的现金流、充裕的土地资产以及上海童涵春制药厂的股权，进一步完善了房地产和医药产业链。

自此之后，复星的资本扩张进程进一步提速。在坚守房地产和医药业务核心的同时，也开始突破现有的业务局限，进行非协同扩张。国内工业化大发展使得复星的扩张重心开始向重工业化转型。2000 年 10 月，公司投资友谊复星；2002 年 8 月，投资建龙钢铁；2003 年 1 月，联合建龙钢铁投资宁波钢铁；2003 年 1 月，投资国药控股；2003 年 5 月，成立德邦证券；2004 年 4 月，投资招金矿业。

第三阶段：2004—2007 年，整体上市，加速扩张期。

2004 年德隆系危机的传染使得复星暂时收缩了战线。2007 年 7 月 16 日，复星于香港实现整体上市。在上市的同时，复星重启扩张之路。在资源领域，合资拥有了 2.2 亿吨储量的中国第一大富铁矿——海南矿业；拥有了全球第二大焦煤公司——山西焦煤集团。在战略投资方面，投资了网络游戏前三的"巨人网络"、炊具及小家电行业前 2 名的"爱仕达"、透平机械第一名的"陕鼓动力"、第七大财险公司"永安保险"、前三大钛白粉生产企业"佰利联"以及"宾化集团"，入股分众和新浪，并入主福布斯中国。

第四阶段：2007—2015 年，开启全球化之路，布局"保险+投资"的产业生态。

2007 年，面对国际化竞争，复星提出"中国动力嫁接全球资源"的战略选择，学习巴菲特模式，匹配价值投资、长期投资的资金需求，开始"保险+投资"双轮驱动发展战略。复星投资永安保险、合资创办复星保德信和鼎睿再保险，收购葡萄牙保险、美国 MIG 等，保险国际化布局逐步完成。2009 年成为复星国际化的元年，随后几年，复星集团展开了海外布局。2010 年，聘请美国前财长约翰·斯诺出任公司董事会顾问，2010 年上半年，与美国一流 PE 机构凯雷集团合资成立"复星凯雷基金"；2010 年年中，复星集团参股地中海俱乐部，2013 年复星保德信收购多家海外公司的股权，开始加快向产业领域渗透。

第五阶段：2015 年至今，聚焦家庭"快乐、健康、富足"，智造全球家庭幸福生态。

随着中国经济结构调整的深化，复星认为中国的经济增长将越来越由消费驱动，而消费领域最值得重视的就是家庭财富的保值增值以及每个家庭的健康管理、快乐生活。因此，自 2015 年开始，复星更加坚定地在资产端聚焦 B2F（Business to Family），打造"快乐、健康、富足"的产业生态，到 2015 年末，富足、健康和快乐三大板块总资产规模达到 3033 亿元，占比上升至 74.8%，较 2014 年提升 11.6 个百分点。净资产增长至 443 亿元，占比上升至 45.1%，较 2014 年底增长 77.2%。

回顾复星的成长历程，其成功主要得益于以下几个方面的因素。

第一，战略持续进化驱动企业成长。

复星最大的特点是在不断变化中持续进化。创业期的医药+房地产以及扩张期的重工业化布局、中国动力嫁接全球资源、"保险+投资"双轮驱动、聚焦家庭"健康、快乐、富足"、C2M、智造全球家庭幸福生态系统均显示出复星战略的成长性及应变性。战略不断提升、补强，让复星获得如生命体般的成长和进化能力，使得复星能够持续应对快速变化的世界格局所带来的挑战，始终走在行业前列。

第二，找到对的人，优化考核机制。

一个好企业离不开一个好股东，虽然这个好股东不一定是在这个专业里面最懂的，但是我们可以找到最好的团队。复星要做一个好股东，一个帮助企业少走弯路的好股东。

——复星国际创始人郭广昌

在关键项目上，复星采用的都是合伙人模式，通过多维多重、共享共进的复星合伙人机制，深入各产品线、各项目、各领域、各区域，激发创业激情。全球合伙人是复星非常独特的组织和制度，充分体现了复星"用人做事"的理念。复星的全球合伙人来自复星旗下不同的产业与智能板块，如医药、旅游文化、保险、金融科技、人力、风控、财务等。每一位合伙人都具有很强的专业知识以及不错的领导力。通过合伙人制度，复星充分利用了各专家在各自领域的深耕与资源积累，加强融通，提升复星在顶层设计与决策方面的科学性。对于每一位合伙人，复星会设定绩效考评标准与方式，要求其为公司创造更大的价值，如果达不到标准，也有相应的退出机制。

第三，紧跟政策步调。

复星进入医药领域主要是因为 20 世纪 90 年代初期中国医药分销体系改革，政府允许民间资本参与药品分销；进入房地产领域，是因为 1998 年中国停止福利分房政策；进入钢铁领域，则是恰逢 2002—2007 年国内钢铁行业发展的黄金期；投资招金矿业、海南矿业也是基于国内投资驱动增长方式下催生的对周期品的巨量需求。对此，复星集团董事长郭广昌也将复星的成功概括为"把握住了政策的脉络、跟上了国家经济发展的步伐，在合适的时间做合适的投资"。

第四，灵活运用杠杆，以小资金撬动大产业。

复星从来都不是生产经营型企业，注定是一个投资型公司，这与创始人的背景、经历是相关的。

——复星医药前董秘秦学堂

复星很少采取自己生产的方式，即使对于生物医药项目，采用的办法也是主动与一些企业合作，由复星出人、出项目，作为投资人入股，并逐渐控股，这样既能够节省资金，同时也不会影响研发项目的产业化进度。复星国际联席董事长汪群斌曾说，"公司总是采用逐步控股的办法。先参股，然后控股，再到绝对控股。"

第五，参与正和交易，注重双赢。

金融服务要真正从善出发，从商业场景出发，为社会创造价值。金融不应该去追求虚幻缥缈的东西，也不是去赌博，而是要真正把钱给到创造价值的实体里、场景里，给到对的人手里，才能让这个世界更美好。

——复星国际创始人郭广昌

复星集团参加了大量国有企业改制项目，在处理政商关系上，形成了一套很好的处理机制。核心是满足政府促进社会发展的需求，实现为社会创造就业的企业价值。海南矿业前董事长陈国平介绍说，"复星过去在并购国有企业方面有一些成功案例，我们的理念是要做到国资、复星和职工都获得好处，首先要考虑大局，考虑社会效益。"

第六，注重产业协调与现金流互补。

复星产业组合的选择逻辑是：经营现金流好的医药与收益好但现金流要求高的地产组合，弱周期的医药板块与强周期的资源和钢铁板块组合。介入的出发点是中国成为与世界工厂、城市化、居民生活品质化相关的消费行业，能够获得持续的现金流和收益。2012 年以后，在各种不利的外部因素冲击下，复星依靠各产业良好的现金流互补，持续稳定经营。

第七，完善产业链，注重加强核心竞争力。

我们从来不是为了资产重组而重组，我们的资产重组看重的不仅仅是重组企业的盈利能力，更看重它对于整个产业体系的完善所起的作用。

——复星集团创始人郭广昌

复星收购豫园商城除了获得土地资产外，也间接获得了上海童涵春制药厂 53.33% 的股权，延长了医药产业链条。通过合资成立友谊复星，复星实业间接收购了上海联华超市的控股权，为其在药品流通领域的发展打下了坚实的基础。

第八，顺势而行，低点介入。

第一要看行业，行业本身是否有较高的成长性，其中一个重要标志就是行业增长率是不是高于 GDP。

——复星国际联席董事长汪群斌

复星的崛起得益于中国的两个大势，一个是中国经济的高速发展，另一个是行业的高速成长。无论是医药、房地产还是钢铁、资源行业，2004—2010 年均是发展的黄金周期，复星介入的时机恰是行业起步初期。自复星医药上市后，复星开始踏足资本运作领域，通过股权投资参股或控股一家公司，再以此为基础向外扩张，通过上市，实现资产的数倍增长。整个资本扩张链条可大致归纳为强势资本、低点介入、整合增效、上市融资、快速扩张，在此过程中，复星实现了财富的急剧扩张。正如郭广昌所说，"持续地发现投资机会、持续地优化管理、持续地对接市场"。

（二）复星的未来：深耕产业蓝海，向万亿元市值迈进

我们的区域拓展基本完成，产业拓展基本完成，在拓展过程中最艰难、最不安全的阶段基本结束。所以从去年（2019 年）开始，我们提出要深耕区域、深耕产业，那么今年（2020 年）我们进一步提出要聚焦。我们不再是拓展多少新的产业，也不是开发多少新的区域，而更重要的是做好自己已有的一件件事情。所以我们提出四个聚焦：战略聚焦、产业聚焦、区域聚焦、投资聚焦。

——复星国际创始人郭广昌

未来复星的核心战略是聚焦四个领域："深度产业运营+投资与资本"，C2M 模式，全球化 2.0，创新驱动。"深度产业运营+投资与资本"即做各自行业内领先的产业运营者，借助于有产业深度的价值投资实现外延式发展，积极对接资本市场。C2M 模式即高效连接 C 端与 M 端，帮助产品精准高效触达客户，满足家庭客户幸福生活的全方位的个性化需求。全球化 2.0 即中国动力嫁接全球资源，中国资源嫁接全球动力。创新驱动即科技创新+创意设计，提升产品竞争力，打造爆款好产品。

在具体运营上，一方面，复星将聚焦投退平衡，优化资产负债表，充分利用多元融资渠道，储备现金，充分利用已布局的全球优质投资团队，抓住资产价格下行周期中的价值投资机会，通过控股型投资补足、补强已布局区域及行业的深度产业运营；募集资金成立 PE、VC 基金，抓住前沿科技，创新领域机会。

另一方面，复星聚焦已布局区域及行业的深度运营，持续打造行业数一数二的好产品、好品牌，实现优势行业的高 ROE 目标，抓住疫情后生活方式的改变，围绕健康化、线上化、家庭化，捕捉全球消费需求反弹机会，加速业务结构调整；充分利用全球化能力，开展全球业务 BD、IP 引入及合资授权合作等机会。

立足现有产业生态，进行高度与速度的全面升级，所谓"高度"即"全球+中国双轮驱动"，"速度"即打造供应链+产业数字化，利用现代信息技术对传统产业进行全方位、全角度、全链条的改造。集中精力把现有产业做实，把每个产业做成垂直行业的龙头。

整体来看，"健康、富足、快乐"仍将是复星未来的核心聚焦领域。美日欧等发达国家和地区的经验证明，人均 GDP 的上升会带来健康、快乐、富足三大产业的消费快速发展。美国、英国、日本等发达国家的服务业增加值占 GDP 的比重均在 70% 以上。其中，美国医疗服务、娱乐、金融服务和保险占比持续上升，到 2019 年，规模分别为 24660 亿美元、11560 亿美元、5870 亿美元。相比之下，中国"健康、富足、快乐"市场才刚刚起步，2018 年医疗服务、娱乐支出分别为 23590 亿元、31164 元，财富管理业务更低，未单独列示。如果按照人均考虑，中国医疗保健和娱乐人均支出分别为 1685 元、2226 元，仅为美国目前的 3.3%、9.2%。复星的战略布局已日益清晰，区域布局已经全面展开，产业布局也已经基本完成，复星正在做的就是把一个一个的好产品完美融

合到生态系统里去。产业生态正值发力期，成长天花板尚未来临，从产业周期及竞争格局看，未来十年，国内市场将加速崛起，产业集中化也会进一步加深，复星的经营环境会比前 5 年更优。

十、美团点评：千城万骑，无限覆盖

（一）核心观点

1. 核心结论

商业模式：美团是国内交易规模最大的本地生活服务电商，提供"吃喝玩乐行"一站式服务。美团通过市场份额第一的高频外卖业务，带动低频高毛利的到店业务，不断将线下服务线上化；通过技术手段和服务沉淀优质商户，推动平台商家供给和用户需求双增，驱动交易额成长，以此为基础赚取佣金和广告费用。

商业壁垒：

（1）规模壁垒：公司拥有超过 620 万商户，3.5 亿月活用户（美团+美团外卖+大众点评），其中大众点评 UGC 赛道一家独大，存量内容超过 77 亿条。

（2）运营壁垒：公司覆盖全国超过 2800 座城市，渗透三四线城市，400 万+骑手规模保证配送效率，千城地推经理助推商户端供给持续增长。

（3）技术壁垒：通过专送大队+分包模式+智能派单，美团骑手日均服务 29 位客户。

美团赚什么钱？公司的使命是让用户吃得更好，活得更好。美团通过不断驱动线下的商户提供优质的商品与服务，来促成供需双方达成交易，并通过规模巨大的骑手团队实现实物配送，最终向商户和用户双向收费。①2019 年，公司 56.23%的收入来自外卖部分，主要是商户的广告费、外卖成交的佣金费；②公司 22.84%的收入来自到店、酒店及旅游业务，公司作为纯营销平台，通过大众点评和美团为商户导流，以获得广告和佣金费用；③新业务及其他业务占 20.93%，主要由单车业务、网约车业务、生鲜业务和充电宝业务构成，创新业务是目前公司亏损的主要原因。

美团到哪里去？由于外卖 GTV 整体市场依然高速增长，市场认为未来两年美团整体业绩和盈利依然将由美团外卖贡献，通过 GMV 增长、佣金率提升和骑手成本下降的三因子改善，2024—2025 年将实现日均 1 亿单，每单 1 元钱的盈利预期。到店和酒店业务是公司一直以来的"现金牛"业务，整体的业务增速相对稳定，维持 20%的增长去哺育创新业务。在创新业务端，美团如若将滴滴收入囊中，用户数、收入体量和盈利能力将进一步提升，成为生活服务本地电商的唯一幸存者。

2. 与当前市场的预期差

（1）核心业务认知不同。部分市场投资人担忧阿里巴巴将本地生活独立成事业部，会对美团的业务及成长性造成冲击，但没有厘清美团外卖业务与饿了么之间的差异：美团到店业务在口碑方面领先优势、美团创新业务垂直发展和投资半径。美团已将阿里巴巴的"强运营"基因 copy 走，阿里巴巴本地生活事业部的职业经理人难以匹敌"没有边界"的王兴。

（2）业务扩张认知不同。我们认为美团/王兴投资理想汽车，以及与滴滴进行并购洽谈的商业逻辑是一脉相承的。网约车业务规模超过 3000 亿元，其 LBS+平台的定位与美团的基因相符，滴滴面临每年 8% 的老股年息压力，相比于 IPO，卖给美团的商业价值会更高。

（3）创新业务价值被低估。市场当前对于创新业务的理解紊乱，主要原因是创新业务整体较杂，梳理清楚业务价值之后，我们认为 B 端服务以及商户 SaaS 的潜力被低估了。

（二）公司简介

美团点评（3690.HK）是我国交易规模最大的生活服务电商，2019 年实现 GMV 6821 亿元。公司在 2015 年由美团和大众点评合并而成，以美团、美团外卖和大众点评 3 个 App 为流量入口，向超过 3.5 亿月活用户提供餐饮、外卖、电影、酒店、出行、休闲娱乐、婚庆摄影等超过 200 个品类的生活服务。2019 年底覆盖城市超过 2800 座，年度交易用户数达 4.5 亿人，平台活跃商户数超过 620 万，员工总数达 54580 名。公司于 2018 年 9 月 20 日在港交所上市，截至 2020 年 9 月 30 日，总市值达 12496 亿元。腾讯目前是公司第一大股东，持股比例为 20.7%。公司采用 A-B 股同股不同权的架构，创始人王兴以 10.4% 的持股比例拥有 46.08% 的投票权。

1. 最大的生活服务电商，吃喝玩乐一站式平台

公司业务以"吃"为主，以一日三餐的高频需求为核心带动低频、高毛利业务变现，通过"吃喝玩乐"供给塑造一体化的战略平台。公司 2019 年实现收入 975.29 亿元，其中外卖业务收入为 548.43 亿元，占 56.23%，到店、酒店及旅游业务收入为 222.75 亿元，占 22.84%，创新业务收入为 204.1 亿元，占 20.93%。

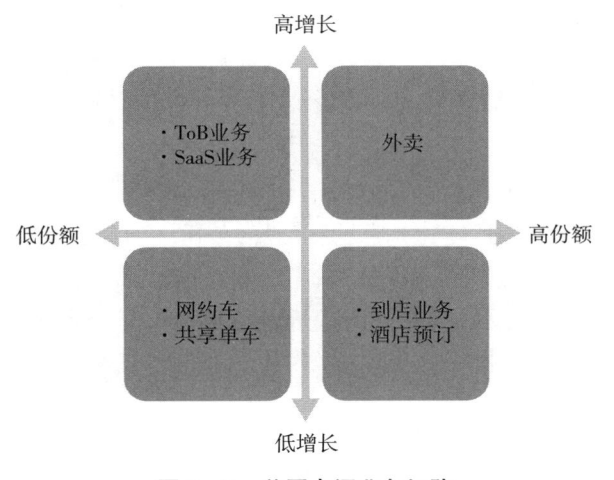

图 9-66 美团点评业务矩阵

（资料来源：笔者根据公开资料整理）

2. 竞争格局

生活服务电商是一条"坡道长、雪也厚"的赛道，在细分领域充满了竞争。

外卖领域，主要竞争对手是饿了么；

到店领域，主要竞争对手是口碑；

酒店领域，主要竞争对手是携程系；

网约车领域，主要竞争对手是滴滴；

共享单车领域，主要竞争对手是哈罗单车；

生鲜电商领域，主要竞争对手是每日优鲜、盒马。

公司 T 型战略的核心竞争优势是"运营效率+规模效应"，通过吃的高频需求，以美团+点评两条业务线分别衍生，再引导流量进入其他业务体系，"高频带动低频"的作战方式，使其相比于各条细分赛道上的竞争对手，拥有更充裕丰富的现金流和业务组合能力。交叉导流也可以最低成本地获客，进而在成本端形成优势，最终转化为产品价格的竞争力。

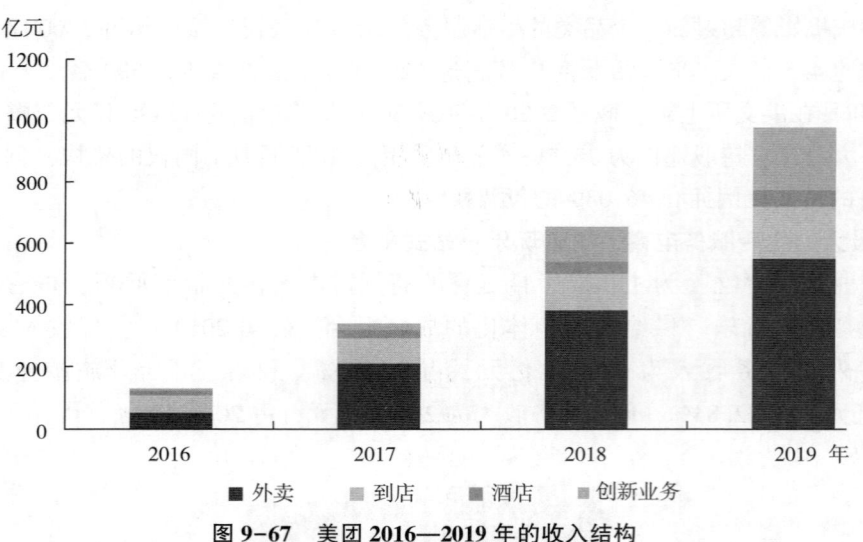

图 9-67　美团 2016—2019 年的收入结构

（资料来源：公司报表）

3. 腾讯赋能，竞对阿里

美团点评一度是腾讯与阿里巴巴均投资入股的公司，但在 2015 年美团与大众点评合并之后，阿里巴巴彻底出局，并转而扶持饿了么与口碑，成为美团生活服务赛道上最大的竞争对手。通过合并交易及后续融资的跟进，腾讯目前是美团第一大股东，持股比例为 20.7%。公司采用 A-B 股同股不同权的架构，创始人王兴以 10.4% 的持股比例拥有 46.08% 的投票权。

表 9-19 美团主要机构股东 单位:%

排序	主要股东	占比	排序	主要股东	占比
1	腾讯	20.71	6	老虎基金	3.01
2	红杉资本	8.35	7	DST Managers	2.7
3	Baillie Gifford	5.07	8	Coatue Management	2.26
4	QiHui Holdings	3.53	9	BlackRock	2.24
5	高瓴资本	3.06	10	CapitalGropu	2.22

资料来源:公司报表。

(三) 公司优势分析

1. 千城万骑,无限覆盖

美团在商户—用户—骑手的业务体系上构建了"飞轮效应",并以此形成牢固的"护城河",将饿了么、滴滴等竞争对手阻挡在市场之外。

公司以吃为核心,构建平台最高频的刚需,2019 年外卖餐饮收入占比为 56%。外卖业务同比增长 44%,高于外卖行业增速(31%)。根据 Quest Mobile 的数据,美团外卖+美团+大众点评 MAU 约为 3.5 亿,饿了么同期 MAU 为 0.9 亿。通过海量的用户数,美团吸引了超过 620 万商户进驻平台,饿了么同期商户数约为 350 万,其中美团独占商家数为 52.75%,饿了么独占商家数仅为 15.68%。

依靠商户数和用户数的领先数据,美团在骑手端构建了数量和效率的领先优势。美团骑手日均服务用户 29 位,饿了么同期日均服务用户 18 位。依靠规模效应,美团在 2019 年第三季度实现了外卖业务的首次盈利。公司目前覆盖城市数量已达 2800 座,骑手超过 400 万,非外卖业务同比增长 116%。

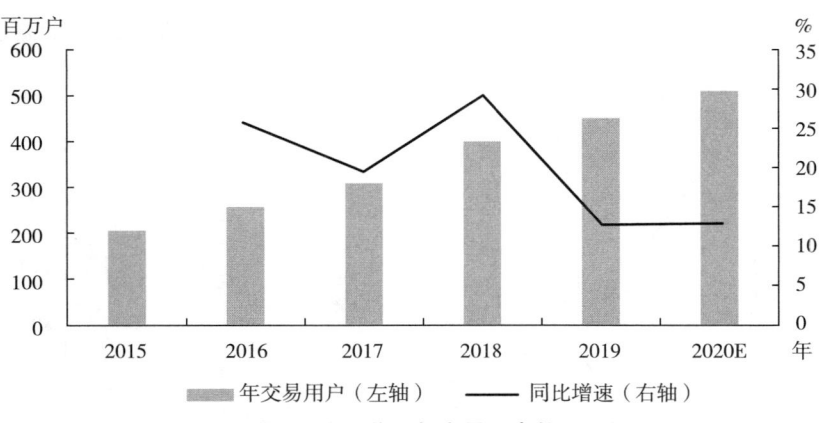

图 9-68 美团年交易用户数

(资料来源:公司财报)

依靠飞轮效应的驱动,公司成本端的下降成为扭亏为盈的重要因素。扩大业务规模、边际成本下降、补贴金额下降是成本改善的主要原因。美团骑手的成本从 2018 年的 4.77

元/人下降至 2019 年的 4.71 元/人,占佣金收入的比重从 99%下降至 83%,后续仍呈现下降趋势。从补贴来看,2018 年公司每单补贴约 0.84 元,2019 年升至 0.93 元,但占佣金收入的比重从 2016 年的 50%下降至 16.4%,得益于客单价的提升和客户交易频次的增长。

长期来看,公司在 2019 年跨过盈亏平衡点之后,整体外卖业务和配送业务的逻辑已经理顺。我们认为疫情造成的短期亏损不改变公司长期业务的增长曲线,短期的成本和费用增长将会被平抑。

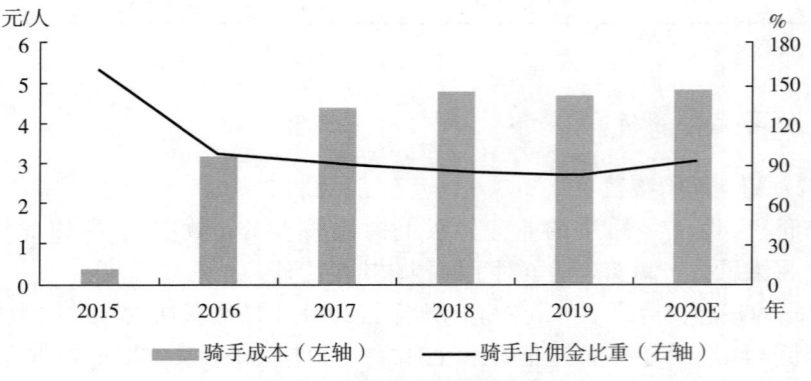

图 9-69　美团骑手成本变化

（资料来源：公司财报）

2. 到店酒旅,稳健盈利

到店酒旅是公司主要的"现金牛"和利润来源。2019 年到店酒旅业务毛利率达 90%,贡献了 197.46 亿元近六成的毛利润;2020 年第一季度,疫情影响下依然贡献了 6.8 亿元的营业利润,成为三大业务板块中获取正向经营利润的唯一支撑。

公司依靠大众点评 77 亿条 UGC 内容构筑的壁垒是获取到店业务高毛利的运营核心。在 2015 年美团和大众点评完成合并之后,公司的销售费用率一路下降,体现了自有流量的高转化率和低销售成本。

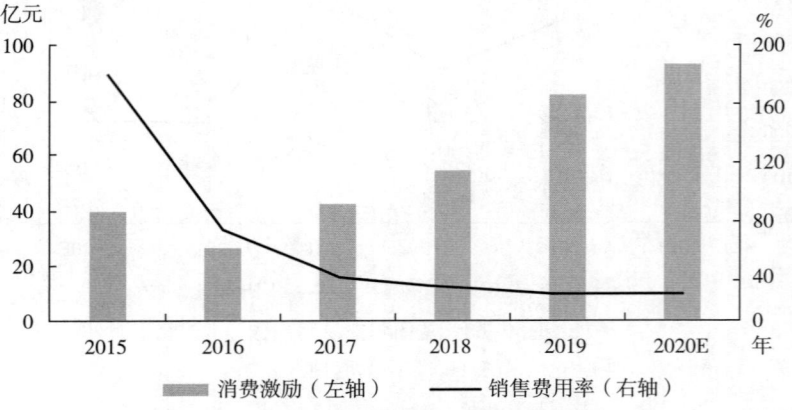

图 9-70　美团消费激励及销售费用率

（资料来源：公司财报）

根据 TrustData 的数据，2019 年中国酒店在线预订间夜量同比增长 26.7%，规模超过 8 亿。其中美团的份额为 41.1%，超出"携程系"总和。由于疫情冲击，公司 2020 年第一季度酒店间夜量同比下滑 45.5%，伴随着复产复工的进程加速，公司第二季度酒店预订快速恢复，全年间夜量降幅收窄至 9.7%。

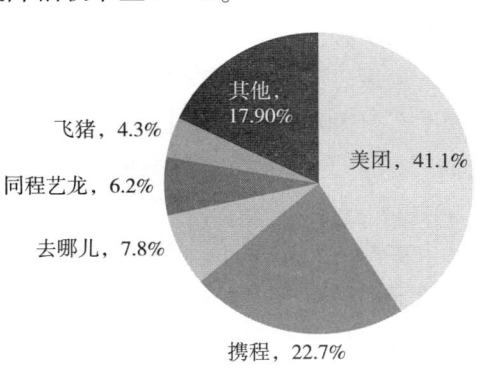

图 9-71　美团酒店预订份额

（资料来源：TrustData）

公司依靠大众点评+酒店业务构建了整个集团的"现金牛"项目，是之前补贴外卖以及之后培育新业务的主要抓手。由于大众点评 UGC 内容积累时间较长，在消费者心中形成正反馈效应，支付宝旗下口碑网难以追赶。酒店业务依靠千城地推经理的一线作战能力，通过面对面教育中小型酒店主对接订单系统、用户平台和结算系统，实现了较高的周转效率并赢得了市场份额的战局。下一步，美团预计将向一二线城市的高端商旅用户和酒店发起渗透，以实现更高的市场占有率和毛利获取率。

表 9-20　美团与携程经营数据比较　　　　　单位:%，元

项目	美团	携程
用户画像	本地用户	商务、旅游用户
酒店增速	48	12
客单价	180	450
佣金率	7.5	8.5
酒店收入占比	7	38

资料来源：公司财报。

3. 创新业务，潜能待放

我们认为创新业务是当前市场预期差较大的领域，伴随着各条业务线的导流和加速开拓，创新业务收入端的表现将会超出市场预期，预计到 2022 年，创新业务收入占比将从 2019 年的 20% 提升至 30% 以上。

2020 年第一季度财报显示，公司创新业务利润率为−33%，主要原因是各项业务均处于较早期阶段或者费用补贴用户阶段，以收入为主要的追踪指标。预计 2020 年全年新业务利润率整体约为−15%，到 2022 年能够收窄至−5% 以内。

我们认为长期来看，公司在 B 端供应链赋能和出行业务板块具备较大的潜力。一方面，公司与阿里巴巴、亚马逊等电商巨头一样，掌握着大量 B 端商户的经营状况、财务数据，在开展 To B 业务的时候具有先天性的优势；另一方面，由于外卖和到店业务的利润与现金流状况越来越好，公司资本开支的能力还在进一步增强，2020 年 8 月，美团与滴滴完成了第一轮接洽，考虑到滴滴目前存在着 8% 的年付息压力，加上腾讯这个共同股东正在背后撮合，积极对出行领域进行整合，双方达成合作的概率较高。如若双方完成业务合并，出行业务的利润率有望得到释放和提升。

供应链赋能和生鲜电商展示了美团在能力圈的范畴之内依然有大量的可拓展业务领域。

软件平台：公司通过接入主流的 ERP 厂商，为商户提供团购券、闪惠支付、订单管理、门店管理、客户管理等系统增值服务。美团还在过去两年陆续收购多家餐饮服务类 SaaS 公司，以进一步提高商户的黏性和商业化程度。

小微贷款：面向中小微企业以及美团用户，利用精准的用户画像，提供主流的金融服务支持，依靠公司对于供需两端的强占款能力，进一步增强资金利用效率。主要产品有极速贷和经营贷，额度从 15 万元至 100 万元不等。

快驴进货：B2B 的业务线条，为餐饮商户提供酒水、原材料、调料、餐厨用品等商品。2019 年底，B2B 业务已覆盖 22 省份、45 个城市、350 个区县、百万商户，有效降低商户成本 5%~10%。

生鲜业务：美团生鲜业务主要由小象生鲜和美团买菜两个板块组成。整个行业依然处于激烈竞争的状态，但头部企业每日优鲜宣布 2019 年底已实现全面盈利，证明该行业的盈利潜力，传统超市、生鲜卖场的佣金率低于 10%，未来还有较大增长空间。

4. 主要风险分析

美团目前的主要经营风险来自公司内部。

一方面，创业元老团队除了王兴以外，悉数退出。这对于美团战斗力的延续性可能会造成一定伤害。尤其是二号人物王慧文在 2020 年告别美团实际业务，接班人是否拥有足够的能力来管理和运营美团越来越庞大的业务线条和人才队伍？

另一方面，公司一直以来都有越战越勇的经验。然而伴随着其在多条业务赛道上的份额优势，未来缺少对手的美团，是否还能保持高效率的运转？如果在出行业务领域无法与滴滴达成合作，那么下一块巨大的增量业务市场还需要继续探索和培育。

整体来说，我们认为美团更重要的工作是厘清集团内部业务线条之间的轻重缓急，越来越多的业务面临着有限流量的情况下如何做出抉择以保证效率和利润率的问题，这也是投资人最关注的问题。

（四）财务分析

财务分析：短期盈利非典型承压，长期将重返高增长区间

目前，美团的营收主要包括餐饮外卖，到店、酒店及旅游，新业务及其他三大部分。

创立初期，美团主要靠到店、酒店及旅游增收，2015 年营收占比高达 93.90%。自 2016 年开始，公司加大了在餐饮外卖领域的布局，营收规模迅速扩张，当年对营收的贡献就达到 40.81%，此后，随着业务的急速扩张，营收占比进一步提升。另外，新业务也开始发力。截至 2019 年，餐饮外卖已成为美团第一大收入来源，营收占比达到 56.23%，到店、酒店及餐饮，新业务及其他营收占比分别为 22.84% 和 20.93%。

表9-21 餐饮外卖上升为美团第一大收入来源   单位：亿元，%

业务	2015 年	2016 年	2017 年	2018 年	2019 年	2020 年第一季度
餐饮外卖	1.75	53.01	210.32	381.43	548.43	94.90
占比	4.35	40.81	61.99	58.48	56.23	56.65
到店、酒店及旅游	37.74	70.2	108.53	158.4	222.75	30.94
占比	93.90	54.05	31.99	24.28	22.84	18.47
新业务及其他	0.7	6.67	20.43	112.44	204.1	41.68
占比	1.74	5.14	6.02	17.24	20.93	24.88
合计	40.19	129.88	339.28	652.27	975.28	167.54

资料来源：公司财报。

从三大业务的盈利驱动看，美团本质上还是依靠流量取胜，活跃用户、商家及交易活跃度决定了盈利走向。依托强大的营运能力，经过近 4 年的开拓，美团在流量上已经占据明显优势，截至 2020 年第一季度，美团交易用户数达到 4.49 亿，活跃商家达 610 万户，每位交易用户平均每年交易笔数达到 26.2 笔。美团的优势在于业务间的强协同性，可相互引流，受益于此，伴随着客流量提升，客单价也在提升。

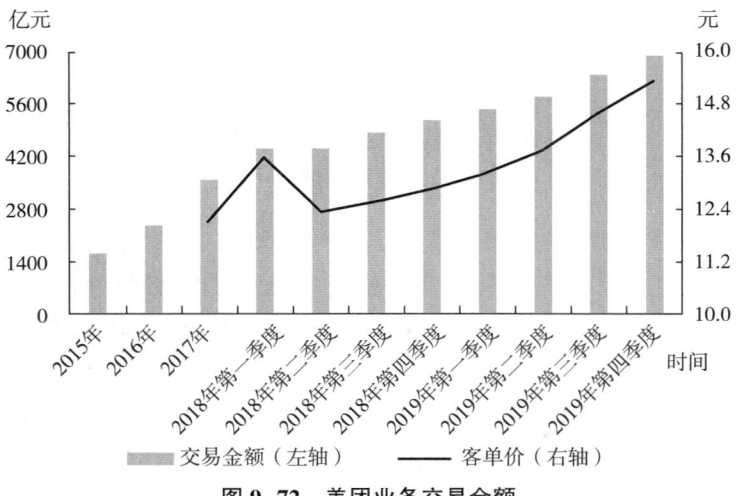

图 9-72 美团业务交易金额

（资料来源：公司财报）

随着规模的扩张，经营杠杆效应开始体现，美团盈利端持续改善，2019 年第二季度扭亏为盈，此后连续 3 个季度保持盈利。拆分来看，美团能够跨过盈亏平衡点，餐饮外卖功不可没。

餐饮外卖收入来源包括：（1）商家在平台上支付的佣金，通常按已完成交易金额的百分比确定；（2）向商家提供在线营销服务；（3）通过配送服务向交易用户及商家收取配送费。成本主要是餐饮外卖骑手成本，占比为95%。简化来看，毛利＝期内交易金额×变现率−骑手成本/95%，据此推导，餐饮外卖收入的盈利驱动来自交易金额、变现率上升以及骑手成本压减。由于骑手成本相对刚性，具有较强的经营杠杆效应，因此也会受到交易金额的影响。综合来看，餐饮外卖业务盈利提升的关键在于期内交易金额以及变现率的提升。

自2016年以来，同步于美团活跃用户数增长，餐饮外卖业务交易额和交易笔数也加速上升，2016—2019年交易金额年复合增速达到188.43%，成本分摊效应持续强化，美团毛利率加速提升。继2017年转正后，到2019年进一步上升至18.66%，是毛利扭亏为盈的主要支撑。

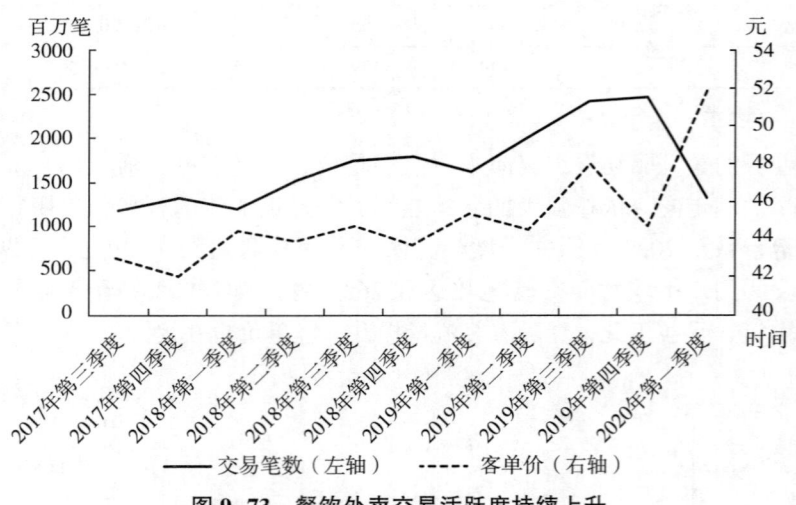

图 9-73 餐饮外卖交易活跃度持续上升

（资料来源：公司财报）

2019年美团餐饮外卖业务的交易金额（GTV）增长38.9%至3927亿元，交易笔数增长36.4%至2.39亿笔，每笔餐饮外卖业务订单的平均价值同比增长1.8%，规模经济效应进一步放大，变现率由2018年的13.5%升至14.0%，收入同比增长43.8%至548亿元。外卖业务盈利高增长成为美团扭亏为盈的主要发力点。

2020年第一季度受新冠肺炎疫情影响，美团餐饮外卖业务供需两端均受到一定冲击。各地所实施的严格管控导致供给端出现缺口，餐饮外卖订单量急剧下跌。后期随着复工的推进，需求端有所恢复，但受卫生安全干扰以及隔离措施、大学尚未开学、居家办公影响，订单并未完全恢复，截至3月末，餐饮外卖日均交易笔数同比减少18.2%至1.51亿笔。但受益于使用外卖服务消费正餐的消费者数量增长，平均客单价增长14.4%。综合影响下，2020年第一季度美团餐饮外卖业务收入同比下降11.4%。成本端单均配送成本因疫情及与防疫措施和供应商支持行动有关的额外成本增加而增加。受上述两方面影响，2020年第一季度餐饮外卖业务经营利益由2019年第四季度的4.83亿元转为-0.71亿元。

考虑到当前餐饮外卖规模尚未触及天花板，对成本端的稀释有望继续，毛利率提升具备可持续性。

到店、酒店及旅游收入来源包括：（1）商家在平台上售出代金券、优惠券、订票及预订票支付的佣金；（2）为商家提供的在线营销服务。成本包括：（1）支付处理成本；（2）线上流量成本；（3）客户服务及其他人员的雇员福利开支；（4）物业、厂房及设备折旧；（5）带宽及服务器托管费用。

不同于餐饮外卖业务，到店、酒店及旅游业务毛利＝交易金额×变现率×毛利率。由于变动成本占比更高，杠杆效应不明显，规模扩张对成本的削减效应不明显，毛利率整体保持稳定，业务量只能带来营收扩张一个维度的改善。2017—2019年美团到店、酒店及旅游业务毛利率基本稳定在88%的水平，盈利增长主要来自营收扩张，驱动力在于吸引更多的消费者和商家以及更高的酒店夜间量。

新业务及其他收入来源包括：（1）向消费者提供的服务（如生鲜超市及其他非餐饮外卖服务以及试点网约车服务）；（2）向商家提供服务（供应链管理及云端ERP系统）。成本包括网约车司机成本、物业、厂房及设备折旧、其他外包劳工成本、销货成本、支付处理成本。目前新业务尚处于培育期，且行业竞争较为激烈，整体处于烧钱换市场阶段，因此，虽然营收扩张迅速，大幅超过餐饮外卖及到店、酒店和旅游两项业务，但毛利率持续下滑，是公司盈利的一项重要拖累。

2020年第一季度在疫情影响下，网约车服务及B2B餐饮供应链服务收入减少，但受益于美团闪购及小贷业务收入增加，新业务同比增长4.9%至40亿元，亏损额则收窄至13.64亿元。

结语：美团依靠"千城万骑"和"海量地推经理"构建的强运营壁垒，使得其商业模式牢不可破。伴随着线下生活服务不断线上化的进程，公司将享受用户增长、佣金率提升、客单价上涨等多重利好。公司盈利模式清晰，佣金+广告的收入可见度较高。在拥有稳固坚实的基础业务状况下，大胆地投资和进入新的大规模市场，是美团持续增长的重要基因。我们认为美团的业务潜力还未完全释放，公司未来仍会有较大规模的收入、盈利增长和业务拓展。

十一、蚂蚁集团：未来商业新物种

（一）核心观点

1. 核心结论

蚂蚁集团的历史，总体上可以划分为4个阶段：①2004—2012年，探索创业期；②2013—2016年，混乱快车期；③2017—2018年，蛰伏调整期；④2018年至今，创新颠覆期。

随着互联网技术的发展和应用的不断迭代，人们对于运算的需求不断提升、数据使用量大幅增加，并随之演化出不同行业的新需求。这些需求从电商到金融再到数字生活，正好画出了蚂蚁集团发展变化的轨迹，分别代表了不同的阶段和时代。

商业模式：公司核心的收入来源目前由支付+金融双轮驱动。数字支付服务的收入占1/3，来自贷款+理财+保险的业务收入约占2/3，两大业务构成了99%的营收。数字支付的原始驱动力来自以淘宝和天猫为主的电商交易习惯，进而演变成全社会移动支付的龙头；金融业务的收入来自流量的贩卖与信用体系构建的风控技术，数据资产打造独特、稳健的"护城河"。

2. 商业壁垒

（1）信用壁垒：关联公司阿里巴巴是全国最大的电商平台，2020财年实现GMV 1万亿美元。早期的使用习惯构建了其在商业领域支付的先发优势。

（2）数据壁垒：公司国内7亿月活用户、全球10亿月活用户累计的交易数据和信用评分体系，能够将需求、风控和流量结合在一起，提高金融效率。

（3）场景壁垒：通过与关联公司阿里巴巴旗下多项业务的合作，将高频的应用迁入核心产品支付宝体系内，构建了丰富的应用场景，叠加小程序的开发和引流，未来将在商业操作系统层面引领社会转型。

蚂蚁集团到哪里去？我们认为，蚂蚁集团的基因来自技术，通过技术手段解决了商户和用户之间的信任问题，因此在第一阶段顺利发展了数字支付业务，形成第一块基石；伴随着移动互联网的出现和居民财富的增长，又解决了机构与用户之间的信任问题，引入"余额宝"，打造理财、借贷和保险的金融一体化业务，形成第二块基石。未来，在新的技术力量不断出现的情况下，一般商户已经难以通过个体的资金形成升级，转而需要依赖蚂蚁集团来驱动转型，通过服务付费的方式，构建新的商业形态，提高引流、转化、交易、回款、扩张、借贷、供应链等一系列环节的效率，实现整个社会生活与商业生活数字化的宏图。

（二）公司简介：数据为王，场景至上

用一句话概括蚂蚁集团，那就是"支付构建底层，金融强化收入，技术服务大众"。公司服务用户和市场17年，通过漫长的时间隧道积累了雄厚的用户数据，搭建了最丰富的交易场景，铸成了今日的蚂蚁集团。

公司2020年上半年实现营收725亿元，在疫情影响下维持了38%的高速增长；实现净利润219.23亿元，同比增长1058.7%。

在公司的营收结构体系中，数字支付的占比逐渐下降，这是由于整个电商赛道的GMV增速不可避免地在下滑。对于蚂蚁集团而言，短期内收入和利润最强劲的发动机依然是金融业务——财富管理、借贷业务以及保险业务都还有不小的增长空间，公司又在2020年8月顺利拿下消费金融牌照，看好公司之后在消费金融领域的快速增长。

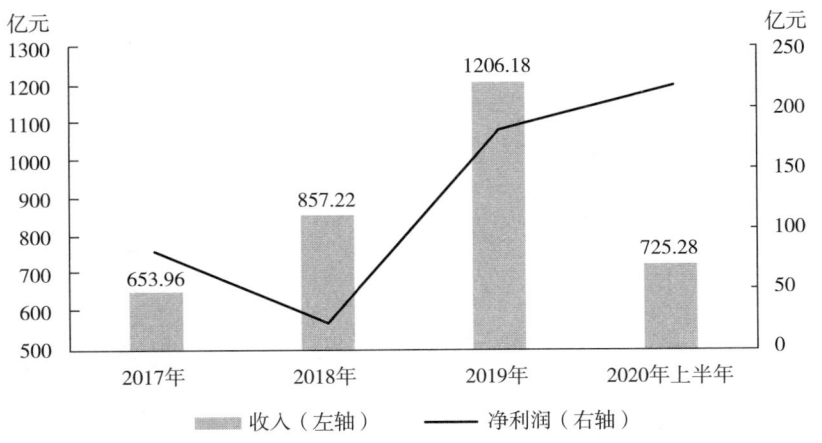

图 9-74　蚂蚁集团的营收及净利润

（资料来源：蚂蚁集团招股说明书）

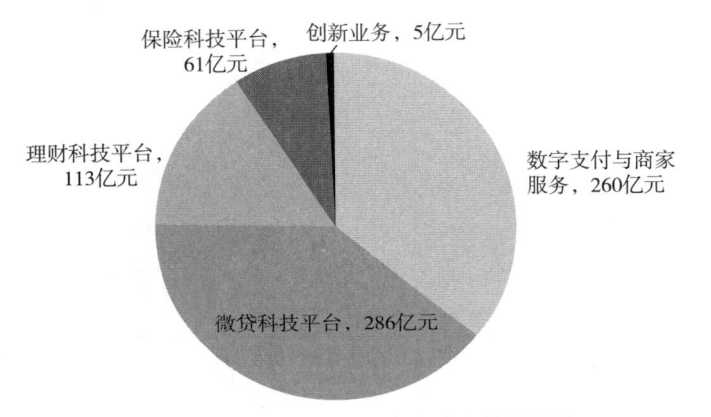

图 9-75　蚂蚁集团 2020 年上半年收入结构

（资料来源：蚂蚁集团招股说明书）

1. 探索创业期（2004—2012 年）

支付宝成立于 2003 年，脱胎于淘宝网的电商交易。马云通过技术手段，实现和创新了担保交易，改变了商户和用户之间的交易模式，并且获得了较大规模的、无息的现金流。2019 年实现年支付超过 118 万亿元，位居行业第一。

通过支付宝的创新探索，公司完成了对 C 端账户和 B 端商户的收集。C 端个人钱包的产品模式，打通了前期的支付需求，并为后期扩张财富管理和流量入口做铺垫；B 端商户的业务关系，则完成场景搭建，获得实时数据，满足商户需求，提供增值服务。

这一创新的举措，除了协助阿里巴巴在早期击败了主要竞争对手 eBay 和卓越网、当当网等，也为阿里巴巴的电商平台增强了用户黏性，导入了大量的用户财富，直至移动互联网时期爆发。

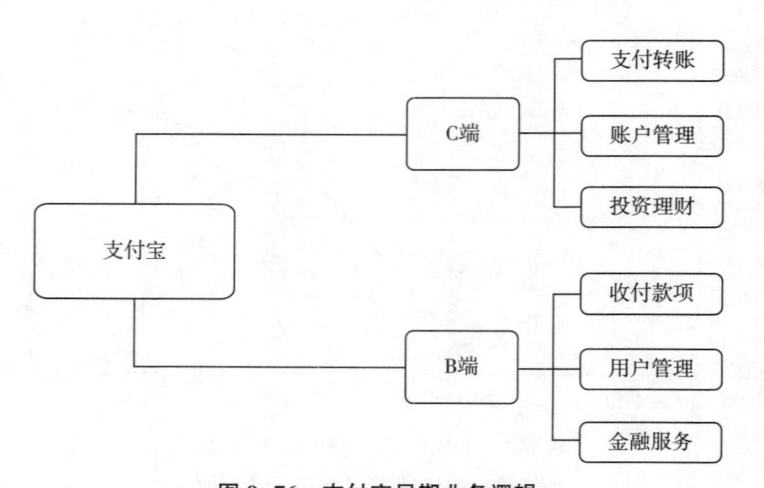

图 9-76 支付宝早期业务逻辑

（资料来源：笔者根据公开资料整理）

伴随着电商 GMV 的一路上涨，第三方支付的收入规模和市场份额也一路走高。

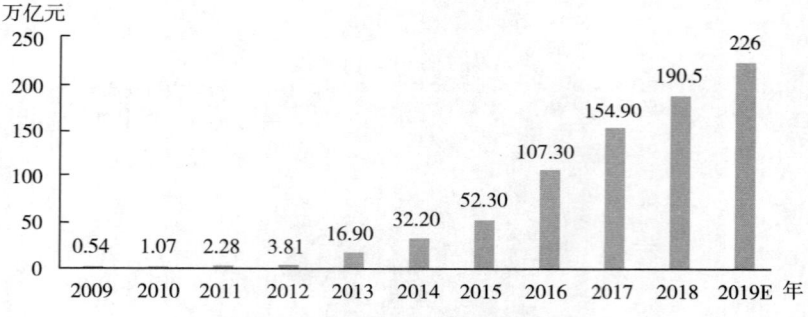

图 9-77 第三方支付市场规模变化

（资料来源：Wind 数据库）

支付宝在其中的市场份额经历了三个阶段：先是上涨，之后遇到腾讯等公司的竞争出现下降，再之后经过调整份额回升格局巩固。伴随着当前竞争格局的稳定，我们认为支付宝和微信支付之间的份额将保持均势。

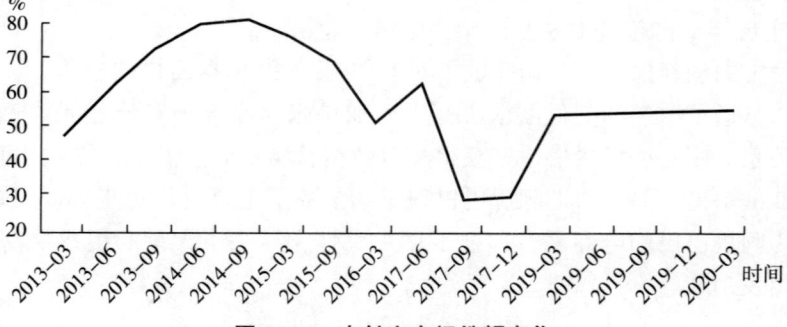

图 9-78 支付宝市场份额变化

（资料来源：Wind 数据库）

2. 混乱快车期（2013—2016 年）

2013 年和 2014 年是整个互联网金融行业"相对混乱"的时期，却是支付宝的快车期，两个后来最重要的产品——余额宝理财和蚂蚁花呗微贷闪亮登场。更重要的是，代表整个集团的蚂蚁金服正式单独成军，并且开始了自己的独立融资之路。

公司在 IPO 之前经历了 3 轮融资，每一家机构都有响当当的行业地位，这对于需要信用背书的金融业务而言至关重要。同时，三轮总计超过 200 亿美元的融资额度，也有力地支撑了支付宝的整个业务发展和技术研发，因此在之后的成熟期能够服务近 2000 家金融机构和 5 亿的金融业务用户。

表 9-22　蚂蚁集团早期融资情况

时间	融资情况	投资机构
2015 年	A 轮融资，总额 18.5 亿美元	全国社保基金、上海众付股权投资、北京中邮投资等 12 家机构
2016 年	B 轮融资，总额约 45 亿美元	置付（上海）投资、中国人寿、上海麒鸿投资等 16 家机构
2018 年	C 轮融资，总额约 140 亿美元	新加坡政府投资公司、马来西亚国库控股、华平投资、加拿大养老基金、银湖资本、淡马锡、泛大西洋资本等机构

资料来源：蚂蚁集团招股说明书。

在快车时期，蚂蚁集团的快速增长来自借贷业务和理财业务。借贷业务主要分 2B 和 2C 两块，分别是小微金融和消费金融。小微金融主要通过银行合作到后期成立小贷公司自营，再到成立自己的网上银行。对于蚂蚁集团的借贷业务来说，2C 的花呗和借呗产品更加重要。

花呗是一款分期产品，类似于传统银行的信用卡。用户额度从 500 元至 50000 元不等，免息期达到 41 天，可以按 3 个月、6 个月、9 个月、12 个月进行分期偿付，费率从 2.3% 到 7.5% 不等。从数据来看，花呗盈利巅峰期在 2017 年，贡献了 34.16 亿元，当年 ABS 存量超过 3000 亿元。之后伴随着监管政策调整，ABS 存量下滑，花呗业务贡献的净利润也逐步缩减。

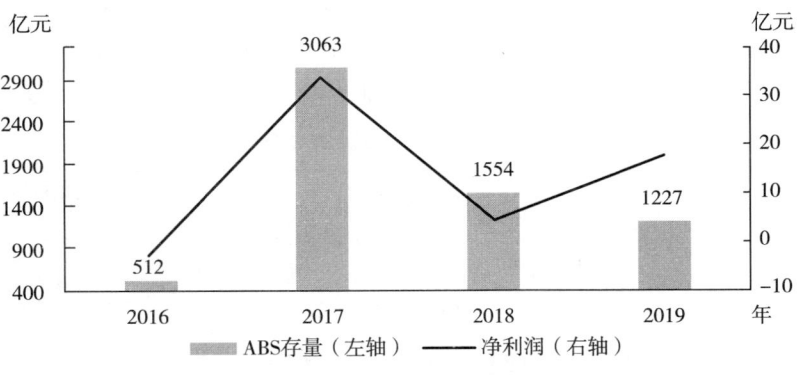

图 9-79　花呗 ABS 存量和净利润变化

（资料来源：Wind 数据库）

在分期产品之后，蚂蚁集团并没有停下扩张的步伐，开始介入现金贷业务。基于大数据征信的信用分体系，个性化定制借呗额度与利率，做好了风控与收益之间的匹配优化。但由于小贷公司的牌照有杠杆率的要求，比起当时疯狂的 P2P 现金贷，借呗的产品还不显山不露水。借呗产品的门槛是 600 分芝麻分，1000～300000 元额度不等，平均日利率约为 0.045%，随借随还。现金贷的利润确实丰厚，相比花呗，借呗对于净利润的贡献更加突出。

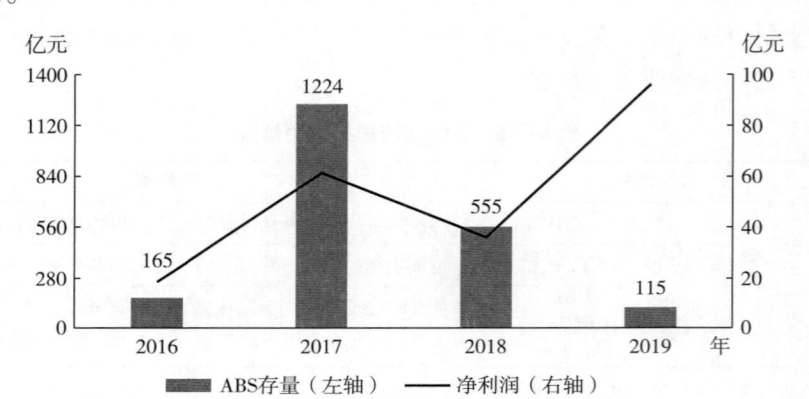

图 9-80　借呗 ABS 存量和净利润变化

（资料来源：Wind 数据库）

在理财业务上，蚂蚁集团迅速通过货币基金产品破圈。最成功的余额宝项目将天天基金的规模推升至国内第一，但由于体量过大可能造成系统性风险，引起了监管部门的担忧，也因此迎来了新的监管政策。之后，蚂蚁集团主动限制规模，并且将理财的业务向投顾等资管方向转型，通过管理费用、渠道收入和技术服务向用户和金融机构收费。

混乱快车期度过之后，由于 P2P 等互联网金融产品的野蛮发展，整个金融科技领域迎来了新的监管时代。出清和整顿成为那两年的关键词。

3. 蛰伏调整期（2017—2018 年）

调整期的到来是由于创新力量发展过快过大倒逼的。2017—2018 年，监管层密集发布了针对客户备付金、针对公募基金以及针对现金贷和保险业务的一系列新政策。当然，蚂蚁集团通过相对应的协调措施来调整经营策略，度过蛰伏期。

表 9-23　监管政策的密集变化

时间	业务领域	监管新政	蚂蚁措施
2017 年 8 月	基金	证监会正式公布《公开募集开放式证券投资基金流动性风险管理规定》，制约货币基金的扩张速度，余额宝迎来收缩期	投入其他基金产品，进行渠道开放。推出蚂蚁财富，进行业务转型
2017 年 12 月	借贷	中国人民银行和银监会发布《关于规范整顿"现金贷"业务的通知》，严格限制小贷公司融入资金的比例	接入其他银行贷款产品，进行渠道开放。设立网商银行，承接借呗的业务需求

续表

时间	业务领域	监管新政	蚂蚁措施
2018 年 7 月	支付	发布《中国人民银行办公厅关于支付机构客户备付金全部集中存管有关事宜的通知》，要求提高支付机构客户备付金比例	2019 年 1 月完成断直连、备付金集中存管和备付金账户销户
2018 年 11 月	保险	"相互保"涉嫌违规被银保监会责令停止销售	2018 年 11 月底，将"相互保"升级为"相互宝"，明确定位为互联网互助计划，终止对接《信美人寿相互保险社相互保团体重症疾病保险》

资料来源：蚂蚁集团招股说明书，中国人民银行，中国银保监会，中国证监会。

一个比较显著的指标是，2018 年蚂蚁集团无论是净利润还是现金流，都出现了较大程度的"倒退"。当然，目前这种调整已经结束，公司找到了新的引擎来驱动业务成长。

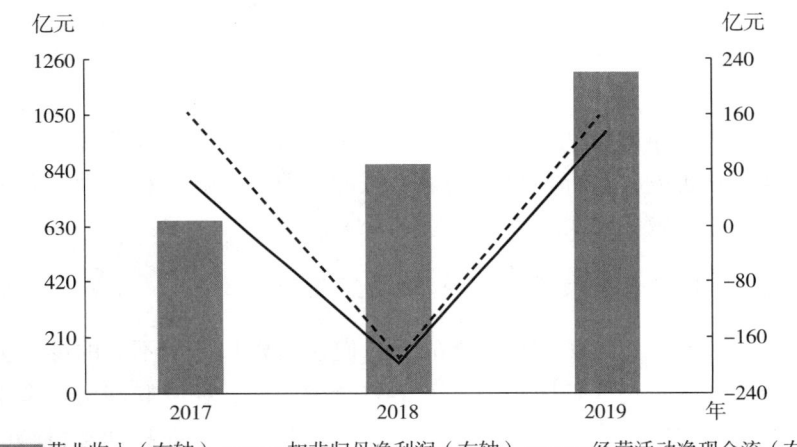

图 9-81　蚂蚁集团营业收入、扣非归母净利润和现金流变化

（资料来源：Wind 数据库）

4. 创新颠覆期（2018 年至今）

2018 年至今的蚂蚁集团乃至整个金融科技行业，都在经历需求快速迭代、技术颠覆式创新的过程。从人脸识别到基于区块链技术的数字货币，新的金融科技时代已经拉开帷幕，巨大的创新红利将会塑造新的产业价值，为蚂蚁集团以及整个新兴行业输送需求与供给。

标志性的事件是 2017 年底公司宣布"BASIC"战略，即着眼于 Blockchain（区块链）、AI（人工智能）、Security（安全）、IoT（物联网）和 Cloud computing（云计算）。以量化的指标来看，完成 BASIC 的目标分别是：（1）B：支撑 10 亿账户完成 10 亿日交易量；（2）A：95%的应答率，误差小；（3）S：交易风险率低于千万分之0.64；（4）I：人脸识别速度低于3秒；（5）C：25.6万笔/秒的支付订单处理能力。

公司利用区块链构建新时代的信任机制，与当初淘宝网重构商户与用户之间的信任一样，将会创造巨大的增量市场与价值。作为全球区块链专利数量第一的产品，蚂蚁区块链已经升级成蚂蚁链，在数字货币等新应用场景落地过程中占得先机。

 蚂蚁链  2020年7月23日蚂蚁上链

信任机制是区块链最大的核心价值

 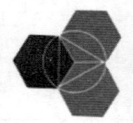   

专利数量全球第一　每日上链量1亿+　应用场景50+　　支付宝　　　芝麻信用　　　蚂蚁链

图9-82　蚂蚁链和信用的价值

（资料来源：公司发布会）

由于当前市场对于技术转化服务费的不确定性存在担忧，蚂蚁集团的技术能力还处于被低估状态。伴随着数字经济，尤其是疫情影响下的线下生活线上化，拥有广泛用户基础和强大商家网络的蚂蚁集团将会是最大的受益者，技术能力的变现价值有望得到充分体现。

因此，未来的蚂蚁集团将把竞争维度和领先优势着眼于整个商业体系生态。从这个维度考量，金融科技类的公司都不再是蚂蚁金服的竞争对手和对标企业，高频类的消费场景和支付场景才是蚂蚁集团需要争夺的战略高地。

（三）行业竞争与未来展望：技术驱动变革

展望行业的竞争和未来市场的想象空间，我们认为要从几个不同的维度去观察技术驱动的行业变革。伴随着蚂蚁集团申请的新消费金融牌照，在互联网消费金融领域，做大做强的蛋糕和内部之间的竞争势必将会加剧；微信与支付宝在移动支付端的战争，接近结束，又几乎永远都难以结束；从互联网的消费场景来看，蚂蚁集团面临着较大的竞争压力，主要来自腾讯旗下的投资公司：美团点评、京东和拼多多们。

1. 消费金融市场格局

随着"80后""90后"步入职场的消费崛起，互联网金融通过广泛的应用和便捷的措施穿透了那些信用卡未能覆盖的人群。这使得互联网消费金融拥有比信用卡用户更多的基础用户。2014年兴起至今，整体规模从0.02万亿元增长至9万亿元，潜力巨大。

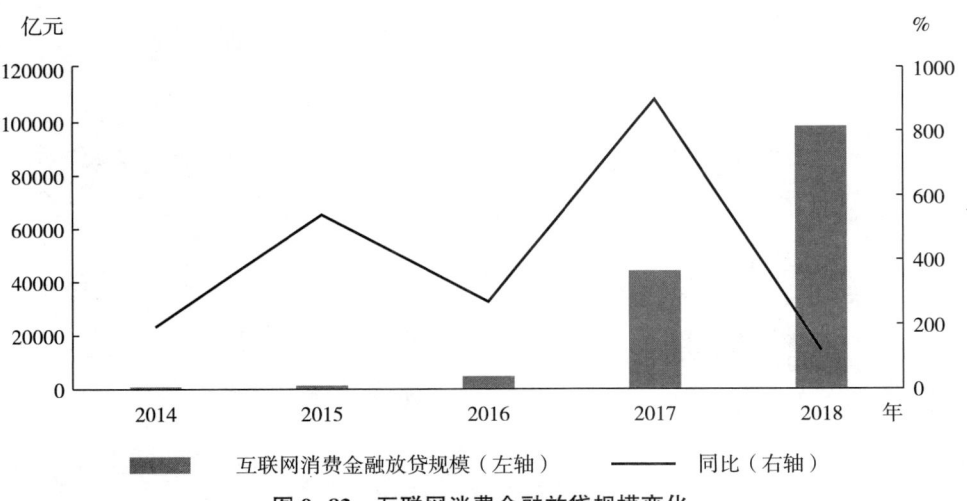

图9-83 互联网消费金融放贷规模变化

（资料来源：锐观咨询）

作为最近5年来资产扩张最快的金融细分子领域，消费金融的独立业态相对还较小。2019年末，消费贷余额为13.91万亿元，相比2015年提升135%。伴随着更多互联网巨头入局，消费者在信贷资质、贷款获取和成本方面或将享受一段竞争红利期，行业发展将被加速推动。

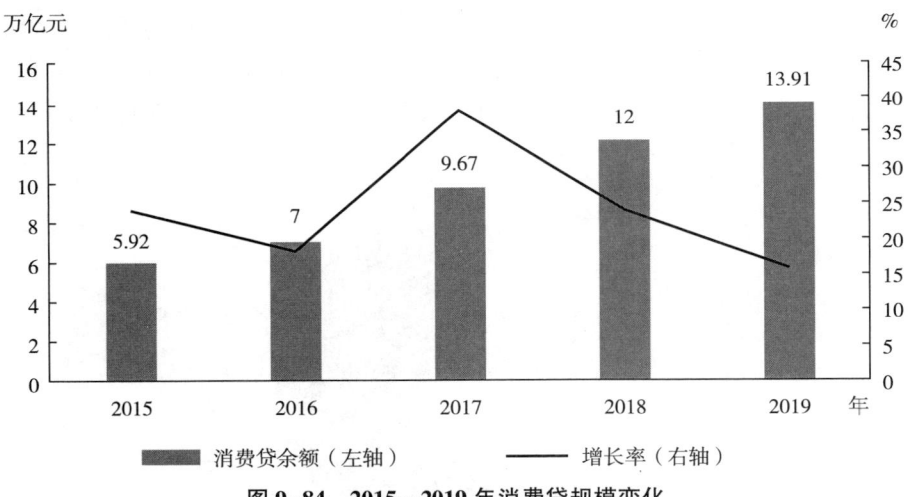

图9-84 2015—2019年消费贷规模变化

（资料来源：《中国金融稳定报告》（2016—2020年））

伴随着越来越多的互联网巨头下场，消费金融线上化的趋势已经不可阻挡。典型的例子是流量巨头通过联合放贷的形式，与商业银行形成利益同盟。行业尽管呈现马太效应，头部的流量作用显著，但对于传统金融机构来说，细分赛道的投放梳理和研究，才能体现更细致的差异化经营之道。

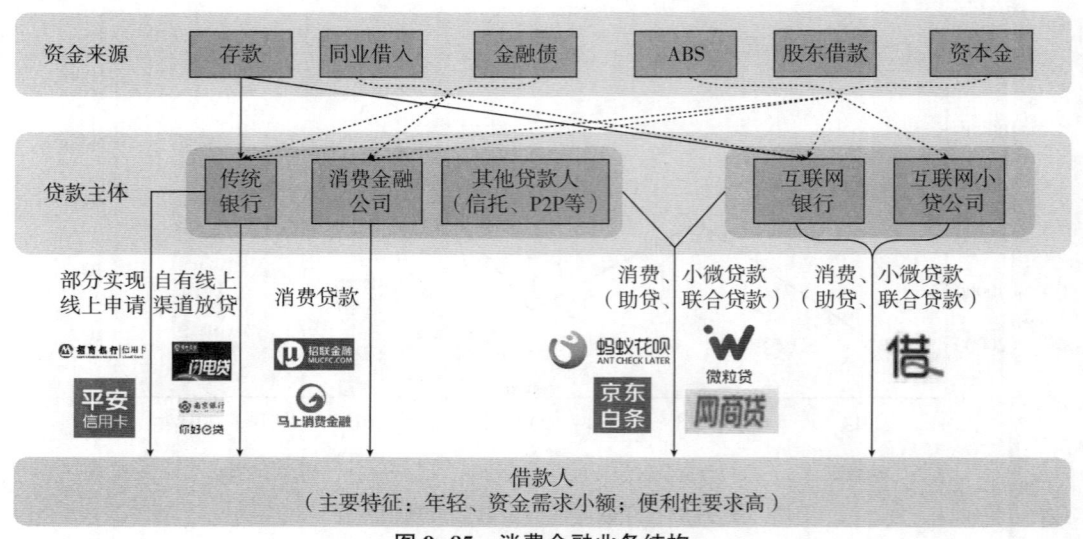

图 9-85 消费金融业务结构

（资料来源：公司官网）

2. 移动支付市场格局

移动支付除了本身的支付功能以外，已经越来越多地承载各种数字化应用，成为高频场景的存在。我们认为，蚂蚁集团未来的商业操作系统，必然将搭载在支付应用支付宝体系内，形成对于流量的自我强化和技术的协同效应。

2019 年第四季度艾瑞咨询数据显示，中国第三方移动支付市场依然保持市场份额比较集中的情况，第一梯队的支付宝、财付通分别占据了 55.1% 和 38.9% 的市场份额。第二梯队的支付企业在各自的细分领域发力，这也与我们在消费金融行业发展中的判断一致。

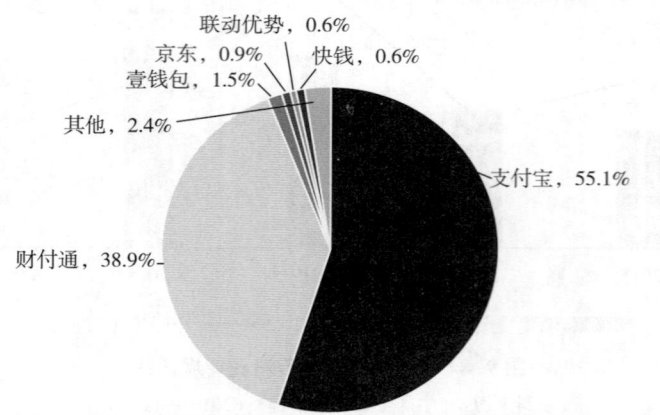

图 9-86 2019 年第四季度中国第三方移动支付交易规模市场份额

（资料来源：艾瑞咨询）

随着智能终端的高速崛起，2019 年全年移动支付金额超过 200 万亿元。总业务笔数达 7199.93 亿笔，金额约为 249 万亿元。而这个数字并不包含我们日常在微信中抢红包的行为，也不包括线下商店的扫码支付业务。由此可见，整个市场的潜力还在增长。

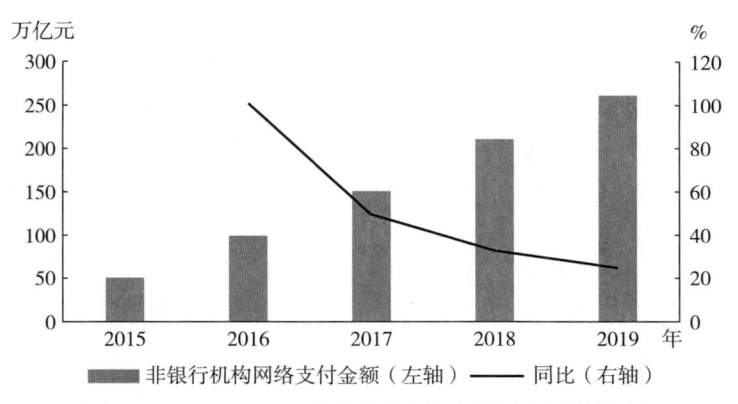

图 9-87　2015—2019 年非银行机构网络支付金额变化

（资料来源：艾瑞咨询）

目前，支付场景还在不断向娱乐、交通、酒店、医疗等传统的现金支付场景渗透。相比于美团、京东和拼多多的多维度进攻，阿里巴巴投资文化带来的后遗症在于各条场景业务线都有一个领先的、强大的敌人。之前美团王兴"下架"支付宝的举措，或许是对未来竞争的一种警示。

3. 移动互联网市场格局

在疫情的冲击下，各地的生活秩序从无序走向有序。各地政府纷纷出台消费刺激政策以及相关防疫政策，从数据表现来看，这类应用对于支付宝和微信等主体程序的活跃度刺激效果显著。

从整体的流量来看，移动互联网人群已经见顶。未来整个流量市场的争夺依然是存量竞争，如何在有限的时长和有限的空间中找到生存之道，将是未来体现支付宝生态战略意义的地方。

从新增用户的流向来看，阿里巴巴与腾讯的全面竞争依然还未结束。多业务维度下的流量导入会随着疫情影响下的经济产生不一样的加速效果。

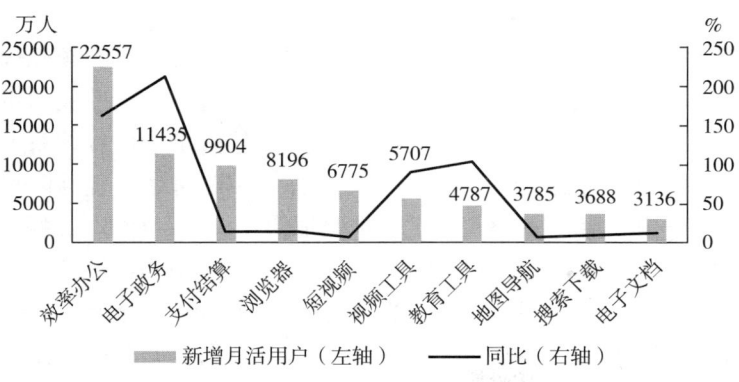

图 9-88　细分行业过去 1 年新增活跃用户规模

（资料来源：中国移动互联网数据库）

4. 小程序市场格局

小程序越发成为金融支付、互联网消费和日常应用场景的核心载体。通过小程序的技术工具，链接产品的上游与下游，使新时代互联网的供应链重建。除了腾讯与阿里巴巴以外，目前各大巨头都在跑步进场。但我们认为小程序的市场将会具有先发优势的特征，即越早出现的小程序工具越能够获得更多的供给，更多的应用供给将会培养用户的习惯，并形成正循环反馈。

本地生活服务和移动购物是各家小程序布局的重点应用领域。不同平台的特点也使得小程序的行业分布呈现差异化特质：微信小程序覆盖更全面更平均，支付宝小程序具有大量的金融和商业场景，百度小程序则在资讯和视频领域占据优势。

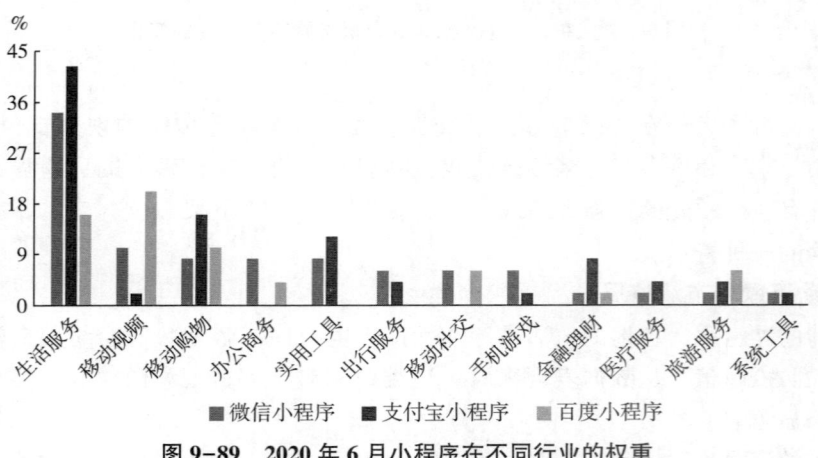

图 9-89 2020 年 6 月小程序在不同行业的权重

（资料来源：Quest Mobile）

小程序成为互联网公司和新兴创业公司的流量新入口已经毋庸置疑。淘宝、拼多多、快手、京东等巨头都在小程序中收获了新的边际增量用户，体现了小程序相较于原有App 的独立价值。基于此，我们认为未来整个商业操作系统的战争将主要集中和围绕小程序生态的打造与争夺。

结语：整体来看，蚂蚁集团依靠阿里系在电商领域得天独厚的领先优势，在整个金融科技市场牢牢占据着先发红利。但从整个竞争体系来看，腾讯控股的微信载体正通过技术革新和人才引进，缩短与蚂蚁集团的差距。尤其是由于信用分体系的推出、交易保障制度测试和多方位投资带来的一部分战果，过去两年财付通是侵蚀阿里巴巴市场份额最重要的推手。商业操作系统的终局之战，或将取决于流量，而非金融机构和金融业务。支付宝 7 亿月活、3 亿日活的竞争力稍弱于微信 10 亿月活、10 亿日活的超高黏性。因此，蚂蚁集团在 300 亿美元的融资过后，除了金融业务的资本金变化以外，投资人更应该关注其在高频应用领域潜在的收购和并购措施，以及围绕商业操作系统构造的强黏性竞争优势战略。